Silke Hesse, Suchtprävention in der Schule

Reihe Schule und Gesellschaft

Herausgegeben von

Franz Hamburger
Marianne Horstkemper
Wolfgang Melzer
Klaus-Jürgen Tillmann

Band 3

Silke Hesse

Suchtprävention in der Schule

Evaluation der Tabak- und Alkoholprävention

Leske + Budrich, Opladen 1993

Die Autorin: Dr. Silke Hesse, Wissenschaftliche Mitarbeiterin am Sonderforschungsbereich 227 „Prävention und Intervention im Kindes- und Jugendalter“ an der Universität Bielefeld

ISBN 978-3-8100-1151-0 ISBN 978-3-322-97279-8 (eBook)
DOI 10.1007/978-3-322-97279-8

Vorwort

In den letzten Jahren hat das Thema "Gesundheit" immer mehr an öffentlichem Interesse gewonnen. Kostenexplosionen im Gesundheitswesen und das Scheitern der traditionellen Medizin bei der ursächlichen Behandlung von Zivilisationskrankheiten haben dazu geführt, den Gedanken der Prävention wieder stärker aufzugreifen. Die Zielgruppe dieser pädagogischen und präventiven Bemühungen sind vor allem die Kinder und Jugendlichen, um schon frühzeitig die Habitualisierung gesundheitsriskanter Verhaltensweisen wie Tabak- und Alkoholkonsum, riskantes Verkehrsverhalten, sportliche Inaktivität, ungesundes Ernährungsverhalten oder ungeschütztes Sexualverhalten zu verhindern. Insbesondere im Bereich der Suchtprävention sind in den letzten Jahren eine große Anzahl von Programmen in Kindergarten, Schule oder Betrieb eingesetzt und eine Flut von massenmedialen Anti-Drogen-Kampagnen, Aktionstagen und -wochen gegen Drogenmißbrauch und süchtiges Verhalten, Wanderausstellungen, Wettbewerbe, Anti-Drogen-Disco uvm. realisiert worden.

Nicht nur in der Schule sehen sich die Pädagogen einem großen Problem ausgesetzt: das aktuelle Wohlbefinden Kinder und Jugendlicher läßt die Gefahren gesundheitsriskanten Verhaltens in weite Ferne rücken. Insbesondere die Versuche mittels "pädagogischer Fingerzeige" Verhaltensmodifikationen zu erzielen, scheiterten kläglich. Nicht das Wissen um die Gefahr und um das Verbotene, sondern die tatsächlichen Lebensbedingungen und das sich daraus ergebende Lebensgefühl von jungen Menschen entscheiden darüber, ob sie gesundheitsriskante Verhaltensweisen einschlagen oder nicht.

Worin die Antriebskräfte für die Aufnahme gesundheitsriskanter Verhaltensweisen - und hier insbesondere dem legalen Drogengebrauch - liegen, warum gerade Kinder und Jugendliche besonders anfällig sind, was man vorbeugend tun kann und wie wirkungsvoll diese Maßnahmen sind, darum soll es in diesem Buch gehen.

Die vorliegende Studie zur Evaluation eines schulischen Programms zur Suchtprävention wurde im Rahmen eines Forschungsprojektes zur Problembelastung Jugendlicher in unterschiedlichen sozialen Lebenslagen innerhalb des Sonderforschungsbereiches 227 "Prävention und Intervention im Kindes- und Jugendalter" konzipiert und realisiert. Die finanzielle Unterstützung wurde von der Deutschen Forschungsgesellschaft (DFG) gewährleistet.

Für die Unterstützung bei diesem Forschungsvorhaben bedanke ich mich insbesondere bei den Schulen, die sich zur Partizipation an der Studie bereitfanden. Ohne die Mitarbeit der Schülerinnen und Schüler und das Engagement der Lehrerinnen und Lehrer wäre diese Arbeit nicht zustande gekommen.

Allen weiteren Personen, die zum Gelingen dieser Forschungsarbeit beigetragen haben, danke ich an dieser Stelle ganz herzlich: Prof. Dr. Klaus Hurrelmann, Hochschuldozent Dr. Georg Neubauer und Prof. Dr. Wolfgang Melzer, die mich viele Jahre wissenschaftlich gefördert und bei der Konzeption einer Evaluationsstudie ermuntert haben, meinen Kollegen aus dem Teilprojekt B1 "Problembelastungen Jugendlicher in unterschiedlichen sozialen Lebenslagen" und der angrenzenden Fakultät für Pädagogik, die nicht nur in brenzligen Situationen halfen, Elisabeth Nordlohne, die viel Zeit und Geduld für freundschaftliche und fachliche Unterstützung investierte, sowie Kathrin Cottmann, die unermüdliche Sorgfalt bei der Manuskripterstellung aufwies. Last but not least danke ich meinen Freunden und meiner Familie für ihre unendliche Geduld.

Bielefeld, im Oktober 1993

Silke Hesse

Inhalt

A. Theoretischer Kontext

1. Einführung

In den letzten Jahrzehnten hat sich das Spektrum von Beschwerden und Krankheiten in allen Altersgruppen deutlich verschoben. Waren noch im 19. Jahrhundert akute lebensbedrohende und meist ansteckende Krankheiten die hauptsächlichen Todesursachen, - um 1900 bestimmten noch Grippe, Lungenentzündung und Mangelkrankheiten die Mortalitätsraten - so sind dies heute vor allem Herz-Kreislauf-Erkrankungen, Krebskrankheiten, andere chronische Leiden und Unfälle (Bundesminister für Jugend, Familie, Frauen und Gesundheit 1989).

Im Kontext dieser gesundheitlichen Beeinträchtigungen spielte die Altersgruppe der Heranwachsenden - auch im Forschungskanon - lange Zeit eine untergeordnete Rolle (Hurrelmann 1989; Jessor 1989). Auch wenn schon in früheren Arbeiten der Gesundheitspsychologie (Matarazzo 1980; Stone, Cohen & Adler 1979; Baum & Singer 1982) auf die Relevanz des Jugendalters in bezug auf gesundheitliche Beeinträchtigungen hingewiesen wurde, hielt sich doch lange Zeit der Mythos von der vitalen und gesunden Jugend. Die Vernachlässigung der Kindheits- und Jugendphase in der Gesundheitsforschung wurde auch dadurch gerechtfertigt, daß die Heranwachsenden nur geringfügig von Herz-Kreislauf-Erkrankungen, die immerhin 50% der frühzeitigen Todesursachen in der Erwachsenenpopulation ausmachen, betroffen sind (Hoffmeister & Junge 1984).

Daß die jüngeren Menschen dennoch immer stärker in den Mittelpunkt gesundheitsforschender Aktivitäten gerückt sind, ist auf verschiedene Ursachen zurückzuführen, die ein wenig beleuchtet werden sollen.

Trotz insgesamt rückläufiger Mortalitätsraten in der Gesamtbevölkerung zeigt die neuere Gesundheitsforschung, daß es sich bei Kindern und Jugendlichen nicht ausschließlich um eine "gesunde" Bevölkerungsgruppe handelt, zeichnet sich doch in der Altersgruppe der 10- bis 25jährigen eher eine gegenläufige Tendenz ab (Lösel & Bender 1991). Zudem differieren die Morbitäts- und Mortalitätsursachen im Jugendalter erheblich von denen anderer Lebensabschnitte. Eine Studie im Auftrage des Bundeslandes Nordrhein-Westfalen (Ministerium für Arbeit, Gesundheit und Soziales 1991) ermittelte für die fünf häufigsten Todesursachen in der Altersgruppe der 5- bis 24jährigen folgende Rangreihe: An erster Stelle der Todesursachen stehen Verkehrsunfälle, an zweiter Stelle rangieren Suizide und ungefähr gleichhäufig an dritter Position sind Todesursachen infolge von Krankheiten des Kreislaufsystems, des Nervensystems und bösartige Neubildungen anzusiedeln.

Auch die Morbiditätsursachen im Jugendalter unterscheiden sich von denen in der Erwachsenenpopulation. Vor allem chronisch-degenerative und psychosomatische Krankheitsbilder, deren Häufigkeit in den letzten Jahren deutlich gestiegen ist, prägen das Erscheinungsbild im Jugendalter. Bei Kindern und Jugendlichen ist von einem Anteil von etwa 10% chronischer Krankheiten pro Jahrgang auszugehen, wobei dieser Anteil in den letzten Jahren noch gestiegen ist (Petermann, Bode & Schlack 1990). Bei den Heranwachsenden handelt es sich bei den chronischen Erkrankungen vor allem um Allergien, Asthma bronchiale, Neurodermitis, angeborene Herzfehler, Epilepsie, Diabetes und Krebs, die über viele Jahre lang in mehr oder weniger bedrohlicher Weise das Handeln und Empfinden eines Kindes oder Jugendlichen beeinflussen können. Je ernsthafter dabei die körperliche Störung ist, desto größer ist in der Regel auch das begleitende Ausmaß von psychischen Störungen (Petermann, Noecker & Bode 1987).

Zu diesen überwiegend physiologisch situierten chronischen Erkrankungen haben sich in den letzten Jahren die psychophysiologisch und "psychosomatisch" ausgeprägten Krankheiten auch im Kindes- und Jugendalter immer weiter verbreitet. Dabei müssen die Grenzen zwischen den chronischen und psychosomatischen Krankheiten als fließend betrachtet werden. So kann der Anteil psychischer Faktoren an der Verursachung von Störungen von unterschiedlicher Bedeutung sein und ist vielfach auch nicht klar abgrenzbar von somatischen Verursachungsfaktoren. Als Beispiele für diese nicht klare Abgrenzung könnten das endogene Ekzem oder Asthma bronchiale herangezogen werden. Auch bei den Störungen des Eßverhaltens, die im engeren Sinne den psychosomatischen Erkrankungen zugeordnet werden, ist in den Industrienationen bei Kindern und Jugendlichen - und hier insbesondere bei den jungen Frauen - ein deutlicher Anstieg zu verzeichnen. Derzeit wird davon ausgegangen, daß ca. 20-27% der Schulanfänger und 14% der Schulkinder unter Eßstörungen wie Anorexia nervosa, Bulimie, Adipositas, Magen-/Darmstörungen, Appetitlosigkeit, Eßverweigerung, Rumination und Pica leiden (Kalkar & Hövels 1991).

Von entscheidender Bedeutung ist, daß neben der Zunahme von chronisch-degenerativen und psychosomatischen Krankheiten zu den wesentlichen Gesundheitsbelastungen von Kindern und Jugendlichen heute psychische und soziale Auffälligkeiten, vor allem aber gesundheitsriskante Verhaltensweisen wie legaler oder illegaler Drogengebrauch, Fehlernährung, riskantes Verkehrsverhalten, sportliche Inaktivität, AIDS und unerwünschte Schwangerschaften gehören. Vor allem im Jugendalter scheinen diese

"Risikopraktiken" ihren Höhepunkt zu haben, gemessen an den Prävalenzdaten für die verschiedenen Bereiche (vgl. hierzu Kapitel 2).

Auch wenn sich die gesundheitlichen Langzeitschäden (z. B. chronische Krankheiten) erst in späteren Lebensjahren zeigen, haben diese Risikoverhaltensweisen in der Regel ihren Ausgangspunkt im Jugendalter. Hierbei ist in erster Linie an Schädigungen des Herz-Kreislauf-Systems zu denken, aber auch andere organische Schäden und psychosoziale Beeinträchtigungen.

Es muß deswegen sorgfältig geprüft werden, welche langfristigen Gesundheitsgefährdungen bereits im Kindes- und Jugendalter erkennbar und welche gesundheitsbeeinträchtigenden Verhaltensweisen mit Langzeitwirkung zu identifizieren sind. Zweifellos kommt hier den verhaltensbedingten Erkrankungen infolge von Drogenkonsum, Fehlernährung und mangelnder Bewegung eine Schlüsselrolle zu. Auch wenn heute als gesichert gilt, daß diese Verhaltensweisen eng mit Entstehung und Verlauf von Herz-Kreislauf-Erkrankungen verknüpft sind, müssen die Ursachen auch z. T. in den sozialen und ökonomischen Lebensverhältnissen und den Arbeitsbedingungen angesiedelt werden. Deshalb sind sozialpsychologische, psychosomatische, medizinsoziologische und sozialepidemiologische Betrachtungsweisen nötig, um das klassische schulmedizinische Analysespektrum zu ergänzen (Kickbusch 1989).

Seit die sozialwissenschaftliche Forschung vielfältige Belege dafür erbracht hat, daß im Jugendalter spezifische Formen des Gesundheitsverhaltens ausprobiert und konsolidiert und somit die Weichen für das spätere gesundheitsrelevante Verhalten schon frühzeitig im Lebenslauf gestellt werden[1], rückt vor allem die Zielgruppe Kinder und Jugendliche immer stärker in den Mittelpunkt präventiver Bemühungen. Gesundheit - im Sinne von aktiv betriebener Wiederherstellung und Erhaltung der sozialen, körperlichen und psychischen Aktionsfähigkeit im gesamten Lebenslauf (World Health Organization 1946) - steht dabei im Zentrum von Aktivitäten der Gesundheitsförderung und Programmen der Gesundheitserziehung.

Die Begriffe Gesundheitserziehung ("health education") und Gesundheitsförderung ("health promotion") ersetzen erst in jüngster Zeit die traditionellen Termini wie Gesundheitsbelehrung, Gesundheitsaufklärung, Gesundheitspflege, Gesundheitsfürsorge und Volkshygiene (vgl. Haug 1991, 16ff.) Unter dem Begriff *Gesundheitsförderung* werden in der Fachdiskussion heute zunehmend verschiedene Maßnahmen der Verbesserung der Lebens- und

---

[1] Die Wahrscheinlichkeit, daß jemand z. B. ab dem 20. Lebensjahr vom Nichtraucher zum Raucher wird, ist relativ gering (Kandel & Logan 1984).

Umweltbedingungen für Kinder und Jugendliche angesprochen, die auf die Bereiche Familie, Kindergarten, Schule, Arbeitsstätte und Freizeit abzielen. Durch die Aktivitäten der *Gesundheitserziehung* als ein integrativer Bestandteil der Gesundheitsförderung sollen über Wissensvermittlung und pädagogische Kontakte Einstellungen und Kompetenzen vermittelt werden, die der Selbstentfaltung und der Förderung des gesundheitsbewußten Verhaltens eines Menschen dienen. Dafür bieten insbesondere die Familie und Erziehungs-/Bildungseinrichtungen günstige Rahmenbedingungen (Hurrelmann 1990a).

Wenn also dem Jugendalter die "Schlüsselrolle" im Hinblick auf die Ausformung späterer gesundheitsriskanter oder -förderlicher Verhaltensweisen zukommt, dann erscheint es nicht nur sinnvoll, sondern geradezu notwendig, frühzeitig zu intervenieren. Indem Gesundheitsprobleme, gesundheitsrelevante Einstellungen und Verhaltensweisen noch wenig verfestigt sind, bietet die Jugendphase wichtige Anknüpfungspunkte für präventive Maßnahmen (Lösel & Bender 1991).

Dieser Ansatzpunkt ist keineswegs neu. So sind in den letzten zehn Jahren eine Vielzahl präventiver Maßnahmen - und hier vor allem im Bereich der Sucht- und Drogenprävention - im schulischen Kontext realisiert worden, um schon frühzeitig im Lebenslauf positiven Einfluß auf das gesundheitsrelevante Verhalten zu nehmen.

"Numerous programs and evaluations demonstrate the difficulties involved in changing established health-endagering problem behaviors and life-styles. This makes the borders between the concepts of primary, secondary and tertiary prevention (respectively: prevention, treatment and rehabilitation) fluid in many areas. (...) there is widespread consensus that deficits do exist particularly in the fields of primary prevention. Primary prevention and early intervention in adolescence have the advantage that bio-psycho-social disturbances and imbalances can be tackled before they become fully developed or chronic" (Hurrelmann & Lösel 1990, 2f.).

Allzu große Erfolge sind diesen präventiven Bemühungen jedoch noch nicht vergönnt gewesen. Das liegt vor allem daran, daß den meisten an Kinder und Jugendliche addressierten Maßnahmen der Gesundheitserziehung ein sozial-medizinisches Risikofaktorenmodell (vgl. Schaefer & Blohmke 1978) zugrunde liegt, nach dem jedes Verhalten, unabhängig davon, ob es gesundheitsschädlich oder -förderlich ist, auf einer vorsätzlich, intendierten Absicht, die auf bestimmte persönliche und normative Überzeugungen zurückzuführen ist, beruht. Demzufolge können Verhaltensänderungen nur bewirkt werden, wenn die Überzeugungen, Einstellungen und subjektiven Normen geändert werden, um auf die Intention Einfluß zu nehmen. Die

Rolle der Gesundheitserziehung wird in diesem Denkansatz darin gesehen, vor allem durch Aufklärung und Information die Menschen auf Krankheitsgefahren aufmerksam zu machen. Kognitive Informationen sind nach diesem "traditionellen" Modell der entscheidende Auslöser für Verhaltensänderungen. Gerade diese einseitige Ausrichtung ist vielfach kritisiert worden (vgl. u. a. Franzkowiak 1986), da die handlungsrelevanten und emotionalen Aspekte zur Aufrechterhaltung gesundheitsrelevanter Verhaltensweisen in sozialen Situationen zu wenig berücksichtigt wurden und die der Gesamtmotivation für oder gegen gesundheitsrelevantes Verhalten vernachlässigt wird.

Die neuere Forschung geht von einem revidierten Modell der Verursachung des gesundheitsrelevanten Verhaltens aus. Demnach kann Gesundheitsverhalten ganz offensichtlich nicht allein durch die Vermittlung von Informationen und der Veränderung von Einstellungen erreicht werden, sondern muß das Selbstkonzept des eigenen Handelns und die subjektiven Gesundheitskonzepte mit einbeziehen (Schwarzer 1989; Hurrelmann 1990a). Das stark gegenwartsbezogene Gesundheitskonzept von Jugendlichen "läßt vielmehr die Vorteile solcher Risikoverhaltensweisen in den Vordergrund treten, die insbesondere dann ins Gewicht fallen, wenn individuelle, psychosoziale Nutzenerwartungen solchen Verhaltens sich durchaus einstellen (z.B. Demonstration des Erwachsenseins, Anerkennung in der Gleichaltrigengruppe, Steigerung des Wohlbefindens), während die unmittelbar spürbaren gesundheitlichen Folgen eben noch ausbleiben" (Nordlohne 1992, 23).

Solche neueren, "innovativen" Gesundheitserziehungsprogramme mit der Zielgruppe der Heranwachsenden müssen somit deren gesamte Motivationslage (Kinder und Jugendliche sind sehr stark gegenwartsorientiert), den Prozeß der Lebensbewältigung, wie z. B. die Auseinandersetzung mit körperlichen Veränderungen, und den alltäglichen Lebensstil, wie er durch soziale und kulturelle Einflüsse geprägt wird, in ihren Ansatz einbeziehen. Das Dilemma aller konzeptionellen Bemühungen ist dabei, daß für Kinder und Jugendliche Gesundheit ein selbstverständlicher Wert ist, der keinen Anlaß zur Vorsorge bietet, solange sie nicht wirklich krank sind.

Die Umsetzung solcher Konzepte ist im In- und Ausland noch nicht weit vorangeschritten. Im deutschen Sprachraum liegen - im Vergleich zu den angelsächsischen Ländern und einigen europäischen Nachbarstaaten - erst in Teilbereichen ausgearbeitete Programme vor, die den beschriebenen Grundlagen gerecht werden (vgl. auch den Überblick bei Hesse & Hurrelmann 1991).

In den Bereichen Drogenprävention, Sexualerziehung und AIDS-Prävention wurden in den letzten Jahren erste einsatzfähige Programme nach moderner Konzeption entwickelt. Im angelsächsischen Raum finden sich - im Unterschied zum deutschen - meist erprobte und evaluierte Programme, die neben der Sucht- und AIDS-Prävention auch die Themenkomplexe Umwelt und Gesundheit, seelische und soziale Gesundheit, ansteckende und nicht ansteckende Krankheiten, Arzneimittel und Medikamente, Ernährung, Sexualität, Körperhygiene, Mund- und Zahnpflege, körperliche Fitneß, Verbraucherverhalten und -schutz, Unfallverhütung und weitere Bereiche aufnehmen (Connell, Turner & Mason 1985).

Der Mangel an wissenschaftlich abgesicherten umfassenden konzeptionellen Modellen und darauf aufbauenden Programmen sowie deren Evaluation in der Bundesrepublik wiegt umso schwerer, da die Erfahrungen insbesondere aus den USA nicht einfach auf deutsche Verhältnisse übertragbar sind, wo es um die Beurteilung und Bewertung der Umsetzung und des Nutzens von Programmen geht. Denn im Unterschied zur Konzeptentwicklung machen sich hier unterschiedliche kulturelle und institutionelle Voraussetzungen unmittelbar bemerkbar. Am Beispiel der unterschiedlichen Schulstruktur und -kultur wird dies deutlich.

Um effektive Maßnahmen zur Prävention gesundheitsriskanter Verhaltensweisen im Kindes- und Jugendalter durchführen zu können, müssen somit verschiedene Facetten sowohl auf individuumzentrierter als auch auf struktureller Ebene berücksichtigt werden. Damit zielgruppenorientiert interveniert werden kann, sind spezifische epidemiologische Kenntnisse über das Ausmaß gesundheitsriskanter Verhaltensweisen sowie den sozialen und personalen Determinanten, die zur Aufrechterhaltung dieser Verhaltensweisen abzielen, vonnöten (vgl. u. a. Fuchs 1990). Präventionsmaßnahmen können nur dann wirkungsvoll sein, wenn sie in die Verursachungszusammenhänge eingreifen und die Komponenten identifiziert werden, die diese Veränderungen einleiten. Hierzu sind umfassende Wirkungsanalysen von Präventionsmaßnahmen unabdingbar.

Während inzwischen auch in der Bundesrepublik Deutschland Studien zur Erfassung des Ausmaßes gesundheitsriskanter Verhaltensweisen - und hier vor allem für den Drogengebrauch - vorliegen, ist die Erkenntnislage für andere gesundheitsrelevante Verhaltensweisen wie z. B. Fehlernährung noch relativ defizitär. Dies betrifft auch den Bereich der Evaluation von Maßnahmen der Gesundheitserziehung. Nur wenige Studien haben die Überprüfung gesundheitsfördernder Maßnahmen zum Inhalt (vgl. z. B. Brandenburg, Drostel & Pohle 1990; Holtz et al. 1988; Holtz et al. 1991; Lewerenz 1991; Morstadt et al. 1991; Oswald & Schütte 1991; Renn 1991).

Ausgehend von der defizitären Forschungslage in bezug auf die Evaluation gesundheitserzieherischer Maßnahmen soll mit dieser Arbeit nun der

Versuch unternommen werden, anhand einer exemplarischen Evaluation eines schulischen Programms zur Sucht- und Drogenprävention zumindest für einige der oben beschriebenen Aspekte Aufschluß zu geben. Die vorliegende Studie folgt dabei zwei zentralen Untersuchungssträngen. Zum einen soll die Anlage der Aibeit als Evaluationsstudie exemplarisch den Weg einer umfassend angelegten Evaluationsstudie nachzeichnen. Zum anderen soll mittels dieser Studie ein Beitrag zur Effektivität und Wirkungsweise schulischer Maßnahmen der Sucht- und Drogenprävention geliefert werden.

Der Aufbau der Arbeit folgt dem methodischen und inhaltlichen Ablaufschema einer umfassend konzipierten Evaluationsstudie (vgl. Renn 1981).

Im Zentrum des sich anschließenden *Kapitels 2* steht zunächst die Bestandsaufnahme des "sozialen Problems". Es wird ein Überblick der derzeitigen Forschungslage über das Ausmaß und bis dato diskutierte Ursachen gesundheitsriskanter Verhaltensweisen gegeben. Im Vordergrund stehen ausgewählte Verhaltensbereiche, die a) Ursachen für Herz-Kreislauf-Erkrankungen sind, wie Drogengebrauch, sportliche Inaktivität und Fehlernährung, und b) ein hohes gesundheitliches Gefährdungspotential im Jugendalter darstellen, wie riskantes Verkehrsverhalten und Sexualverhalten im Hinblick auf ungewollte Schwangerschaften und AIDS.

In *Kapitel 3* werden dann die konkreten Ansatzpunkte für Präventionsmaßnahmen in der Sucht- und Drogenvorbeugung, insbesondere im schulischen Kontext, diskutiert. Die Schule bietet einen günstigen Rahmen für die Implementation primärer Präventionsprogramme, da alle Kinder und Jugendlichen während der entscheidenden Phase ihrer Persönlichkeitsentwicklung erreicht werden können. Schule stellt für sie einen bedeutenden Bestandteil der Lebenswelt dar, in der Lehrer und Gleichaltrige als wichtige Bezugs- und Orientierungspersonen agieren. Das schulische System bietet eine Reihe solcher sozialen Beziehungsgefüge, an denen über das Curriculum hinausgehende, kompetenzfördernde Maßnahmen einer umfassenden Gesundheitserziehung angeknüpft und ausprobiert werden können. Zudem bietet Gesundheitserziehung in der Schule einen optimalen Rahmen zur Evaluierung, d. h. zur Wirksamkeits-, Effektivitäts- und Erfolgsmessung der Programme als notwendige Bedingung zur Entwicklung sinnvoller und effektiver Konzepte, weil sie eine hohe Erreichbarkeit von Kindern und Jugendlichen erzielt, Kontinuität bei der Teilnahme gewährleistet, eine wissenschaftliche Kontrolle ermöglicht u. v. m. Die Relevanz gesundheitsriskanter Verhaltensweisen sowie darauf aufbauende Modelle zur Veränderung des Verhaltens und konkrete Präventionsmodelle, die diese Komponenten aufnehmen, werden am Beispiel des Drogengebrauchs im Jugendalter aufgeführt und komplettieren das dritte Kapitel.

Es folgen in *Kapitel 4* zunächst Angaben über das zu evaluierende Programm, seine Implementation und in *Kapitel 5* Hinweise auf die methodische Vorgehensweise bei der Durchführung der (exemplarischen) Evaluationsstudie. Am Ende dieser Analysedimension steht die Entwicklung der zentralen Fragestellungen und Hypothesen der Untersuchung.

Die Befunde werden im folgenden *Kapitel 6* differenziert nach summativen und formativen Kriterien dargestellt. (Detaillierte Fragestellungen sowie Hinweise auf das Instrument mit den entsprechenden Indexbildungen sind den einzelnen Auswertungsteilen vorangestellt.) Für den summativen Bereich, d. h. die Programmwirkungen, sind dies die Effekte des Programms in bezug auf Wissen, Einstellungen und Verhalten. In der formativen Analyse wird die Akzeptanz des Programms aus Lehrer- und Schülersicht bewertet. Im Zentrum des Auswertungskapitels steht dabei der Versuch, konkrete Rückschlüsse auf die Wirkungsweise eines nach "innovativen" Kriterien ausgewählten Programms der schulischen Sucht- und Drogenvorbeugung zu ziehen.

Die zusammenfassende Diskussion der Ergebnisse erfolgt in *Kapitel 7*.

Im abschließenden *Kapitel 8* werden die Befunde im Kontext der Ergebnisse internationaler Evaluationsstudien zur Drogenprävention eingeordnet und bewertet. Unterstützend wird das Verfahren der Meta-Evaluation mit aufgegriffen. Danach erfolgt die Umsetzung der Ergebnisse, indem Konsequenzen für die schulische Gesundheitserziehung gezogen werden, die auf die Relevanz umfassender Gesundheitsförderungsprogramme abzielen. Im Vordergrund steht dabei die Annahme, daß es für den Erfolg präventiver Maßnahmen nicht ausreicht, allein den schulischen Kontext einzubeziehen. Vielmehr wird in diesem Zusammenhang ein ökologisches Verständnis (vgl. Kickbusch 1988; Nordlohne 1992; Wenzel 1986) von Gesundheit betont, das die kulturellen, ökologischen, ökonomischen und sozialen Rahmenbedingungen menschlicher Entwicklung herausstellt. Gesundheitsfördernde Verhaltensweisen können dieser Annahme nach nur dann erwartet werden, wenn auch die übrigen strukturellen Grundvoraussetzungen dafür gegeben sind und von dem Einzelnen auch wahrgenommen werden.

2. Epidemiologie und Ätiologie gesundheitsriskanter Verhaltensweisen im Jugendalter[1]

Das folgende Kapitel 2 betrachtet die wesentlichsten verhaltensbezogenen Risiken, die für das Jugendalter bisher identifiziert werden konnten. Neben der Darstellung einschlägiger Untersuchungsergebnisse über die Verbreitung und den Ursachen für einzelne gesundheitsgefährdende Verhaltensweisen soll es auch um die Frage gehen, welche gemeinsamen Anknüpfungspunkte der unterschiedlichen Risikoverhaltensweisen für umfassende Maßnahmen der Gesundheitsförderung aufzufinden sind. Im einzelnen wird eingegangen auf sportliche Inaktivität, Fehlernährung, legaler Drogengebrauch, ungeschütztes Sexualverhalten und riskantes Verkehrsverhalten als den wohl wesentlichsten Faktoren für Gesundheitsbeeinträchtigungen (in späteren Lebensjahren). Die Ergebnisse der nationalen und internationalen Fachliteratur werden auch unter dem Blickwinkel betrachtet, welchen Beitrag sie für potentielle Präventionsmaßnahmen leisten.

2.1 Unzureichende Bewegung

Epidemiologie

Das sportliche Engagement von Jugendlichen, aber auch in der Bevölkerung insgesamt, hat in den letzten Jahrzehnten einen enormen Aufschwung erfahren. Zwei Drittel der Bevölkerung gibt an, regelmäßig Sport zu treiben. Dieser hohe Prozentsatz spiegelt sich auch in der stetig wachsenden Zahl von Mitgliedern im Deutschen Sportbund (1989 betrug die Mitgliederzahl 21 Millionen) und in der Zunahme von individuellen Sportarten ohne institutionelle Einbindung wider (vgl. auch Abele & Brehm 1990). Trotz dieser auf den ersten Blick relativ hoch erscheinenden Zahlen ist nur ein geringer Teil der Gesamtbevölkerung sportlich so aktiv, daß umfassende gesundheitliche Wirkungen bzw. Beeinflussungen auftreten. Dieser anscheinend vorhandene Widerspruch ist damit zu begründen, daß in den meisten Studien wenig detailliert nach den sportlichen Aktivitäten gefragt wurde. "Legt man dagegen an sportliche Aktivität einen etwas strengeren Maßstab im Hinblick auf Intensität, Häufigkeit und Regelmäßigkeit an, d. h. Vor-

---

[1] Die Vorarbeiten zu diesem Kapitel wurden in Zusammenarbeit mit Klaus Hurrelmann und Ralf Sygusch im Rahmen eines internen Forschungsberichtes realisiert.

gaben aus der Sportmedizin für ein gesundheitswirksames Training, so folgt daraus, daß es gegenwärtig in der Bevölkerung nur einen geringen Prozentsatz (maximal 15%) gibt, der ausreichend sportlich aktiv ist. Etwa die Hälfte der Bevölkerung treibt ab und zu wenig Sport, der jedoch im gesundheitlichen Sinn kaum relevant ist. Ein Drittel der Bevölkerung treibt überhaupt keinen Sport" (a. a. O. 1990, 141).

Im Vergleich zur Erwachsenenpopulation sind die Jugendlichen in ihrem sportlichen Engagement deutlich überrepräsentiert. Während die Mitgliedschaftsquote in den Vereinen in den 80er Jahren auf fast 50% der Jugendlichen angestiegen ist, sind ca. 85% auf formeller und/oder informeller Ebene aktiv, für lediglich 15% ist Sport nebensächlich oder spielt gar keine Rolle. 20% der Jugendlichen geben Sport dagegen als unverzichtbaren Bestandteil ihrer Freizeit an (Brettschneider & Bräutigam 1990). In der Rangfolge der persönlich wichtigsten Freizeitaktivitäten rangiert Vereinssport hinter 'Freund/Freundin treffen' und 'Musik hören' an dritter Stelle, der informelle Freizeitsport an fünfter Stelle. Die Häufigkeit der vereinsgebundenen Ausübung rangiert noch vor 'Fernsehen und Video' ebenfalls an dritter Stelle und ist in der Freizeit fast gleichrangig mit Lesen an sechster Stelle einzuordnen. Die tendenzielle Angleichung in der Population sportlicher Aktivität nach Alter, Geschlecht und Schulniveau in den letzten 30 Jahren ist in der Literatur verschiedentlich als Trend zur sozialen Nivellierung interpretiert worden (Brettschneider & Bräutigam 1990). Es bestehen aber nach wie vor Unterschiede bezüglich der genannten Merkmale. So organisieren sich männliche Jugendliche stärker in Vereinen als weibliche und haben entsprechend höhere Anteile am Zeitaufwand für sportliche Aktivitäten. Hier haben die Mädchen enorm zugelegt; die Steigerungsraten der letzten Jahre sind fast ausschließlich auf ihrer Seite auszumachen. Sie messen ihrer Aktivität dagegen eine geringere subjektive Bedeutung zu als Jungen, die ihren Sport offensichtlich ernster nehmen und wettbewerbsorientierter sehen.

Nichtvereinsgebundene Sportaktivitäten besitzen bei männlichen wie weiblichen Jugendlichen gleichermaßen Attraktivität. Die vereinsmäßig betriebene institutionalisierte Bindung nimmt im Laufe des Jugendalters ab, während die informelle Aktivität konstant bleibt. Beide Formen des Sporttreibens steigen quantitativ mit dem Bildungsgrad an. In der Relevanzzuschreibung findet der Sport bei Gymnasiasten die stärkste Aufmerksamkeit, worin sich die Tradition der Mittelschichtsorientierung sportlicher Maßstäbe und Werte ausdrückt (Brettschneider & Bräutigam 1990; Brinkhoff & Ferchhoff 1990).

Die statistisch höchste Wahrscheinlichkeit aktiven Sporttreibens fanden Brettschneider & Bräutigam (1990) bei männlichen Gymnasiasten zwischen 13 und 17 Jahren.

Die in der Berlin-Bremen-Studie (Semmer et al. 1991) konstatierten Geschlechts- und Schultyp-Unterschiede stimmen mit den o. g. überein. Die Jungen sind in der Gruppe der sportlich Aktiven deutlich stärker vertreten als die Mädchen, deren Anteil in der Gruppe der weniger Aktiven überwiegt. Der Anteil der Hauptschüler in der Aktivengruppe ist zwar relativ groß, jedoch sind die Hauptschüler auch in der Gruppe der Inaktiven deutlich überrepräsentiert. Der stärkeren Polarisierung bei den Hauptschülern steht eine homogenere Gleichverteilung bei den Gymnasiasten gegenüber.

Betrachtet man ergänzend die sportliche Aktivität von Jugendlichen im Entwicklungsverlauf, so zeigt sich, daß zwischen dem 14. und 18. Lebensjahr fast 50% der Jugendlichen aufgrund von Interessensverschiebungen und biographischen Veränderungen den Sportverein verlassen (Sack 1980). Insgesamt zeigt sich im Entwicklungsverlauf eine leichte, aber kontinuierliche Abnahme des sportlichen Engagements, und dies am deutlichsten bei den Mädchen aus der Hauptschule (Semmer et al. 1991).

Nach wie vor hat der organisierte Sport für das Bewegungsverhalten von Jugendlichen einen wichtigen Stellenwert, jedoch bildete sich in den vergangenen Jahren "...neben dem traditionellen Jugendvereinssport mit seinen zentralen Kategorien und Aktionsformen Leistung, Wettkampf und Training eine neue Bewegungskultur heraus, bei der eher unmittelbar sinnliches Erleben, changierende Körper-, Bewegungs- und Selbsterfahrungen, freudvolles Genießen und vielfältigste Kontakte in den Vordergrund traten" (Brinkhoff & Ferchhoff 1990, 52). Neben dem Verein und der geringen Relevanz der traditionellen Aktionsfelder sportlicher Aktivität, der Familie und Schule, gewinnt die Clique immer mehr an sportlicher Bedeutung. Daneben bereiten Anbieter wie Fitnesstudios und Spaßbäder kommerzielle Angebote, der Jugendtourismus offeriert Sportfreizeiten, der allein betriebene Sport findet immer mehr Anhänger und auch in der offenen Jugendarbeit gehört sportliches Engagement mittlerweile häufig zum Freizeitprogramm.

Die *Schule* nimmt in der Relevanz sportlicher Aktivitäten nur einen sehr geringen Stellenwert ein. Zwar werden in der Schule alle Jugendlichen erfaßt und ca. 65% nennen Sport als ihr Lieblingsfach, doch viele Schüler, die in der Freizeit oftmals sehr gern Sport treiben, geben an, nicht gerade durch die Schule dazu animiert worden zu sein (Brettschneider & Bräutigam 1990). Sport in der Schule ist im Gegensatz zu allen anderen Handlungsfeldern Pflicht. Am Schulsport muß man teilnehmen, während sich die Qualität des Sports in der Freizeit vor allem durch Freiwilligkeit auszeichnet. Schulsport erweist sich in allen Untersuchungen als kaum bedeutsames Sozialisationsfeld für jugendliches Sportengagement (Brettschneider & Bräutigam 1990).

Der Sport in der *Familie* ist im Kindesalter ein wichtiger Beitrag zur Entwicklung sportlichen Engagements und zur Eingliederung in sportliche Kontexte, spielt aber während des Jugendalters eine immer geringere Rolle. Wenn überhaupt, dann wird meistens mit den Geschwistern geschwommen, gejoggt oder Fußball gespielt, mit den Eltern sind Jugendliche höchstens in Ausnahmefällen aktiv. Das Vorbildverhalten von Eltern und Geschwistern wirkt sich bei den Mädchen etwas stärker aus als bei den Jungen (vgl. Semmer et al. 1991).

Das Sportklima innerhalb von *Cliquen* nimmt Einfluß auf das Sportengagement ihrer Mitglieder und bildet ein Unterstützungssystem hinsichtlich der Partizipation an sportlichen Aktivitäten. Das kann bei unsportlichen Cliquen natürlich auch zum Rückgang sportlicher Beteiligung führen. Insgesamt liefert die Gleichaltrigengruppe wegen der Qualität ihrer sportiven Praxis einen wichtigen Beitrag zum Sportkonzept von Jugendlichen.

Treiben Jugendliche *allein* Sport, und das tun manchmal bis regelmäßig 87% der Befragten (Brettschneider & Bräutigam 1990), dann sind sie bis zu einem Drittel als Jogger unterwegs. Weibliche Jugendliche schwimmen oder treiben Gymnastik. Eine männliche Domäne ist das Bodybuilding. Die deutliche Dominanz des Joggens bedeutet für viele Jugendliche in erster Linie eine Steigerung der Fitness zur Aktivierung des gesamten Körpers.

Die *kommerziellen Anbieter* gelten als die größte Konkurrenz der Sportvereine. Am meisten aufgesucht werden Frei- und Hallenbäder, in denen fast 90% der befragten Jugendlichen bereits aktiv waren, daneben sind Eisbahnen (64%), Spaßbäder/Thermen (53%), Tenniszentren (37%) und Tanzschulen (30%) die populärsten Anbieter. Ein Vergleich der Beteiligungsraten zwischen jetzigen Sportvereinsmitgliedern, Ehemaligen und Jugendlichen, die nie im Verein aktiv waren, zeigt, daß kommerzielle Anbieter ihre Hauptbesucher unter den Sportvereinsmitgliedern finden (Brettschneider & Bräutigam 1990).

Zusammenfassend läßt sich feststellen, daß aktive sportliche Bewegung im Verein trotz zahlreicher alternativer Anbieter das dominante sportliche Betätigungsfeld für Jugendliche darstellt, daneben aber in verschiedenen Handlungsfeldern sportliche Aktivität mit steigender Beteiligung stattfindet.

Ätiologische Betrachtungen

Ein Hauptverursacher von sogenannten Zivilisationskrankheiten (Herz-Kreislauf-Krankheiten, Haltungsschäden etc.) ist der Mangel an regelmäßiger angemessener dosierter Bewegung. "(...) man ist sich (...) unter Praktikern und Wissenschaftlern einig, daß mangelnde Bewegung zumindest als Cofaktor für Störungen des Bewegungsapparates, der Psyche sowie einer Vielzahl intermedizinischer Probleme, mit natürlich jeweils unterschiedlicher Relevanz, verantwortlich gemacht werden muß. Dies trifft auf beide Geschlechter und auf jede Altersstufe zu" (Banzer 1989, 25).

Die Auswirkungen des Bewegungsmangels sind fortschreitende Verkümmerung und zunehmende Leistungsschwäche des Organismus sowie mangelnde Ausbildung der gesamten Muskulatur (Mellerowicz & Dürrwächter 1985). Die regulativen Fähigkeiten des vegetativen Systems sowie die biochemische Kapazität der Hormondrüsen werden reduziert und gefährden die allgemeine gesundheitliche Stabilität, das Gleichgewicht der Funktionen des Organismus (Homöostase). Die Unterbelastung der Muskulatur führt zu ihrer mangelnden Ausbildung, so daß die Rumpfmuskulatur in ihren natürlichen Haltefunktionen eingeschränkt ist. Es können Haltungsfehler bzw. -schwächen auftreten, die besonders an der Wirbelsäule Abnutzungserscheinungen und frühzeitige degenerative Haltungsschäden verursachen. Die auch als "hypokinetic diseases" oder als Zivilisationskrankheiten bezeichneten typischen Bewegungsmangelkrankheiten sind Regulationsstörungen des Herzkreislaufsystems, Arteriosklerose, Koronarinsuffizienz und Herzinfarkt, vegetative Dystonien, Adipositas, Diabetes mellitus, Haltungsschäden und Einschränkungen des Bewegungsapparates sowie Alterserscheinungen durch frühzeitige funktionelle Organschwäche (Mellerowicz & Dürrwächter 1985).

Da neben dem Bewegungsmangel weitere Risikofaktoren der modernen Gesellschaft auf den Menschen wirken, z. B. die nervlich-psychische Belastung in vielen Lebensbereichen, gelten diese in Kombination als Hauptverursacher vielfältiger chronischer Krankheiten (Sprenger 1987). Bereits bei Jugendlichen sind funktionelle Defizite festzustellen, Haltungsschwächen bzw. -schäden, Übergewicht, Allergien etc., die z. T. auf Bewegungsmangel zurückzuführen sind (Banzer 1989; Sprenger 1987).

Die Lebens- und Wohnumwelt von Kindern und Jugendlichen ist durch starke Bewegungseinschränkung, vor allem im städtischen Bereich, gekennzeichnet. "Die nahe räumliche Umwelt (...) weist kaum noch angemessene Bewegungsmöglichkeiten für Kinder und Jugendliche auf" (Baumann 1991, 16).

Das Ausmaß körperlicher Bewegung hängt stark von der Partizipation Jugendlicher am Angebot der Sportvereine und des Breitensports ab, ca. 50% der Jugendlichen sind Mitglied eines Sportvereins. Die bewegungsorientierten Angebote von Sportvereinen und Schulen bieten also eine notwendige, wenn auch nicht ausreichende Kompensationsfunktion.

Natürlich sind Jugendliche, die keine gute Fitness aufweisen, nicht gleich krank, sie sind aber anfällig für gesundheitliche Beeinträchtigungen, die durch verschiedenste Risikofaktoren oder Kombinationen von Risikofaktoren ausgelöst werden können. Der körperliche Zustand kann durch sportliche Betätigung hinsichtlich des Kreislaufsystems, des Fettstoffwechsels und des Bewegungsapparates beeinflußt werden. Die Grundprinzipien sportlicher Aktivität richten sich dabei an Kontinuität, Belastungsdosierung, Altersgemäßheit und Niveauabhängigkeit. Anwendungsgrundsätze gesundheitlich orientierten Sports sind Vielseitigkeit, Belastungsprogression und trainingsbegleitende Maßnahmen.

Neben unzureichender sportlicher Betätigung kann auch zu exzessiv betriebener Sport zu gesundheitlichen Beeinträchtigungen führen. Verstärkt nehmen gesundheitliche Einschränkungen sowohl unter Leistungs- als auch unter Freizeitsportlern zu. 90% der Störungen betreffen den Bewegungsapparat. "Zu den gesundheitsfördernden (...) Anpassungen (...) des Bewegungsapparates kommt es nur dann, wenn die gewählte Belastung der jeweiligen Sportart in ausgeglichenem Verhältnis zur Belastbarkeit der Sportler steht. Eine zu hohe Belastung kann jedoch zu vermeidbaren funktionellen und morphologischen Störungen führen" (Banzer 1989, 35f.). Altersunangemessenheit, Nichtanpassung an das Körperniveau und Einseitigkeit der Übungsformen fallen ebenso unter die bis zu 60% der Störungen verursachenden falschen Trainingsgestaltung wie Überbeanspruchung der Trainierenden in bester Absicht eines möglichst großen Trainingserfolges.

Über Ausmaß und Häufigkeit von Sportverletzungen und sportbedingten Gesundheitsschäden bei Jugendlichen sind keine Untersuchungen bekannt. Die Gefahren des Jugendleistungssports lassen sich jedoch an exemplarischen Beispielen nachvollziehen. Ein Extrem liefert hierfür die oft bei jungen Turnerinnen festzustellende Hypermobilität der unteren Lendenwirbelsäule, die in leistungsorientierter Absicht noch beweglicher gemacht werden soll, anstatt sie durch stabilisierende Übungen zu schützen. Dies kann Dauerschäden im Bereich der Haltefunktion der Wirbelsäule hervorrufen (Banzer 1989).

Überbelastung sowohl im Leistungs- als auch im Freizeitbereich, die oft durch individuelle Gründe wie Unerfahrenheit, überhöhtem Anspruch und

Übermotivation oder durch ungünstige Bewegungsökonomie entsteht, kann Reaktionen vornehmlich der unteren Extremitäten wie Streßfrakturen hervorrufen. Auf lange Sicht besteht die Gefahr von Abnützungserscheinungen z.B. an Knie- und Hüftgelenken (Banzer 1989).

In mehreren Untersuchungen konnte ein Zusammenhang auf verschiedenen Dimensionen psychischer Gesundheit - Befindlichkeit, Angst, Depression, Selbstkonzept - und aktiver regelmäßiger Bewegung nachgewiesen werden (Fuchs 1990). Zur Befindlichkeit gibt es einige laufend aktualisierte Untersuchungen von Abele & Brehm (1989). Ergebnisse über Forschungen zu Angst, Depression und Selbstkonzept sowie dem Wirkungszusammenhang von Streß und Sport werden bei Fuchs (1990) zusammenfassend dargestellt.

Die Ergebnisse der Untersuchungen zu *Befindlichkeit* sind recht einheitlich. 75% der Sporttreibenden erleben Befindlichkeitsverbesserungen direkt nach der sportlichen Aktivität, 12% fühlen sich nach dem Sport etwas weniger wohl und bei 10% lassen sich keine Veränderungen feststellen. Die Ergebnisse sind in der Richtung der Veränderungen bei Jugendlichen und Erwachsenen gleich. Es fällt jedoch auf, daß das Ausmaß der Befindlichkeitsverbesserungen bei Jugendlichen geringer ist, was jedoch vor allem an den bereits höheren Ausgangswerten vor dem Sporttreiben liegt. Aus ihren Ergebnissen leiten Abele, Brehm & Gall (1991) ab, daß physische Belastung allein zwar eine notwendige, keinesfalls aber hinreichende Bedingung zur Verbesserung der Grundgestimmtheit ist, sondern diese ebenso vom Einfluß der Umgebung abhängig ist, in der sie stattfindet.

Ein Einfluß sportlicher Aktivität auf die State-*Angst* (akuter Angstzustand) ist vielfach nachgewiesen worden. So ergaben Untersuchungen an Schwimmern signifikant geringere State-Angst-Werte nach der sportlichen Aktivität. Die deutliche Verringerung der State-Angst wirkt aber nur begrenzte Zeit und muß durch regelmäßiges Sporttreiben laufend erneut hergestellt werden (Fuchs 1990).

Depressivität kann durch den Einfluß regelmäßigen Sporttreibens positiv verändert werden. Dabei ist der antidepressive Effekt mit dem der Psychotherapie durchaus zu vergleichen. Untersuchungen unterschiedlicher Therapieformen, wie Jogging, kognitive Therapie sowie eine Kombination beider, ergaben kurzfristig wie auch langfristig (Follow-up nach vier Monaten) eine gleiche Effektivität, wobei die Wirkung stark vom Ausgangsniveau der Depressivität abhängig ist (Fuchs 1990).

Die Wirkungsmuster von *Streß* und aktiver Bewegung sind noch zu wenig erforscht, um eindeutige kausale Zusammenhänge darzulegen. Man kann aber von einem positiven Wirkungszusammenhang ausgehen, bei dem sportliche Aktivität neben der direkten Beeinflussung des Gesundheitszustandes mildernde Wirkung auf das Streßerleben hat und damit dessen negative Wirkung auf die Gesundheit abpuffert (Fuchs 1990).

Der Einfluß des Sports auf das *soziale Wohlbefinden* ist ein empirisch vollständig vernachlässigter Bereich. Es lassen sich jedoch aus den Erkenntnissen der sozialen Einbindung in sportliche Kontexte einige Schlüsse ziehen. Durch die besondere Form der Interaktion ist der Sport, vor allem wenn er im Verein betrieben wird, ein Ort des sozialen Lernens. Jugendliche lernen, wie sie von anderen gesehen werden. Der Umgang mit anderen Menschen, Kooperation und Konkurrenz, Erfolge und Mißerfolge, Konflikte und Probleme, gehören zum Alltag in sportlichen Kontexten und stellen somit eine modellartige Vereinfachung gesellschaftlicher Strukturen dar, die man in einem Quasi-Experimentierfeld einüben kann (Sack 1985; Kurz 1986). Die regelmäßige Zusammenkunft mit Gleichaltrigen verleiht Jugendlichen soziale Stabilität; es bilden sich feste Gruppen und Cliquen heraus, die für das soziale Befinden enorm wichtig sind.

Trotz dieser positiven Konnotationen, die der sportlichen Aktivität im Zusammenhang mit gesundheitlichem Wohlbefinden zugeschrieben wird, legen Befunde zu Aussteigern aus Sportmaßnahmen nahe, "daß Gesundheit *keinen* hinreichenden Anreiz bzw. kein hinreichendes Motiv für längerfristige Sportpartizipation darstellt, sowie daß Überzeugungen zur gesundheitsfördernden Wirkung sportlicher Aktivität *nicht* vor vorzeitigem Abbruch eines Sportprogramms schützen. Motivbefragungen langfristig aktiver Breiten- und Freizeitsportler legen die gleiche Schlußfolgerung nahe. (...) Insbesondere als Dableibemotiv für sportliche Aktivitäten reicht Gesundheit im Sinne von Beschwerdeorientierung nicht aus, sondern muß durch andere, stärker sportspezifische (z. B. sich körperlich hart belasten) und stärker situativ erlebbare Motivierungen (z. B. Spaß haben, sich wohlfühlen, Spannung erleben) ergänzt werden" (Abele & Brehm 1990, 142f.).

Der Gesundheitsreport für Nordrhein-Westfalen (Ministerium für Arbeit, Gesundheit und Soziales 1991) sieht in der sportlichen Aktivität eine gesundheitsunterstützende Funktion, die über die direkten Einwirkungen auf das Wohlbefinden hinausgeht und auch für die Prävention von Bedeutung ist. Der Sport dient dem Aufbau sozialer Rollen, die zur Bewegung anregen und dieser Attraktivität und Sinn verleihen. Im Sport können gesundheitsrelevante Informationen verhaltenswirksam werden, Fitness und Gesundheit werden konkret wahrgenommen und erlebt und gehen über die theoretische Auseinandersetzung hinaus (Ministerium für Arbeit, Gesundheit und Soziales 1991; Sprenger 1987).

2.2 Falsches Ernährungsverhalten

Epidemiologie

Laut Ernährungsbericht (1988) ist eine deutliche Veränderung des Ernährungsverhaltens seit Mitte der 60er Jahre zu verzeichnen. Nicht nur die Zunahme des "Außerhausverzehrs", sondern auch ein nahezu unüberschaubares Nahrungsmittelangebot hat u. a. zu einem oftmals unreflektierten Konsumverhalten geführt, das nur noch indirekt mit dem Grundbedürfnis (Stillen von Hunger) zu tun zu haben scheint. Während in den Nachkriegsjahren die mangelnde Ernährung zu verschiedenen gesundheitlichen Beeinträchtigungen führte, läßt sich mit zunehmendem Wirtschaftswachstum eine gegenteilige Entwicklung ausmachen. Falsche und zu fettreiche Ernährung trägt im wesentlichen zum Entstehen von Zivilisationskrankheiten, z. B. des Herz-Kreislauf-Systems, bei. Vergleichbar mit anderen gesundheitsriskanten Verhaltensweisen (z. B. sportliche Inaktivität) werden auch Ernährungsgewohnheiten schon früh im Lebenslauf innerhalb der familiären Sozialisation gelernt und festgelegt und finden dann in späteren Lebensjahren häufig ihre Fortsetzung (Eder, Urbas & Graf 1986).

Es wird davon ausgegangen, daß Heranwachsende dazu tendieren, sich wenig Gedanken über die richtige Nahrungswahl zu machen. Auf der einen Seite nehmen sie zu wenig Salat, frisches und gekochtes Gemüse, Obst und Brot zu sich. Auf der anderen Seite konsumieren Jugendliche häufig Wurst- und Süßwaren und salzen ihr Essen zusätzlich (Ernährungsbericht 1984). Dies ist von besonderer Relevanz, da im Jugendalter aufgrund von Wachstumsprozessen, gesteigerter Vitalität (z. B. sportliche und andere Freizeitaktivitäten) und Leistungsanforderungen (z. B. in der Schule) ein erhöhter Vitaminbedarf besteht. Petrikowsky (1990) weist darauf hin, daß Jugendliche eine zu hohe Energieaufnahme haben: sie konsumieren zuviel Fette, gesättigte Fettsäuren, Cholesterin, Disaccharide, Salz und Alkohol. Sie versorgen sich zudem mit zu wenigen Ballaststoffen, Polysacchariden, Vitaminen und Mineralstoffen. Die Aufnahme der ballaststoffreichen Grundlebensmittel aus Vollkorn ist ungenügend, die Kalciumaufnahme durch den Milchverzehr und die gesamte Flüssigkeitsaufnahme zu niedrig.

Auch im Ernährungsbericht (1988) wird festgestellt, daß bereits bei Jugendlichen ein Mangel an Eisen, Folat, Vitamin B1, B2 und an Kalcium, gefolgt von den Vitaminen A, D, B6 und C besteht. Die Zufuhr von Natrium und Phosphat dagegen ist zu hoch.

Die gesundheitlichen Auswirkungen eines falschen Ernährungsverhaltens sind vielfältig. Die nur unzureichende Jod- und Kalciumzufuhr, die auf mehr als die Hälfte deutscher Kinder zutrifft, kann z. B. eine sonographisch vergrößerte Schilddrüse (Struma) verursachen (Petrikowsky 1990). In der derzeitigen Osteoporosediskussion wird die zu geringe Kalciumzufuhr im Jugendalter als eine Ursache aufgeführt (Petrikowsky 1990). Weiterhin kann Eisenmangel Anämien, Zucker Karies und in Verbindung mit zuviel Fett- und Energieaufnahme Diabetes mellitus verursachen (Henke, Behrens, Arob & Schlierf 1986).

Nach neueren Aussagen ist der exakte Energie- und Nährstoffbedarf von Kindern und Jugendlichen umstritten. Als Gründe hierfür werden individuelle Tagesschwankungen sowie Wachstumsprozesse genannt (Petrikowsky 1990). Darüberhinaus liegen keine Studien vor, die zuverlässige Aussagen über die Folgen einer unzureichenden Bedarfsdeckung machen könnten.

Eine Folge übermäßiger Energieaufnahme ist das *Übergewicht*. Im Jahre 1986 ergab die schulärztliche Untersuchung für Schulanfänger, daß durchschnittlich 6% der Mädchen und 4% der Jungen übergewichtig sind. Bei den Jungen steigt zwischen dem 3. und 18. Lebensjahr der Anteil der Übergewichtigen (15 bis 25% über Normalgewicht) fast auf das Dreifache an, wohingegen der Anteil der übergewichtigen Mädchen mit zunehmenden Alter anteilsmäßig geringer wird. Eine Aufschlüsselung nach Schulbildung gibt Hinweise darauf, daß Übergewicht insbesondere ein Problem der "unteren sozialen Schichten" in der Bevölkerung ist (Ministerium für Arbeit, Gesundheit und Soziales NRW 1991). Die überwiegende Mehrzahl der überernährten Kinder (ca. 80%) wird auch im Erwachsenenalter dick sein und mit zum Teil erheblichen Gesundheitsstörungen rechnen müssen. Die Folgen eines zu hohen Körpergewichts sind im Kindes- und Jugendalter vor allem X-Beine, Knickfüße und seelische Auswirkungen. Im Erwachsenenalter kann zu hohes Körpergewicht dann zu Herz- und Kreislauferkrankungen, Zuckerkrankheit, Gicht, Verschleißerscheinungen und einer herabgesetzten Lebenserwartung führen.

Im Rahmen von falschem Ernährungsverhalten werden in der Literatur vor allem folgende Krankheiten genannt: Herz-Kreislauferkrankungen, Diabetes mellitus, chronische Krankheiten der Leber, alkoholbedingte Krankheiten, einige Krebsarten, Gicht, Neurodermitis, Bluthochdruck und Krankheiten der Gehirngefäße, Mangelkrankheiten, Krankheiten des Kauapparates und der Verdauungsorgane (Ernährungsbericht 1988).

In einer Studie der WHO wurde festgestellt, daß bereits bei ca. 10% der mit 10 bis 15 Jahren verstorbenen Jugendlichen arteriosklerotische Veränderungen der Blutgefäße begonnen hatten (Strasser 1982). Newman (1986) konnte aufzeigen, daß das Ausmaß der arteriosklerotischen Veränderungen im Gefäßsystem mit der Höhe der Blutdruck- und Cholesterinwerte im Kindes- und Jugendalter zusammenhängt. Bereits im Kindesalter (ab 6 Jahren) vorhandene hohe Blutdruck- und Cholesterinwerte führen auch zu entsprechend höheren Werten im Jugendalter (Clarke, Schrott et al. 1978).

Semmer u. a. (1990) überprüften in ihrer Längsschnittstudie zum Gesundheitsverhalten im Kindes- und Jugendalter spezifische Indikatoren riskanten Verhaltens im Hinblick auf spätere chronische Krankheiten. Bei den Teilnehmern der Studie handelte es sich um eine geschichtete Auswahl aus Hauptschülern und Gymnasiasten zwischen 12 und 16 Jahren. Der Anteil der übergewichtigen Schüler betrug in der 7. und 8. Klasse 6,3%, ein Jahr später lag dieser Wert bei denselben Schülern bei 11% und 2 Jahre später bei 13,4%. Der Anteil der übergewichtigen Mädchen lag in der 7. und 8. Klasse bei 10,8%, ein Jahr später bei 13% und zwei Jahre später bei 17,7%. Auffällig war auch, daß in der Hauptschule jeweils deutlich mehr Schüler übergewichtig waren als im Gymnasium: 12,4% gegenüber 3,3% in der 7. und 8. Klasse respektive 19,6% gegenüber 11% in der 9. und 10. Klasse.

Für das ernährungsrelevante Verhalten aufschlußreich, insbesondere für präventive Maßnahmen, ist die Kariesforschung, die die bisher beste Datengrundlage besitzt. Die unterschiedlichen Studien kommen zu dem einheitlichen Ergebnis, daß ein direkter Zusammenhang zwischen Ernährungsverhalten und Zahngesundheit besteht. 50% der dreijährigen Kinder bzw. 90% der Schulanfänger haben bereits kariöse Zähne (Ernährungsbericht 1988). Epidemiologische Untersuchungen in der Stadt und Landregion Gießens ergaben, daß karies- und füllungsfreie Milchgebisse nur noch bei 48% der Vierjährigen und 32% der Fünfjährigen vorkommen. Naturgesunde, bleibende Gebisse sind bei erwachsenen Probanden nur noch mit einem Anteil von weniger als 0,5% zu finden (Buhl, Wetzel & Ehret 1986).

Ätiologische Betrachtungen

Die ursächlichen Beziehungen zwischen Ernährungsverhalten und Gesundheit/Gesundheitsstörungen werden in der wissenschaftlichen Literatur kontrovers diskutiert. Dies gilt insbesondere für Aussagen über Art und Intensität möglicher Zusammenhänge. Entsprechend werden die Wirkungen präventiver Ernährungsbeeinflussung auf Prävalenz und Verlauf unterschiedlich eingeschätzt (Ministerium für Arbeit, Gesundheit und Soziales NRW 1991).

Über die Konsequenzen von Ernährungs(fehl)verhaltensweisen bei Kindern und Jugendlichen besteht in der Literatur Eindeutigkeit darin, daß das Ernährungsverhalten Auswirkungen auf den Gesundheitszustand hat, wenngleich diese sich derzeit noch nicht konkretisieren lassen. Die biochemischen Methoden zum Nachweis von Eiweiß- und Vitaminmangelzuständen sind hinreichend empfindlich, um früheste Stadien einer mangelhaften Versorgung zu erfassen. Aus einer unsicheren Bedarfsdeckung kann noch nicht der Schluß gezogen werden, daß schon ein Mangel besteht, der Funktionsstörungen auslöst (Ernährungsbericht 1988).

Es scheint in der Literatur unbestritten, daß eine Veränderung des Ernährungsverhaltens für eine Vielzahl von Kindern und Jugendlichen dringend notwendig ist. Dem Anspruch der Veränderung des Ernährungsverhaltens steht jedoch ein vergleichsweise geringes systematisches Wissen gegenüber.

Bei allen Schwierigkeiten, die es bisher noch in der Ernährungsverhaltensforschung gibt, wird jedoch einheitlich konstatiert, daß Alter, Geschlecht, Einkommen, Bildung, Gruppenzugehörigkeit und Tradition als Einflußvariablen für Ernährungsgewohnheiten auftreten.

Neuere Untersuchungen (vgl. z. B. Pudel & Westenhöfer 1991) im Bereich gesunder Ernährung belegen das große Interesse einer gesundheitsorientierten Aufklärung über Ernährungsfehlverhalten. Die Ernährungsverhaltensforschung hat sich in den letzten Jahren eindeutig von einem biochemischen Ansatz hin zu einem verhaltensorientierten Ansatz entwikkelt.

Dumpert (1982) stellte im Rahmen einer standardisierten Befragung von 220 Müttern 4- bis 6jähriger Kinder fest, daß ein deutlicher Zusammenhang zwischen dem Gewichtsstatus des Kindes und dem sozialen Status der Eltern besteht. Jedoch kann diese Studie zur Frage nach den Ursachen von Übergewicht keine direkten Aussagen machen. Die Ursachen für Übergewicht sind vielfältig. Familiale Koch- und Eßgewohnheiten, Mangel an Bewegung und Essen als Ersatzbefriedigung werden als Ursachen berücksichtigt. Aufgrund neuerer Untersuchungen nimmt man an, daß ein zu reichliches Nahrungsangebot im Säuglingsalter die Zahl der Fettzellen übermäßig erhöht und Übergewicht fördert. Nur in weniger als 1% der Fälle liegt die Ursache für Übergewicht in einer somatischen Störung begründet (Drüsenstörung) (Graf 1989).

Bezüglich der Einflüsse der Kariesentstehung kann gesagt werden, daß Parodontopathien teilweise als ernährungsbedingte Erkrankungen aufgefaßt werden müssen. Aus dem Ernährungsbericht (1984) ist ersichtlich, daß die tatsächliche Kalciumaufnahme bei Kleinkindern zwischen dem 2. und 5. Lebensjahr deutlich unter den Empfehlungen liegt. Unbestritten ist in der Literatur auch der regulative Einfluß von Vitamin A bei der Zahnschmelzbildung. Die Literatur zum Thema ernährungsbedingte Faktoren bei der Zahngesundheit verfügt über hinreichend gesichertes Datenmaterial, so daß bzgl. der Ursachen und Bedingungen hier sichere Aussagen gemacht werden können. Ebenso gibt es eine Fülle an Untersuchungen, die belegen, daß Ernährungsfaktoren nicht nur in den ersten Lebensjahren, sondern bereits pränatal - über den mütterlichen Stoffwechsel - die Zahngesundheit vielfältig beeinflussen. Insgesamt kann gesagt werden, daß im Bereich der Zahngesundheit die Ernährungsforschung am weitesten gediehen ist. Im Bereich der Kariesprophylaxe gibt es folgende ernährungswissenschaftliche Empfehlungen:

- Kontrolliert reduzierte Zufuhr saccharosehaltiger Genuß- und Lebensmittel sowie sonstiger industriell hergestellter Lebensmittel, die an Stelle von Saccharose andere isolierte Zucker wie Glukose, Fruktose, Maltose und Maltodextrin enthalten;
- Sicherstellung einer kauaktiven Ernährungsweise;
- Vermeidung klebriger und weicher, die Kaufaulheit des Gebisses fördernder Lebensmittel;
- Gewährleistung einer ausgewogenen Ernährung, die Kohlenhydrate, Eiweiße und Fette enthält und der ein differenziertes Muster an Mineralstoffen, Spurenelementen und Vitaminen beigegeben ist;
- Vermeidung spezieller Gewohnheiten, die im besonderen zu Zahnerkrankungen beitragen (z. B. exzessive Zufuhr gezuckerter oder stark säurehaltiger Getränke aus der Saugflasche bei Kleinkindern über das 1. Lebensjahr hinaus).

Jüngere Schülerinnen und Schüler interessieren sich noch eher für Ernährungsfragen, Mädchen häufiger als Jungen und Gymnasiasten stärker als Hauptschüler (UGB-Forum 1990). Erst in jüngster Zeit werden jedoch die Motive, Einstellungen sowie Motivationsmöglichkeiten zu Ernährungsfragen von Kindern und Jugendlichen genauer untersucht. Jugendliche haben eine eher lustbetonte Einstellung zum Essen, sowohl geschmacklich als auch bzgl. der Atmosphäre. Pudel (1989) stellt fest, daß die veränderte Ernährungsumwelt Ursache für bestimmte Ernährungsgewohnheiten ist. Das heutige Lebensmittelangebot ermöglicht eine differenzierte Bedürfnisstruktur. Als Motive zur Auswahl bestimmter Lebensmittel nennt Pudel (1989): sensorische Qualität, ökonomischer Aspekt, kulturelle Einflüsse, Schönheitsanspruch, habituelle Gründe, Fitnessüberlegungen etc. Als negative Tendenzen in diesem Verhaltensbereich nennt Pudel den Verlust der Wertschätzung, den Verlust der Lebensmittelqualität und den Verlust der originären Beziehung zur Herkunft. Die Ausführungen von Pudel sind derzeit die einzigen in der Bundesrepublik, die Ernährungsgewohnheiten in einem breiteren Rahmen betrachten. Bezogen auf die Jugendlichen nennt er folgende Eßbedürfnis-Tendenzen: 1. Hedonistisches Motiv (primär sensorische Optimierung bei Dominanz von süßem Geschmackserlebnis) 2. Zweckrationales Motiv (Preis, Gelegenheit etc.) 3. Life-Style-Motiv.

Im Hinblick auf die Prävention ernährungsbedingten Risikoverhaltens lassen sich bestimmte Charakteristika markieren, die - wie noch zu zeigen sein wird - auch z. T. auf andere gesundheitsriskante Verhaltensweisen zutreffen. Pudel & Westenhöfer (1991) nennen sechs solcher Merkmale für die Ernährungsprävention.

1. Im Vordergrund steht nicht ein Abstinenzprinzip, sondern die gezielte Modifikation des Verhaltens.
2. Essen und Trinken sind stark habitualisierte, in den sozialen Kontext integrierte Verhaltensweisen.
3. Der Genußwert vom Eßverhalten ist vergleichsweise groß.
4. Die Risiken ungesunder Ernährung sind nicht unmittelbar abschätzbar.
5. Die Kriterien einer ungesunden Ernährung definieren sich über ernährungsphysiologische Parameter. Dadurch bedarf die Steuerung des spezifischen Verhaltens wesentlicher kognitiver Komponenten.
6. Gesunde versus ungesunde Lebensmittel sind nicht einfach definierbar, sondern erst die entsprechende Dosierung über eine Zeitspanne macht den gesundheitlichen Wert der Gesamternährung aus.

2.3 Legaler Drogengebrauch

Epidemiologie

Ein besonderes Gewicht im Spektrum gesundheitsrelevanter Verhaltensweisen kommt zweifelsohne der Nutzung von Drogen zu. Unter dem Begriff Drogen werden in der Regel alle Substanzen zusammengefaßt, die über das zentrale Nervensystem die subjektive Befindlichkeit eines Konsumenten beeinflussen. Somit werden die Genußmittel wie Tabak und Alkohol, sedierende und schmerzlindernde Medikamente, Schnüffelstoffe, Schlaf- und Beruhigungsmittel als auch die illegalen Drogen (Haschisch/Marihuana, Opiumderivate und Kokain) in das Begriffsverständnis mitaufgenommen. Während sich die Forschung im Bereich sozialwissenschaftlicher Disziplinen lange Zeit nur auf das Spektrum der illegalen Drogennutzung konzentriert hat, liefern morbiditäts- und mortalitätsbezogene Angaben hinreichende Beweise dafür, daß gerade die legalen Drogen (Alkohol, Tabak und Arzneimittel) zu vielen Erkrankungen beitragen.

Nicht nur aufgrund der starken gesundheitlichen Risiken und Gefährdungen, wie Lungenkrebs, chronischer Bronchitis, Herz- und Kreislaufstörungen, Herzinfarkt, Leberzirrhose, Hepatitis B, AIDS, psychovegetative

Beeinträchtigungen u. a., die als Folge unkontrollierten Drogengebrauchs eintreten können, sondern auch aufgrund seiner ausschlaggebenden Funktion in bezug auf andere gesundheitsrelevante Verhaltensweisen, kommt dem Drogenkonsum und -mißbrauch im Jugendalter eine Schlüsselrolle zu.

Tabak und Alkohol sind eindeutig die verbreitesten Drogen in unserem Kulturkreis. Obwohl legal, müssen beide Drogen auch als die gefährlichsten aller Drogen eingestuft werden, wenn man die massenhaften Gesundheitsbeeinträchtigungen berücksichtigt, die sie auslösen.

Dem Konsum legaler Drogen (Tabak, Alkohol, Medikamente) muß auch deshalb große Aufmerksamkeit gewidmet werden, weil der Einstieg in alle Formen des Gebrauchs illegaler Drogen in der Regel über die Erfahrungen mit den legalen Drogen verläuft. So stellten Donovan, Jessor & Jessor (1983) fest, daß problematischer Alkoholgebrauch für den späteren Marihuanakonsum prognostisch relevant ist. In ihrer Studie zeigte sich, daß der Gebrauch von Haschisch/Marihuana in der Regel über das "Problemtrinken" verläuft. Dagegen erwies sich die Wahrscheinlichkeit, illegale Drogen zu konsumieren bei moderatem Alkoholgebrauch als wesentlich geringer. Welche Droge wie intensiv konsumiert wird und welche definierbaren Abfolgen (etwa: Alkohol, Nikotin, Haschisch/Marihuana, Heroin) durchlaufen werden und auf welcher Stufe stehengeblieben wird, scheint mit dem subjektiven Empfinden in der (sozialen) Umwelt und den spezifischen Verarbeitungsmustern zusammenzuhängen (Thomasius 1991). Dem legalen Drogengebrauch wird in der Regel aber erst dann Aufmerksamkeit entgegengebracht, wenn gesellschaftlich tolerierte Formen des Konsums nach außen hin sichtbar deutlich überschritten werden (z. B. wenn eine Alkoholabhängigkeit vorliegt) (Nordlohne 1992).

Alkohol

In den letzten Jahren ist eine spürbare und berechtigte Sensibilisierung für Fragen des Alkoholkonsums eingetreten.

Für die Bundesrepublik muß von mindestens 1,5 Millionen alkoholkranken Menschen ausgegangen werden, darunter sind etwa 150.000 bis 200.000 Jugendliche (Deutsche Hauptstelle gegen die Suchtgefahren 1989; Martin 1987). Im Bundesland Nordrhein-Westfalen gelten beispielsweise 46.000 Jugendliche im Alter zwischen 12 und 17 Jahren als alkoholgefährdet, weil sie mehrmals in der Woche erhebliche Mengen Alkohol trinken (Wünschmann 1991). Bisher gibt es wenig abgesicherte Erkenntnisse über den Alkoholkonsum in den östlichen Bundesländern. Die Forschung in diesem Sektor wurde dort jahrelang entweder nicht genehmigt bzw. die Ergebnisse nicht zugänglich gemacht, obwohl Drogenmißbrauch (insbesondere Alkoholmißbrauch) unter Jugendlichen kein unbekanntes Phänomen war (Reißig 1991).

Bisher verfügbare Daten zum Alkoholgebrauch Jugendlicher in den östlichen Bundesländern bestätigen, daß der Anteil der 16jährigen ostdeutschen Schülerinnen und Schüler, die regelmäßig alkoholische Getränke zu sich nehmen, seit Mitte der siebziger Jahre von 38% auf ca. 50% gestiegen ist. Nach bisherigen Befunden gelten 5% der Jugendlichen in den neuen Bundesländern als alkoholgefährdet; dies betrifft hauptsächlich die männlichen Jugendlichen (Nordlohne, Reißig & Hurrelmann 1993).

Für die alten Bundesländer liegen mehrere verläßliche Untersuchungen vor, die Angaben über Verbreitung und Ausmaß jugendlicher Konsummuster (in bezug auf Tabak und Alkohol) ermöglichen. Aufgrund unterschiedlicher Operationalisierung der Prävalenzmessung und regionaler Unterschiede sind die Studien jedoch in vielen Fällen nicht vergleichbar.

Eine von Infratest im Auftrag des Bundesministers für Jugend, Familie und Gesundheit (1983) durchgeführte epidemiologische Studie zum Konsum von legalen und illegalen Drogen bei Jugendlichen kommt zu dem Ergebnis, daß 11% der 12- bis 17jährigen regelmäßig Alkohol konsumieren. Die Studie ermittelte weiterhin, daß intensiv Alkohol konsumierende Jugendliche häufig Probleme in Beruf und Schule aufweisen. Dasselbe trifft auch auf problematische Beziehungen zum Vater oder zur Mutter zu. Zank Stemmler & Kastner 1987) fanden eine Jahresprävalenz bei den 13jährigen Jugendlichen, die bei 61% für den Konsum weicher Alkoholika und bei 25% für den Konsum von Branntwein lag. Die Vergleichswerte liegen in dieser Studie für die 16- bis 17jährigen entsprechend höher: 87% in dieser Altersgruppe haben Bier oder/und Wein konsumiert und 54% Schnaps getrunken. Die Angaben beziehen sich auf eine repräsentative Stichprobe für West-Berlin. In Baden-Württemberg wurden in einer dort befragten Stichprobe von 12- bis 25jährigen 19% als regelmäßige Alkoholtrinker und 33% als gelegentliche Alkoholkonsumenten eingestuft (Ministerium für Arbeit, Gesundheit, Familie und Sozialordnung 1989). In einer für Nordrhein-Westfalen repräsentativen Schülerstudie (12- bis 17jährige) kommt Nordlohne (1992) zu folgenden Prävalenzwerten: 50% der befragten Schüler trinken gelegentlich bis regelmäßig weiche Alkoholika (Bier, Wein Sekt) und 25% konsumieren gelegentlich bis regelmäßig harte Alkoholika (Schnaps etc.).

Trenderhebungen gehen davon aus, daß 4-5% der 15- bis 16jährigen entweder schweren Alkoholmißbrauch betreiben oder alkoholabhängig sind (Ministerium für Arbeit, Gesundheit und Soziales NRW 1987). Die Werte für die östlichen Bundesländer sind auf gleich hohem Niveau zu veranschlagen (Nordlohne. Reißig & Hurrelmann 1993). Insgesamt zeichnet sich bei der Gruppe der Jugendlichen im Alkoholkonsum in den letzten Jahren ein leichter Rückgang ab. Die nicht zu unterschätzende Anzahl alkoholgefährdeter und -abhängiger Jugendlicher schmälert diesen positiven Trend (vgl. Bundeszentrale für gesundheitliche Aufklärung 1990).

Tabak

Der überwiegende Teil des Tabakkonsums im Jugendalter erfolgt über das Rauchen von Zigaretten (Deutsche Hauptstelle gegen die Suchtgefahren 1991). Insgesamt ist davon auszugehen, daß in den westlichen wie auch in den östlichen Bundesländern in den letzten zehn Jahren die Raucherquote, auch unter Jugendlichen, gesunken ist (Nordlohne, Reißig & Hurrelmann 1993).

Die Daten des Ministeriums für Arbeit, Gesundheit und Soziales NRW (1987) zeigen aufgrund des dort ausgewiesenen Vergleichs mit früheren Repräsentativerhebungen, daß der Anteil der Raucher für die Altersgruppe der 12- bis 24jährigen von 46% im Jahr 1981 auf 37% im Jahr 1987 deutlich gesunken ist (vgl. auch Bundeszentrale für gesundheitliche Aufklärung 1990). Ein ähnlich rückläufiger Trend ist für die östlichen Bundesländer zu verzeichnen (Reißig 1989). Derzeit scheint die Raucherquote in der Altersgruppe der 12- bis 24jährigen in den neuen Bundesländern höher zu liegen als in den alten. Die Werte für die östlichen Länder liegen bei 41,8%, während für die westlichen Bundesländer von einer Quote um 33% auszugehen ist. Für die Altersgruppe der 14- bis 15jährigen Jugendlichen ist in den östlichen Bundesländern von einer Raucherquote von 30% auszugehen. 10% rauchen dabei regelmäßig und 20% gelegentlich. In einer Studie für das Bundesland Nordrhein-Westfalen kommt Nordlohne (1992) zu ähnlichen Jahresprävalenzen. 31% der 12- bis 17jährigen rauchen gelegentlich oder regelmäßig. Die Ergebnisse bei Nordlohne (1992) geben auch Auskunft über die Intensität der Rauchgewohnheiten bei den täglich rauchenden Jugendlichen (20%). 59% rauchen bis zu 10 Zigaretten pro Tag und 22% der befragten jugendlichen Raucher zählen bereits zu den starken Rauchern, die mehr als 15 Zigaretten pro Tag konsumieren.

Die Aufnahme des Tabakkonsums hat sich in den letzten Jahren zeitlich vorverlegt und beginnt bereits im Alter von 10 bis 12 Jahren (Bundeszentrale für gesundheitliche Aufklärung 1985a; Deutsche Hauptstelle gegen die Suchtgefahren 1989). Durchschnittlich erfolgt der Einstieg in regelmäßiges Rauchen sowohl in den westlichen als auch in den östlichen Bundesländern im Alter von 15 bis 17 Jahren (Ministerium für Arbeit, Gesundheit und

Soziales NRW 1987; Ministerium für Arbeit, Gesundheit, Familie und Sozialordnung 1989; Nordlohne 1992; Reißig 1990).

Medikamente

Der Arzneimittelkonsum als ein Teilaspekt gesundheitsbezogenen Verhaltens im Jugendalter stand jahrelang im Schatten der Diskussion um suchtauslösende Substanzen. Dies zeigt sich nicht nur im mangelnden öffentlichen Interesse, sondern auch in der bisher spärlichen Forschungsliteratur zu diesem Themenkomplex. Im Gegensatz zu umfangreichen Forschungsarbeiten über den Konsum und Mißbrauch von Alkohol und Tabak zeigt sich die Forschung zum Arzneimittelgebrauch und -mißbrauch mit Blick auf das Jugendalter noch sehr lückenhaft. Weder über den Verbrauch von Arzneimitteln insgesamt noch über die Gebrauchsgewohnheiten innerhalb der Bevölkerung und spezieller Bevölkerungsgruppen liegen hinreichende, valide und einfach zugängliche Untersuchungen vor (Glaeske 1989).

Für die bundesrepublikanische Bevölkerung läßt sich seit 1984 ein kontinuierlicher Anstieg des Umsatzes wie auch der Verordnungen von Arzneimitteln feststellen (Glaeske 1991; Schwabe & Paffrath 1989). Zu den meistverordneten Präparaten gehören Schmerzmittel (Analgetika), gefolgt von Husten- und Erkältungsmitteln (Antitussiva). An dritter Stelle stehen Magen- und Darmmittel und an vierter Stelle rangieren die Psychopharmaka. Steigende Umsatz- und Verbrauchszahlen haben in den letzten Jahren zu einer Zunahme der Medikamentenabhängigen geführt. Gegenwärtig wird der Anteil der Medikamentenabhängigen für die Bundesrepublik auf 450.000 bis 800.000 geschätzt (Deutsche Hauptstelle gegen die Suchtgefahren 1988).

Verschiedene Studien deuten in ihren Ergebnissen daraufhin, daß neben einer wachsenden Gebrauchsbereitschaft insgesamt auch bei Kindern und Jugendlichen die Umgangsmuster mit Arzneimitteln immer leichtfertiger werden (Nordlohne 1992; Sichrovsky 1984; Staeck 1985; Voß 1987). Sichrovsky (1984) zeigt in seiner Studie auf, daß den 1,9 Mio. Kindern im Alter zwischen 0 und 12 Jahren statistisch gesehen 51 Mio. mal pro Jahr ein Medikament verschrieben wird. Umgerechnet bekommt damit jedes Kind in der genannten Altersgruppe pro Jahr sechs Medikamente verabreicht. Der Verschreibungsanteil von Psychopharmaka für Kinder bis zu 12 Jahren liegt in dieser Studie bei 1,4 Mio. mal pro Jahr. Eine relativ weite Verbreitung des Gebrauchs verschiedener Arzneimittel unter den Heranwachsenden stellt auch das Ministerium für Arbeit, Gesundheit und Soziales des Landes Nordrhein-Westfalen (1987) fest. Diese Studie geht davon aus, daß 14% der 12- bis 24jährigen Befragten regelmäßig und 52% gelegentlich ein Medikament einnehmen.

Ein nach wie vor umstrittener Sachverhalt ist die Verordnung von Psychopharmaka, zumal ihre Verabreichung vor allem bei Heranwachsenden nur als vorübergehende Therapieform verstanden werden sollte und durch andere Therapieformen ergänzungsbedürftig ist. Ein nicht unbeträchtlicher Anteil von Kindern und Jugendlichen haben nach vorliegenden Ergebnissen schon mal Psychopharmaka erhalten. Dittmann (1987) fand heraus, daß von 790 Hamburger Schulanfängern im Alter zwischen 5 bis 7 Jahren 17,3% schon ein- oder mehrmals ein Psychopharmaka erhalten haben. Und Sichrovsky (1984) beschreibt anhand der ihm vorliegenden Daten, daß 16,3% der Kinder und Jugendlichen im Alter von 0-12 Jahren schon einmal mit Psychopharmaka versorgt wurden. In diesem Kontext weisen Asam und Karrazs (1979) auf eine hohe Verschreibungsbereitschaft von Allgemeinärzten, Kinderärzten und Nervenärzten in bezug auf Psychopharmaka bei Kindern und Jugendlichen hin.

In einer für Nordrhein-Westfalen repräsentativen Befragung von 12- bis 17jährigen Schüler stellten Hurrelmann und Nordlohne (1990) heraus, daß ein Drittel der Jugendlichen (32%) wöchentlich zu Medikamenten greift. Nach Häufigkeit der Nutzung liegen Erkältungs- und Grippemittel an der Spitze (19%), gefolgt von Mitteln gegen Allergien (10%), Kopfschmerzmitteln (8%) und Mitteln für Lunge und Bronchien (5%). 4% geben die wöchentliche Einnahme von Herz-Kreislaufmitteln an, 2% die von Beruhigungs- und Schlafmitteln und 1% die von Anregungsmitteln.

Bezogen auf geschlechtsspezifische Aspekte des Arzneimittelkonsums zeigt sich, daß Jungen im Vergleich zu Mädchen bis zum Alter von 10 Jahren deutlich mehr Arzneiverordnungen (auch Psychopharmaka) erhalten. Etwa mit dem Einsetzen der Pubertät wandelt sich dieses Bild: die Verordnungen für Mädchen nehmen drastisch zu (Sichrovsky 1984). Vor allem Mädchen erhalten häufiger und auch länger Psychopharmaka (Vogt 1985). Daß Mädchen/Frauen generell mehr Arzneimittel einnehmen als Männer, ist ein interkulturell vielfach festgestellter Befund. Die Gründe liegen offenbar nicht nur darin, daß Frauen eher die ihre Befindlichkeit beeinträchtigenden Symptome anzeigen (z. B. dem Arzt), auch dürften hier die im gesellschaftlichen Kontext erworbenen Konflikt- und Bewältigungsmuster eine Rolle spielen (Müller & Béroud 1987).

Die Wege, die zum Gebrauch von Arzneimitteln führen, mögen dabei durchaus andere sein als bei den übrigen Drogen (z. B. durch Verordnung). Aber auch bei Medikamenten besteht die Gefahr, daß sie als Manipulatoren für psychisches und soziales Wohlbefinden eingesetzt werden (Nordlohne 1992).

Schnüffelstoffe

Eine jahrelang unbeachtete Form des "legalen" Drogengebrauchs im Jugendalter ist das Schnüffeln von leichtflüchtigen und fettlöslichen Industrieprodukten (Altenkirch 1987). Empirische Arbeiten über den Lösungsmittelmißbrauch sind für die Bundesrepublik noch sehr rar, und für den ostdeutschen Raum gibt es noch keine zuverlässigen Befunde über diese Art des Drogengebrauchs. Obwohl auch dort verfügbar, ist diese Art des Drogengebrauchs unter Jugendlichen kaum verbreitet (Nordlohne, Reißig & Hurrelmann 1993).

Nach den bisherigen Befunden kann davon ausgegangen werden, daß viele Kinder und Jugendliche mit den Schnüffelstoffen lediglich experimentieren. Bei einem kleinen Teil bildet sich jedoch ein stabiles Konsummuster heraus, das mit gesundheitlichen und sozialen Risiken verbunden sein kann (Thomasius 1988). Nach wie vor umstritten ist in der wissenschaftlichen Diskussion das physische Abhängigkeitspotential von Schnüffelstoffen, jedoch kann sicher von der Möglichkeit einer psychischen Abhängigkeit ausgegangen werden (Altenkirch 1987).

Über die tatsächliche epidemiologische Verbreitung des Lösungsmittelmißbrauchs im Kindes- und Jugendalter in der Bundesrepublik liegen kaum zuverlässige Befunde vor. Verschiedene Studien geben jedoch Hinweise darauf, daß bei den 12- bis 24jährigen ca. 10% zumindest Erfahrung mit dem Gebrauch von Schnüffelstoffen haben (Ministerium für Arbeit, Gesundheit, Familie und Soziales 1987; Ministerium für Arbeit, Gesundheit und Sozialordnung 1989). Für den Berliner Raum liegen Befunde vor, nach denen ca. 2% der 13- bis 14jährigen und ca. 5% der 16- bis 17jährigen über Erfahrungen mit Schnüffelstoffen verfügen (Zank 1988). Zu ähnlichen Ergebnissen kommen auch Hurrelmann & Nordlohne (1992) in einer für Nordrhein-Westfalen repräsentativen Studie. Bei den in dieser Studie befragten 12- bis 13jährigen gebrauchten 3% Schnüffelstoffe, bei den 14- bis 15jährigen 4% und bei den 16- bis 17jährigen 9%.

Nach Altenkirch (1987) erscheint vor allem bemerkenswert, daß diese Mißbrauchsform in Schwerpunkten in einzelnen Gebieten, häufig nur in bestimmten Stadtteilen oder auch nur in bestimmten Schulen oder Heimen auftritt.

Ätiologische Betrachtungen

In den letzten Jahren sind in der BRD immer stärker entwicklungs- und sozialisationstheoretische Interpretationsansätze zur Erklärung der Aufnahme und Aufrechterhaltung risikoreicher Verhaltensweisen im Jugendalter (Tabak- und Alkoholkonsum) diskutiert worden (Franzkowiak 1986; Hurrelmann et al. 1986; Hurrelmann 1988; Kastner & Silbereisen 1987; Silbereisen & Eyferth 1986; Silbereisen & Kastner 1985). Verdrängt wurde durch diese Ansätze die Suche nach reinen Kausalzusammenhängen zwischen spezifischen Persönlichkeitsmerkmalen und Präferenzen bestimmter Drogenarten (Thomasius 1991).

Die entwicklungs- und sozialisationstheoretischen Ansätze heben hervor, daß Kinder und Jugendliche lernen müssen, den Konsum legaler Drogen (Tabak und Alkohol, aber auch Medikamenten) zusammen mit den sozial akzeptierten Situationen, Bedeutungen und Funktionen zu praktizieren (Franzkowiak 1986; Nordlohne 1992). Einige Studien unterstreichen deutlich den Stellenwert des legalen Drogenkonsums im Zusammenhang mit neuen Rollen- und Lebenskonstellationen (Bachman, O'Malley & Johnston 1984). Jessor (1986) betont dabei die Funktionen, die der legale Drogengebrauch im Jugendalter übernehmen kann (vgl. Kapitel 3).

Kandel (1975) konnte anhand eines Sequenz- oder Entwicklungsmodells aufzeigen, daß der Konsum einer spezifischen Droge im Rahmen eines Prozesses abläuft, der sich über mehrere Stufen vollzieht. (1. Bier/Wein, 2. Zigaretten und hochprozentige Alkoholika, 3. illegale Drogen wie Cannabis, 4. illegale Drogen wie Kokain oder Heroin). Donovan, Jessor & Jessor (1983) sowie Voss & Clayton (1987) bestätigten und ergänzten die Verlaufsmuster anhand retrospektiver Untersuchungen. Silbereisen & Kastner (1985) kommen in ihrer Untersuchung über die Entwicklungsmuster des Drogengebrauchs im Jugendalter zu einem ähnlichen kumulativen Muster. Jedoch stellen sie heraus, daß das Erreichen einer Stufe nicht notwendigerweise das Erreichen einer späteren Stufe bedingt.

Newcomb und Bentler (1986) benennen eine Viefalt von Faktoren, die zum erstmaligen Drogengebrauch führen können (Einfluß der Gleichaltrigengruppe, sozioökonomischer Status, Familieneinflüsse und Sozialisationsbedingungen, Ausbildungsvariablen, psychologische Variablen, Verhaltensdispositionen, emotionale Befindlichkeit, psychologische Prädiktoren). Offenbar verstärkt sich Drogenkonsum im Jugendalter, wenn Benachteiligungen in der schulischen Laufbahn empfunden werden oder Leistungsversagen eingetreten ist, wenn dauerhafte Konflikte mit den Eltern bestehen und wenn die Beziehungen zu den Gleichaltrigen unzufriedenstellend sind (Engel & Hurrelmann 1989; Nordlohne 1992; Thomasius 1991). Die Motivation zum Konsum und die sie stützenden Einstellungen werden u. a. im Kontakt mit Freunden und Bekannten erlernt und bestimmen über die Bereitschaft zum Konsum. Die Abweichung erweist sich als eine Konformität mit dem Milieu, in dem sich der einzelne aufhält (Reuband 1988).

Wie verschiedene Studien zeigen konnten, ist die Aufnahme des Konsums der Alltagsdroge *Nikotin* stark mit Selbstwertproblemen verbunden: Verhaltensunsicherheit in der Pubertät, mangelnde Anerkennung in der Gleichaltrigengruppe, Mißerfolgserlebnisse in der Schule und andere als ungünstig erlebte soziale Vergleichsprozesse sind wichtige Ausgangsmotive (Reuter 1980).

Im Unterschied zum Tabakkonsum sind beim *Alkoholkonsum* aber weitere und andere Risikofaktoren als beim Rauchen zu identifizieren: Ungünstige soziale Situation der Familie (psychisch, sozial und materiell), mangelnde Harmonie in der Familie und dauernde Beziehungsstörungen, sozialer Abstieg der Familie und Arbeitslosigkeit von Familienmitgliedern; Alkoholismus der eigenen Eltern, der bei einem hohen Alkoholverbrauch in der Gesamtbevölkerung in seiner Bedeutung als intergenerationeller Ursachenfaktor immer stärker wird. Störungen der normalen Beziehungsabläufe in der Familie und die dadurch verursachten Beeinträchtigungen der Identitätsbildung sind für den Alkoholkonsum demnach tiefer in der Persönlichkeitsstruktur verankert als beim Tabakkonsum (Martin 1987). Untersuchungen zur Persönlichkeitsstruktur der Konsumenten zeigen deutlich, daß ängstliche, verschlossene, sensitive, leicht verletzliche Persönlichkeiten mit einer geringen Frustrationstoleranz überdurchschnittlich häufig zu den Alkoholkonsumenten gehören.

Mit Blick auf den *Arzneimittelkonsum* lassen sich Hinweise finden, die für einen deutlichen Zusammenhang der Medikation Jugendlicher und des Elternhauses sprechen. Vogt (1985) weist darauf hin, daß wichtige Lernmotivationen für die Behandlung mit Medikamenten von den Eltern und hier insbesondere von den Müttern ausgehen (vgl. auch Bundesminister für Jugend, Familie und Gesundheit 1983; Infratest-Gesundheitsforschung 1982; Ministerium für Arbeit, Gesundheit und Soziales 1989). Nach Angaben der Bundeszentrale für gesundheitliche Aufklärung (1982) sind 36% der Eltern in der Bundesrepublik bereit, Schulprobleme ihrer Kinder medikamentös zu behandeln. Hurrelmann & Nordlohne (1990) kommen ebenfalls zu dem Ergebnis, daß die Neigung der Eltern, auf Schulschwierigkeiten und entsprechende gesundheitliche Begleiterscheinungen ihrer Kinder mit Medikamenten zu reagieren, in den letzten Jahren sprunghaft angestiegen ist. Die Befunde von Nordlohne (1992) unterstreichen den zentralen Stellenwert von schulbezogenen Problemlagen von Kindern und Jugendlichen im Zusammenhang mit ihrem Gesundheitsverhalten im Umgang mit Arzneimitteln und skizzieren eine Entwicklung, in der im steigenden Maße Arzneimittel als adäquates Mittel zur Belastungs- und Probembewältigung sowie zur Steigerung von Leistungs- und Konkurrenzfähigkeit eingesetzt wird. Voß (1987) sieht den Medikamentenmißbrauch zudem als Signal für eine gestörte Lebenswelt des Kindes oder des Jugendlichen. Die Störungen können dabei in der Schule, in der Familie oder in dem Freundeskreis begründet liegen.

Über die Entstehungsbedingungen des *Lösungsmittelmißbrauchs* ist bisher relativ wenig bekannt. Einige Untersuchungen bestätigen jedoch die Annahme, daß problematische und belastende Lebens- und Entwicklungsbedingungen den Mißbrauch "fördern" können (Thomasius 1988; Zank 1988). Als wesentliche Hintergrundfaktoren für den Mißbrauch von Lösungsmitteln werden insbesondere familiale Belastungsfaktoren hervorgehoben. Häufig berichten Schnüffler über die Unvollständigkeit ihrer Familie, über Arbeitslosigkeit eines oder beider Elternteile sowie über ein problematisches und emotional wenig stützendes häusliches Klima (Altenkirch 1982; Thomasius 1988). Desweiteren konnten bei den sogenannten Langzeitschnüfflern (Konsum i. d. R. länger als 5 Jahre) Formen höherer Problembelastung in Familie und Gleichaltrigengruppe sowie Schwierigkeiten in der schulischen Leistungsbilanz beobachtet werden (vgl. Thomasius 1988; Zank 1988). Einige Studien heben hervor, daß das Schnüffeln von Lösungsmitteln als besonders destruktive Form des Drogengebrauchs mit negativen Selbstbewertungen und -konzepten einhergeht und eine besonders gesundheitsschädigende Reaktionsform auf negative emotionale Zustände darstellt (Zank 1988).

2.4 Riskantes Verkehrsverhalten

Bestimmte Bevölkerungsgruppen sind von Unfällen besonders betroffen. Insgesamt sind die "unprotected road users" (Sanders 1979) als Fußgänger, Radfahrer, Mofa- und Mopedfahrer, Motorradfahrer überproportional an Straßenverkehrsunfällen beteiligt. Zu großer Sorge geben auch die zahlreichen Unfälle im Schulbereich Anlaß. Angesichts der Tatsache, daß Verkehrsunfälle fast die Hälfte aller tödlichen Unfälle in der Altersgruppe der 5- bis 18jährigen ausmachen, wird hier ausschließlich auf Unfälle im Straßenverkehr eingegangen.

1978 starben fast viermal mehr Kinder und Jugendliche (1- bis 14jährige) an Verkehrsunfällen als an Krebs (Kolbe 1984). In keiner anderen Altersgruppe ist der Anteil derer, die durch riskantes Verkehrsverhalten verunglücken, derartig groß. Schlüsselt man die Statistiken für das gesamte Bundesgebiet nach Altersgruppen, Geschlecht und Art der Unfälle auf, so zeigen sich für das Jahr 1989 die Sterbefälle in der Verkehrsstatistik nach Angaben des Statistischen Jahrbuchs (1991) wie folgt:

Tab. 2.4.1: Sterbefälle 1989 (gesamtes Bundesgebiet)

Todesursachen	Altersgruppe <1		1<5		5<15		15<25		ges.
	m[1]	w[2]	m	w	m	w	m	w	
Unfälle	127	82	250	134	410	187	2727	708	4625
darunter:									
KFZ-Unfälle	6	8	75	44	209	116	2150	594	3202
Stürze	2	2	21	10	26	10	108	23	202

[1] männlich [2] weiblich

Die Gesamtzahl der tödlich verunglückten Kinder und Jugendlichen im Alter von 0-25 Jahren betrug 1989 für das gesamte Bundesgebiet 4.625. Davon haben die KFZ-Unfälle den größten Anteil, wobei Jungen häufiger verunglücken als Mädchen (vgl. Tabelle 2.4.1).

Auf deutschen Straßen verunglückten 1989 im alten Bundesgebiet 388 Heranwachsende unter 15 Jahren und 306 Jugendliche im Alter von 15 bis 18 Jahren tödlich. Die Zahl der Verletzten lag bei den unter 15jährigen bei 43.096 und bei den 15- bis 18jährigen bei 28.076. Sowohl die Anzahl der Unfälle mit tödlichem Ausgang als auch die Anzahl der Verletzten lag 1989 in den neuen Bundesländern niedriger (vgl. Tabelle 2.4.2).

Schaut man sich zudem die Straßenverkehrsunfälle nach Art der Verkehrsbeteiligung an, so zeigt sich, daß in den jüngeren Altersgruppen (unter 15 Jahren) wesentlich häufiger Fußgänger, Fahrradfahrer und Personenkraftwagen-Mitfahrer an Verkehrsunfällen beteiligt sind als in den älteren Altersgruppen. In der Altersgruppe der 15- bis 18jährigen herrschen entsprechend der zunehmenden Motorisierung Straßenverkehrsunfälle durch Mofa, Moped und Motorrad vor.

Tab. 2.4.2: Bei Straßenverkehrsunfällen Verunglückte 1989 nach Art der Verkehrsbeteiligung und Altersgruppen (Statistisches Jahrbuch 1991)

	unter 15 Jahren				15 bis 18 Jahren			
	Getötete		Verletzte		Getötete		Verletzte	
Fahrräder	99[1]	(21)[2]	16.134[1]	(953)[2]	33[1]	(4)[2]	6.456[1]	(179)[2]
Mofas	-	-	79		29		3.435	
Mopeds	-	(2)	35	(189)	12	(37)	1.509	(2471)
Motorräder	1	(2)	169	(64)	70	(55)	6.968	(1652)
PKW	122	(37)	13.064	(1.219)	136	(11)	7.939	(264)
Fußgänger	180	(53)	12.666	(2.278)	20	(12)	1.403	(222)
Insges.	388	(116)	43.096	(4.783)	306	(115)	28.076	(4821)

[1] Gebiet der alten Bundesrepublik
[2] () frühere DDR

Insgesamt verunglücken Jungen häufiger als Mädchen (Verhältnis 3:2) im Straßenverkehr. Der gleiche Trend läßt sich auch für die Erwachsenenpopulation nachvollziehen (Schlag 1978).

Im Vergleich zu anderen Unfallarten sind Kinder und Jugendliche in der Bundesrepublik im Straßenverkehr stärker gefährdet als in den meisten anderen europäischen Ländern (Gmünder Hochschulreihe 1988). Die Unfallrate im Straßenverkehr liegt dabei deutlich über dem europäischen und dem Weltdurchschnitt. Die Stadtstaaten Berlin und Hamburg zeigen im Vergleich zu den anderen bundesrepublikanischen Ländern die schlechteste Unfallbilanz (Weber et al. 1990).

Zippel (1990) führte in den Jahren 1987/88 eine großangelegte Studie zur Verkehrs- und Unfallbeteiligung von Schülern und Schülerinnen der Sekundarstufe I in Niedersachsen durch. Er fand heraus, daß die amtlichen Zahlen über Verkehrsunfälle hinsichtlich der Unfallbeteiligung der Schüler deutlich niedriger lagen als die Zahlen der von Schülern genannten Unfälle, was darauf zurückzuführen ist, daß insbesondere in ländlichen Regionen viele (Bagatell-)Unfälle polizeilich gar nicht aufgenommen werden. Die deutlich höheren Dunkelziffern in ländlichen gegenüber städtischen Gebieten deuten darauf hin, daß die vielfach angenommene geringere Unfallgefahr in ländlichen Regionen im Vergleich zu Stadtgebieten nicht zutrifft und daß die tatsächliche Gefährdung von Jugendlichen im Straßenverkehr unabhängig von der regionalen Situation ist.

Zippel (1990) kommt weiterhin zu dem Ergebnis, daß die Dauer der Verkehrsbeteiligung und die Art der Verkehrsmittel durch das Alter, das Geschlecht, die besuchte Schulform und durch regionale Faktoren bestimmt wird.

Ätiologische Betrachtungen

Beim Sichten der wissenschaftlich relevanten Literatur im Bereich des Verkehrsverhalten von Kindern und Jugendlichen kristallisieren sich zwei dominante Forschungsstränge heraus. Zum einen wird den Ursachengefügen, Bedingungen und der Prävention von Kinderunfällen im Straßenverkehr nachgegangen, wobei hauptsächlich die Kindergarten- und Grundschulkinder als die Zielgruppe focussiert werden. Zum anderen steht die Suche nach Ursachen und präventiven Strategien riskanten Fahrverhaltens junger motorisierter Verkehrsteilnehmer im Forschungsinteresse. Die Altersgruppe der 7/8- bis 14/15jährigen nimmt in der Forschungsliteratur dagegen eine Marginalposition ein.

Junge motorisierte Fahranfänger

Eine Hauptbetroffenengruppe bei Verkehrsunfällen bilden die motorisierten Fahranfänger im Straßenverkehr. So liegt in der BRD (West) das bevölkerungsbezogene Risiko, als 18- bis 20jähriger Fahrer tödlich zu verunglükken, 3- bis 4mal höher als bei dem Personenkreis, der älter als 21 Jahre ist (Brühning & Weißbrodt 1987; Schulz & Kerwien 1991).

Dies ist u. a. das Ergebnis zweier Jahrzehnte andauernder epidemiologischer Studien über Verkehrsunfälle. Junge Fahrer sind um ein Vielfaches häufiger in Verkehrsunfälle verwickelt als alle anderen Altersgruppen. Dabei handelt es sich zum größten Teil um Unfälle, an denen keine anderen Verursacher beteiligt sind ("Alleinunfälle"). Die 15- bis 25jährigen weisen sowohl absolut als auch relativ sehr hohe Verkehrsrisiken auf. Die Unfallwerte der Mädchen und jungen Frauen liegen deutlich niedriger als die der Jungen. Im Jahr 1985 wurden mehr als 1% der 15- bis 18jährigen als Fahrer und Mitfahrer von Krafträdern und annähernd der gleiche Prozentsatz der 18-bis 25jährigen als Fahrer oder Mitfahrer von Personenkraftwagen bei einem Verkehrsunfall verletzt oder getötet.

Die hohe Unfallbeteiligung wird in der Litertur auf eine Kombination verschiedener Hauptfaktoren zurückgeführt:

1. jugendspezifische Verhaltensdispositionen (erhöhte Risikobereitschaft);
2. geringe Fahrerfahrung (z. B. Unterschätzung von Gefahrenssituationen, nicht angepaßte Geschwindigkeit, Vorfahrts- und Abstandsfehler);
3. personaler und sozialer Kontext;
4. spezifische Rahmenbedingungen der Verkehrsteilnehmer;
5. Alkohol- und Medikamenteneinfluß.

Als Ursache für das riskante Verkehrsverhalten müssen die besonderen Entwicklungsanforderungen der Jugendphase in Zusammenhang mit dem sozialen Lebensraum der Jugendlichen angesehen werden (Bliersbach & Dellen 1981; Klebelsberg 1976; Schlag, Ellinghaus & Steinbrecher 1986; Schulz & Kerwien 1991).

Jonah (1990) stellt in seiner Studie fest, daß hauptsächlich die jüngeren Fahrer im Alter von 16- bis 24 Jahren riskantes Fahrverhalten zeigen und auch häufiger in Verkehrsunfälle verwickelt sind als ältere Verkehrsteilnehmer. In Abgrenzung zu anderen Forschungsergebnissen lassen sich in bezug auf riskantes Verhalten keine geschlechtsspezifischen Unterschiede feststellen. Weiterhin zeigten vor allem die 20- bis 24jährigen Autofahrer in dieser Studie am häufigsten riskantes Verhalten, Alkoholkonsum und Nichtgebrauch von Sicherheitsgurten.

Eine weitere wesentliche Unfallursache ist der Konsum von Alkohol in Zusammenhang mit dem Autofahren. Eine Forschungsarbeit im Auftrage der Bundesanstalt für Straßenwesen (Bundesanstalt für Straßenwesen BAST 1987/88) zur Totalerhebung aller sogenannten "Disco-Unfälle" kommt zu dem Ergebnis, daß ohne Alkoholkonsum der überwiegende Teil dieser "Disco-Unfälle" mit hoher Wahrscheinlichkeit hätte vermieden werden können. Brown, Sanders & Schonberg (1986) bestätigen, daß ungefähr die Hälfte aller Todesfälle bei den 16- bis 19jährigen auf Unfälle mit Personenkraftwagen zurückgeführt werden können. Sie führen diese hohe Beteiligungsrate auf spezifische Risikofaktoren zurück, wie mangelnde Fahrerfahrung, Angeberverhalten, zu schnelles Fahren, negative Einflüsse von Gleichaltrigen, Alkohol- und Drogengebrauch, Delinquenz, familiäre Schwierigkeiten und Depression. Auch Atkin, Neuendorf und McDermott (1983) stellen fest, daß Jugendliche, die häufiger Alkohol konsumieren, eine höhere Risikobereitschaft aufweisen, betrunken noch Auto zu fahren.

Cameron (1987) zeigt eine Beziehung zwischen Rebellion, Feindseligkeit und Entfremdung auf der einen Seite und eine wachsende Anzahl von Verkehrsgewalt und -unfällen auf der anderen Seite.

Ein Erklärungsmuster für die häufige Verwicklung jugendlicher Verkehrsteilnehmer bei Verkehrsunfällen wird vor allem durch die Problem Behavior Theory (Jessor & Jessor 1977) gegeben. Hierauf beruhen auch die Erklärungsansätze einschlägiger Studien riskanten Fahrverhaltens im Jugendalter (Simpson & Mayhew 1987; Jessor 1987; Evans 1987).

Kinderunfälle im Straßenverkehr

Über 40% aller Kinderunfälle im Straßenverkehr sind Fußgängerunfälle; 30,5% der Kinderunfälle geschehen beim Fahrradfahren und 27,5% der Unfälle passieren als Mitfahrer im Personenkraftwagen. Grundschulkinder sind dabei am stärksten von Verkehrsunfällen betroffen. Insgesamt werden in zwei Dritteln der Fälle die Kinder polizeilich als Hauptverursacher klassifiziert.

In den relevanten Studien über Entstehungsbedingungen und Hintergründe von Kinderunfällen im Straßenverkehr werden im wesentlichen folgende Faktoren diskutiert:

"- die Verkehrsbeteiligung von Kindern, deren Ausmaß und Art im Zusammenhang mit den jeweiligen Verkehrs- und Umgebungsbedingungen den Grad bestimmt, in dem das Kind Gefahren des Straßenverkehrs ausgesetzt ist;
- das kindliche Verkehrsverhalten und seine physischen und psychischen Grundlagen, damit im wesentlichen die Fähigkeit der Kinder verschiedenen Alters, Verkehrsgefahren angemessen zu bewältigen;
- soziale Bedingungen, die bei der Unfallentstehung eine Rolle spielen und auch allgemein das Verkehrsverhalten des Kindes beeinflussen können;
- Umgebungs- und Verkehrsbedingungen, die - bisher in ihrem Einfluß auf die Unfallentstehung und evtl. auch auf das Verhalten der Kinder und der Fahrzeugführer - allerdings nur am Rande untersucht werden" (Schlag 1978, 29).

Insgesamt kommen die o. g. Studien zu dem Ergebnis, daß den Kinderunfällen im Straßenverkehr ein komplexes Ursachengefüge zugrunde liegt. Das kindliche Verkehrsverhalten ist somit abhängig von den physischen, psychischen und entwicklungsmäßigen Bedingungen, aber auch von den sozialen und ökologischen Bedingungen in der Lebenswelt bzw. Umgebung des Kindes. Die Vielschichtigkeit des Problems ist auch für präventive Maßnahmen von hoher Relevanz (Böcher & Schlag 1978).

Als Risikomerkmale für Verkehrsunfälle im Kindesalter werden in der wissenschaftlichen Literatur insbesondere mangelndes Gefahrenbewußtsein, Unfälle innerhalb geschlossener Ortschaften, ein erhöhtes Unfallrisiko für Jungen, Gebiete mit nicht kindgerechter Wohnumgebung, die Mittagszeit mit den meisten Unfällen, die unangemessene Fahrweise Erwachsener, unzureichende Inanspruchnahme von Sicherheitsgurten und Kindersitzen und die erhöhte Unfallbeteiligung von Kindern aus Familien mit sozial niedrigem Status diskutiert (Weber et al. 1990).

Limbourg und Senckel (1976) bringen zahlreiche Beispiele für die Beachtung nicht verkehrsbezogener Details durch Kinder im Verkehr. Demnach werden nur wenige Fußgängerunfälle von Kindern dadurch verursacht, daß Kinder Gefahren falsch einschätzen.

Wagner (1991) kommt anhand Piaget's Konzept der kindlichen Entwicklung zu dem Ergebnis, daß die Kinder im Laufe des Älterwerdens große Fortschritte in Richtung Anpassung an die Erfordernisse sicherheitsgerechten Verkehrsverhaltens aufzeigen. Für die Ausbildung solch eines reifen Sicherheitsbewußtseins im Sinne von Kliemt und Diekershoff (1976) sollten in der Primarstufe die ersten Grundlagen eingesetzt werden.

Berücksichtigt man zudem den Befund, daß zwischen dem Verkehrswissen der Kinder und ihrem tatsächlichen Verkehrsverhalten keine positive Beziehung besteht (vgl. Bongard & Winterfeld 1976; Günther & Limbourg 1974), so wird die Forderung nach kindgemäßen Präventionsprogrammen noch untermauert.

2.5 Ungeschütztes Sexualverhalten

Epidemiologie

Epidemiologische Aussagen über ungewollte Schwangerschaften bei Jugendlichen zu machen, ist mit einigen Schwierigkeiten verbunden. Zum einen sind die statistischen Angaben in der Bundesrepublik im Vergleich zu einigen europäischen Nachbarstaaten (z. B. Schweden, Dänemark, England, Niederlande) recht unvollständig, zum anderen wird die Problematik der ungewollten Schwangerschaften in den vorliegenden Studien überwiegend im Zusammenhang mit einem Schwangerschaftsabbruch aufgenommen. Ein Schwangerschaftsabbruch dient somit als Indiz für eine ungewollte Schwangerschaft (Ketting & v. Praag 1985).

Jedoch liegt einerseits nicht jedem Abbruch eine ungewollte Schwangerschaft zugrunde und andererseits führt nicht jede ungewollte Schwangerschaft zum Abbruch (Pingel 1989). Es gibt allerdings nur wenige Untersuchungen über ungewollte, aber nicht abgebrochene Schwangerschaften.

In den USA stellen Schwangerschaften bei Jugendlichen eines der großen nationalen Probleme dar: Ein Zehntel aller Frauen der Altersgruppe von 15 bis 19 Jahren werden jährlich schwanger. Insgesamt stammen 20% aller Lebendgeburten in den Vereinigten Staaten von Teenagermüttern. In absoluten Zahlen heißt das, daß in den USA jährlich etwa 1 Mio. Teenager schwanger werden, wobei 30.000 Schwangerschaften auf die unter 15jährigen entfallen (Schmid-Tannwald & Urdze 1983).

In den letzten Jahren hat es einen Anstieg an "Teenagerschwangerschaften" in der BRD gegeben. 1979 lag der Anteil der Lebendgeburten bei minderjährigen Mädchen bei 1,35%, das sind 7.877 Geburten (Kluge 1990). Im Jahr 1989 stieg diese Zahl für das alte Bundesgebiet (ohne das Saarland und West-Berlin) auf insgesamt 9.668 Lebendgeburten. Für die neuen Bundesländer lassen sich 4.285 Geburten ausmachen (Statistisches Jahrbuch 1991). Die Verteilung, nach Alter der Jugendlichen aufgeschlüsselt, deutet auf einen altersbezogenen Anstieg hin. Je älter die Mädchen sind, desto größer ist die Wahrscheinlichkeit ihres Auftauchens in den Geburtsstatistiken.

Bei diesen Angaben handelt es sich ausschließlich um die gemeldeten Lebendgeburten. Kluge (1990) weist daraufhin, daß man die Zahl der Fehl- und Totgeburten sowie der Schwangerschaftsabbrüche berücksichtigen müßte, wenn man eine realistische Einschätzung der Zahl von Teenagerschwangerschaften anstrebt. Die angegebenen Raten für Teenagerschwangerschaften in den vergangenen Jahren wären somit um ein Beträchtliches zu erhöhen. 1990 betrug die Zahl der Schwangerschaftsabbrüche im früheren Bundesgebiet bei den unter 15jährigen 105 und bei den 15- bis 18jährigen 1.637 (Statistisches Jahrbuch 1991).

Im Vergleich zu anderen europäischen Ländern lassen in der BRD nur wenig schwangere Teenager einen Schwangerschaftsabbruch durchführen. In nahezu allen untersuchten Ländern liegt die Abbruchrate bei den jungen Erwachsenen (20-24 Jahre) am höchsten. Hinsichtlich der Teenagerschwangerschaften verzeichnen Schweden, Dänemark, England und USA hohe, dagegen Italien, Frankreich, Niederlande und BRD niedrige Abbruchzahlen (Ketting & v. Praag 1985). Die hohe Abbruchzahl unter Jugendlichen in den USA ergibt sich aus der Tatsache, daß die Häufigkeit auftretender Schwangerschaften sehr hoch ist und sich gut ein Drittel für den Schwangerschaftsabbruch entscheidet (Ketting & v. Praag 1985).

Ätiologische Betrachtungen

Die gesundheitlichen Auswirkungen einer frühen Schwangerschaft sind wesentlich größer als bei einer Schwangerschaft in späteren Lebensjahren:

- Frühgeburten kommen bei Frauen unter 18 Jahren 2- bis 3mal häufiger vor als bei volljährigen Frauen. Bei schwangeren Mädchen aus den unteren sozialen Schichten muß sogar mit einer Frühgeburtenrate von 30% gerechnet werden.
- Die perinatale Sterblichkeit, d. h. die Sterblichkeit von Kindern, die im zeitlichen Rahmen der Geburt stattfindet, ist bei Müttern unter 18 Jahren ebenfalls 2- bis 3mal höher als bei volljährigen Müttern.
- Die Nachsterblichkeit von Säuglingen, also die Sterblichkeit vom 28. Tag bis zum 1. Lebensjahr, ist bei den Säuglingen junger Mütter ebenfalls deutlich erhöht (Haarbusch & Jochens 1985).

Die im Vergleich zu anderen Industrienationen höhere Mütter- und Säuglingssterblichkeit in der BRD wird u. a. auch auf die mangelnde Teilnahme der Mädchen und Frauen an Vorsorgeuntersuchungen zurückgeführt. Gerade dieser Risikofaktor ist bei minderjährigen Schwangeren doppelt bis dreifach so häufig gegeben. Haarbusch & Jochens (1985) meinen, daß die Nichtteilnahme an derartigen Vorbereitungskursen einer Verdrängung der unangenehmen Tatsache der Schwangerschaft zu entspringen scheint. Sie weisen daraufhin, daß junge Schwangere Informationen über den Geburtsvorgang eher als beängstigend denn als informativ empfinden. All dies macht darauf aufmerksam, daß sich die psychische Belastung einer ungewollten Schwangerschaft bei Mädchen zu starken Gesundheitsrisiken für Mutter und Kind auswirken kann.

Bei Schwangerschaften von Mädchen ist aber nicht nur das Alter als Besonderheit entscheidend, sondern der ganze Lebenszusammenhang, in dem sich Mädchen befinden. Da sich junge Mädchen noch in der Ausbildung befinden, weitestgehend bei ihren Eltern leben (Schmid-Tannwald & Urdze 1983), ihre Beziehungen insgesamt als instabil zu bezeichnen sind und sie über keine finanziellen Mittel verfügen (Haarbusch & Jochens 1985), greift eine Schwangerschaft besonders stark in ihr Leben ein. Sie wird bestimmend für die weitere Lebensplanung.

Die sozialen Auswirkungen und Ursachen von (ungewollten) Schwangerschaften bei Jugendlichen zeigen sich insbesondere in beruflicher Hinsicht. So haben Schwangere unter 20 Jahren ein signifikant geringeres Bildungsniveau als Mütter über 20, die doppelt so häufig eine höhere Schule besuchen. Darüberhinaus werden die Ausbildungspläne hinfällig (Schmid-Tannwald & Urdze 1983). Sofern das Mädchen bei ihren Eltern bleibt, verschlechtern sich die Wohnverhältnisse, und die finanziellen Belastungen und die sozialen Abhängigkeiten werden insgesamt größer. Diese Belastungen wirken sich physisch und psychisch auf die Schwangere und das Kind aus, auch insofern, als diese Faktoren langfristig wirksam bleiben, indem sie z.B. das Erziehungsverhalten der Mutter mitbestimmen.

Haarbusch & Jochens (1985) berichten, daß Ehen, die aufgrund ungewollter Schwangerschaften geschlossen werden, 3- bis 4mal so häufig geschieden werden wie andere Ehen. Da gerade die jungen Familien oder jungen Mütter der unteren sozialen Schicht entstammen, ergibt sich aus einer Trennung der Partner eine sehr schlechte finanzielle Situation der alleinstehenden Mutter. Die "broken-home" Verhältnisse produzieren oft bei den Kindern eine psychische Bedürfnislage, die wiederum zu einem verfrühten Kinderwunsch führen kann.

Darüberhinaus werden Mädchen und junge Frauen, die ungewollt schwanger werden, mit der gesellschaftlichen Stigmatisierung, ein "gefallenes Mädchen" zu sein, oder mit der Unterstellung, eine ausschweifende, zügellose Sexualität zu haben, konfrontiert. Mädchen reagieren auf solche Etikettierungen, die nur sie, nicht aber die Väter treffen, mit Schuldgefühlen (Haarbusch & Jochens 1985).

Auch im Falle eines Schwangerschaftsabbruchs sieht die Situation für die betroffenen Mädchen insgesamt schlecht aus: Sie werden bei der Bewältigung ihrer Ängste, ihrer seelischen Nöte und Sorgen oft weder von ihren Partnern noch von ihren Eltern unterstützt. Offizielle Angebote sind selten. Die psychischen Konsequenzen sowie die Auswirkungen des Schwangerschaftsabbruchs auf Sexualität, Körperbewußtsein und Partnerschaft und auf das Selbstwertgefühl der Mädchen sind schwer abzuschätzen (Haarbusch & Jochens 1985).

Die Ursachen einer ungewollten Schwangerschaft im Jugendalter müssen im Zusammenhang verschiedener Faktoren beleuchtet werden. Akzeleration (z. B. früher einsetzende Menarche) und eine liberalere gesellschaftliche Einstellung zu Sexualität haben sowohl zu einer zeitlichen Vorverlagerung als auch zu einer Zunahme der sexuellen Aktivitäten in den Paarbeziehungen Jugendlicher geführt. Größere individuelle Handlungsspielräume für Jugendliche haben dazu geführt, daß die jungen Menschen den Zeitpunkt und Ort ihres ersten Geschlechtsverkehrs selber bestimmen (können). Die Aufnahme erster sexueller Erfahrungen stellt insofern einen Risikofaktor für ungewollte Schwangerschaften dar, weil sie mit *fehlender oder unzureichender Kontrazeption* einhergehen. Dies trifft insbesondere auf diejenigen Mädchen zu, die sehr früh sexuelle Aktivitäten aufnehmen.

Schmid-Tannwald & Urdze (1983) stellen fest, daß jedes dritte Mädchen und jeder zweite Junge beim ersten Geschlechtsverkehr keine oder unzureichende Kontrazeption betreiben. Je jünger die Jugendlichen sind, desto eher überlassen sie die Verhütungsfrage dem Partner bzw. der Partnerin.

Pingel (1989) weist daraufhin, daß die Dauer und Qualität der Partnerbeziehung wesentlichen Einfluß auf das Verhütungsverhalten besitzt. So konstituiert sich zuverlässiges und wirksames kontrazeptives Verhalten oft erst im Verlauf einer Partnerschaft. Das Risiko, ungewollt schwanger zu werden, ist insbesondere bei kurzfristigen Beziehungen sehr groß.

Ungefähr 30-60% aller ungewollten Schwangerschaften im Jugendalter gehen auf fehlende oder unzureichende Kontrazeption zurück (Goebel 1984). Dabei spielen mangelnde Aufklärung und unsichere Anwendung eine entscheidende Rolle. Aus medizinischer Perspektive werden die Gründe für unzureichende Kontrazeption und eine potentiell ungewollte Schwangerschaft insbesondere in mangelnden Kenntnissen über physiologische Vorgänge von Zeugung, Empfängnis und Schwangerschaft gesehen (Pingel 1989). So konnten in einer Befragung von Wolf (1981) nur 50% der Jungen und 70% der Mädchen angeben, daß eine Schwangerschaft während der fruchtbaren Tage der Frau eintreten kann. Aber auch mangelnde bzw. falsche Informationen über die Funktionsweisen von Verhütungsmitteln werden als Ursachen einer ungewollten Schwangerschaft mitaufgeführt.

Ein weiterer Grund für die unterlassene Kontrazeption liegt in der *Unzugänglichkeit von Verhütungsmitteln*. Helfferich & v. Troschke (1986) ermittelten, daß die Zugänglichkeit zu Verhütungsmitteln auch heute noch für manche Frauen ein Problem darstellt. In der schon erwähnten Studie gaben die Hälfte der befragten Jungen und drei Viertel der Mädchen an, daß sie beim ersten Mal nicht verhütet hatten, weil keine Verhütungsmittel vorhanden waren oder keine Möglichkeit bestand, diese zu besorgen. Neben Scham und Unwissenheit spielt für die Zugänglichkeit von Verhütungsmitteln auch das Verhältnis zu den Eltern eine dominierende Rolle (Pingel 1989). Je besser das Verhältnis zwischen Jugendlichen und ihren Eltern, desto sicherer ist das Kontrazeptionsverhalten. Je gestörter das Verhältnis mit den Eltern, desto höher ist das Risiko einer (ungewollten) Schwangerschaft (Schmid-Tannwald & Urdze 1983).

Allerdings reicht das Wissen über die Kontrazeption und ihre "fachgerechte" Anwendung nicht allein zur Vermeidung und Erklärung unerwünschter Schwangerschaften aus. Dennoch zeigen die Ergebnisse aus anderen Ländern, daß man durch Aufklärung einen Teil ungewollter Schwangerschaften verhindern kann. So wird die extrem niedrige Abbruchhäufigkeit in den Niederlanden in vollem Umfang auf die adäquate Anwendung moderner Verhütungsmethoden zurückgeführt. Genau das Gegenteil gilt für Österreich und die USA, wo die unzureichende Anwendung von Verhütungsmethoden mit einer hohen Abbruchhäufigkeit zusammenfällt (Ketting & v. Praag 1985).

Wyatt (1975) diskutiert ungewünschte Schwangerschaften im Zusammenhang mit einem unbewußten Kinderwunsch auf der Grundlage eines Ambivalenzkonzeptes. Demnach besteht bei den Mädchen/Frauen eine Diskrepanz zwischen dem bewußten Wunsch nach Vermeidung einer Schwangerschaft auf der einen Seite und dem unbewußten Wunsch nach einem Kind auf der anderen Seite. Dieser Konflikt spiegelt sich in unzureichendem Verhütungsverhalten wider.

Helfferich & v. Troschke (1986) diskutieren die Thematik "ungewollte Schwangerschaft" unter dem Aspekt der subjektiven Funktionalität als "Bewältigungsverhalten" aus der Perspektive der betroffenen Mädchen/ Frauen.

Luker (1975) sieht in einer ungewollten Schwangerschaft ein psychosoziales "Nutzenkalkül", das sich auf folgende Bereiche bezieht: Schwangerschaft als Flucht in die Frauenrolle, zur Erhöhung des Selbstwertgefühls, als Fruchtbarkeitsbeweis, als Appell an den Partner, als Botschaft an andere (z. B. Eltern, Lehrer), um als Erwachsene behandelt zu werden, als Hilferuf an Professionelle, als Ausdruck von allgemeiner Überforderung und Möglichkeit des Rückzuges. Eine erhöhte Risikobereitschaft wird in diesem Zusammenhang ebenfalls miterwähnt.

Verschiedene Erklärungsansätze verstehen eine ungewollte Schwangerschaft als "Ergebnis" einer individuellen defizitären Biographie (Jürgensen 1982; Menne & Moersch 1980; Merz 1979). Und Barron (1984) erklärt die frühe ungewollte Schwangerschaft mit dem sogenannten "Teenager-Verhaltenssyndrom", das durch frühes Verlassen des Elternhauses, Promiskuität, Schwangerschaft, Vorhandensein übertragbarer Krankheiten und Suizidverhalten gekennzeichnet ist.

Oeter & Wilken (1979) fanden in ihrer Studie Zusammenhänge zwischen der psychosozialen Lage und der Wahl der Sicherheit von Verhütungsmitteln, wobei das Alter von großer Relevanz ist. Mit zunehmenden Alter wird auch das Kontrazeptionsverhalten sicherer. Die mangelnde Qualität der Anwendung dieser Verhütungsmittel wird bei den unteren Sozialschichten auf soziale Belastungen und einen räumlich und interaktionell erschwerten Zugang zu medizinischen Versorgungsinstitutionen zurückgeführt.

Schmid-Tannwald & Urdze (1983) stellen fest, daß Mädchen, die der unteren Mittelschicht angehören und Hauptschülerinnen oder Hauptschulabsolventinnen sind, überdurchschnittlich häufig ungewollt schwanger werden. Desweiteren sind die Herkunftsfamilien dieser Mädchen häufig mit

Alkoholproblemen der Eltern und finanziellen Schwierigkeiten belastet, was bei einem hohen Anteil der Mädchen dazu führt, von Zuhause fortzulaufen, Gedanken an Selbstmord zu haben oder Selbstmordversuche zu unternehmen. Dies ist wiederum besonders ausgeprägt bei den Mädchen, die ein schlechtes Verhältnis ohne Vertrauensbasis zu ihren Eltern haben.

Die dargestellten wissenschaftlichen Befunde spiegeln das breite Spektrum über das Zustandekommen ungewollter Schwangerschaften wider. Mangelnde Kenntnisse über die physiologischen Vorgänge, über die Funktionsweisen von Verhütungsmitteln oder schicht- und sozialspezifische Unterschiede im Wissen oder in der Zugänglichkeit von Antikonzeptiva u. a., erklären sicher nur einen Anteil unerwünschter Schwangerschaften.

Die empirischen Untersuchungen von Oeter & Wilken (1979), Schmid-Tannwald & Urdze (1983) sowie Helfferich & v. Troschke (1986) zeigen, daß die Verhütungspraxis vieler Mädchen aber einer anderen Logik folgt als dem Pearl-Index und der Zweckrationalität des öffentlichen Diskurses. Die Gesamteinstellung zu Gesundheit und die Qualität der Kommunikation in der Partnerbeziehung beeinflussen zudem das Verhütungsverhalten (Pingel 1989).

Die eingangs festgestellte relativ hohe Abbruchhäufigkeit bei Jugendlichen wird vielfach als Indiz dafür gewertet, den Beginn einer Familiengründung zeitlich aufzuschieben. Längere Ausbildungsgänge, wirtschaftliche und finanzielle Abhängigkeiten, Wohnungsnot u. a. erschweren eine Schwangerschaft vor dem 20. Lebensjahr. Die Zeitspanne zwischen der Aufnahme erster sexueller Kontakte und der Entscheidung für eine zukünftige Familienplanung ist somit in den letzten Jahren größer geworden und birgt die Gefahr einer ungewollten Schwangerschaft.

AIDS

Das Kontrazeptionsverhalten Jugendlicher ist nicht nur vor dem Hintergrund gesundheitlicher Risiken einer "Teenagerschwangerschaft", sondern auch aufgrund der zunehmenden Gefahr einer HIV-Infizierung von hoher Relevanz. Insbesondere in den Vereinigten Staaten, Afrika und Lateinamerika geben alarmierende Infektionsraten Anlaß zur Besorgnis. Die Weltgesundheitsorganisation (WHO) geht davon aus, "(...) daß weltweit die Hälfte aller geschätzten fünf Millionen HIV-Infizierten jünger als 25 Jahre ist. Unter den bis Dezember 1989 der WHO gemeldeten 186.000 an AIDS Erkrankten fällt jede(r) fünfte in diese Altersgruppe. Die meisten dieser Erkrankten haben sich als Teenager angesteckt. (...) In Karthum, der Hauptstadt des Sudans, waren bei einer Stichprobe im vergangenen Jahr sieben von 100 Straßenjungen mit HIV infiziert. In New York wurden 1.100 Jugendliche, die auf der Straße leben, untersucht. Unter diesen 16- bis 21jährigen beiderlei Geschlechts waren ebenfalls 7% HIV-positiv, wobei sich die Mehrheit durch heterosexuelle Kontakte angesteckt hat. In Sao Paulo waren unter 8.000 getesteten Kindern und Jugendlichen 9% HIV-positiv" (Stickelmann 1991, 21).

Gemessen an der Anzahl gemeldeter AIDS-Fälle zählt die Gruppe der Heranwachsenden in der Bundesrepublik sicherlich nicht zu der Gruppe der Hauptbetroffenen und steht die Gefahr einer HIV-Infizierung nicht an erster Stelle der gesundheitlichen Gefährdungen im Jugendalter. So waren im September 1991 62 Jugendliche im Alter zwischen 10 und 19 Jahren an AIDS erkrankt (gemeldete Fälle) von denen sich keiner auf heterosexuellen Wege infiziert hatte (Bundesminister für Gesundheit 1991). In den USA waren dagegen bis Anfang 1988 insgesamt 301 Jugendliche im Alter von 13 bis 19 Jahren an AIDS erkrankt, davon hatten sich 16 beim heterosexuellen Verkehr angesteckt (Schmidt et al. 1989). Das Berliner AIDS-Zentrum des Bundesgesundheitsamtes schätzt die Zahl der Infizierten in der Bundesrepublik derzeit auf ca. 72.000 (Bundesminister für Gesundheit 1991). Auch wenn im Gegensatz zu den Prognosen davon ausgegangen werden kann, daß eine HIV-Infizierung nicht mehr große Teile der Gesamtbevölkerung umfassen wird, bleibt doch die Tendenz, daß in vielen Regionen Europas AIDS in den Altersgruppen der 24- bis 40jährigen zu einer der häufigsten Todesursachen werden wird (vgl. Stickelmann 1991).

Trotz der derzeit relativ geringen Bedrohung für Jugendliche gibt es dennoch zwei Gründe, die dafür sprechen, Sexual- bzw. Kontrazeptionsverhalten im Jugendalter nicht nur im Hinblick auf ungewollte Schwangerschaften, sondern auch unter dem Primat einer potentiellen HIV-Infizierung auszuleuchten.

1. Jugendliche wechseln im Vergleich zu den Erwachsenen relativ häufig ihre Sexualpartner und verhalten sich nach dem Modell der "seriellen Monogamie" (Clement 1986; Schmidt, Klusmann, Renter & Radizi 1989; Sigusch & Schmidt 1973), d. h. sie durchleben bis zur Eheschließung mehrere feste Freundschaften oder Liebesbeziehungen. Dabei empfinden Jugendliche den Partnerwechsel nicht als Promiskuität, sondern halten dem jeweiligen Partner bewußt die Treue (Giese & Schmidt 1968; Kleiber et al. 1990; Schmidt & Sigusch 1971; Starke & Friedrich 1984). Durch ungeschützten Geschlechtsverkehr mit Jugendlichen aus "Risikogruppen" (z. B. intravenös-injizierender Drogenabhängiger) kann das Virus auch auf Personengruppen übertragen werden, die heute noch nicht zu den Hauptbetroffenengruppen gehören (vgl. Mischnik & Roßbach 1992).

2. Unter dem Blickwinkel präventiver Bemühungen kann man davon ausgehen, daß das Sexualverhalten Jugendlicher eher zu beeinflussen ist als das von Erwachsenen. So befinden sich Jugendliche noch in einer Entwicklungsphase, in der sexuelle Verhaltensweisen allmählich erlernt werden und sich eine sexuelle Identität erst herausbilden muß (vgl. u. a. Neubauer 1990).

Im Zuge der "sexuellen Liberalisierung" in den 60er und frühen 70er Jahren wurden zahlreiche empirische Studien über die soziosexuelle Entwicklung im Jugendalter vorgelegt (Giese & Schmidt 1968; Sigusch & Schmidt 1973; Schlaegel, Schoof-Tams & Walczak 1985; Schmidt & Sigusch 1971; Schofield 1965). Alle Untersuchungen belegen, daß sich die sexuellen Verhaltensformen Jugendlicher erheblich wandelten: "Sexuelle Beziehungen wurden früher aufgenommen, voreheliche Sexualität wurde für überwiegende Mehrheiten Jugendlicher und junger Erwachsener üblich, und sie wurden von den Jugendlichen als üblich angesehen" (Schmidt et al. 1989, 43).

Nach einer Forschungs-Latenzphase zwischen den 70er und 80er Jahren, in der Jugendsexualität fast ausschließlich unter spezifischen Jugendproblemen erforscht wurde (vgl. Clement 1986; Zelnik & Kantner 1981), rückt Jugendsexualität seit Ende der 80er Jahre unter dem Komplex AIDS nun wieder stärker in den Fokus sozialwissenschaftlicher Forschungen, vor allem mit den Zielen, das Ausmaß der Gefährdung Jugendlicher aufgrund ihrer sexuellen Verhaltensweisen auszumachen und sexualpädagogische Präventionsstrategien zu entwickeln und zu erproben (vgl. Schmidt et al. 1989).

In der Bundesrepublik sind in den letzten Jahren einige solcher Studien durchgeführt worden (vgl. insbesondere Bärmann, Hesse & Neubauer 1990; Eckert 1989; Franzkowiak 1989; Heckmann 1990; Kleiber et al. 1989; Mischnik & Roßbach 1992; Oswald & Schütte 1991; Salisch & Oswald 1989; Schmidt et al. 1989; Strehlow & Haffner 1989), die Jugendsexualität und Sexualpädagogik unter dem Blickwinkel, ob und welche Veränderungen in den Einstellungen und Verhaltensweisen durch die Vermittlung von AIDS-Botschaften ausgelöst wurden, betrachten.

Die genannten Studien kommen übereinstimmend zu dem Ergebnis, daß der Wissensstand der untersuchten Jugendlichen, gemessen an den Kernsätzen der (massenmedialen) Aufklärungskampagnen, gut ist, jedoch die Kenntnisse auf das schmale Feld begrenzt zu sein scheinen. Unsicherheiten und Fehlinformationen bestehen vor allem bei für Jugendliche bedeutsame Fragen (z. B. ob bei einem Zungenkuß ein praktisch bedeutsames Infektionsrisiko besteht) (vgl. Strehlow & Haffner 1989).

Es kann weiterhin konstatiert werden, daß Jungen und Hauptschüler schlechter informiert sind als die Mädchen und Schüler aus Gymnasien. Von den Jungen bilden insbesondere die türkischen Jungen die Gruppe mit dem schlechtesten Wissensstand (Oswald & Schütte 1991; v. Salisch & Oswald 1989).

Inwieweit die von v. Salisch und Oswald (1989) publizierten Ergebnisse, bei denen die Hälfte der Befragten berichteten, daß sie sich durch AIDS stark verunsichert fühlen und drei Viertel Angst davor haben sich zu infizieren, auch handlungsrelevant werden, ist nicht eindeutig zu beantworten. Daß die meisten Jugendlichen eine starke gesellschaftliche Bedrohung durch AIDS wahrnehmen, sich aber persönlich nicht betroffen fühlen, ist in verschiedenen Studien festgestellt worden (Kleiber et al. 1990; Schmidt et al. 1989). "Je mehr sexuelle Erfahrungen gemacht werden und je näher die Möglichkeit sexueller Beziehungen rückt, um so stärker dringt AIDS als persönliche Bedrohung in das Bewußtsein Jugendlicher ein" (Schmidt et al. 1989, 50). Und Eckert (1989) kommt in seiner Literaturstudie zu dem Ergebnis, daß bedeutsame sexuelle Verhaltensänderungen auf Grund von AIDS nur bei homo- und bisexuellen Männern nachgewiesen werden konnten.

Im Widerspruch zu der geäußerten geringen persönlichen Betroffenheit durch AIDS steht eine vorsichtige Haltung der Jugendlichen in sexuellen Situationen. Anhand von Argumentationsstrukturen jugendlicher Befragter lassen sich vier verschiedene Strategien zur Vermeidung einer HIV-Infizierung herausarbeiten:

- Durchführung eines HIV-Antikörpertests;
- Benutzung von Kondomen;
- Treue;
- Vorsicht und Angst

(vgl. Hesse & Trocha 1988; Schmidt et al. 1989).

Im Hinblick auf einen Test (auch in Situationen mit relativ geringen Risiko), der Benutzung von Kondomen und der Einhaltung von Treue sprachen sich die Befragten, für die sexuelle Beziehungen noch in weiter Ferne lagen, stärker für Einschränkungen aus, als die, die schon sexuelle Erfahrungen hatten. "Vier Fünftel verlangen den Gebrauch eines Kondoms mit einem neuen Partner oder einer neuen Partnerin, zwei Fünftel den gemeinsamen Test als Voraussetzung für die Aufnahme von Koitusbeziehungen und sieben Zehntel den Verzicht auf Geschlechtsverkehr außerhalb eines festen Partners. Mädchen neigen deutlich stärker als Jungen dazu, Treue als Mittel zur Verringerung der Infektionsgefahr zu befürworten" (Schmidt et al. 1989, 52). Die Vermeidungsstrategie Vorsicht und Angst als das Verhindern von Geschlechtsverkehr und möglicherweise auch andere

Formen der Sexualität aus Angst vor einer Infizierung deutet daraufhin, daß sich hinter der Angst vor AIDS andere Ängste oder Einstellungen verstekken (z. B. sich noch zu jung für die Aufnahme von Geschlechtsverkehr zu fühlen). Auch die von v. Salisch und Oswald (1989) veröffentlichten Ergebnisse zeigen, daß es unter den koitusunerfahrenen eine Minderheit von 15% gibt, "die aus Angst vor AIDS die Folgerung zieht, den ersten Geschlechtsverkehr weiter aufzuschieben. Diese Minderheit gibt vergleichsweise mehr Angst und Verunsicherung durch AIDS an und gibt auch überdurchschnittlich häufig Angst vor Schwangerschaft und Angst vor den Eltern als Gründe für ihre Abstinenz an. Zu vermuten ist, daß diese Jugendlichen insgesamt besonders ängstlich sind" (v. Salisch & Oswald 1989, 224f.).

Die Verwendung von Kondomen - als wirksamstes Mittel zur Verhinderung einer HIV-Infizierung - stößt bei den Jugendlichen auf erhebliche Widerstände, die einhergehen mit den Unsicherheiten erster sexueller Erfahrungen. Hier anzuknüpfen ist eine der wesentlichsten Aufgaben sexualpädagogischer Interventionen.

3. Ansatzpunkte für (schulische) Präventionsmaßnahmen

Die im vorausgegangenen Kapitel erfolgte Beleuchtung des Ausmaßes gesundheitsriskanter Verhaltensweisen hat gezeigt, daß es sich bei der Gruppe der Jugendlichen nicht ausschließlich um eine "gesunde" Bevölkerungsgruppe handelt. Neben dem Ausmaß gesundheitsriskanter Verhaltensweisen (z. B. legaler Drogengebrauch, riskantes Verkehrsverhalten, Fehlernährung, ungeschütztes Sexualverhalten und sportliche Inaktivität), ist in den letzten Jahren auch ein deutlicher Zuwachs psychosozialer und psychosomatischer Beeinträchtigungen sowie sozialer Auffälligkeiten (z. B. gewalttätiges und aggressives Verhalten) zu beobachten (vgl. Hurrelmann 1988; Remschmidt 1984), was eine vermehrte Berücksichtigung dieser Altersspanne in präventiven Bemühungen nach sich gezogen hat.

Die Beunruhigung über die Gefährdung der Gesundheit und Entwicklung von Kindern und Jugendlichen, die z. T. durch massenmediale Sensationsmeldungen über drogenkonsumierende Jugendliche noch angespornt wurde, hat dazu geführt, daß in den letzten Jahren in unterschiedlichen pädagogischen Feldern Gegenmaßnahmen entwickelt wurden. In der Familien- und Jugendarbeit, der schulischen und außerschulischen Bildungsarbeit und der betrieblichen und außerbetrieblichen Weiterbildung sind Akzente gesetzt worden, um neben der Förderung von individuellen Kompetenzen auch die Lebens- und Umweltbezogenheit von gesundheitsrelevanten Verhaltensweisen von Kindern und Jugendlichen zu beachten und die Maßnahmen in diesem Bereich auszuweiten. Im schulischen Sektor wurden Drogenberatungslehrer eingesetzt, die Entwicklung von Unterrichtsmaterialien vorangetrieben und die Durchführung von Forschungsprojekten initiiert. Flankiert wurden diese Maßnahmen durch massenmediale Aufklärungskampagnen, die sich insbesondere mit der Drogenproblematik auseinandersetzten.

Im Kontext aller Maßnahmen wird dabei der Institution Schule eine besondere Rolle zugeschrieben, nicht nur, weil sie eine hohe Erreichbarkeit fast aller Kinder und Jugendlichen erzielt, sondern auch dadurch, daß viele gesundheitliche Belastungen von Kindern und Jugendlichen nicht allein aus den Familien-, Freizeit- und Umweltbereich herrühren. Die Schule selbst ist durch Selektion, Leistungsanforderungen und Zensurenvergabe ein ernstzunehmender Belastungsfaktor, ein Risikopotential für die gesunde Entwicklung von Heranwachsenden geworden (vgl. Hurrelmann 1990b; Nordlohne & Hurrelmann 1990).

Ungeachtet diesen Risikopotentials besteht weitgehend Übereinstimmung darüber, daß die Schule der Entwicklung von gesundheitsriskanten Verhaltensweisen möglichst frühzeitig entgegenwirken sollte. Allerdings ist das Wie, die Frage nach der adäquaten Vorgehensweise von Gesundheitserziehung (und Suchtprävention), noch längst nicht einhellig beantwortet (Bartsch & Knigge-Illner 1987).

Vor diesem Hintergrund wird in dem folgenden 3. Kapitel zunächst zu fragen sein, wie gesundheitsrelevante Verhaltensweisen modifiziert bzw. gesundheitsriskante Verhaltensweisen verhindert werden können. Die gesundheitspsychologische Forschung offeriert eine Reihe sozialpsychologischer Theorien und Modelle, die sich mit der Erklärung von Gesundheitsverhalten auseinandersetzen, mit dem Ziel, letztlich Verhaltensvoraussagen treffen zu können und bei der Planung von Interventionen zur Anwendung zu kommen. Die Modelle sind zumeist aus der Tradition verhaltens- und lerntheoretischer Ansätze entstanden. Daran anknüpfend wird ein theoretischer Ansatz diskutiert, der konkret die jugendspezifischen Entwicklungs- und Lebensanforderungen aufnimmt und im Hinblick auf die Prävention gesundheitsriskanter Verhaltensweisen am erfolgsversprechendsten scheint. Mit der Skizzierung der programmatischen Umsetzung dieser theoretischen Modelle und der Darstellung der Ziele schulischer Gesundheitserziehung schließt dieses Kapitel 3.

3.1 Gesundheitsrelevante Einstellungs- und Verhaltensmodelle

Ein wesentliches Ziel der Gesundheitserziehung ist es, das gesundheitsrelevante Verhalten von Jugendlichen so zu beeinflussen, daß es der Gesundheit zuträglich wird. Die meisten (gesundheitstheoretischen) Ansätze gehen von der Annahme aus, daß das gesundheitsrelevante Verhalten durch die Überzeugungen und das Wissen beeinflußt werden, die ein Mensch über Gesundheit und über die Möglichkeiten der Verhinderung von Krankheiten zur Verfügung hat (vgl. Hurrelmann 1990a). Demnach beruht jedes Verhalten, unabhängig davon, ob es gesundheitsschädlich oder -förderlich ist, auf einer vorsätzlichen Intention, die auf bestimmte persönliche oder normative Überzeugungen zurückzuführen ist. Die Rolle der Gesundheitserziehung wird nach dieser sozialpsychologischen Theorie des intentionalen Handelns darin gesehen, vor allem durch Aufklärung und Information die Menschen auf bestimmte gesundheitliche Gefährdungen und Risiken aufmerksam zu machen.

Zur Zeit werden in der relevanten Forschungsliteratur drei wesentliche Modelle zur Erklärung und Voraussage gesundheitsrelevanten Verhaltens (im Jugendalter) diskutiert:

- das "Health-Belief-Model" (Becker 1974; Rosenstock 1974),
- die "Theory of Reasoned Action" (Ajzen & Fishbein 1980; Fishbein & Ajzen 1975) und
- die "Selbstwirksamkeitstheorie" (Bandura 1977).

Im folgenden Abschnitt sollen die zwei erstgenannten Modelle kurz vorgestellt und im Hinblick auf ihre Fähigkeit, Gesundheitsverhalten im Jugendalter vorherzusagen, diskutiert werden. Der Selbstwirksamkeitstheorie von Bandura (1977) wird im Abschnitt über die Präventionsmodelle gesonderte Beachtung geschenkt. Von besonderer Relevanz für die schulische Gesundheitserziehung ist dabei die Frage danach, durch welche Beeinflussung von Bedingungen gesundheitsförderndes Verhalten wahrscheinlicher werden kann.

3.1.1 Das Health-Belief-Modell

Das Health-Belief-Modell (HBM) ist das ältere der beiden genannten Modelle und wurde schon in den 50er Jahren von einer amerikanischen Forschungsgruppe um Hochbaum (Rosenstock 1974) am U.S. Public Health Service entwickelt. Das explizit für die Erklärung und Voraussage gesundheitsrelevanten Verhaltens konzipierte Modell sollte insbesondere darüber Aufschluß bringen, weshalb bestimmte Personen präventive Angebote oder Früherkennungstests zur frühzeitigen Aufdeckung und Verhinderung von Krankheiten in Anspruch nehmen und andere nicht. "In jüngerer Zeit wurde das Modell auch zur Vorhersage des Gesundheits- bzw. Krankheitsverhaltens verwendet. Hierzu zählt das Aufsuchen medizinischer Beratung und Behandlung, das Befolgen ärztlicher Verordnungen (Compliance) und das gesundheitsbezogene Vorsorgeverhalten" (Fuchs 1990, 28).

Die grundlegenden Komponenten des Health-Belief-Modells gehen zurück auf sozialpsychologische Verhaltenstheorien, deren Annahme ist, daß das menschliche Verhalten von zwei wesentlichen Komponenten gesteuert wird: (1) dem Wert, den ein Individuum einem Ziel zuschreibt; und (2) der subjektiv eingeschätzten Wahrscheinlichkeit, daß eine Handlung zu dem gewünschten Ziel führt. Im Kontext des Gesundheitsverhaltens lassen sich die genannten Komponenten konkretisieren als: (1) der Wunsch, eine Krankheit zu vermeiden (unter Berücksichtigung der individuellen Definition und Wichtigkeit von Krankheit bzw. Gesundheit) und (2) den individuellen Annahmen darüber, inwieweit spezifische Verhaltensweisen im Hinblick auf Gesundheit gewünschte Konsequenzen aufweisen (vgl. Janz & Becker 1984). Die Bereitschaft, etwas Gesundheitsförderndes zu tun, ist davon abhängig, wie hoch der zu erwartende Nutzen ist. "The model affirms that readiness to take action for health stems from a perceived threat of disease, coming from an individuals perception of his susceptibility to disease and its potential severity" (Mullen, Hersey & Iverson 1987, 973). In Anlehnung an die Ausführungen bei Janz und Becker (1984) bestehen die theoretischen Komponenten des Health-Belief-Modells aus folgenden Dimensionen (vgl. auch Rosenstock 1974):

- *Wahrgenommene Anfälligkeit für eine bestimmte Krankheit ("perceived susceptibility")*
  Die wahrgenommene Gefährdung durch eine Krankheit variiert zwischen den Individuen. Je stärker die subjektiv eingeschätzte Bedrohung veranschlagt wird, desto höher ist die Wahrscheinlichkeit, gesundheitsfördernde Maßnahmen zu ergreifen.
- *Wahrgenommene Schwere der Krankheit ("perceived seriousness")*
  Ähnlich wie die wahrgenommene Gefährdung wird auch der Schweregrad von Krankheit individuell unterschiedlich bewertet. Die persönlichen Konsequenzen einer Erkrankung (z. B. soziale, berufliche, familiäre, ökonomische und medizinische Folgen) bestimmen im wesentlichen die wahrgenommene Schwere einer Krankheit. Je höher diese Schwere angenommen wird, desto größer ist die Wahrscheinlichkeit zum präventiven Handeln.
- *Wahrgenommener Vorteil oder auch Nutzen ("perceived benefits")*
  Nicht nur die persönliche Wahrnehmung einer Bedrohung beeinflußt den Wunsch zum präventiven Handeln. Vielmehr wird das gesundheitsbewußte Verhalten von der eingeschätzten Effektivität einer präventiven Handlung mit beeinflußt. Je höher diese Effektivität und der Nutzen einer präventiven Maßnahme bewertet wird, desto größer ist auch die Bereitschaft, sich danach zu richten.
- *Wahrgenommene Barrieren ("perceived barriers")*
  Eine hohe Handlungsbereitschaft ist dann gegeben, wenn die Kosten einer Maßnahme nicht höher eingeschätzt werden als der Nutzen. Die Kosten bzw. Barrieren beziehen sich dabei auf finanzielle Aspekte, Schmerzen, Zeit usw.

In der Abbildung 3.1.1 sind die einzelnen o. g. Dimensionen des Health-Belief-Modells und ihre Verknüpfungen graphisch festgehalten.

Abb. 3.1.1: Grundlegende Dimensionen des Health-Belief-Modells (übers. nach Janz & Becker 1984, 4)

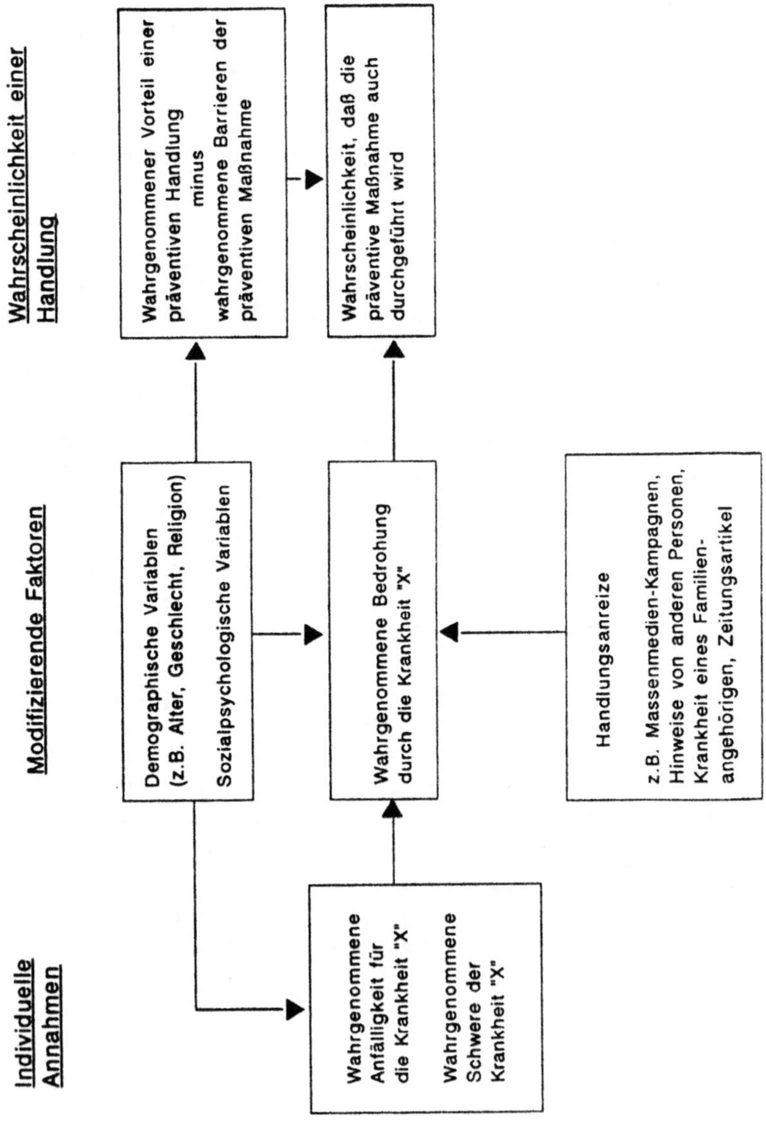

Während die persönliche Wahrnehmung von Gefährdung und Schwere einer Krankheit zumindest teilweise durch den jeweiligen Wissensstand beeinflußbar sind, werden die Kosten-Nutzen-Wahrnehmungen durch soziale und gruppenspezifische Normen beeinflußt. Das wahrgenommene Ausmaß an persönlicher Gefährdung und Schwere der Erkrankung führt zu einer Disposition im Sinne einer erhöhten Bereitschaft zum präventiven Handeln. Den endgültigen Anstoß zum präventiven Verhalten geben nach dieser Theorievorstellung weitere Impulse in Form von Handlungsanstößen ("cue to action"). Diese sogenannten "cues to action" können sowohl internal (z.B. durch Symptome) oder external (z. B. durch Massenmedien-Kampagnen, Hinweise von anderen Personen, Zeitungsartikel) orientiert sein (vgl. Janz & Becker 1984). Abschließend sei noch festgehalten, daß demographische Variablen (z. B. Alter, Geschlecht, Religion), sozialpsychologische Variablen (z. B. Persönlichkeitsmerkmale) und strukturelle Faktoren die individuelle Wahrnehmung entscheidend mitbestimmen und damit indirekt das gesundheitsrelevante Verhalten steuern.

Nach dem Health-Belief-Modell ist "Gesundheitsverhalten die Folge eines mehr oder weniger rationalen Entscheidungsprozesses, in dem im Sinne einer Kosten-Nutzen-Analyse das potentielle persönliche Erkrankungsrisiko und der zu erwartende Nutzen einer vorbeugenden Maßnahme dem zu erwartenden Aufwand gegenübergestellt wird" (Bengel & Wölflick 1991, 104).

Zur Überprüfung des Health-Belief-Modells als Forschungsrahmen zur Erklärung gesundheitsrelevanter Verhaltensweisen liegen eine Vielzahl von empirischen Arbeiten vor. Ausführliche Reviews der wichtigsten Forschungsaktivitäten finden sich insbesondere bei Rosenstock (1974), Becker und Maiman (1975), Janz und Becker (1984) sowie Kirscht (1988).

Obwohl mit dem Modell insgesamt sehr widersprüchliche Ergebnisse erzielt wurden, kommen Janz und Becker (1984) in ihrem Review zu dem Ergebnis, daß "the investigations provide very substantial empirical evidence supporting HBM dimensions as important contributors to the explanation and prediction of individual's health-related behaviors" (a. a. O., 41).

Insbesondere im Hinblick auf die Prävention gesundheitsgefährdenden Verhaltens im Jugendalter sollte aber festgehalten werden, daß die Variable "wahrgenommene Gefährlichkeit" für den Bereich des präventiven Verhaltens kaum aussagekräftig war. Vor allem im Bereich der Raucherentwöhnung konnten keine signifikanten Zusammenhänge zwischen der Schwere einer Bedrohung, der subjektiven Vulnerabilität und den Intentionen zur tatsächlichen Beendigung des Verhaltens aufgedeckt werden (Kirscht, Janz & Becker 1989). Zusammenfassend kann bezüglich der Relevanz des Modells konstatiert werden, daß es offenbar konsistente, aber nur schwache Zusammenhänge zwischen den Modellkomponenten und dem Gesundheits- bzw. Krankheitsverhalten gibt (Schwarzer 1990).

Die *Kritik* am Health-Belief-Modell bemißt sich insbesondere daran, daß die Rolle der Gesundheitserziehung in diesem Modell lediglich darin gesehen wird, die Menschen auf die Gefahren von Krankheit nachdrücklich hinzuweisen, vor allem durch Aufklärung und Information. Dieser Denkansatz vertraut darauf, daß eine umfassende Informationsvermittlung über gesundheitsgefährdende Faktoren auch das tatsächliche Verhalten beeinflußt (Becker 1974). "Die Schwächen dieses Modells sind offensichtlich: Es wird auf die volle Rationalität des menschlichen (Gesundheits-)Verhaltens gesetzt und darauf vertraut, daß kognitiv vermittelte Information verhaltenssteuernd wirkt" (Hurrelmann 1990, 198).

Ein weiterer Kritikpunkt am Health-Belief-Modell wird der mangelnden Konzeptualisierung situativer Faktoren zugeschrieben. "Ökonomische und umweltbezogene Einflußfaktoren, die sich auf eine Entscheidung und die Möglichkeit von präventiven Verhalten auswirken, werden ebensowenig einbezogen wie Lebensstile und habituelle Komponenten des Verhaltens" (Bengel & Wölflick 1991, 108).

Abschließend sei noch festgehalten, daß das Health-Belief-Modell zwar einen theoretischen, deskriptiven Kontext vorgibt, an der praktischen Umsetzung gesundheitsfördernder Interventionsstrategien allerdings scheitert.

3.1.2 Die Theory of Reasoned Action

Als zweite wesentliche Theorie sollen die Grundannahmen der sozialpsychologischen "Theory of Reasoned Action" vorgestellt werden.

Das Ziel der "Theory of reasoned action" bzw. der Theorie begründeten oder überlegten Handelns (Ajzen & Fishbein 1980) ist es, Verhalten vorherzusagen und zu erklären. Die zentrale Annahme dieses Modells lautet, daß Verhalten in der Regel vollständig von den Intentionen einer Person determiniert wird. In weiterentwickelten Versionen dieser Theorie (z. B. Ajzen 1985) wird die Einschränkung auf die Intention nicht weiter aufrecht erhalten.

Die Intentionen werden von zwei Komponenten determiniert: der Attitüde oder der Einstellung zum Verhalten ("attitude toward the behavior") und den subjektiven Normen ("subjective norms"). Die Einstellung bezieht sich auf die persönliche Wertung und Wünschbarkeit des Verhaltens, während die Normen auf die subjektiv wahrgenommene soziale Erwünschtheit der Verhaltensweise fokussieren. Ein Beispiel soll diese Zusammenhänge erläutern:

Weist eine Person eine positive Einstellung zu sportlichem Verhalten auf ("Es ist für mich gut, Sport zu treiben.") und nimmt sie eine hohe soziale Erwünschtheit dieser Verhaltensweise wahr ("Meine Lehrer, meine Eltern und meine Freunde finden es gut, wenn ich Sport treibe."), dann wird sich die Intention ausbilden, sportliches Verhalten auch tatsächlich zu zeigen.

Auf einer nächsten Erklärungsebene der Theorie werden die Determinaten von Einstellung und Norm weiter spezifiziert. Die Einstellung ist eine Funktion der Erwartung, daß ein Verhalten bestimmte Konsequenzen ("behavioral beliefs") hat und der Bewertung dieser Konsequenzen ("evaluation"). Ist eine Person beispielsweise davon überzeugt, daß sportliche Betätigung zu einer Verbesserung ihrer Gesundheit und ihres subjektiven Wohlbefindens führt, Sport zu treiben aber mehrere Stunden pro Woche in Anspruch nimmt, und ist dieser Person ihr Wohlbefinden sehr wichtig, viel Zeit für weitere Aktivitäten aber eher unwichtig, dann bewirkt diese Kombination von Erwartung und Konsequenzbewertung eine eindeutig positive Einstellung zu ihrem sportlichem Verhalten. Hinzugefügt werden sollte noch, daß nur diejenigen Erwartungen und Konsequenzen die Einstellung zu einem Verhalten beeinflussen, die für eine Person salient sind. Hier sei nur am Rande angemerkt, daß sich erhebliche Schwierigkeiten in methodischer Hinsicht ergeben. Es ist sehr wahrscheinlich, daß die Salienz von einigen Konsequenzen im Erhebungskontext eine andere ist als in der Situation, in der das Verhalten tatsächlich auftritt. Somit ist es methodisch äußerst schwierig, Verhalten vorherzusagen.

Wie schon angedeutet, haben die Normen - als zweite Determinante der Einstellung zu einem Verhalten - ebenfalls eine Funktion im Sinne der subjektiven Abbildung der Erwartung der sozial relevanten Umwelt. Die subjektive Norm ist eine Funktion der subjektiven Einschätzung der Wahrscheinlichkeiten, daß wichtige Instanzen aus dem sozialen Umfeld ein Verhalten positiv bewerten, wobei jede Person oder Gruppe verknüpft ist mit einer generellen Bereitschaft, den Erwartungen dieser Instanz zu entsprechen.

Zusammengefaßt werden die Intentionen bestimmt durch auf Verhalten bezogene Erwartungen, d. h. durch die Einschätzung der Verhaltenskonsequenzen, gewichtet nach der Erwünschtheit dieser Konsequenzen und durch die subjektiven Normen, d. h. durch die Einschätzung der Erwartungen bestimmter Personen, gewichtet nach dem Wunsch, den Erwartungen dieser Personen zu entsprechen.

Beobachtbares Verhalten ist dann ausschließlich eine Funktion der Intentionen. Letzteres stellt - insbesondere im Kontext gesundheitsrelevanten Verhaltens - die Validität der Theorie begründeten Verhaltens stark in

Frage. Die Ausbildung der Intention, gesundheitsförderndes Verhalten zu zeigen, ist im Rahmen des Modells sehr wahrscheinlich. Eine eindeutig positive Bewertung, sowohl der auf die eigene Person gerichteten Verhaltenskonsequenzen von gesundheitsförderlichem, als auch der antizipierten Reaktionen der relevanten sozialen Umwelt, zumindest in der überwiegenden Zahl gesellschaftlicher Kontexte, ist sehr wahrscheinlich. Diese sowohl theoretisch zu erwartenden als auch empirisch zu findenden Intentionen führen aber bekanntermaßen nicht zwangsläufig zu gesundheitsförderlichem Verhalten. Die Funktion historischer, situativer und emotionaler Variablen wird im Modell negiert oder nur als Determinante von Intention beachtet.

Diese Unzulänglichkeit hat zu einer Erweiterung der Theorie geführt, welche den defizitären Charakter zumindest partiell kompensiert: Die Theorie geplanten Verhaltens ("Theory of planned behavior"; vgl. u. a. Ajzen 1985; Schifter & Ajzen 1985) berücksichtigt neben den subjektiven Normen und Einstellungen die wahrgenommene Kontrolle, die Einschätzung einer Person bezüglich der Schwierigkeit der Verhaltensausübung - eine Variable, die in Teilen der psychologischen Forschung eine starke Beachtung gefunden hat (vgl. u. a. Kuhl 1985; Rotter 1966).

Eine Person hat nach dieser Modellvorstellung vollständig Kontrolle über ihr Verhalten, wenn sie es jederzeit und mit eigenen Mitteln ausüben kann. Die Ausübung vieler Verhaltensweisen ist jedoch von weiteren Faktoren (z.B. Unterstützung durch andere Personen, Zeit, Geld, Gelegenheit, Fähigkeiten und Kompetenzen) abhängig. Wenn eine Person der Überzeugung ist, ein Verhalten wäre nicht zu kontrollieren, wird sie kaum eine Intention ausbilden, dieses Verhalten zu zeigen. So wird jemand, der von seiner Unfähigkeit überzeugt ist, mit dem Rauchen aufzuhören, auch den Entschluß dazu nicht fassen. Die grundlegenden Elemente der dargestellten Theorie sind in der folgenden Abbildung 3.1.2 veranschaulicht.

Innerhalb der Theorie geplanten Verhaltens wird von einer weitgehenden Übereinstimmung zwischen der tatsächlichen und der wahrgenommenen Kontrolle ausgegangen, so daß weiterhin eine theoretische Beschränkung auf motivational-kognitive Faktoren aufrecht erhalten wird. Eine weitere Ergänzung besteht allerdings darin, daß der Faktor Verhaltenskontrolle direkt, ohne die Intention zu beeinflussen, das Verhalten bestimmt. Dies wird im unteren Teil von Abbildung 3.1.2 deutlich.

Abb. 3.1.2: **Zusammenhänge der Theorie des begründeten Handelns**

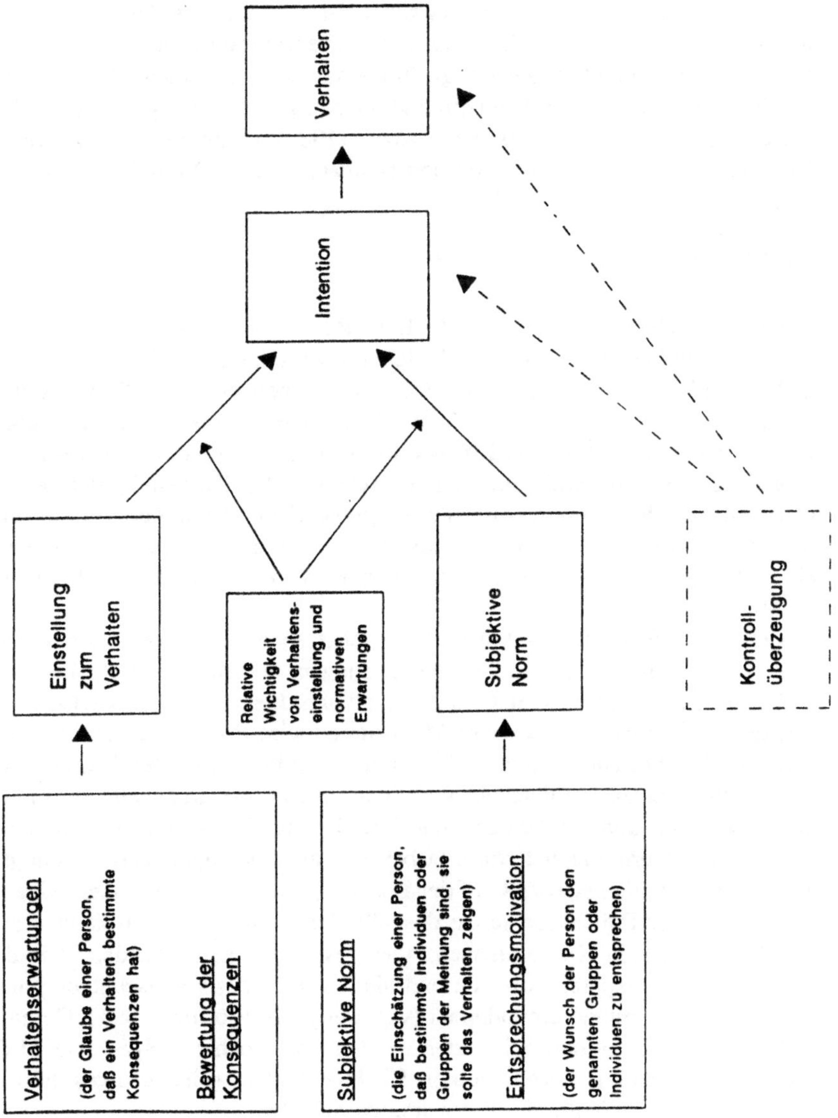

Obwohl mit diesem erweiterten Konzept der Theorie begründeten Verhaltens die explanatorische und prognostische Kapazität erheblich erhöht wird und über den Aspekt der Kontrollüberzeugungen historische und persönlichkeitspsychologische Variablen stärker berücksichtigt werden, bleibt die Relevanz des Modells im Hinblick auf Präventionskonzepte fraglich. Insbesondere der Charakter der Langzeituntersuchung steht methodisch wenig im Einklang mit dem von Fishbein und Ajzen avisierten Vorgehen, denn für die Gültigkeit des Modells ist nach Ajzen (1982) die unmittelbare zeitliche Nähe von Messung der Intention und Beobachtung des Verhaltens Voraussetzung.

3.1.3 Vergleich der beiden Modelle

In beiden Modellen werden die verhaltenssteuernden Intentionen und Erwartungen gesundheitsfördernder Verhaltensweisen in den Mittelpunkt gerückt. Dabei wird davon ausgegangen, daß Kognitionen einen Einfluß auf das Verhalten haben. Während im Health-Belief-Modell eine Vielzahl solcher Überzeugungen benannt werden, wie die wahrgenommene Anfälligkeit für eine Krankheit, die wahrgenommene Schwere der Krankheit, der wahrgenommmene Vorteil und Nutzen einer präventiven Handlung uvm., postuliert die Theory of Reasoned Action, daß vor allem saliente Kognitionen einen Einfluß auf das gesundheitsrelevante Verhalten haben (vgl. Fuchs 1990).

Nach dem Health-Belief-Modell unterschätzen insbesondere Jugendliche ihre Anfälligkeit für Gesundheitsgefährdungen, fühlen sich nicht bedroht und unterlassen aus diesem Grund die erwünschten positiven Verhaltensweisen. Die Aufgabe präventiver Maßnahmen wird demzufolge darin gesehen, die Jugendlichen auf die Gefahren gesundheitsriskanter Verhaltensweisen aufmerksam zu machen, vor allem durch Aufklärung und Information, aber auch durch abschreckende Impulse für die eigene Einstellungsbildung (vgl. Hurrelmann 1990a). Dabei wird nicht genügend berücksichtigt, daß ein Entscheidungsprozeß auf der Basis kognitiver Kosten-Nutzen-Überlegungen in der Prävention schon deshalb nicht erfolgreich sein kann, weil die zu erwartenden Konsequenzen einer gesundheitsgefährdenden Verhaltensweise erst verspätet einsetzen und die jeweilige Risikoeinschätzung mit hohen Unsicherheiten verbunden ist (vgl. Bengel & Wölflick 1991). Gerade in der Gruppe der Heranwachsenden werden - wie noch zu zeigen sein wird - die unmittelbaren Vorteile einer Risikoverhaltensweise oftmals höher bewertet als der in Zukunft zu erwartende Schaden.

Im Gegensatz dazu stellt die Theory of Reasoned Action die verhaltensbezogenen Erwartungen gesundheitsrelevanter Verhaltensweisen in den Mittelpunkt. Dabei wird berücksichtigt, daß für Jugendliche der momentane Nutzen einer gesundheitsriskanten Verhaltensweise Priorität gegenüber langfristigen gesundheitlichen Beeinträchtigungen besitzt. Folgt man dieser Theorie weiter, so müssen präventive Interventionen im Jugendalter genau auf diese Einstellungen abzielen. Nicht allgemeine Erwartungen, sondern solche mit hohem Ich-Bezug und hoher Salienz beeinflussen dieser Theorie nach die Kognitionen (vgl. Fuchs 1990).

Die Anwendung solcher Modellvorstellungen auf die Prävention gesundheitsriskanter Verhaltensweisen im Jugendalter hat sich nur zum Teil bewährt. Insbesondere für die Zielgruppe Jugendliche greifen die auf logisch-rationale und kognitive Determinanten des Verhaltens begrenzten Modelle des Gesundheitsverhaltens zu kurz. Sie erfüllen zwar die Voraussetzungen für aufklärungsorientierte Präventionsstrategien, klammern aber die "unvernünftigen" und "irrationalen" Widersprüche gesundheitsriskanter Verhaltensweisen im Jugendalter aus (vgl. Kleiber et al. 1990).

Gesundheitsriskantes Verhalten im Jugendalter ist wesentlich vielschichtiger angelegt. Neuere, theoretische Konzeptionen zur Erklärung gesundheitsriskanter Verhaltensweisen im Jugendalter gehen über die psychologischen und kognitiven Ausrichtungen der beiden genannten Modelle hinaus und lenken ihre Aufmerksamkeit stärker auf die gesundheitsrelevanten subjektiven Orientierungen und Maßstäbe Jugendlicher. "Der Schwerpunkt einschlägiger Studien (Franzkowiak 1986; Hurrelmann & Vogt 1985; Silbereisen & Kastner 1985) liegt in der Exploration und Beschreibung des subjektiven Nutzens und den instrumentellen Funktionen von Handlungskomplexen, die im präventiv-medizinischen Bezugssystem als "Risikoverhalten" etikettiert werden" (Helfferich, Walter & Franzkowiak 1986, 123). Die umfassenden Ansätze berücksichtigen die gesamte Motiviationslage Jugendlicher, die durch kulturelle, soziale, ökonomische und ökologische Faktoren mitbestimmt ist und heben auf die Besonderheiten ab, die mit den Entwicklungs-und Lebensanforderungen im Jugendalter zu tun haben. Gesundheitsrelevantes Verhalten ist in diesem Sinne mehr als eine persönliche, rationale Entscheidung.

3.2 Gesundheitsrelevantes Verhalten im Kontext jugendspezifischer Entwicklungsanforderungen

In der jugendbezogenen Gesundheitsforschung hat zunehmend eine Konzeption an Bedeutung gewonnen, die Risikoverhalten im Jugendalter im

Kontext entwicklungsbezogener Anforderungen herausstellt (vgl. Franzkowiak 1986, 1987b; Jessor 1984; Jessor & Jessor 1977; Silbereisen & Kastner 1985). "Die Protagonisten jener neuen entwicklungspsychologischen Perspektive interpretieren medizinisch definiertes Risikoverhalten als Requisit einer aktiven, zielgerichteten Befriedigung unterschiedlicher entwicklungsbezogener Bedürfnisse durch die Heranwachsenden selbst" (Franzkowiak 1987b, 70). Diese Modellvorstellung konkretisiert sich insbesondere am *Konstrukt der Entwicklungsaufgaben.*

Jugend und Entwicklungsaufgaben

In unserer Gesellschaft ist die Jugendphase gekennzeichnet als ein Lebensabschnitt zwischen Kindheit und Erwachsensein; als eine Art Marginalposition (Lewin 1963). Nach einer klassischen Definition von A. Hollingshead (1949, 6f.) wird die Jugendphase auch als ein individueller Lebensraum betrachtet. "Soziologisch gesehen ist die Jugend eine Periode im Leben eines Menschen, in welcher die Gesellschaft, in der er lebt, ihn (...) nicht mehr als Kind ansieht, ihm aber den vollen Status, die Rollen und Funktionen des Erwachsenen noch nicht zuerkennt. Hinsichtlich des Verhaltens ist sie definiert durch die Rollen, die der junge Mensch kraft seines Status in der Gesellschaft spielen soll und darf, zu spielen genötigt oder verhindert ist. Sie ist nicht durch einen besonderen Zeitpunkt bestimmt, etwa durch die körperliche Pubertät, sondern nach Form, Inhalt, Dauer und Abschnitt im Lebenslauf von verschiedenen Kulturen und Gesellschaften verschieden eingegrenzt" (a. a. O., übers. u. zit. in Allerbeck & Rosenmayr 1976, 19).

Obwohl eine altersmäßige Festlegung der Jugendphase prinzipiell schwierig erscheint, läßt sie sich zwischen dem Eintreten der Pubertät und dem 18. bis 24. Lebensjahr verorten. "Die gegenwärtige Gesundheits- und Jugendforschung ist dazu übergegangen, das Kontinuum zwischen Kindheit und Erwachsenenstatus in 2 sich überlappende Entwicklungsabschnitte zu differenzieren: die Adoleszenz und das Jugendalter. (...) Danach wird als Adoleszenz die Zeit zwischen dem 11. und 20. Lebensjahr bezeichnet (...). Das breite Konzept Jugend wird statistisch dem Zeitraum zwischen dem 15. und 24. Lebensjahr zugeschlagen" (Franzkowiak 1987b, 63).

Das Jugendalter wird vor allem von psychischen, körperlichen und sozialen Faktoren bestimmt, die sich gegenseitig beeinflussen und von der spezifischen Lebenssituation abhängig sind (Hurrelmann, Rosewitz & Wolf 1985). Aus soziologischer Sicht ist die Jugendphase primär gekennzeichnet durch den Prozeß der Integration in den Erwachsenenstatus. Diese Integration ist dann erreicht, wenn ein Jugendlicher im Hinblick auf Arbeit,

Gesetze, Politik, Kultur, Religion, Familie, Beziehungen und Sexualität weitestgehend autonom und eigenverantwortlich handelt (Hurrelmann & Lösel 1990).

Jugend ist als eine eigenständige Lebensphase im menschlichen Lebenslauf ein gesellschaftliches Produkt. Erst seit dem Ende des 19. Jahrhunderts, einhergehend mit der steigenden Industrialisierung und dem Ausbau des Schulsystems, kristallisierte sich eine eigenständige Jugendphase heraus. Daraus folgt auch, daß die Jugendphase in diesem Sinne, nicht von Anfang an ein alle Schichten betreffendes Phänomen war, sondern hauptsächlich die höheren Schichten betraf, die es sich leisten konnten, ihren Kindern eine längere Ausbildungszeit zu finanzieren. Es ist auch heute nicht möglich über die Jugendlichen zu sprechen, ohne die spezifischen ökonomischen, ökologischen und politischen Bedingungen einer Gesellschaft und der Herkunftsfamilie und die damit einhergehenden individuellen Entwicklungs- und Lebenschancen mit zu berücksichtigen.

Jedem Individuum stellen sich im Laufe seines Lebens und seiner Entwicklung bestimmte Anforderungen von seiten der Gesellschaft, die er erfüllen muß, um sich in das entsprechende gesellschaftliche System zu integrieren. In der Jugendphase gibt es eine Fülle solcher Anforderungen, die der Heranwachsende bewältigen muß, um einen weiteren Entwicklungsschritt und den damit verbundenen Status eines Erwachsenen zu erreichen. Die für die Jugendphase konstitutiven Entwicklungsaufgaben beziehen sich dabei primär auf die Auseinandersetzungen mit den körperlichen Veränderungen, der Ablösung von der Familie, dem Anknüpfen von Kontakten zu Gleichaltrigen, den Ausbildungs- und Zukunftsvorstellungen, der Entwicklung eines stabilen Selbstkonzeptes und Ich-Identität sowie der Übernahme von Rollen und dem Aufbau von eigenen Werthaltungen. Dabei handelt es sich um folgende Aufgaben:

1. Akzeptieren der eigenen körperlichen Erscheinung und effektive Nutzung des Körpers;
2. Erwerb der männlichen bzw. weiblichen Geschlechtsrolle;
3. Erwerb neuer und reiferer Beziehung zu Altersgenossen beiderlei Geschlechts;
4. Gewinnung von Unabhängigkeit von den Eltern und anderen Erwachsenen;
5. Vorbereitung auf den beruflichen Werdegang;
6. Vorbereitung auf Ehe und Familienleben;
7. Gewinnung eines sozial verantwortungsvollen Verhaltens;
8. Aufbau eines Wertsystems und eines ethischen Bewußtseins als Richtschnur für eigenes Verhalten;

9. Über sich selbst im Bilde sein;
10. Aufnahme intimer Beziehungen zum Partner;
11. Entwicklung einer Zukunftsperspektive (vgl. auch Dreher & Dreher 1985; Havighurst 1956).

Das erfolgreiche Lösen dieser (Handlungs-)Anforderungen entscheidet über das Akzeptiertsein innerhalb der Gesellschaft, der Ausbildung einer stabilen Persönlichkeit und der eigenen Zufriedenheit. Mehr als jemals zuvor im Lebenslauf wird im Jugendalter deutlich, daß Entwicklung nicht etwas ist, das sich gewissermaßen von selbst vollzieht, sondern ein aktiver, bewußter und zielbezogener Prozeß ist (vgl. Dreher & Dreher 1985; Oerter & Montada 1987).

Infolge sozialstruktureller Veränderungen in den letzten Jahrzehnten haben sich zwar einerseits die Möglichkeiten und Chancen der Jugendlichen, die eigene Lebenssituation zu gestalten, verbessert. Zugleich aber birgt die zunehmende Pluralisierung von Lebensstilen nicht nur vermehrte Chancen, sondern auch Risiken. Es steigt die Gefahr, daß hochgesteckte Lebensziele und Erwartungen nicht erfüllt werden, was in Vereinsamung, sozialer Marginalisierung und Diskriminierung münden kann (Krüger 1986). Die zunehmende "Individualisierung" (Beck 1986) von Lebensverläufen hat daher nicht nur "Sonnen-" sondern auch "Schattenseiten" (Heitmeyer & Olk 1990). "Einerseits sind auch für Kinder und Jugendliche die Freiheitsgrade für die Gestaltung der eigenen individuellen Lebensweise sehr hoch. Andererseits werden diese "Individualisierungschancen" erkauft durch die Lockerung von sozialen und kulturellen Bindungen. Der Weg in die moderne Gesellschaft ist so gesehen auch ein Weg in eine zunehmende soziale und kulturelle Ungewißheit, in moralische und wertemäßige Widersprüchlichkeit und in eine erhebliche Zukunftsunsicherheit. Deswegen bringen die heutigen Lebensbedingungen auch so viele neue Formen von Belastung mit sich, Risiken des Leidens, des Unbehagens und der Unruhe, die teilweise die Bewältigungskapazität von Kindern und Jugendlichen überfordern" (Hurrelmann 1990a, 59). Die höhere Autonomie und der Zuwachs an Reflexions- und Selbstfindungsmöglichkeiten erfordern ein höheres Maß an psychischen und sozialen Fertigkeiten zur Verarbeitung und Bewältigung von Entwicklungsaufgaben (vgl. Mansel & Hurrelmann 1991).

Interpretiert man die gesundheitsriskanten Verhaltensweisen im Jugendalter als Symptome für Streß, d. h. als einen bio-psycho-sozialen Spannungszustand, der sich aus den unterschiedlichen Belastungen ergibt, denen sich junge Menschen ausgesetzt sehen, dann drücken gesundheitsriskante Verhaltensauffälligkeiten und Gesundheitsbeeinträchtigungen verschiedenster Art die Probleme aus, die junge Menschen bei der Bewältigung von Lebensanforderungen während der Statuspassage haben.

Ob und inwieweit gesundheitsriskante Verhaltensweisen zur Bewältigung von Entwicklungsanforderungen eingeschlagen werden, hängt nicht nur von den persönlichen, individuellen Ressourcen, sondern auch von dem sozialen Umfeld und den kulturellen, ökonomischen und ökologischen Ressourcen ab.

3.2.1 Funktionale Aspekte gesundheitsriskanter Verhaltensweisen

Die Aufnahme gesundheitsriskanter Verhaltensweisen muß als problematische Form der Lebensbewältigung im Jugendalter verstanden werden. Problematisch deshalb, weil Menschen damit einen Weg der Manipulation ihrer psychischen, sozialen und körperlichen Befindlichkeit einschlagen, der mittel- und langfristig zu Abhängigkeit, zu erheblichen Schädigungen der Gesundheit und zu Beeinträchtigungen und Blockierungen der weiteren Persönlichkeitsentwicklung führen kann. Wer z. B. Drogen unkontrolliert nutzt, signalisiert damit sich und seiner Umwelt, daß sein Repertoire von Mitteln der Lebensgestaltung und Lebensbewältigung unzureichend und der Drogenkonsum zu einer "Krücke" der Selbstwertstabilisierung geworden ist. Es gibt viele Wege, die zum Drogenkonsum führen, aber letztlich ist jeder Drogenkonsum auch ein Versuch, sich alltäglichen Lebensproblemen und -herausforderungen zu stellen, sich mit ihnen auseinanderzusetzen und eine Form der Bewältigung (coping) zu finden. Dabei liegen taugliche und untaugliche, produktive und unproduktive Formen dicht beieinander (vgl. auch Hurrelmann & Hesse 1991).

Wenn die hier diskutierten gesundheitsriskanten Verhaltensweisen die Gesundheit im hohen Maß gefährden und in den meisten Fällen negative Sanktionen seitens der Gesellschaft (z. B. beim Gebrauch illegaler Drogen) oder Kritik seitens der Eltern und des Freundeskreises (z. B. bei Trunkenheit oder frühzeitigem Geschlechtsverkehr) oder auch Selbstverachtung (z.B. bei Fettleibigkeit) auslösen, was führt dann zu ihrer Fortsetzung und weiten Verbreitung während der Jugendphase (vgl. auch Jessor 1984)?

Insbesondere die sozialisations- und entwicklungstheoretische Forschung hat einen jugendspezifischen Erklärungsrahmen angeboten, der Risikoverhalten zwar als problematisches, aber in den meisten Fällen nicht als krankhaftes Verhalten klassifiziert (Franzkowiak 1986, 1987b; Jessor & Jessor 1977; Jessor 1984; Silbereisen & Kastner 1985). Diesem Ansatz folgend erweisen sich risikoreiche Handlungsweisen (vor allem der Gebrauch von legalen Drogen) im jeweiligen subjektiv-biographischen Sinnzusammenhang vor dem Hintergrund der jeweils soziokulturellen Lebensbedingungen als funktional und "normal". "Heranwachsende nutzen und bewerten epidemiologische Risikopraktiken gegenwarts- und funktionsorientiert: als greifbare, öffentlich zugängliche sowie kulturell nicht nur naheliegend, sondern auch nahegelegte Requisiten der Identitätsbildung. Rauchen und Alkoholkonsum sind keine Anzeichen individueller Entwicklungsabweichungen oder gar Symptome "devianten" Verhaltens. Der Einstieg in Risikopraktiken kann vielmehr als Versuch begriffen werden, entwicklungsbedingte Orientierungsprobleme zu bewältigen und mit ihnen auf gesellschaftlich höchst legitime Weise umzugehen" (Franzkowiak 1987b, 75). Diese Orientierungen und Handlungsweisen stehen im Gegensatz zu den Normen, die aus gesundheitsfördernder Perspektive auf langfristige Gefahren (z. B. Suchtpotential) und mögliche Organschäden hinweisen.

Die Funktionalität gesundheitsriskanter Verhaltensweisen kann von vielfältigen Merkmalen gekennzeichnet sein. Insbesondere für den Drogengebrauch läßt sich eine Vielzahl solcher Motive aufführen. Inwieweit diese Merkmale auch auf andere gesundheitsriskante Verhaltensweisen übertragen werden können, bleibt im Einzelfall zu prüfen. Eine Vielzahl von Studien konnte aufzeigen, daß es deutliche Zusammenhänge zwischen den unterschiedlichen gesundheitsriskanten Verhaltensweisen im Jugendalter gibt (z. B. Drogengebrauch im Zusammenhang mit dem Verhalten im Straßenverkehr) (Bachman, O'Malley & Johnston 1984; Hansell & Mechanic 1990; Jessor & Jessor 1977; Jessor 1984; Pulkinnen 1990). Jessor (1984) betont in seinen Arbeiten die Notwendigkeit, gesundheitsriskante Verhaltensweisen nicht isoliert voneinander zu betrachten, denn insbesondere für die Ursachen- und Bedingungsanalyse, aber auch für die Prävention sind komplexe Vorgehensweisen unabdingbar (Jessor 1989; Pulkinnen 1990).

Die folgende Auflistung der hauptsächlichen Motive für die Aufnahme und Beibehaltung des Drogengebrauchs als eine Facette gesundheitsgefährdender Verhaltensweisen illustriert zudem, daß die Motive sich nicht bedeutsam von denen anderer Verhaltensweisen abgrenzen:

Drogenkonsum

- kann der demonstrativen Vorwegnahme des Erwachsenenverhaltens dienen;
- kann eine bewußte Verletzung von elterlichen Kontrollvorstellungen zum Ausdruck bringen;
- kann Ausdrucksmittel für sozialen Protest und gesellschaftliche Wertkritik sein;
- kann ein "Instrument" bei der Suche nach grenzüberschreitenden, bewußtseinserweiternden Erfahrungen und Erlebnissen sein;
- kann jugendtypischer Ausdruck des Mangels an Selbstkontrolle sein;

- kann dem Versuch dienen, sich auf einfache Weise Entspannung durch Genuß zuzufügen;
- kann eine Zugangsmöglichkeit zu Freundesgruppen eröffnen;
- kann die Teilhabe an subkulturellen Lebensstilen symbolisieren;
- kann eine Ohnmachtsreaktion sein, wenn Konflikte und Spannungen im sozialen Nahraum überhandnehmen;
- kann ein Mittel der Lösung von frustierendem Leistungsversagen sein;
- kann eine Notfallreaktion auf heftige psychische und soziale Entwicklungsstörungen sein (vgl. Franzkowiak 1985; Hurrelmann & Vogt 1985; Jessor 1984; Silbereisen & Kastner 1985).

Die zu diesen Fragen vorliegenden Studien legen eine große Bandbreite solcher Motive und Bedürfnisse offen. Sie machen eines klar: Risikoverhalten ist als eine spezifische, im gesellschaftlichen Normalitätsspektrum liegende Ausdrucksform der individuellen Verarbeitung der Lebensrealität zu verstehen und als Form des Verhaltens genauso erklärbar wie alles andere Verhalten eines Menschen, nämlich als Ausdrucksform der Verarbeitung der eigenen Körperlichkeit, des Selbst und der sozialen, kulturellen und dinglichen Realität (Umwelt). Wie andere Verhaltensweisen auch sind gesundheitsriskante Verhaltensweisen in diesem Sinn in den biographischen Zusammenhang und in den Lebenskontext "eingewoben". Die funktionalen Bedeutungsgehalte gesundheitsriskanter Verhaltensweisen zeigen somit, "that motivations for adolescent risk behavior are not only broad-ranging and salient but are for the most part, the very same motivations that are involved in so much of the rest of adolescent behavior" (Jessor 1984, 79).

Festzuhalten bleibt vor diesem Hintergrund, daß gesundheitsgefährdende Verhaltensweisen als Ausdruck der Bemühungen Jugendlicher zu sehen sind, sich mit entsprechenden Anforderungen der Statuspassage auseinanderzusetzen. Individuell "gewählte" Risikoverhaltensweisen können als zum Teil folgerichtige Reaktionen von Jugendlichen verstanden werden, um Belastungen, Orientierungskrisen oder Verhaltensunsicherheiten zu bewältigen (vgl. Nordlohne 1992).

Risikoverhalten an sich kann auch als eigenständige Entwicklungsaufgabe aufgefaßt werden. Die Entwicklung von Ich-Identität schließt den bewußten Umgang mit riskanten Verhaltensweisen ein. Dazu sind im Jugendalter Erfahrungen und Kompetenzen zu erwerben (vgl. Jessor 1984).

Verschiedene Studien weisen darauf hin, daß solche Verhaltensweisen nicht immer problematisch sein müssen, sondern in moderater Form (z. B. beim Alkoholgebrauch) zur Kompetenzerweiterung und persönlicher Stabilität beitragen können. "If health-enhancing as well as health-damaging behaviors in adolescence are viewed as being part of the process of solving developmental tasks, problem behavior should not only be regarded as "negative" or "dysfunctional". Instead, it has to be conceived as being instrumental, purposeful, and goal-directed (Jessor, 1984). Behavior such as cigarette smoking, alcohol drinking, engaging in unprotected sexual intercourse, unhealthy eating habits, risk-taking activities, and illicit drug use can fulfill important functions for a young person´s health. Being accepted by the peer group, feeling more grown-up, expressing opposition to adult authority, dealing with frustration and anxiety, and so forth, are patterns of behavior that are chosen because they provide a way of defining a specific social and self-image, or a achieving social status in specific situations" (Hurrelmann & Lösel 1990, 11).

Mit Blick auf das Jugendalter und den Drogenbrauch wird vor diesem (theoretischen) Hintergrund deutlich, daß Risikoverhaltensweisen zu den fast alltäglichen Lebensweisen von Jugendlichen und der sie umgebenden Umwelt gehören. Von den Jugendlichen selbst werden diese Verhaltensweisen auch gerade deshalb nicht als Risiko attestiert, weil die unmittelbaren gesundheitlichen Folgen noch nicht zu spüren sind. Das stark gegenwartsbezogene Gesundheitskonzept läßt somit vielmehr die Vorteile solchen Risikoverhaltens in den Vordergrund treten. Insbesondere dann, wenn individuelle und psychosoziale Nutzenserwartungen solchen gesundheitsschädigenden Verhaltens zu erwarten sind. Jugendliche verfügen noch nicht über explizit gesundheitsbezogene Selbstschemata, vielmehr stehen Aspekte des psychosozialen Wohlbefindens im Zentrum der Selbstdefinition.

3.2.2 Subjektive Einstellungen und Kognitionen zu Gesundheit

Neben den verhaltensrelevanten und funktionalen Aspekten gesundheitsriskanter Verhaltensweisen spielen die individuellen Einstellungen zu den Ursachen von Krankheitsentstehung und zu den Charakteristika von Gesundheit sowohl für eine Theorie des Gesundheitsverhaltens als auch für die Maßnahmen der Gesundheitserziehung eine dominante Rolle.

Gesundheitsverhalten kann ganz offensichtlich nicht allein durch Veränderung von Einstellungen erreicht werden, sondern muß das Selbstkonzept des eigenen Handelns und die subjektiven Gesundheitskonzepte mit einbeziehen (Hurrelmann 1990a; Schwarzer 1989). Mit subjektiven Gesundheitskonzepten sind dabei die individuellen Einstellungen (Kognitionen, Bewertungen und Handlungspläne) gemeint, die ein Mensch im Hinblick auf die eigene Gesundheit und ihre Teilaspekte entwickelt (Mrazek 1987).

Selbst-, Körper- und Gesundheitskonzept

Nach Mrazek (1987) ist das Gesundheitskonzept eine Komponente des Körperkonzeptes, das wiederum Teil des Selbstkonzeptes ist. Das Gesundheitskonzept nimmt jedoch auch eine gewisse Eigenständigkeit als unabhängiges Konzept ein.

Das *Selbstkonzept* eines Menschen entwickelt sich in der bewußten Auseinandersetzung mit seiner sozialen und materiellen Umwelt und seinen eigenen Interessen. Erst wenn ein Individuum in der Lage ist, sich selbst differenziert und reflektiert wahrzunehmen und sich somit von seiner Umwelt abzugrenzen, kann es ein Selbstkonzept entwickeln. Das Selbstkonzept umfaßt dabei sowohl die Wahrnehmung des eigenen Körpers, die individuellen Fähigkeiten und Begabungen, das soziale Selbst als auch den emotionalen Bereich. Die Entwicklung des Selbstkonzeptes wird jedoch nicht nur von "innen" gefestigt, sondern beruht auch auf "äußeren" Faktoren, wie soziale und materielle Lebensbedingungen.

Die Relevanz des *Körperkonzeptes*, d. h. die Körperwahrnehmung, ist nicht in allen Entwicklungsphasen dieselbe. In den ersten Lebensjahren bildet das Körperkonzept einen wichtigen Bestandteil des Selbstkonzeptes (z. B. bei der Unterscheidung zwischen Umwelt und ICH). In der Jugendphase spielt das Körperkonzept zur Ausdifferenzierung und Stabilisierung des Selbstkonzeptes (aufgrund der physischen, sozialen und psychischen Veränderungen der Statuspassage) eine wichtige Rolle. "Je höher die Sensitivität gegenüber Körper und Körperfunktionen, desto größer ist die Selbstaufmerksamkeit gegenüber entsprechenden körperlichen Vorgängen, desto größer auch die Bereitschaft, Funktionen und Zustände des Körpers zu manipulieren. Je geringer die Sensitivität gegenüber Körper und Körperfunktionen, desto größer ist die Entfremdung vom eigenen Körper. In dem Maße als Bewußtheit und Wahrnehmung eigener Befindlichkeit fehlen, gewinnen äußere Orientierungsinstanzen an Einfluß; der Körper wird zum Objekt des Diskurses von anderen. Die Manipulation von Körperzuständen ist dabei nicht Selbstzweck, sondern instrumental für andere Funktionen" (Müller & Béroud 1987, 15). Dabei spielt für die jungen Heranwachsenden das Aussehen und die körperliche Leistungsfähigkeit eine zentrale Rolle im Körperkonzept, wobei die Mädchen mehr auf ihre Figur, ihr Äußeres und ihre Pflege achten, während die Jungen dem Sport und der Fitness mehr Bedeutung zumessen. Insgesamt zeigt sich eine wesentlich größere Aufmerksamkeit bezüglich des "Körperäußeren" als hinsichtlich des "Körperinneren". Gesundheit stellt sich bei der jugendlichen Aufmerksamkeit als die am positivsten bewertete Eigenschaft des Körperkonzeptes heraus.

Insgesamt sind systematische empirische Studien zum Körperkonzept bei Kindern und Jugendlichen noch rar. Die wenigen vorhandenen empirischen Daten (Hartmann 1987) belegen, daß das Körperkonzept im Jugendalter recht stabil und ausgeprägt ist. Noch seltener als empirische Arbeiten zu den Körperkonzepten im Kindes- und Jugendalter sind Studien zu den Gesundheitskonzepten. "Although health and illness concepts are thought to be important mediators of health and illness behaviors, little work has done examining health concepts" (Millstein & Irwin 1987, 515).

Wie die bisherige Forschung gezeigt hat, sind die *Gesundheitskonzepte* entwicklungsabhängig und damit alters- und lebensphasenbezogen (Lohaus 1990). Schon bei Kindern und Jugendlichen hat Gesundheit als Wert für die Lebensorientierung einen hohen Stellenwert. Bei Kindern bis zum Alter von zehn Jahren wird Gesundheit noch stark als "Abwesenheit von Krankheit" definiert. Im Jugendalter reichert sich diese Definition allmählich um psychische, emotionale, soziale und körperliche Komponenten an (Millstein & Irwin 1987).

Jugendliche betrachten Gesundheit als eine Selbstverständlichkeit. Die Verfügbarkeit von körperlichen und psychischen Ressourcen erscheint für sie zunächst unbegrenzt. Ernährung, sportliche Aktivitäten und andere Alltagshandlungen werden nicht durch spezifische Einstellungen über Gesundheit motiviert, sondern durch andere Motive bestimmt (z. B. Befriedigung expressiver und reflexiver Bedürfnisse) (Franzkowiak 1987a; Müller & Béroud 1987).

Die Gesundheitskonzepte der Heranwachsenden differenzieren sich im Laufe der Adoleszenzphase zunehmend aus. Dabei spielen Erfahrungen erster körperlicher Beeinträchtigungen sowie die verstärkte Wahrnehmung von Leistungs- und Alltagsstreß eine entscheidende Rolle (Millstein & Irwin 1987). Franzkowiak (1986, 1987a) benennt drei Phasen der Entwicklung und Ausdifferenzierung des Gesundheitskonzeptes Jugendlicher, deren Übergänge fließend sind:

1. Gesundheit definiert sich über sportliche und körperliche Leistungsfähigkeit und über kurzfristig erlebbares psychosomatisches Wohlbefinden, das stark gruppen- und gegenwartsorientiert ist (bis zum Alter von 15/16 Jahren).
2. Erweiterung des Konzeptes um psychische und soziale Komponenten. Seelische Ausgeglichenheit, Partnerschaft, Glück und soziale Unterstützung werden Gesundheit zugeschrieben (Wohlbefinden) (ca. im 17. und 18. Lebensjahr).
3. Die Mehrdimensionalität des Gesundheitsbegriffes ist völlig ausgeprägt. Gesundheit wird sowohl am somatischen, physischen Maßstab

als auch am psychosozialen Maßstab gemessen (ältere Heranwachsende).

Die altersabhängige Entwicklung der Gesundheitskonzepte ist nach Geschlecht und sozialer Herkunft weitestgehend ähnlich, wobei Mädchen etwas sensibler auf gesundheitliche Beeinträchtigungen reagieren. Helfferich, Walter und Franzkowiak (1986) konstatieren, daß Mädchen bereits ab 15 Jahren mit zunehmenden Alter Gesundheit als ein schützenswertes Gut betrachten.

Das Gesundheitsbewußtsein bereits beeinträchtigter Jugendlicher wird durch die Grenzen ihrer Krankheit definiert und weist Gesundheit zunächst als Utopie aus. Als Gesundheitsphasen werden bereits Zeiten der Schmerz- und Belastungsfreiheit verstanden. Gesundheit ist für diese Gruppe von Jugendlichen damit zunächst die Abwesenheit von ihrer bestimmten Krankheit. Darüberhinaus trennen sie aber zwischen dem persönlichen und einem generellen Gesundheitsbegriff, der sich am Gesundheitskonzept der Altersgleichen anlehnt (Franzkowiak 1986, 1987b).

Ein grundlegender Beitrag zu Gesundheits- und Krankheitskonzepten, der sich jedoch auf die Erwachsenenpopulation bezieht, stammt von Herzlich (1973). Sie fand anhand einer Interviewstudie heraus, daß Gesundheit und Krankheit als unterschiedliche Repräsentationen verstanden werden. Gesundheit wird demnach eher durch internale Faktoren beeinflußt, während Krankheit externalen Faktoren zugeschrieben wird. Somit definiert Herzlich (1973) drei verschiedene subjekte Gesundheitsbegriffe:

- Gesundheit als Abwesenheit von Krankheit;
- Gesundheit als Potential, sich gesund zu erhalten;
- Gesundheit als Gleichgewichtszustand

(vgl. hierzu die Ausführungen von Bengel & Belz-Merk 1990).

D'Houtand und Field (1978) bauen mit ihren Arbeiten auf denen von Herzlich auf und belegen eine Schichtabhängigkeit des Gesundheitsbegriffs. "Handwerklich arbeitende Berufsgruppen sehen Gesundheit eher in instrumentellen, negativen Begriffen (Gesundheit, um in der Lage zu sein, gesellschaftliche Aufgaben erfüllen zu können), während nicht manuell tätige Gruppen Gesundheit eher in personalisierten, expressiven Begriffen betrachten (Gesundheit als persönliches Ziel)" (Bengel & Belz-Merk 1990, 107).

Nach Bibace und Walsh (1979) orientieren sich die Gesundheitskonzepte zunehmend an der Entwicklung kognitiver Fähigkeiten (in Anlehnung an Piaget). Auch Verres (1989) geht von der Annahme aus, daß Gesundheits- und Krankheitskonzepte in der kognitiven Auseinandersetzung mit aktuellen Informationen und bereits vorhandenem Wissen über Gesundheit und Krankheit entstehen.

Externale versus internale Kontrollüberzeugungen zu Gesundheit

"Ursprünglich eindimensional definiert (vgl. Rotter 1966) bezeichnen internale Kontrollüberzeugungen die generalisierte Erwartung, daß Ereignisse im Leben die Folge eigenen Verhaltens oder eigener Persönlichkeitsmerkmale sind; externale Kontrollüberzeugungen liegen dagegen vor, wenn eine Person Verstärkungen und Ereignisse als nicht abhängig von eigenem Handeln, sondern als Ergebnis von Glück/Pech, Zufall, Schicksal, als von anderen Personen abhängig oder als (aufgrund der Komplexität des Geschehens) nicht vorhersehbar wahrnimmt" (Greve & Krampen 1991, 224). Dieses eindimensionale Konstrukt der Kontrollüberzeugungen ist in den letzten Jahren zunehmend ausdifferenziert worden.

Verschiedene Studien haben gezeigt, daß Personen mit internalen Kontrollüberzeugungen weniger über gesundheitliche Probleme berichten, weniger unter Streß, Depressivität und Ängstlichkeit leiden und mehr auf gesundheitsförderndes Verhalten achten, als Personen mit externalen Kontrollüberzeugungen. Bei external orientierten Personen ist es offenbar wichtiger, daß die soziale Umgebung einen gesundheitsfördernden Einfluß ausübt (Greve & Krampen 1991).

Mrazek (1987) und Hartmann (1987) legen übereinstimmend dar, daß Jugendliche alle Bereiche des Körperkonzeptes für stärker internal als external beeinflußbar halten, während das Aussehen noch am ehesten dem äußeren Einfluß zugeschrieben wird. Jugendliche halten ihre Gesundheit ebenfalls für stärker internal als external kontrolliert. Weiterhin glauben die männlichen Jugendlichen - in stärkerem Maße als die weiblichen -, ihre Gesundheit beeinflussen zu können, und in geringerem Maße, daß die Gesundheit zufallsabhängig ist.

Hartmann (1987) stellt ein Ansteigen der internalen Kontrollüberzeugungen mit zunehmenden Alter fest, und führt dies auf die zunehmende kognitive Entwicklung und die steigende Selbstverantwortung zurück.

Krankheitskonzepte

Jugendliche im Alter bis zu 16 Jahren drücken im Zusammenhang mit potentiellen Gesundheitsbeeinträchtigungen durch die Umwelt eine diffuse, wenig konkrete Angst vor möglichen Krankheiten aus. Das Gefühl des schutzlosen Ausgeliefertseins Jugendlicher führt zur verbreiteten Annahme "...heutzutage könne eigentlich niemand mehr gesund sein" (Franzkowiak 1987a, 212).

Auch andere Autoren beschreiben, wie Jugendliche körperbezogene

Ängste äußern, die sich auf potentielle Krankheiten beziehen. Nach Brettschneider und Bräutigam (1990) spricht jeder 5. bis 6. Jugendliche die Befürchtung aus, nicht richtig gesund zu sein. Dabei ist diese diffuse Ängstlichkeit verbreiteter als die negative Einschätzung des eigenen Gesundheitszustandes. Hier scheint der Mangel an klaren Kategorien zur Einordnung von Gesundheit und Krankheit zu erheblichen Verunsicherungen bezüglich der Einschätzung und des Umgangs mit dem eigenen Zustand zu führen.

Mrazek (1987) stellt eine mäßige Angst der 12- bis 16jährigen Jugendlichen um ihren Körper fest, die aber noch größer ist als die vor Ärzten. Mädchen zeigen dabei ein durchgehend größeres Angstniveau. Dabei besteht ein positiver Zusammenhang zwischen der Selbstaufmerksamkeit bezüglich potentieller Beschwerden, einer größeren Angst vor möglichen Verletzungen oder Krankheiten und der Wahrnehmung von Beschwerden bzw. der negativen Bewertung der eigenen Gesundheit.

Während die Beeinflußbarkeit der Gesundheit mehr der internalen Kontrolle zugeschrieben wird, unterliegen Krankheiten stärker der externalen Kontrollüberzeugung (Hartmann 1987). "Krank werden" wird damit etwas schicksalhaftes zugeschrieben. Hartmann interpretiert dies dahingehend, daß Kinder und Jugendliche ihre Vorstellung am medizinischen Modell ausrichten, deren Endpunkt als rein somatische Beeinträchtigung aufgefaßt wird. Dieses Modell erscheint ihnen deswegen unbeeinflußbar, da die Entstehungsgeschichte von Krankheiten nur wenig einsichtig ist und somit die Relevanz eigener Handlungen unklar und nicht nachvollziehbar bleibt.

Das Informationsinteresse Jugendlicher über Entstehungsbedingungen und Handlungsmöglichkeiten in bezug auf Krankheiten ist im Verhältnis zu Aussehen bzw. Gesundheit/Fitness ein mittleres. Das Interesse an Möglichkeiten der Fitness- bzw. Gesunderhaltung liegt dabei am höchsten, das Informationsbedürfnis über Krankheitserkennung bzw. Gegenmaßnahmen wird höher eingeschätzt als das bezüglich des Aussehens.

Insgesamt zeigen die globalen Einstellungen und Einschätzungen zu Krankheit, zu deren Entstehung und Befürchtungen der eigenen Betroffenheit eine noch unklarere Sichtweise der Jugendlichen als zum Konzept der Gesundheit, was zum einen auf den Mangel an Erfahrungen körperlicher Beeinträchtigungen zurückzuführen ist; zum anderen wird in Familien äußerst selten über Krankheit, Gesundheit und Unterstützungsmöglichkeiten von Gesundheit gesprochen, selbst bei ernsthaften Krankheiten in Familie oder Bekanntenkreis, was zu einem hilflosen Umgang bei Krankheitsfällen führt und damit den Stellenwert eines gesellschaftlichen Tabus erhält (Helfferich, Walter & Franzkowiak 1986).

3.3 Schulische Präventionsmodelle

Die Umsetzung der in den vorausgegangenen Abschnitten skizzierten sozialpsychologischen Modelle und sozialisations- und jugendtheoretischen Theorien in Programme der Gesundheitserziehung ist vor allem im schulischen Bereich realisiert worden. Dabei lassen sich zwei, konzeptionell unterschiedliche Programmansätze benennen. Zum einen handelt es sich um solche präventiven Bemühungen, die unter Zugriff auf Elemente des Health-Belief-Modells und der Theory of Reasoned Action, die kognitiven Aspekte gesundheitsrelevanter Verhaltensweisen in den Fokus ihrer Bestrebungen setzen. Diese sogenannten *traditionellen Konzepte schulischer Gesundheitserziehung* zielen insbesondere auf die volle Rationalität gesundheitsrelevanter Verhaltensweisen ab. Zum anderen handelt es sich um solche Programme, die sich vom reduktionistischen Bild der Krankheitsverhinderung ablösen, indem sie Bezug nehmen auf die protektiven Faktoren (z. B. altersadäquate Problemlöse- und Kommunikationsfertigkeiten, positives Selbstwertgefühl) und allgemeine Lebensbewältigungskompetenzen stärken helfen. Diese sogenannten *"innovativen" oder psychosozialen Konzepte schulischer Gesundheitsförderung* grenzen sich vom medizinischen Blickwinkel des Risikoverhaltens ab und rücken - unter Rückbezug auf die Theorie der Entwicklungsaufgaben, der Funktionalität von gesundheitsriskanten Verhalten und den subjektiven Gesundheitskonzepten - den Jugendlichen im Kontext seiner Entwicklung und Sozialisation in den Mittelpunkt ihrer Bemühungen.

Unter Zugriff auf Beispiele aus der schulischen Präventionsarbeit sollen im folgenden Abschnitt die einzelnen Bestrebungen und Ansätze der traditionellen und innovativen Präventionsbemühungen dargestellt werden.

3.3.1 Traditionelle Konzepte schulischer Gesundheitserziehung

Den traditionellen Konzepten schulischer Gesundheitserziehung werden vor allem jene Maßnahmen zugerechnet, die einseitig im Sinne des beschriebenen Health-Belief-Modells davon ausgehen, daß das Wissen über die Gefahren einer gesundheitsriskanten Verhaltensweise ausreiche, um eine rationale Entscheidung zu fällen, die dann auch handlungsrelevant wird. Insbesondere das kognitiv ausgerichtete Konzept der Aufklärung und das pädagogisch eher fragwürdige Konzept der Abschreckung fanden lange Zeit die größte Verbreitung und dominieren auch heute noch die Lehrpläne schulischer Gesundheitserziehung (vgl. Jüdes, Jützi & Rhode 1987; Staeck 1990).

Das didaktische *Konzept der Abschreckung* beruht darauf, die negativen

Folgen gesundheitsriskanten Verhaltens möglichst plakativ darzustellen und damit Furcht, Angst und Schulgefühle zu erzeugen. Beispiele hierfür sind schockierende Filme über Raucherbeine und Lungentumore, die die langfristigen Konsequenzen einer gesundheitsriskanten Verhaltensweise illustrieren. "Diese Strategie kann nicht erfolgreich sein, da sie Indifferenz bei den Adressaten hervorruft, d. h. die Schüler sind emotional blockiert, und allenfalls kurzfristige Verhaltensänderungen werden bewirkt. Häufig bagatellisieren die Schüler auch in einer Art Abwehrreaktion die tatsächliche Gefahr oder machen die dargestellte Situation lächerlich und setzen sich in einer daraus resultierenden Oppositionshaltung möglicherweise sogar einer verstärkten Gesundheitsgefährdung aus" (Staeck 1990, 25).

Im Unterschied zum Konzept der Abschreckung ist das *Konzept der Aufklärung* nicht emotional, sondern ausschließlich kognitiv ausgerichtet. Auf der Grundlage möglichst objektiver und emotionsfreier Informationen über die Gefahren gesundheitsschädigendem Verhaltens sollen die Schülerinnen und Schüler überzeugt werden. Es wird unterstellt, daß auf diese Weise auch tatsächliches Verhalten beeinflußt wird. Wie bereits bei der Beschreibung des Health-Belief-Modells angeklungen, bietet aber die Aneignung von Wissen für sich alleine keine Garantie für entsprechende Einstellungsänderungen, die dann in Verhaltensmodifikationen münden. Die Hauptkritik am traditionellen Konzept der Aufklärung beruht vor allem darauf, daß die Motivation für gesundheitsrelevantes Verhalten ausgeblendet und die psychosoziale "Funktion" gesundheitsriskanter Verhaltensweisen im Jugendalter zu wenig beachtet werden (Franzkowiak 1986; Schneider 1990). Hinzu kommt, daß das stark gegenwartsbezogene Gesundheitskonzept der Jugendlichen nicht genügend in den Blickwinkel gerückt wird.

In der Bundesrepublik war es vor allem die Bundeszentrale für gesundheitliche Aufklärung (BZgA), die in den letzten Jahren viele dieser Vorgaben didaktisch aufbereitet und damit Lehrerinnen und Lehrern zugänglich gemacht hat. Die Materialien der BZgA zum Themenschwerpunkt Suchtprävention umfassen u. a. folgende Unterrichtswerke:

- Unterrichtswerke für die Klassen 1-4 zu den Themen Alkohol. Rauchen, Selbstmedikation, Werbung und Gesundheit;
- Unterrichtswerk zu Drogenproblemen für die Klassen 5-10. Enthält Informationen über illegale Drogen, Arzneimittel, Alkohol und Tabak;
- Unterrichtseinheit für das 5. und 6. Schuljahr zum Thema Alkohol und Gesundheit;
- Unterrichtsmaterial für die beruflichen Schulen zum Themenkomplex Abhängigkeit, Sucht und Drogen.

Die Materialien können sich der Kritik nicht entziehen, einseitig im Sinne des Health-Beliefs-Modells gearbeitet und damit zu kognitiv ausgerichtet zu sein. Dennoch darf und sollte man die Relevanz der Unterrichtsmaterialien der BZgA, gerade für den praktischen pädagogischen Bereich, nicht unterschätzen. Sie sind fast die einzigen Handreichungen, die Lehrer und Lehrerinnen leicht zugänglich waren und schon zu einem frühen Zeitpunkt die Problematik für den Unterricht transparent gemacht haben.

Eine ebenfalls dem traditionellen Konzept schulischer Gesundheitserziehung zugeordnete Methode, die vor allem im Hinblick auf die Prävention des Drogengebrauchs entwickelt wurde, ist das *Konzept der affektiven Erziehung*. Diese schon Mitte der 70er Jahre entwickelte Konzeption grenzt sich von der informativen Strategie ab und stellt die personale und soziale Entwicklung der Heranwachsenden in den Mittelpunkt ihrer Bemühungen. Die grundlegende Annahme dieses substanzunspezifischen Ansatzes ist, daß Drogenmißbrauch durch eine Stabilisierung allgemeiner Lebensbewältigungsfertigkeiten verhindert werden kann (Schinke, Botvin & Orlandi 1991). Entsprechend beinhaltet das Konzept Schulklassenaktivitäten, mit dem Ziel der Erhöhung des Selbstwertgefühls und der Kommunikationsfertigkeiten, der Klärung von Werten und der Stärkung bei Entscheidungsprozessen. Beispielhaft für diese Strategie steht das in den Vereinigten Staaten weit verbreitete Programm "Here´s looking at you 2000" (vgl. insbesondere Green & Kelley 1989). Das Programm verknüpft Elemente der Wissenvermittlung mit persönlichkeitsfördernden Aspekten wie z. B. der Stärkung des Selbstwertgefühls.

Alle genannten traditionellen Konzepte haben eines gemeinsam: sie blenden systematisch den sozialen Lebenskontext und damit verknüpfte funktionale Aspekte der Lebensbewältigung und somit die psychosozialen und funktionalen Aspekte gesundheitsabträglicher Verhaltensweisen aus. Die Grenzen dieser Konzeptionen zeigen sich insbesondere am mangelnden Erfolg der präventiven Bemühungen (vgl. hierzu insbesondere Kapitel 8).

Ein letzter Ansatz, der im Kontext der traditionellen Konzepte noch erwähnt werden soll, ist das sogenannte *Alternativen-Modell*. Dieses Modell wurde ebenfalls schon Anfang der 70er Jahre entwickelt, erreichte allerdings erst in den letzten Jahren eine hohe Relevanz. Diesem Ansatz folgend, vermitteln gesundheitsriskante Verhaltensweisen Gefühle der Entlastung, Entspannung und Aufregungen, die von seiten der Jugendlichen nicht auf anderem Wege erzielt werden können. Durch den Ersatz von typischen Handlungsskripten (z. B. eine alkoholfreie Party) oder der Förderung von Aktivitätsbereichen, die eine gewisse Unvereinbarkeit mit gesundheitsgefährdenden Verhaltensweisen garantieren (z. B. Sport) sollen den Jugendlichen funktionelle Alternativen aufgezeigt werden (vgl. Silbereisen & Kastner

1985). "Drug prevention approaches based on the idea of alternatives included a variety of recreational, educational, and community-service activities. For example, a number of drug-free youth centers have been established that feature such activities as arts, crafts, music, and sports" (Schinke, Botvin & Orlandi 1991, 21). Diese Konzeption, die von ihrem theoretischen Ansatz her eher den neueren Bemühungen zugerechnet werden müßte, wird aufgrund mangelnder Erfolgsnachweise nach wie vor in ihre Grenzen verwiesen.

3.3.2 Psychosoziale (innovative) Konzepte schulischer Gesundheitsförderung

In den letzten Jahren sind zunehmend Konzeptionen in das Blickfeld präventiver Bemühungen gerückt, die sich von den rein aufklärerischen, verhaltensregulierenden und individuenzentrierten Strategien lösen und als Ziel hervorheben, Jugendliche bei ihren Entscheidungsprozessen und Problemlösungen zu helfen und damit zu deren Persönlichkeitsentwicklung beizutragen (vgl. Hurrelmann 1990a; Nordlohne 1992). Wichtige Anknüpfungspunkte für alle innovativen Konzepte schulischer Gesundheitsförderung sind die psychosozialen Funktionen jugendlichen Risikoverhaltens und die subjektiven Gesundheitskonzepte im Kontext entwicklungsrelevanter Anforderungen.

Die zur Zeit am vielversprechendsten Ansätze fokussieren primär auf der Vermittlung von Widerstandsfertigkeiten, auf psychologische Immunisierung und den Erwerb von personalen und sozialen Bewältigungsfähigkeiten. Diese neueren Ansätze unterscheiden sich von den traditionellen Konzepten aus vier Gründen: (1) Sie basieren auf einem umfassenden Verständnis für die Gründe und Funktionen jugendlichen Risikoverhaltens, (2) sie beruhen auf allgemein akzeptierten Theorien menschlichen Verhaltens, (3) sie gebrauchen bewährte Interventionstechniken und (4) es wurden methodische Mängel ausgemerzt und verbesserte Forschungsdesigns zur Überprüfung der Effektivität konstruiert (vgl. Schinke, Botvin & Orlandi 1991).

Das *Konzept der psychologischen Immunisierung*, das zurückgeht auf die Arbeiten von Evans (1976, 1984) wurde deutlich beeinflußt von der Theorie der "psychologischen Impfung" nach McGuire (1964, 1968). Nach McGuire läßt sich der Vorgang der Informationsaufnahme bis hin zur Verhaltensänderung in sieben Schritten beschreiben: (1) Die Person wird einer überzeugenden Kommunikation ausgesetzt, (2) ihr Interesse für die Inhalte wird geweckt, (3) sie versteht den Inhalt, (4) sie lernt neue Fertigkeiten, (5) sie stimmt den Schlußfolgerungen zu und ändert eventuell ihre Einstellung, (6) sie behält die neue Überzeugung bei und (7) sie handelt in Übereinstimmung mit der neuen Einstellung (vgl. Künzel-Böhmer, Bühringer & Janik-

Konecny 1991). In der praktischen Umsetzung wurde das Bewußtmachen von Gruppendruck, als Einflußfaktor risikoreicher Verhaltensweisen auszuüben, und das Training diesem Druck zu widerstehen verbunden mit Aspekten der Informationsvermittlung. Eine Vielzahl von Forschungsgruppen hat diesen Ansatz in den letzten Jahren getestet (vgl. Kapitel 8). "They all attempted to increase students´ awareness of the various social influences to smoke cigarettes, and they emphasized the teaching of specific skills for resisting those influences" (Schinke, Botvin & Orlandi 1991, 29).

Vergleichbar dem Konzept der psychologischen Immunisierung liegt auch dem *Ansatz der Standfestigkeit gegen soziale Beeinflussung* die Notwendigkeit der sozialen Einflußnahme zugrunde. Die sozialen Einflüsse auf das gesundheitsriskante Verhalten werden in dieser Konzeption hauptsächlich von den Gleichaltrigen, der Familie und den Massenmedien determiniert. Zugrunde liegt diesem Konzept die soziale Lerntheorie von Bandura (1976, 1979). Nach dieser Theorie ist das Verhalten als Resultat seiner positiven und negativen Konsequenzen zu betrachten. Andere Personen wie Eltern, Geschwister und Gleichaltrige dienen als Nachahmungsmodelle, die exemplarisch für bestimmte Verhaltensweisen stehen. Folglich ist die Umwelt mit der wichtigste Faktor für die Ausformung von Verhaltensweisen, die aber nicht nur passiv verarbeitet werden. Jedes Individuum eignet sich aktiv soziale Kompetenzen an und lernt damit, seine Interessen und Bedürfnisse zu artikulieren, sie mit anderen abzustimmen und auch ungerechte Verhältnisse zu ändern. Dieser Lernprozeß wird nach Bandura auch durch Strafe und Belohnung mitbeeinflußt. Die konkreten Interventionen haben Training von Widerstandstechniken gegen soziale Beeinflussung, Immunisierung gegenüber dem Einfluß von Massenmedien, Informationsvermittlung über Einflußmöglichkeiten von anderen Personen sowie die Korrektur normativer Erwartungen zum Inhalt (vgl. McAlister et al. 1980; Best et al. 1984).

Eine Verknüpfung der beiden letztgenannten Konzepte in einem komplexen Gesamtzusammenhang zeichnet *das Konzept des Trainings von sozialen und personalen Bewältigungsfertigkeiten* aus. Die Ursprünge dieser Konzeption gehen zurück auf Bandura's Lerntheorie und die "Problem Behavior Theory" (Jessor & Jessor 1977). Die programmatische Umsetzung erfolgte insbesondere durch das Life-Skills-Programm (Botvin et al. 1984, Botvin & Eng 1980; Botvin, Eng & Williams 1980; Botvin, Renick & Baker 1983). Der Inhalt des Programms beruht auf einer umfassenden Vermittlung von generellen Lebensbewältigungsfertigkeiten in Verbindung mit spezifischen Funktionen des gesundheitsriskanten Verhaltens. Neben der Vermittlung von Informationen über die Gesundheitsgefahren wurden mit den Schülern vor allem verschiedene soziale Kompetenzen eingeübt. Dies waren im einzelnen:

- generelle Problembewältigungs- und Entscheidungsfertigkeiten (z. B. Brainstorming, systematische Entscheidungstechniken);
- generelle kognitive Fertigkeiten, um personellen und Massenmedien-Einfluß zu widerstehen (z. B. Formulieren von Gegenargumenten);
- Fähigkeiten zum Anstieg von Selbstkontrolle und Selbstwertgefühl (z.B. Ziele setzen, Selbstinstruktionen, Prinzipien zur Selbständerung);
- Erlernen von Coping-Strategien zur Vermeidung von Streß und Ängsten (z. B. Entspannungstechniken);
- generelle Fähigkeiten bezogen auf zwischenmenschliche Kontakte (z.B. Kommunikationsfertigkeiten);
- generelle Abwehrstrategien (z. B. Nein-sagen, Gefühle ausdrücken).

Es wird davon ausgegangen, daß eine erfolgreiche Prävention des als erlernt und funktional beschriebenen Risikoverhaltens nur durch die Förderung von relevanten sozialen Kompetenzen erfolgen kann, da diese die Jugendlichen in die Lage versetzen, Verhaltensalternativen zu wählen und auch durchzuhalten.

Verschiedene Evaluationen bestätigen den Erfolg dieser Konzeption (vgl. Kapitel 7).

Die innovativen Konzepte schulischer Gesundheitsförderung lassen sich dadurch kennzeichnen, daß sie

1. die gesamte Motivationslage (Jugendliche sind sehr stark gegenwartsorientiert),
2. den Prozeß der Lebensbewältigung, wie z. B. die Auseinandersetzungen mit den körperlichen Veränderungen und den alltäglichen Lebensstil, wie er durch soziale und kulturelle Einflüsse geprägt wird, sowie
3. die Funktionalität von gesundheitsschädigenden Verhaltensweisen

in ihrem Ansatz einbeziehen.

Das Dilemma aller konzeptionellen Bemühungen ist dabei, daß für Jugendliche Gesundheit an sich ein selbstverständlicher Wert ist, der keinen Anlaß zur Vorsicht oder Vorsorge bietet, solange sie nicht wirklich betroffen sind. Das Bestreben von Jugendlichen Autonomie zu erlangen, ist ein wichtiger Anknüpfungspunkt für neuere Programme. Die programmatische Umsetzung solcher Konzeptionen ist im In- und Ausland noch in Entwicklung begriffen. Im deutschen Sprachraum liegen - im Vergleich zu den angelsächsischen Ländern und einigen europäischen Nachbarstaaten - erst in Teilbereichen Programme vor, die den beschriebenen theoretischen Ausarbeitungen und konzeptionellen Grundlagen gerecht werden (zur Darstellung ausgewählter Programme vgl. Hesse & Hurrelmann 1991).

3.4 Ziele schulischer Gesundheitserziehung

Eine kritische Auseinandersetzung mit (praktischen) Konzepten traditioneller Gesundheitserziehung hat deutlich die Grenzen aufgezeigt, die eine auf Wissen um Gesundheitsrisiken reduzierte Prävention hat. Verschiedene Studien haben diese einseitige Ausrichtung kritisiert, da die handlungsrelevanten und emotionalen Aspekte zur Aufrechterhaltung gesundheitsrelevanter Verhaltensweisen in sozialen Situationen zu wenig berücksichtigt werden und die Gesamtmotivation für oder gegen gesundheitsrelevantes Verhalten vernachlässigt wird.

Verhaltensänderungen in Richtung gesünderes Verhalten sind aber nur dann zu erwarten, wenn sowohl verhaltensbezogene als auch verhältnisbezogene Maßnahmen berücksichtigt und die Lebens-, Motivations- und soziale Lage von Jugendlichen mitaufgenommen werden. Maßnahmen der verhaltensbezogenen Prävention müssen an den persönlichkeitsspezifischen Hauptrisiken ansetzen:

1. der mangelnden Fähigkeit, sich mit sozialen und (in Schule und Arbeitswelt) leistungsmäßigen Anforderungen auseinanderzusetzen und sie so umzusetzen, daß sie Bedeutung und Sinn für die eigene Lebensgestaltung haben;
2. dem Gefühl, in wichtigen informellen Bezugsgruppen (Freunde, Kollegen) isoliert und sozial an den Rand gedrängt zu sein, nicht die Anerkennung und soziale Integration zu erleben, die für die persönliche Entwicklung für angemessen und für notwendig gehalten wird;
3. der mitunter quälenden Suche nach Sinngebung und Wertorientierung in einer komplexen Welt, die nur auf wenigen Feldern gestattet, die Sehnsucht nach Erlebnissen und tiefgehenden Erfahrungen und den Bedarf nach Glaubens- und/oder Wertgewißheit zu befriedigen.

Jugendliche mit einem positiven Selbstwertgefühl, mit einer guten Leistungsbereitschaft in der Schule, mit aktiver Beteiligung an der Schulkultur, mit befriedigendem Leistungserlebnissen, guter Einbindung in Freundschaftsgruppen, guten partnerschaftlichen Beziehungen zu den Eltern, befriedigenden materiellen Ressourcen, ausreichenden Möglichkeiten der Diskussion weltanschaulicher, ethischer und politischer Probleme, ausreichenden Kompetenzen der Bewältigung von Alltagsproblemen und konstruktiven Perspektiven von Alltagsproblemen und konstruktiven Perspektiven für die weitere Lebensgestaltung sind viel weniger in Gefahr, gesundheitsriskante Verhaltensweisen auszuüben als Jugendliche, bei denen diese Merkmale nicht gegeben sind (vgl. u. a. Engel & Hurrelmann 1989; Hurrelmann 1990a; Hurrelmann & Hesse 1991; Nordlohne 1992).

Maßnahmen der verhältnisbezogenen Gesundheitserziehung müssen - mit den verhaltensbezogenen Maßnahmen korrespondierend - den Versuch machen, die krankmachenden Lebensbedingungen zu verändern. Die wichtigsten Felder sind hier Familie, Kinderbetreuungseinrichtungen, Schule, Arbeitsplätze und Jugendeinrichtungen. In diesen sozialen Einrichtungen entscheidet sich, mit welchen sozialen Impulsen und Ressourcen ein junger Mensch ausgestattet wird.

In diesem Kontext wird auch der Schule zunehmend eine wichtige Rolle zugeschrieben. So erreicht die Schule fast alle Jugendlichen während einer entscheidenden Phase ihrer Persönlichkeitsentwicklung. Eine besondere Aufgabe wird der Schule aber auch dadurch zugeschrieben, als daß sie selbst zu einer Vielzahl von Gesundheitsbeeinträchtigungen durch Zertifikatvergabe und Leistungsanforderungen beitragen kann. Schulische Gesundheitserziehung darf deshalb nicht nur curricular durch die Wissensvermittlung ansetzen, sondern muß auch durch ihr soziales und ökologisches Angebot an Arbeitsverhalten, körperlicher Betätigung, sozialen Verhalten, Ernährungsverhalten uvm. Einfluß nehmen. Schulen sind aus diesem Grunde wichtige soziale Felder für den Aufbau von gesundheitsrelevanten Verhaltensweisen - auch oder gerade in den Bereichen, in denen Gesundheitserziehung nicht explizit zum Thema gemacht wird.

Zudem bietet Gesundheitserziehung in der Schule einen optimalen Rahmen zur Evaluierung, d. h. Wirksamkeits-, Effektivitäts- und Erfolgsmessung der Programme als notwendige Bedingung zur Entwicklung sinnvoller und effektiver Konzepte, weil sie eine hohe Erreichbarkeit von Jugendlichen und Kontinuität bei der Teilnahme erzielt.

Programmatisch lassen sich die wichtigsten Ziele der schulischen Gesundheitserziehung in Anschluß an Williams (1987) folgendermaßen zusammenfassen:

1. Bereitstellen von Wissen und Informationen;
2. Unterstützung von gesunden Lebensstilen und Darbietung von realistischen Möglichkeiten und Alternativen für eine gesunde Lebensweise, indem Jugendlichen Kompetenzen an die Hand gegeben werden, die es ihnen ermöglichen, sich aufgrund von physischer, psychischer und sozialer Gesundheit jederzeit an allen gesellschaftlichen Prozessen uneingeschränkt beteiligen zu können;
3. Befähigung zur Gestaltung und Ausschöpfung physischer, psychischer und sozialer Möglichkeiten, die das Selbstkonzept und Selbstwertgefühl stabilisieren helfen;
4. Ausstattung und Entwicklung von Fähigkeiten und Fertigkeiten, z. B. um eine Entscheidung zu treffen und zu vertreten, Streß zu bewältigen

und mit konflikthaften Situationen in bezug auf das gesundheitsrelevante Verhalten umzugehen;

5. Förderung von Verantwortungsbewußtsein bezogen auf individuelle, familiale und gemeindebezogene Aspekte der Gesundheit.

Vor dem Hintergrund dieses Anspruchs soll nun die Darstellung der Evaluations(ergebnisse) eines nach innovativen Muster konzipierten Programms der Gesundheitserziehung erfolgen.

B. Exemplarische Evaluation am Beispiel eines schulischen Programms zur Sucht- und Drogenvorbeugung

Seit dem Anfang der 80er Jahre ist in der Bundesrepublik Deutschland ein wachsendes Interesse an der Evaluation von Gesundheitsprogrammen zu verzeichnen. Die Gründe liegen zum einen in den ständig wachsenden Ausgaben und Kosten im Gesundheitswesen und zum anderen an der zunehmenden kritischen Betrachtung von Programmen und Maßnahmen, auch im Hinblick auf ein Kosten-Nutzen-Kalkül (Bengel & Bührlen 1991).

Die wissenschaftliche Literatur zur Evaluationsforschung ist gekennzeichnet durch eine Vielfalt von unterschiedlichen Begriffen und Begriffserläuterungen zur Beschreibung ein- und desselben Sachverhalts. So spricht man von Erfolgskontrollen, Effizienzforschung, Bewertungsforschung, Wirkungsforschung, Wirkungskontrolle, Qualitätskontrolle uvm. (Wottawa & Thierau 1990). Nicht nur begrifflich, sondern auch inhaltlich ist das, was mit Evaluationsforschung gemeint ist, unklar und weit gefaßt. "Evaluation - more than any science - is what people say it is, and people currently are saying it is many different things. Evaluation is a set of theoretical and practical activities without a widely accepted paradigm. Few people agree on the best way to evaluate" (Glass & Ellet 1980, zit. nach Wittmann 1985, 40).

In der Bundesrepublik Deutschland haben sich die Begriffe "Evaluationsforschung" und in Abgrenzung dazu "Evaluation" nach der Definition von Suchmann (1967) durchgesetzt, die auch in dieser Arbeit übernommen werden sollen. *Evaluation* kennzeichnet nach dieser Definition den Prozeß der Beurteilung eines Produktes, Prozesses oder Programmes, was nicht notwendigerweise systematische, empirische Beweise zur Bestätigung einer Beurteilung erfordert. *Evaluationsforschung* umfaßt hingegen die explizite Verwendung wissenschaftlicher Methoden und Verfahren zum Zweck der Durchführung einer Bewertung (vgl. auch Lösel & Nowack 1987; Wittmann 1985; Wottawa & Thierau 1990).

Abrahamson (1979) erweiterte die Definitionsthematik um den Begriff der Programmevaluation, mit dem die anwendungsbezogene Erforschung aller ethisch vertretbaren Situationen gemeint ist und die dem Praktiker, Politiker, Gesundheitsfachmann etc. umfassende Grundlagen für rationale Bewertungen und Entscheidungen geben soll (Wittmann 1985).

Der Evaluationsforschung kommt somit auch die Rolle eines Bindeglieds zwischen Theorie und Praxis zu, die gekennzeichnet ist durch eine Informationsrückmeldung und somit einen kontinuierlichen Feedback-Prozeß an die beteiligten Personen und Institutionen ermöglicht.

"Als Programmevaluation wird der gesamte Prozeß der Konzeptentwicklung, Ablaufplanung, Implementierung und Nützlichkeit eines Interventionsprogrammes bezeichnet. Die primären Fragen beziehen sich dabei auf (1) Art, Ausmaß und Verteilung des zugrundeliegenden Problems, (2) Ziele und Angemessenheit eines Programms, (3) planmäßiger Ablauf der Intervention, (4) Ausmaß, mit dem die beabsichtigten Änderungen bei der Zielpopulation erreicht werden, (5) Nebenwirkungen der Intervention und (6) Nützlichkeit des Programms entsprechend Kosten-Effektivitäts- bzw. Kosten-Nutzen-Analysen" (Nöldner 1990, 475).

Werden alle Komponenten eines Programms untersucht, spricht man von einer *umfassenden Evaluation.* Es ist aber auch möglich, nur bestimmte Teilziele - d. h. nur einzelne Elemente eines Programms werden evaluiert - zu untersuchen (Rossi & Freeman 1985). Einigkeit besteht in der Fachliteratur darüber, daß alle Schwerpunkte gleichgewichtig bewerten zu können. Es kommt also auf eine umfassende Programmevaluation an, die den gesamten Prozeß der Konzeptentwicklung, Ablaufplanung, Implementierung und Nützlichkeit eines Programmes der Gesundheitsförderung zum Thema macht.

Im Mittelpunkt des zweiten Teils dieser Arbeit steht nun die exemplarische Darstellung solch einer umfassenden Evaluationsstudie.

Die Konzeption einer Befragung als Fallstudie deutet schon daraufhin, daß in bestimmten Aspekten Abstriche vom gewünschten Ideal der Evaluationsforschung gemacht werden mußten. Im Zuge der Darstellung des Interventionsprogramms und der methodischen Vorgehensweise wird sowohl auf die inhaltlichen und forschungsmethodischen Defizite als auch auf die Vorteile solch eines Designs eingegangen.

Die Frage, die sich daran anschließt, ist die nach dem wissenschaftlichen Wert der Untersuchung. Dabei muß sich der kritische Leser vor Augen führen, daß Evaluationsforschung immer eine Forschung im Feld ist, die von den spezifischen Rahmenkonstellationen und Interessenslagen des zu untersuchenden Praxisfeldes als auch Auftraggebers ausgehen muß. Zudem geht es in dieser Arbeit nicht darum, Grundlagenforschung zu betreiben, sondern vielmehr exemplarisch zu zeigen, wie unter spezifischen (z. T. schwierigen) Rahmenbedingungen dennoch praxisrelevante Ergebnisse gewonnen werden können. Die Arbeit soll weiterhin dazu ermuntern, das Feld der Evaluationsforschung in der Gesundheitsförderung zu erweitern, indem auch "bescheidene" Evaluationsergebnisse öffentlich zur Diskussion gestellt werden, und somit auch zu einem Erkenntniszuwachs beitragen.

Die wichtigste Funktion dieser exemplarischen Evaluationsstudie liegt jedoch darin, dazu beizutragen, daß infolge eines längerfristigen, kontinuierlichen Forschungsprozesses ausführlichere Antworten auf Fragen der Effektivität und dem Nutzen schulischer Sucht- und Drogenvorbeugung sowie Hinweise auf die "richtigen" Präventionsstrategien gegeben werden können. "Durch kontinuierliche Vergrößerung des Datensatzes, durch den Nachweis zeitlicher Stabilität und durch Replikation der Befunde können Ergebnisse gefestigt, präzisiert und (neu) entwickelte Hypothesen geprüft werden. Noch stärker als die Grundlagenforschung ist die Evaluationsforschung im Feld auf die Kontinuität der Forschungsvorhaben angewiesen" (Süß 1988, 93).

Die im Kontext der hier dargestellten Evaluationsstudie gewonnenen Ergebnisse können deshalb als erste Hinweise über die Effektivität des innovativen Präventionsansatzes (in der Bundesrepublik Deutschland) im schulischen Kontext interpretiert werden.

4. Darstellung des Interventionsprogramms und Beschreibung des Interventionsprozesses

4.1 Das nordrhein-westfälische Programm zur schulischen Sucht- und Drogenprävention

Die programmatische Basis der im Kontext dieser Arbeit dargestellten Evaluationsstudie bildeten die *"Materialien und Medien zur Sucht- und Drogenvorbeugung in der Schule" (Landesinstitut für Schule und Weiterbildung NRW 1988).* Dieses ausgearbeitete Programm schulischer Gesundheitserziehung kann als ein beispielhaftes Modell für ein innovatives Interventionsprogramm bewertet werden. Es sieht den illegalen wie auch legalen Drogenkonsum als psychosozialen und funktionalen Bestandteil des Alltagslebens an, mit dem Jugendliche u. a. die altersspezifischen Entwicklungsanforderungen zu bewältigen suchen. Der Schwerpunkt der Interventionsmaßnahmen setzt an den psychosozialen Funktionen an, die die Nutzung von Drogen im Kontext kultureller und sozialer Bedingungen im Jugendalter hat.

Die Materialien und Medien des Landesinstituts für Schule und Weiterbildung NRW sind vor allem als Praxishilfen für den schulischen Alltag konzipiert. Sie sollen suchtprophylaktischen Unterricht unterstützen, indem sie soziale, affektive und kognitive Lernziele aufeinander beziehen und Lebensbewältigung, Problemlösungsfähigkeit sowie das Erlernen sozialer und personaler Handlungskompetenzen als zentrale Ziele definieren.

Die Materialien sind mit jeweils unterschiedlichen Schwerpunkten für Stunden und Unterrichtsreihen wie folgt gegliedert:

1. Kognitive Inhalte/Sachinformationen
   - Information über Sucht und Suchtmittel (Nikotin, Alkohol, Tabletten, illegale Suchtmittel),
   - Wirkungsweisen,
   - Möglichkeiten der Therapie und Beratung,
   - Drogen und Gesellschaft;
2. Übungen zur Entwicklung psychosozialer Identität
   - Bewußtmachen von Gruppendruck,
   - Widerstehen und "Nein-Sagen" lernen,
   - Bewußtmachen der Interaktionen in einer Gruppe,
   - Unsicherheit, Angst, Frustration, Mißerfolg, Ablehnung aushalten können,
   - Möglichkeiten der Entscheidungsfindung, der Verbesserung der

Kommunikations- und Problemlösungsfähigkeit,
- Verbesserung der Ich-Kompetenz;

3. Übungen zur Verbesserung der Selbstwahrnehmung
   - Anspannungs- und Entspannungsübungen,
   - Gefühle und Befindlichkeiten wahrnehmen, verbalisieren und akzeptieren,
   - Sinneswahrnehmungen trainieren;
4. Bewußtmachen von Werten und Normen
   - Kennenlernen unterschiedlicher Normen und ihrer Bedeutung für das Verhalten,
   - Entstehung und Veränderung von Normen und Werten,
   - Bewußtmachen persönlicher Werteskalen;
5. Übungen und Spiele zur Körpererfahrung
   - Erfahrung des eigenen Körpers,
   - Erfahrung von Reaktionen im emotionalen Bereich,
   - Wahrnehmung und Überwindung von körperlichen Berührungsängsten.

Schulische Suchtprophylaxe wird in dieser Konzeption nicht nur als Aufgabe einiger ausgewählter Fächer oder bestimmter Lehrerinnen und Lehrer, wie etwa der Biologie- und Religionslehrer gesehen. Die Materialien sollen allen Lehrern helfen, solche Ansätze in den Unterricht aufzunehmen, indem sie ihre Kompetenz als Fachlehrer und Pädagogen einbringen.

Als vorrangige Aufgaben, Möglichkeiten und Grenzen schulischer Suchtvorbeugung werden im Orientierungspapier der Materialen genannt:

1. Suchtvorbeugung in der Schule ist psychosozial und kommunikativ angelegt.
2. Sie bezieht sich vorrangig auf Suchthaltungen bei Heranwachsenden; Drogenprophylaxe ist ein Teilbereich der Suchtvorbeugung.
3. Manifestes Suchtverhalten liegt außerhalb der Behandlungsmöglichkeiten durch die Schule. Die Schule kann nur einen wichtigen Beitrag zur Prävention leisten, nicht aber Therapie und Krisenintervention, die über "Erste Hilfe" hinausgehen.
4. Information und Aufklärung über die Entstehung von Sucht, Suchthaltungen und süchtigem Verhalten, Drogen und andere Suchtmittel sind wichtig - aber nur im Zusammenhang mit psycho-sozialer bzw. kommunikativer Präventionsarbeit. Abschreckung soll unterbleiben.

Als die zentralen *Ziele* der schulischen Suchtvorbeugung werden weiterhin aufgeführt:

1. Die Fähigkeit der Heranwachsenden entwickeln, angemessen und selbstverantwortlich mit persönlichen und sozialen Problemen, Kon-

flikten und Realitätsanforderungen umzugehen.

2. Die Fähigkeit der Heranwachsenden zu entwickeln, gesundheitlich und rechtlich angemessen sowie selbstverantwortlich mit Drogen umzugehen, d. h.:
   - vollkommene Abstinenz im Hinblick auf illegale Rauschmittel,
   - verantwortlicher und selbstkontrollierter Umgang mit Nikotin und Alkohol mit dem Ziel weitgehender Abstinenz,
   - bestimmungsgemäßer Gebrauch von Medikamenten.

Schulische Suchtvorbeugung ist im Sinne dieser Ziele keine isolierte, drogenspezifische Einzelmaßnahme, sondern eine umfassende Aufgabe aller an der Schule Beteiligten. Sie ist Teil des Bildungs- und Erziehungsauftrags der Schule. Eine Multiplikatorenrolle wird dabei allerdings speziell ausgebildeten "Beratungslehrern" zugewiesen. Sie haben die Aufgabe, das Lehrerkollegium, ggf. unter Einbeziehung von Eltern und Schülern, bei wichtigen Maßnahmen zu beraten, die Maßnahmen nach Entscheidung der Schulleitung durchzuführen bzw. zu koordinieren und die Kooperation mit außerschulischen Einrichtungen (z. B. einer Drogenberatungsstelle) herzustellen.

Zur Qualifizierung des Lehrpersonals sind in Nordrhein-Westfalen verschiedene regionale "Lehrerarbeitskreise" für einen Zeitraum von jeweils ein bis zwei Jahren auf Schulamtsebene angeboten und durchgeführt worden. Die Fortbildung bzw. Ausbildung dieser sogenannten "BeraterInnen für Suchtvorbeugung" erfolgte ebenfalls unter Zuhilfenahme der o. g. Materialien. Die Materialien beinhalten somit sowohl Unterrichtskonzeptionen als auch ein Modell zur Lehrerfortbildung und sind für alle Schultypen und -klassen der Sekundarstufe I und II gedacht. Die schulbezogene Erarbeitung und Konkretisierung der Vorschläge und Handlungsstrategien setzt die kollegiale Zusammenarbeit im Lehrerarbeitskreis, aber auch im Lehrerkollegium voraus (Priebe & Wichterich 1991).

Großen Wert wird in dieser Konzeption auch auf die über den unterrichtlichen Bereich hinausgehenden Freiräume des Schullebens gelegt. Durch Wahlpflichtunterricht, Arbeitsgemeinschaften oder Neigungsgruppen können methodische Arbeits- und Sozialformen stärker akzentuiert werden, die die unterrichtliche Arbeit organisatorisch ergänzen und bereichern.

Diese offene Konzeption des Programms gilt schließlich auch für den Bereich des gesamten sozialen und "ökologischen" Schullebens. Das hier skizzierte Programm weist an mehreren Stellen ausdrücklich darauf hin, daß es im Sinne einer erfolgreichen Sucht- und Drogenprävention ist, den gesamten schulischen Raum als einen reichhaltigen und anregenden Erfahrungs- und Aufenthaltsraum für Jugendliche auszugestalten. Deshalb werden eine gelingende soziale Partizipation der Jugendlichen am Schulgeschehen, eine gute Beziehungsqualität zwischen Lehrern und Schülern, eine anregungsreiche Gestaltung von sozialen Aktivitäten im schulischen Alltag, gute Arbeitsbedingungen in den Gruppen- und Klassenräumen, gute architektonische und landschaftliche Gestaltung des Schulgebäudes und des Schulgeländes, gute räumliche und soziale Zonen für individuelle und Gruppenbeschäftigungen - um nur einige Aspekte zu nennen - als wichtiger Beitrag für eine gesundheitsfördernde Schule angesehen.

Alle diese Bereiche gelten als Voraussetzung dafür, daß der überwiegend curriculare Sektor der Gesundheitserziehung eine glaubwürdige Unterstützung und Einbettung erhält. Nur durch das Zusammenspiel von Lehrplanaktivitäten, Maßnahmen der Gestaltung des sozialen und ökologischen Arrangements der Schule und der Einrichtung von Diensten der psychosozialen und gesundheitlichen Beratung - so das Konzept - können schulische Programme dem Anspruch gerecht werden, Beiträge für eine umfassende Gesundheitsförderung zu leisten.

Konzeptionell steht einer Erweiterung des Programms um andere gesundheitsrelevante Fragen aus dem Bereich des Ernährungsverhaltens, des Bewegungsverhaltens, des Sexualverhaltens, der AIDS-Prävention usw. nichts im Wege.

Die schulische Suchtvorbeugung wird in diesem Programm auch sehr realistisch bewertet. So wird betont, daß die Schule die vielfältigen Auslöser und Verstärker von Suchthaltungen und süchtigem Verhalten außerhalb ihres Verfügungsbereichs nicht verantworten muß und auch nicht beseitigen kann. Ihr Verhältnis zu möglichen Ursachen und Verstärkern von Suchthaltungen, soweit sie im eigenen Verfügungsbereich liegen, müsse sie dagegen in primärpräventiver Hinsicht auch selbstkritisch betrachten.

Tatsächlich ist Schule häufig mit nachhaltigen Problem- und Konflikterfahrungen verbunden, denen sich die schulische Vorbeugungsarbeit stellen muß. Leistungsbewertung, die Bedeutung schulischer Abschlüsse auf dem Arbeitsmarkt, Konfliktregelungen und Ordnungsmaßnahmen - diese und viele andere einzelne Elemente der Schule können sich für viele Schüler mit Erlebnissen von Angst, Versagen, Unsicherheit und Ohnmacht verbinden. Aus suchtpräventiver Sicht ist die aktive und konstruktive Auseinandersetzung mit solchen Erlebnissen und ihren Ursachen eine wichtige Aufgabe - nicht nur für Schüler. Auch Lehrer müssen in der Lage sein, ihr Arbeitsfeld in diesem Sinne kritisch zu betrachten und sich selbst als Beteiligte und Betroffene zu erkennen.

Um Schülern das Erlernen dieser Fähigkeiten zu ermöglichen, sollten ihnen umfassende Gelegenheiten zu aktiver, selbständiger und eigenverantwortlicher Beteiligung an der Gestaltung des Schullebens sowie von

Unterricht und Erziehung gegeben werden. Dadurch sind viele überflüssige Abhängigkeiten vermeidbar, die bei Schülern Motivationsprobleme, Angst, Versagens- oder Ohnmachtsgefühle auslösen können. Die Schule soll damit nicht etwa zu einem problem- und konfliktfreien Schonraum gemacht werden, der im Interesse der Heranwachsenden weder erstrebenswert ist noch erreichbar wäre. Vielmehr geht es darum, Schüler in einem positiven Lern- und Vertrauensklima ("Sozialklima") zum selbstbewußten, verantwortlichen und angemessenen Umgang mit schulischen Ansprüchen und eigenen Schwierigkeiten zu befähigen.

Zusammenfassend geht das Programm von der Prämisse aus, daß eine Schule mit gut strukturiertem und qualitätsreichem Unterricht und einem reichhaltigen Schulleben ein effektiver Beitrag zur Suchtprävention ist. Wird lerngruppenzentriert und themenzentriert gearbeitet, an den Alltagserfahrungen und der Erlebniswelt der Kinder und Jugendlichen angeknüpft und durch flexible Sozialformen auch auf die Kompetenzen der Schüler Rücksicht genommen, dann liegt hierin ein unmittelbarer Beitrag zur schulischen Suchtprävention.

4.2 Programmakzentuierungen und -implementation in den verschiedenen Interventionsklassen

Im Mittelpunkt der Intervention stand die Vermittlung von Kenntnissen über gesundheitsförderndes Verhalten, insbesondere in bezug auf die legalen Drogen (Tabak und Alkohol). Dabei wurde es den programmdurchführenden Lehrerinnen und Lehrern selbst überlassen, wie sie inhaltlich die Intervention bzw. Unterrichtsreihe ausgestalten und akzentuieren und wieviel Zeit sie dafür aufwenden. Die einzigen Auflagen bestanden darin, daß Elemente oder auch "Bausteine" aus den Materialien und Medien des Landesinstituts für Schule und Weiterbildung verwendet wurden, und daß ein Mindestzeitrahmen von 10 Unterrichtstunden nicht unterschritten wurde.

Da sich zum Zeitpunkt der Intervention alle beteiligten Lehrerinnen und Lehrer (bis auf eine Ausnahme) in einer Fortbildung zum Beratungslehrer für Sucht- und Drogenfragen befanden, wurde auf eine gezielte Schulung konzentriert auf das Interventionsprogramm verzichtet.

Aufgrund von Praktikabilität und finanzieller Beschränkungen wurden bei der Durchführung der Intervention inhaltliche Abstriche vom "Idealprogramm" gemacht und nur bestimmte Aspekte des komplexen Programms (zur schulischen Gesundheitsförderung) herausgegriffen. So wurde die Intervention ausschließlich auf den curricularen Sektor ausgerichtet und in allen Treatment-Klassen im Rahmen des regulären Fachunterrichts (z. B. Deutsch, Politik, Religion) von den entsprechenden Lehrern alleine durchgeführt. Eine für die Jahre 1992 bis 1994 geplante Hauptphase dieses Forschungsprojekts wird zeigen, welche darüber hinausgehenden Effekte die Einbettung der Maßnahme in ein "gesundes" soziales und ökologisches Schulklima mit einer gut konzipierten Beratungsstruktur, fächerübergreifendem Unterricht und der Einbindung der Eltern liefert.

Ausgehend von den o. g. Bedingungen und Rahmenkonstellationen für die Intervention wurden in den Treatment-Klassen die inhaltlichen Schwerpunkte unterschiedlich akzentuiert (vgl. Abbildung 4.2.1).

Die Unterrichtseinheit für die erste Interventionsklasse - im folgenden mit *IV1* abgekürzt - umfaßte einen Zeitrahmen von 16 Schulstunden und wurde im Kontext des Politikunterrichts durchgeführt. Der thematische Ablauf der präventiven Maßnahme konzentrierte sich bei den 11- bis 13jährigen Gymnasialschülern auf die Vermittlung von Kenntnissen über legale Drogen und dem Bewußtmachen und sozialem Gruppendruck.

Die zweite Intervention wurde in einer sechsten Gymnasialklasse (*IV2*) im Rahmen des Religionsunterrichts durchgeführt und umfaßte ein Zeitbudget von 12 Unterrichtsstunden. Der Schwerpunkt lag bei dieser Unterrichtseinheit auf der Stärkung des Selbstkonzepts und die Persönlichkeit stabilisierende Faktoren. Die Vermittlung von Kenntnissen über die legalen Drogen Alkohol und Tabak wurde nur peripher vorgenommen.

Die dritte Intervention wurde gleichzeitig in zwei neunten Hauptschulklassen (*IV3*) implementiert. Die Unterrichtseinheit dauerte 22 Schulstunden und fokussierte auf der Vermittlung von Kenntnissen über die legalen Drogen Alkohol und Tabak. Der zeitliche Rahmen für die Droge Alkohol war mit ca. 16 Stunden erheblich umfangreicher angelegt als der zu Tabak mit sechs Stunden. Die Intervention wurde von den beiden durchführenden Lehrerinnen gemeinsam erstellt und zeitlich parallel realisiert. Einige Aktivitäten, wie der Einsatz von Filmen und Projekten, wurden dabei mit beiden Klassen gemeinsam vorgenommen. Lediglich die Versuche zum Rauchen wurden nur in einer Klasse präsentiert, ansonsten überschnitt sich das Programm unter Berücksichtigung der individuellen Durchführungskomponente.

Im Mittelpunkt der vierten und letzten hier dargestellten Intervention (*IV4*) stand eine intensive Auseinandersetzung mit der Droge Alkohol. Die Unterrichtsreihe erstreckte sich über einen Zeitraum von 13 Unterrichtsstunden und wurde in einer achten Realschulklasse implementiert.

Abb. 4.2.1: Programmakzentuierungen in den Interventionsklassen (Die Seitenangaben in den Klammern beziehen sich auf die "Bausteine" aus dem Programm)

Interventionsklasse 1	Interventionsklasse 2	Interventionsklasse 3	Interventionsklasse 4
Allgemeine Einführung in die Begriffe Drogen, Sucht und Abhängigkeit *Rauchen und Gesundheit (S.49f)* *Rollenspiele zu sozialem Gruppendruck und Rauchen (S.145)* *Alkohol - Umgang und Wirkung (S. 57ff.)* Vermittlung von Kenntnissen über körperliche, seelische und soziale Auswirkungen des Alkoholkonsums; Reflexion über Alkohol als Alltagsdroge - Rollenspiele *der Weg in die Sucht - eine Fallgeschichte* Rollenspiele zur Fallgeschichte	*Bewußtmachen von Gruppendruck und seiner Wirksamkeit anhand eines Experiments (S. 143f.)* *Rollenspiel: Überreden zum Rauchen (S. 145ff.)* Ursachen und Rollenklischees, die zum Rauchen führen, erkennen und die Fähigkeit entwikkeln, verstärktem Gruppenzwang zu widerstehen *Rauchen und Gesundheit (S.49f)* *Alkohol - Umgang und Wirkung S. 57ff.)* *Übungen und Aufgaben zum Selbstkonzept (S. 151, 154)*	*Auftaktveranstaltung mit der Theaterrevue "Sprit macht fit"* *Einführung in die Begriffe legale und illegale Drogen, Sucht etc.* *Gründe für Alkoholkonsum bei Jugendlichen (S. 197f.)* Selbstbeobachtungsaufgabe zur Reflexion des eigenen Trinkverhaltens *Alkohol - Umgang und Wirkung (S. 57ff.)* Vermittlung von Kenntnissen über körperliche, psychische und soziale Auswirkungen des Alkoholkonsums; Alkoholmißbrauch und "sinnvollen" Konsum unterscheiden können;	*Alkohol - Umgang und Wirkung (S. 57ff.)* Vermittlung von Kenntissen über körperliche, psychische und soziale Auswirkungen des Alkoholkonsums; Vermittlung von fertigkeiten, Alkoholmißbrauch und sinnvollen Konsum unterscheiden zu können; Aufstellen von Regeln für einen vernünftigen und kontrollierten Gebrauch von Alkohol *Funktion von Drogen (S. 73f.)* Sensibilisierung für die Funktion und Gefahr von Drogen anhand der filmischen Fallgeschichte "Helmut, 18 Jahre, Alkoholiker"; Übungen zur realistischen Einschätzung der eigenen Fähigkeiten

Fortsetzung

Kinder wollen anders feiern (S. 331ff.) *Der richtige Umgang mit Medikamenten (S. 35ff.)* Kennenlernen der Funktion von Medikamenten von Alternativen zu Medikamenten; Diskussion der Thematik in Verbindung mit Außenseiter-Rolle und Gruppenintegration Illegale Drogen Vermittlung von Kenntnissen über illegale Drogen; Informationen über Methadonprogramm und Vertiefung von Fragen zum Medikamentengebrauch (S.41f.) ***Abschlußrunde mit selbstgekochter (ernährungsbewußter)*** *Mahlzeit.*	Schüler miteinander vertraut werden lassen, Stärkung des Einzelnen in seinem Selbstwert- und Gruppenzugehörigkeitsgefühl, Aussprechen eigener Stärken zur Förderung des Selbstvertrauens, Diskussion anhand einer Fallgeschichte über den Selbstmord eines Schülers und die möglichen Konsequenzen eines negativen Selbstkonzeptes *Übungen zum Feed-back* Unterschiede von Kritik und Feed-back und Wahrnehmung des eigenen Kommunikationsstils anhand von Positiv-Negativ-Urteilen erfahren; Einüben von Alternativen ***Abschlußrunde mit selbsterstelltem Zeugnis unter der Prämisse "Was erscheint besonders wertvoll?"***	*Regeln für kontrollierten Gebrauch von Alkohol aufstellen, Verlauf der Alkoholkrankheit, Zeichentrickfilm "Zum Wohl" zur Aufklärung über Wirkung und Folgen des Alkoholkonsums;* *Projekt "Alkoholfreie Fete" in Zusammenarbeit mit dem ortsansässigen Jugendamt (S.299ff)* *Rauchen und Gesundheit (S. 49ff.)* zur Vertiefung wurden zwei Filme ("Risikofaktoren des Herzinfarktes"; "Zwischen zwei Herzen: Schädigung der Lunge durch Rauchen") eingesetzt; *Tabak- und Nikotinabhängigkeit* Information und Diskussion über Ursachen des Gewohnheitsrauchens anhand des Films "Der blaue Dunst".	Alkohol - ein Problem? (S.111ff.) Kennenlernen der Ursachen von Alkoholismus, Trinkmotive und alternative Verhaltensweisen; *Physische Auswirkungen des Alkoholkonsums* Vertiefende Einheit zur Wirkung des Alkohols mit folgenden Aspekten: Alkohol als chemische Verbindung, Aufnahme und Abbau des Alkohols im Körper, körperliche Folgen des Alkoholmißbrauchs und Behandlung von Alkoholismus ***Abschlußdiskussion über eine schulinterne Umfrage zum Thema Alkohol.***

Die auf den ersten Blick sehr heterogen erscheinenden Unterrichtsprogramme (vgl. Abb. 4.2.1) verfügen über einen gemeinsamen Grundstock, der - unter Berücksichtigung der individuellen Durchführung - einen Vergleich der Wirkungen der einzelnen Programmakzentuierungen ermöglicht. So wurden in allen Interventionen *Wissenselemente über Sucht und Drogen* (Tabak und Alkohol) eingebettet in die *Vermittlung sozialer und personaler Kompetenz* durchgeführt und durch *vielfältige Methoden* vermittelt (z. B. Rollenspiele, Diskussionen, Filmdarbietungen uvm.). Auch wenn in allen Interventionsklassen die Vermittlung von Wissen einen relativ großen zeitlichen Rahmen einnimmt, ist durch die Form der Vermittlung und der Inhalte eine Abgrenzung zu den traditionellen Methoden der Abschreckung und der Aufklärung garantiert.

Der Einsatz verschiedener Programmfacetten (die aber demselben Interventionsprogramm entstammen) erscheint aus zwei Gründen sinnvoll. Zum einen kann die Untersuchung des gesamten Programms zeigen, ob die Schüler wirksam gefördert wurden. Zum anderen kann die unterschiedliche Kombination von Elementen des Interventionsprogramms (überwiegend Wissensvermittlung versus überwiegend Vermittlung sozialer und personaler Kompetenzen) Aufschluß darüber geben, welche Programmbestandteile besonders effektiv oder uneffektiv sind. Nach Weiss (1974) kann eine Untersuchung quer durch das Programm, die diese Nuancierung sensibel erfaßt, generell den Wert von Evaluierungen steigern und einen Informationszuwachs auf zwei Ebenen verzeichnen: Die erste Ebene betrifft die Zunahme der Verallgemeinbarkeit der Ergebnisse und auf der zweiten Ebene ist eine Zunahme der Spezifizierung in bezug darauf, welche Strategie unter welchen Bedingungen bessere Effekte bei Schülern bewirkt, angesiedelt.

Die Darstellung der Ergebnisse dieser Evaluationsstudie wird zeigen, welcher Erkenntnisgewinn über das Programm aufgrund der Programmakzentuierungen erzielt werden konnte.

5. Methodische Vorgehensweise

5.1 Evaluationsdesign

Um die Veränderungen in den vorab definierten Zielvariablen (Wissen und Einstellungen bzgl. des legalen Drogengebrauchs, Alkohol- und Rauchverhalten, gesundheitsrelevante Einstellungen und Verhaltensweisen, Gesundheitsstatus, Selbstwertgefühl) überprüfen zu können, wurde die Studie als quasi-experimentelles Vortest-Nachtest-Design mit einer unbehandelten Kontrollgruppe angelegt.

Cook & Campbell (1976) entwickelten diese modifizierte Form des traditionellen experimentellen Forschungsdesigns, das auch in nicht kontrollierten Bedingungen zuverlässige Ergebnisse über die Wirkung einer Maßnahme liefern kann. "Quasi-experiments are an attempt to modify the basic experimental design to meet the demands of working within social contexts. They represent adaptions of experimental method to research situations where randomization is not possible and where the researcher has little influence over when interventions are introduced" (Tones, Tilford & Robinson 1990, 24). Der Begriff des "Quasi-Experiments" impliziert jedoch nicht, daß dieses Verfahren wesentlich schlechter ist als das klassische kontrollierte Experiment. Auch wenn ohne Randomisierung die Äqualenz zwischen Interventions- und Kontrollgruppe nicht eindeutig herstellbar ist, liefert dieses Verfahren richtig durchgeführt wichtige Hinweise über die Wirkung eines Programms (Rossi, Freeman & Hofmann 1988).

Die Entscheidung für den Einsatz dieses Designs in dieser Studie wurde aufgrund der folgenden drei Kriterien gefällt:

1. Die Erfahrungen in der bisherigen Evaluation von (schulischen) Programmen der Gesundheitserziehung hat gezeigt, daß ein klassisches Experiment in der Praxis/Realität nicht realisierbar ist, weil sich z. B. die Schüler einer Schulklasse nicht durch Zufallszuweisung zu Interventions- oder Kontrollbedingungen zuweisen lassen; dies würde schon technisch an der schulischen Struktur scheitern. So lassen sich die Schüler einer Schulklasse nicht einfach räumlich und sozial isolieren. Zudem würde aufgrund von sozialen Beziehungen der Schüler untereinander eine deutliche Unterscheidung der Effekte erschwert werden.

2. Die Überprüfung der Interventionswirkungen bzw. Effekte sollte über einen zeitlichen Vergleich durchgeführt werden (1. Befragung vor der Intervention und 2. Befragung nach der Intervention).

Beim Pre-Posttest-Design geht man davon aus, daß ohne die durchgeführte Intervention zu beiden Befragungszeitpunkten die gleichen Meßwerte erzielt werden; der Bruttoeffekt ist somit gleich dem Nettoeffekt. Das Hauptproblem dieses Untersuchungsdesigns besteht jedoch darin, daß die Datenerhebnung zu zwei verschiedenen Zeitpunkten erfolgt. "Untersucht man z. B. die Wirksamkeit eines Programmes zur Geburtenkontrolle, genügt es nicht, die Zahl der Schwangerschaften vor und nach Projektbeginn zu kennen. Fruchtbarkeit ist abhängig vom Lebenszyklus; manche Frauen stehen am Ende ihrer Reproduktionsphase und werden keine Kinder mehr bekommen, gleichgültig wie wirksam das Programm gewesen sein mag. Andere stehen erst am Anfang" (Rossi, Freeman & Hofmann 1988, 153.)

Insgesamt können drei wesentliche Komponenten die Gültigkeit eines Vorher-Nachher-Designs beeinflussen:

1. Reifunsprozesse;
2. Exogener Wandel;
3. Historischer Ereignisse.

Nach Cook & Campbell (1979) ist es zudem wichtig darauf zu achten, daß zu den verschiedenen Meßzeitpunkten die beiden Stichproben (Intervention und Kontrolle) derselben Grundgesamtheit entsprechen und somit vergleichbar bleiben. Um Lerneffekte zwischen den beiden Befragungzeitpunkten zu vermeiden, sollten vergleichbare, aber nicht identische Maße zum Einsatz kommen (vgl. auch Lösel & Nowack 1987).

3. Die Hinzunahme einer kontrollierten, nicht durch das Programm beeinflußten Kontrollgruppe ist aus verschiedenen Gründen, die vor allem die Validität der Untersuchung betreffen, notwendig. So können die Veränderungen bzw. Effekte in den Zielvariablen durch zahlreiche andere - exogene - Einflüsse, die unabhängig von der Intervention sind, zustande kommen. Insbesondere in der Jugendphase vollziehen sich rasche entwicklungsbedingte Veränderungen und Reifungsprozesse, die auch die gesundheitsrelevanten Einstellungen und entsprechenden Verhaltensweisen beeinflussen können. Zudem kann sowohl die intensive Beschäftigung mit der Interventionsklasse (Hawthorne-Effekt)[1] als auch das mehrmalige Ausfüllen des Fragebogens

---

[1] Die Hawthorne-Experimente (Roethlisberger & Dickson 1939) wurden vor allem durch den sogenannten "Hawthorne-Effekt" bekannt. Bei der Ermittlung der Wirkung verschiedener Arbeitsbedingungen (Beleuchtungsänderungen) auf die Produktivität von Arbeiterinnen wurde festgestellt, daß jede Änderung der Beleuchtungsbedingungen auch die gewünschte Produktivitätssteigerung zur Folge hatte. Dieser nach dem Ort des Experiments benannte Effekt wurde von den Forschern dahingehend interpretiert, daß schon allein die Tatsache, für das Experiment ausgewählt worden zu sein und ein erhöhtes Maß an (positiver) Aufmerksamkeit (sowohl von der Firmenleitung als auch von den Forschern) zu erhalten, zu einer

(Lerneffekte) Veränderungen bei den programmbezogenen Zielvariablen bewirken. Die Aufnahme einer Kontrollgruppe in das Untersuchungsdesign ermöglicht eine Kontrolle der Reifung, des zwischenzeitlichen Geschehens und der Regression.

Trotz aller Vorsichtsmaßnahmen bei der Parallelisierung der Kontrollgruppen verbleibt immer ein gewisses "Rest-Risiko". So kann die Zusammensetzung der Gruppen unterschiedlich sein und die Messung der Programmwirkung verzerren (Rossi, Freeman & Hofmann 1988). Dennoch ist bei der Interpretation der Ergebnisse dieses Designs Vorsicht geboten, da nicht alle die Intervention beeinflussende Faktoren ausgeschlossen werden können. Tones, Tilford & Robinson (1990) geben hierfür ein anschauliches Beispiel. "A group of enthusiastic teachers responsible for introducing a new health education programme into a school might encourage lerning and attitude change in people whatever the resource material" (a. a. O., 25).

Die beiden Untersuchungsgruppen wurden zwar sorgfältig parallelisiert, aber die Zufallsform der Zuweisung durch ein willkürliches Verfahren ersetzt. Diese Form der Zuweisung wird jedoch als gleichermaßen anerkannt bewertet (Schwarz 1971).

Die folgende Abbildung 5.1.1 veranschaulicht zusammenfassend das Design der summativen Evaluation[2].

Abb. 5.1.1: Methodisches Design der Evaluation

	Pretest	spezielle Intervention	Posttest
Interventionsgruppe	X	Unterrichtsprogramm mit thematischen Schwerpunkt legale Drogen	X
Kontrollgruppe	X	kein Angebot	X

Produktivitätssteigerung geführt hat. Die gemessene Wirkung sei also eine Kombination der Interventionsmaßnahme (Änderung der Beleuchtung), der Art der Durchführung (die scheinbare Fürsorge der Firmenleitung um die Arbeiterinnen) und der ständigen Beobachtung seitens der Forscher (Rossi, Freeman & Hofmann 1988). Aus der medizinischen Forschung ist dieser Effekt auch als "Plazebo-Effekt" bekannt.

2 Die *summative Evaluation* wird durchgeführt, nachdem ein Programm bereits implementiert wurde. Die Erkenntnisse sollen Hinweise auf die Qualität, den Einfluß, die Wirkungen und die Effektivität geben und eine abschließende Bewertung für die entsprechenden Entscheidungsträger vornehmen (vgl. hierzu auch Rossi & Freeman 1985; Weiss 1974; Wottawa & Thierau 1990).

In einer der beiden Gruppen wurde eine spezielle Unterrichtsreihe durchgeführt, die übrige erhielt keine Intervention und fungierte als Kontrollgruppe. Die Kontrollgruppen waren aufgrund technischer und organisatorischer Gründe an derselben Schule angesiedelt wie die Interventionsklassen. Um trotz der räumlichen Nähe dennoch zu zuverlässigen Aussagen zu gelangen, wurden in allen partizipierenden Schulklassen Einzel- und Gruppengespräche durchgeführt, die Aufschluß über Aktivitäten innerhalb und außerhalb der Schule sowie den Grad des Austausches zwischen den Schülern und Schülerinnen geben sollten. Mit dieser Vorgehensweise sollten eventuell auftretende Störvariablen ausgeschlossen werden.

Die Schülerinterviews sowie Unterrichtsbeobachtungen und Lehrergespräche im Anschluß an die Intervention dienten auch der Erfassung des formativen Aspekts der Evaluationsstudie[3]. Somit können nicht nur Aussagen über die Wirkung, sondern auch über die Wirksamkeit der Intervention gemacht werden. Dabei wurden die objektiven Ausgangs- und Umsetzungsbedingungen für das Programm und die subjektiven Motivationen und Meinungen im Hinblick auf das Programm von einer selektiven Auswahl der Beteiligten erfaßt. Diese, dem Konzept der Handlungsforschung nahekommende Vorgehensweise "ähnelt einem Kreislauf, bei dem sich Informationssammlung, Erarbeiten von Handlungsorientierungen und Handeln im sozialen Feld immer wieder ablösen" (Lewerenz u. a. 1987, 64). Mit dieser "aktionstheoretischen" Vorgehensweise knüpft die Studie an die entsprechenden Erfahrungen der "Hamburger Schülerstudie" an. Demnach kann eine gute Qualität der Programmimplementation nur erreicht werden, wenn gute Bedingungen für die Zusammenarbeit vorhanden sind. Der formative Aspekt der Evaluation kommt vor allem dem weiteren Verlauf der Projektstudie zugute und nimmt im Kontext dieser Arbeit nur eine Marginalposition ein.

Zusammenfassend läßt sich die Untersuchungsanlage der Studie durch zwei - sich ergänzende - Forschungsstränge kennzeichnen. *Erstens* ist die Studie als empirisch-analytische Fragebogenuntersuchung in einem Kontrollgruppendesign mit Vor- und Nachbefragung angelegt. Die Schüler und Schülerinnen wurden - nach der entsprechenden Zuweisung zu Interventions- und Kontrollbedingungen - am Beginn und am Ende der Programm-

---

[3] Die *formative Evaluation* liefert Informationen, die während der Entwicklung und Implementation eines Programms, Curriculums etc. rückgekoppelt werden, um zu dessen Verbesserung beizutragen. Sie nützt somit primär den Interessen und Bedürfnissen der Programmentwickler.

durchführung anhand eines standardisierten Fragebogens jeweils schriftlich im Klassenverband befragt. Das Forschungsdesign dieser Studie ermöglicht die Zuordnung der Meßwerte beider Meßzeitpunkte eines Schülers, so daß bei der Auswertung Meßwiederholungsanalysen eingesetzt werden können. *Zweitens* wurde mit dem Ansatz der Handlungsforschung der Interventionsprozeß selber erfaßt. Bei dieser eher qualitativen Vorgehensweise wurden vor allem wichtige subjektive Einschätzungen bzgl. des Praxisfeldes erhoben und als Ergänzung zur empirischen Studie herangezogen. Grundlage hierfür waren (teilstrukturierte) Interviews und Unterrichtsbeobachtungen.

5.1.1 Stichprobenbeschreibung

An der ersten schriftlichen Befragung nahmen insgesamt 146 Schüler und Schülerinnen teil; bei der zweiten reduzierte sich diese Zahl auf 143. Vergleichbare Meßwerte über beide Befragungszeitpunkte können von 136 Schülern und Schülerinnen rekonstruiert werden (vgl. Abb. 5.1.2). Die 136 Schüler und Schülerinnen verteilen sich auf vier verschiedene Schulen und drei Schulformen.

Abb. 5.1.2: Größe der Stichprobe

Vortest		Nachtest
n = 146		n = 143
	n = 136	
	Beide Meßzeitpunkte	
Intervention		Kontrolle
n = 100		n = 36

In fünf Klassen wurde eine spezielle Unterrichtsreihe durchgeführt, die übrigen zwei erhielten keine besondere Behandlung und fungierten als Kontrollgruppe. Die folgende Abbildung 5.1.3 illustriert die Zuordnung der Klassen zu Treatment- und Kontrollbedingungen. Weiterhin gibt sie Aufschluß über Klassenstufe, Altersdurchschnitt (zum ersten und zweiten Befragungszeitpunkt) und die fachbezogene Programmimplementierung mit zeitlicher Angabe für die einzelnen Klassen.

Abb. 5.1.3: Zusammensetzung der Stichprobe

Schultyp	Codename	Jahrgang/Alter (X)	Interven-tion	Fach	Zeit-raum
jüngere Kohorte					
Gymnasium	IV1	6. Klasse/11.5-11.7	X	Politik	26 Std.
Gymnasium	IV2	6. Klasse/11.7-12.0	X	Religion	14 Std.
Gymnasium	KO1	6. Klasse/11.7-11.8	-	-	-
ältere Kohorte					
Hauptschule	IV3	9. Klasse/15.0-15.4	X	Deutsch	22 Std.
Hauptschule	IV3	9. Klasse/15.1-15.3	X	Deutsch	18 Std.
Realschule	IV4	8. Klasse/13.7-14.1	X	Physik	18 Std.
Hauptschule	KO2	8. Klasse/14.3-14.6	-	-	-

Die Auswahl der Interventionsklassen erfolgte nicht unter repräsentativen Gesichtspunkten, sondern ergab sich aus der Gelegenheit, Lehrer und Lehrerinnen, die an einer zweijährigen Fortbildung zum Beratungslehrer für Sucht- und Drogenvorbeugung teilnahmen, zur Mitarbeit an der Evaluationsstudie zu gewinnen (vgl. Kapitel 4.2).

Die Verteilung der Schüler und Schülerinnen auf Interventions- und Kontrollbedingungen basiert zugunsten der Interventionsgruppen. Da die beiden Untersuchungsgruppen aufgrund ähnlicher soziodemographischer Merkmale und Verteilungen miteinander vergleichbar sind, wird dieses unausgewogene Verhältnis nicht übergewichtet. Die folgende Tabelle 5.1.4 veranschaulicht die Verteilungen nach soziodemographischen Merkmalen.

Tab. 5.1.4: Verteilung der Untersuchungsgruppen nach soziodemographischen Merkmalen zum Zeitpunkt der Erstbefragung (Angaben in Prozent)

	Interventionsgruppe	Kontrollgruppe	gesamt
Schultyp			
Haupt-/Realschule	63,0	50,0	59,5
Gymnasium	37,0	50,0	40,5
	N = 100	N = 36	N = 136
Nationalität			
Deutsche	99,0	97,2	98,5
Andere	1,0	2,8	1,5
	N = 96	N = 36	N = 132
Religionszugehörigkeit			
Evangelisch	53,6	55,5	54,1
Katholisch	40,0	38,9	39,7
Andere	3,2	2,8	3,1
Keine	3,2	2,8	3,1
	N = 95	N = 36	N = 131
Geschlecht			
Männlich	60,4	61,1	60,6
Weiblich	39,6	38,9	39,4
	N = 95	N = 36	N = 132
Alter			
11- bis 13jährige	46,8	50,0	47,7
14- bis 16jährige	53,2	50,0	52,3
	N = 96	N = 36	N = 132

Da keine repräsentative Verteilung auf alle Schulformen angestrebt wurde, sondern das Evaluationsdesign Fallstudiencharakter aufweist, wurden lediglich drei Schulformen willkürlich herangezogen. Für die Interventionsklasse an einer Realschule wurde keine weitere Kontrollklasse hinzugezogen, da aufgrund ähnlicher (soziodemographischer) Merkmale die Kontrolle über eine vergleichbare Hauptschulklasse durchgeführt werden kann. Es sind zudem keine schulformbezogenen Vergleiche vorgesehen.

Die Verteilungen nach Nationalität und Konfessionszugehörigkeit weisen für die Schüler aus der Interventions- und Kontrollgruppe vergleichbare prozentuale Verteilungen auf. So gehören in beiden Gruppen fast alle Schüler (99% und 97,2%) der deutschen Staatsangehörigkeit an und geben als Konfessionszugehörigkeit etwas häufiger den evangelischen (53,6% und 55,5%) als den katholischen Glauben (40% und 38,9%) an. Die anderen Konfessionsgruppen spielen sowohl bei den Interventions- als auch bei den Kontrollschülern (6,4% und 5,6%) nur einen kleinen Part.

Um Aussagen über eine eventuell unterschiedliche Wirkung des Drogenpräventionsprogramms treffen zu können, wird in den entsprechenden Auswertungsteilen eine Unterscheidung nach Interventionsform, Altersgruppen und Geschlecht vorgenommen. Wie auch aus der Zusammensetzung der Stichprobe in Abbildung 5.1.4 deutlich wird, lassen sich zwei Altersgruppen herausschälen: Zum einen die Altersgruppe der 11- bis 13jährigen und zum anderen die Altersgruppe der 14- bis 16jährigen.

Die geschlechtsspezifische Verteilung fällt in beiden Untersuchungsgruppen ein wenig zu ungunsten der Mädchen aus, das Verhältnis liegt in etwa bei 60% Jungen zu 40% Mädchen. Trotz der zahlenmäßigen Unausgewogenheit des Geschlechterverhältnisses wird bei der Überprüfung der Interventionseffekte an einigen Stellen geschlechtsspezifisch vorgegangen, wobei an dieser Stelle nochmals betont wird, daß es sich bei dieser Studie um eine Fallstudie handelt.

In beiden Untersuchungsgruppen zeigt sich eine ähnliche familiale Konstellation: 90% der Schülerinnen und Schüler leben in vollständigen Elternhäusern, die übrigen 10% entweder beim Vater oder bei der Mutter. Eine vergleichbare Zusammensetzung zeigt sich bzgl. der Geschwisterzahl: Lediglich 10% der Befragten geben an, keine Geschwister zu haben, 90% haben ein oder mehrere Geschwister (nicht weiter dokumentiert).

Wie schon erwähnt, ist diese Studie eingebettet in ein umfangreiches Forschungsprojekt des Sonderforschungsbereiches an der Universität Bielefeld. Dieser Forschungs- bzw. Projektkontext ermöglicht es, daß eine Überprüfung der wesentlichsten abhängigen Variablen an einer für das Bundesland Nordrhein-Westfalen repräsentativen Jugendstudie von 1.717 männlichen und weiblichen Jugendlichen der 7. und 9. Jahrgangsstufe verschiedener Schulformen (Engel & Hurrelmann 1989; Nordlohne 1992) durchgeführt werden kann. Diese Überprüfung gewährleistet auch, daß die an der Evaluationsstudie teilnehmenden Schüler und Schülerinnen einer ähnlichen Grundgesamtheit entsprechen.

5.1.2 Untersuchungsablauf

Alle an der Evaluationsstudie beteiligten Klassen wurden in einem Abstand von ca. drei Monaten insgesamt zweimal schriftlich befragt, einmal zu Beginn und einmal im Anschluß an die Intervention. Die schriftlichen Befragungen erfolgten mittels eines standardisierten Fragebogens und beziehen sich auf die subjektiv von den Jugendlichen berichteten Größen.

Die Befragungen wurden im Klassenverband durchgeführt, so daß die Jugendlichen einzeln ihren Fragebogen ohne jede Kontrolle durch andere ausfüllen konnten. Vorab erhielten alle Klassen dieselben Instruktionsanweisungen, die die Schüler über das eigentliche Ziel der Untersuchung im Unklaren ließen. Um die Schüler zu einem sorgfältigen Ausfüllen der Fragebögen zu animieren, wurde ihnen Anonymität zugesichert und nochmals betont, daß es um die Erfassung von allgemeinen Aussagen geht und nicht um die Gewinnung von Erkenntnissen über einzelne Schüler. Trotz freiwilliger Teilnahme gab es keine Verweigerungsraten, und die Schüler zeigten insgesamt reges Interesse und eine hohe Motivationsbereitschaft beim Ausfüllen des Fragebogens. Die Dauer des Ausfüllens betrug ca. 45 bis 55 Minuten. Die Instruktions- und Untersuchungsbedingungen der zweiten Befragung waren die gleichen wie bei der ersten. Erst nach Abschluß aller Erhebungen wurden die Schüler und Schülerinnen über das eigentliche Untersuchungsvorhaben aufgeklärt.

Um eine Standardisierung der Erhebungssituation zu gewährleisten, wurden alle Klassenbefragungen - nach vorheriger Instruktionsabsprache - von denselben Mitarbeitern aus dem Forschungsteam durchgeführt. Damit eine höhere Validität bei den Angaben zum Drogengebrauch und insgesamt eine höhere Wahrscheinlichkeit wahrheitsgemäßer Angaben erreicht werden konnte, wurden die Lehrer bzw. Lehrerinnen gebeten, nicht an den Befragungen teilzunehmen.

Eine Verbindung der Individualdaten der Jugendlichen aus den beiden Befragungszeitpunkten wurde über eine nummerierte Klassenliste hergestellt, die jeweils in den Schulen verblieb.

5.1.3 Erhebungsinstrument

Im Kontext dieser Evaluationsstudie wurde z. T. auf bestehende und bewährte (valide) Fragenkomplexe aus einem größeren Forschungszusammenhang zurückgegriffen. Es war notwendig, bewährte Variablenkomplexe aufzunehmen, damit die Angaben dieser relativ kleinen Stichprobe besser eingeordnet und interpretiert werden können sowie verläßlichere Aussagen zu erzielen.

Neben den Fragenkomplexen zur Erfassung des Tabak- und Alkoholgebrauchs waren dies die Erfassung von psychosomatischen Beschwerden, emotionalen Streßsymptomen, Einschätzung zum Selbstwert, Beziehungen der Jugendlichen zu ihren Eltern, Eingebundenheit in die Freundesgruppe sowie schul- und leistungsbezogene Komponenten. Weiterhin wurden Fragen zum allgemeinen gesundheitsrelevanten Verhalten und zur Einschätzung des subjektiven Gesundheitszustandes aufgenommen.

Zur Überpüfung der evaluationsgeleiteten Fragestellung wurden Itemlisten und Variablenkomplexe zur Erfassung von Wissen und Einstellungen zu den legalen Drogen erhoben. In Anlehnung an die Evaluationsstudie von Eiser & Eiser (1988) wurde eine Fragebatterie über die Gründe für die Aufnahme des (legalen) Drogengebrauchs übersetzt und überarbeitet. Um den Rahmen der gesundheitsbezogenen Verhaltensweisen breiter abstecken zu können, wurden Items zur sportlichen Aktivität und zu Ernährungsgewohnheiten getestet. Weiterhin wurden die Schüler gebeten, Einschätzungen zum Tabak- und Alkoholkonsum des Vaters und der Mutter sowie des Freundeskreises abzugeben.

Anthropometrische und kardiovaskuläre Daten sowie Blutserum-Parameter und Speichelabgaben wurden nicht erfaßt und somit auf "objektive" medizinische Meßdaten verzichtet.

Nicht alle der erfaßten Variablenkomplexe kommen in der Auswertung der Evaluationsstudie zur Geltung, da sie z. T. nur indirekt in Verbindung zur durchgeführten Intervention stehen bzw. eine ausschließlich die Stichprobe überprüfende Funktion haben. Von primärem Interesse für die Überprüfung der Effekte der Intervention sind die Indizes zu Rauch- und Alkohol*verhalten, Wissen* über legale Drogen und *Einstellungen* (sowie Gründe) bzgl. legalen Drogengebrauchs sowie allgemeine gesundheitsrelevante Indizes und die Erfassung des *Selbstwertes.*

Die für die genannten einzelnen Variablenbereiche konstruierten Indizes und Fragenkomplexe werden in den entsprechenden Auswertungsteilen beschrieben.

5.2 Validität der Untersuchung

Die Überprüfung der *Validität* bzw. Gültigkeit einer Interventionsstudie fokussiert auf die zentrale Frage "Ist das Instrument brauchbar, um das zu messen, was es wirklich messen soll?" Ein zentrales Problem besteht darin, Interventionseffekte von solchen Effekten zu trennen, die auf Nichtvergleichbarkeit der verschiedenen Durchschnittseinheiten innerhalb jeder Interventionsgruppe zurückzuführen sind (Lösel & Nowack 1987).

Die wesentlichsten Validitätsgefährdungen (vgl. auch Cook & Campbell 1979) lassen sich folgendermaßen nachzeichnen. "Threats to validity that are most pertinent to substance-use prevention programs include the impact of historical events or trends; maturational or "developmental" processes operating over time, which may have contributed to or actually produced the apparent experimental effect; the effects of repeated testing; the statistical phenomen of regression to the mean; selection bias or invalidity due to differential methods of recruiting members of treatment and control groups; attrition of study participants from treatment and control groups for different reasons or to varying degrees; and the interaction of two or more of these sources of invalidity (particularly selection bias with any other threats to validity)" (Schinke, Botvin & Orlandi 1991, 63).

Mögliche Gruppenunterschiede beim Vortest, eine hohe Fluktuation der Schüler zwischen Vor- und Nachuntersuchung, die Analyse von individuellen statt Schuleinheiten und Hawthorne-Effekte stellen die wesentlichen Beeinträchtigungen der Gültigkeit der meisten Studien zur Tabak- und Alkoholprävention dar. Werden diese Validitätsgefährdungen ausgemerzt bzw. kontrolliert, erreichen Evaluationsstudien mit dem Kontrollgruppendesign und einer Vor- und Nachuntersuchung eine hohe interne und externe Validität.

Interne Validität

Die interne Validität dieser Evaluationsstudie kann nach Schwarz (1971) aufgrund der Anlage einer Kontrollgruppenanordnung mit Vor- und Nachuntersuchung als gesichert angesehen werden. Obwohl Abstriche vom bevorzugten Verfahren der Randomisierung zur Gewährleistung der Gruppenhomogenität gemacht werden mußten, kann man dennoch durch die Parallelisierung der Stichproben hinsichtlich Schultyp, Geschlecht, Alter und regionaler Herkunft von einer relativ hohen Verläßlichkeit der Untersuchung ausgehen.

Die Anlage der Studie ermöglicht es zudem, die interne Validität beeinflussende Faktoren wie Reifung und zwischenzeitliches Geschehen zu kontrollieren. Man kann davon ausgehen, daß zwischenzeitige Ereignisse und Reifungsprozesse, die Unterschiede zwischen Vor- und Nachuntersuchung auslösen können, in beiden befragten Gruppen gleichermaßen wirksam werden (Schwarz 1971; Lösel & Nowak 1987). Durch die gleichzeitige Befragung der Interventions- und Kontrollgruppen können diese Effekte noch weiter eingeschränkt werden.

Ein weiterer Faktor, der die interne Validität der Studie einschränken könnte, betrifft die Fluktuation der Befragten zwischen Erst- und Zweituntersuchung. Biglan & Ary (1985) weisen darauf hin, daß die Zuverlässigkeit und Gültigkeit einer Interventionsstudie gefährdet werden kann, wenn die Fluktuation bzw. Abwanderung zwischen Vor- und Nachuntersuchung der beiden Untersuchungsgruppen unterschiedlich ist. Weiterhin fanden die Autoren heraus, daß vor allem diejenigen Befragten, die hohe Gebrauchsmuster (bezogen auf Alkohol- und Tabakkonsum) aufweisen, signifikant häufiger als Nicht-Konsumenten fehlende Angaben bei der Nachbefragung hatten. In der hier durchgeführten Evaluationsstudie konnte die Stichprobe über beide Befragungszeiträume relativ konstant gehalten werden, und die minimale Reduzierung der Stichprobe betraf sowohl die Schüler aus der Interventions- als auch der Kontrollgruppe, so daß eine Verzerrung der Stichprobe ausgeschlossen werden kann. In die Auswertung der Studie wurden nur diejenigen Schüler und Schülerinnen aufgenommen, von denen Daten aus beiden Befragungszeitpunkten vorlagen. Insgesamt kann man davon ausgehen, daß die interne Validität dieser Evaluationsstudie einigermaßen gut ist.

Externe Validität

Im Vergleich zur internen Validität ist die externe Validität, d. h. die Verallgemeinerung der Ergebnisse auf bestimmte Personen, Situationen und Zeitabschnitte, dieser Studie nicht ganz so stabil. Da jedoch das Kontrollgruppendesign mit Vor- und Nachtest eine Vielzahl der Gefährdungen wie z. B. unerwartete Effekte durch die Erstbefragung per se ausschließt, ist die Generalisierbarkeit der Ergebnisse nur teilweise eingeschränkt (vgl. auch Schwarz 1971).

Validität der Angaben zum Drogengebrauch

Die Relevanz der Validität der Selbstangaben zum Tabak- und Alkoholgebrauch in einer Evaluationsstudie zur Reduktion bzw. Prävention des legalen

Drogengebrauchs muß nicht explizit betont werden. Verschiedene Studien (vgl. die Ausführungen bei O'Malley, Bachman & Johnston 1983; Sieber & Angst 1981) sind der Frage nachgegangen, wie man die Zuverlässigkeit der Angaben zum Drogengebrauch überprüfen kann. Ähnlich wie bei anderen heiklen Themen (z. B. Sexualität und AIDS) stellt sich auch bei den Angaben zum eigenen Drogengebrauch die Frage nach der wahrheitsgemäßen Beantwortung der Items. Wie schon bei der Beschreibung des Untersuchungsablaufs angezeigt, wurden bestimmte Faktoren, die das Antwortverhalten der Schüler und Schülerinnen beeinflussen könnten, in dieser Studie ausgeschaltet (z. B. wurde dafür gesorgt, daß die Klassenlehrer bei der Befragung nicht anwesend sind und die Schüler in Unkenntnis über das wirkliche Forschungsvorhaben gelassen wurden).

Nach Sieber & Angst (1981) können weitere Faktoren wie die Einstellung zum Thema der Befragung, die soziale Erwünschbarkeit, Erinnerungslücken, absichtliche Falschangaben und der Bildungs- oder Berufsstatus des Befragten die Angaben beeinflussen oder verzerren. Insgesamt kommen die Autoren in ihrer Studie zu dem Ergebnis, daß die beschriebenen Verzerrungseffekte insgesamt nicht sehr stark sind.

Im Bereich der Drogenforschung sind in den letzten Jahren verschiedene Verfahren entwickelt worden, um die Gültigkeit der erhobenen Daten zu überprüfen (z. B. die Verwendung von fiktiven Drogen, um Konsumenten mit Falschangaben zu entschleiern, die Gegenüberstellung anonym und nicht anonym befragter Jugendlicher, die Überprüfung der Konsistenz bei der Beantwortung logisch verknüpfter Kontrollfragen) (Nordlohne 1992).

Vor allem bei der Durchführung von Evaluationsstudien zur Drogenprävention wurden vielfach medizinische Parameter (z. B. Speichel- und Bluttests ergänzend eingesetzt, um den Wahrheitsgehalt der Angaben zu überprüfen. Diese unter dem Begriff der 'bogus pipeline' (Jones & Sigall 1971) eingesetzten Verfahren konnten eine Erhöhung der Validität der Angaben zum Rauchverhalten bei den befragten Schülern und Schülerinnen bewirken (Evans, Hansen & Mittelmark 1977). Wie in vielen anderen Evaluationsstudien auch liegt dieser Untersuchung jedoch kein objektives bzw. medizinisches Validitätskriterium zugrunde.

Eine weitere Möglichkeit, die Gültigkeit der Angaben zu überprüfen, liegt in dem Ausmaß der fehlenden Werte (missing values). Es kann davon ausgegangen werden, daß für den Befragten unangenehme Fragen eher gar nicht als falsch beantwortet werden (Johnston, O'Malley & Bachman 1986). Insgesamt liegt die Anzahl der fehlenden Werte für diesen Fragenkomplex in dieser Studie nicht höher als bei anderen - nicht so brisanten - Fragen, so daß von einer zufriedenstellenden Gültigkeit ausgegangen werden kann.

Aufgrund der hier angeführten Faktoren kann man annehmen, daß die Validität der Selbstangaben zum Drogengebrauch auch in dieser Studie zufriedenstellend ist.

5.3 Vorgehen bei Erhebung und Auswertung des qualitativen Materials

Vor Beginn der Interviewdurchführung wurden die Befragten über Verwendungszweck der Interviews informiert, Anonymität zugesichert und eine Einwilligung zur Tonbandaufzeichnung erbeten. Alle Interviews wurden in den entsprechenden Schulen durchgeführt. Die Auswahl der Untersuchungsgruppe geschah nach dem Prinzip der Zufälligkeit, wobei die Zusammensetzung bestimmter Merkmale wie Geschlecht mit berücksichtigt wurden. Bei der Auswahl der Schüler und Schülerinnen stand nicht die statistische Repräsentativität im Vordergrund, sondern das Typische und Individuelle. Insgesamt wurden 16 Schülerinterviews realisiert, davon sind 12 mit Schülern der Interventionsgruppe und vier mit Schülern der Kontrollgruppe durchgeführt worden. Das Alter der Befragten liegt gemäß dem Evaluationsdesign zwischen 12 und 16 Jahren und das Geschlechtsverhältnis ist mit einer Verteilung von acht zu acht paritätisch. Die Dauer der Interviews betrug ca. 20 Minuten.

Alle interviewten Jugendlichen stammen aus vollständigen Familien und haben - bis auf eine Ausnahme - Geschwister. Die berufliche Tätigkeit der Eltern ist in dieser Befragtengruppe relativ heterogen.

Da die Befragtengruppe sehr klein ist, Datenschutz und Anonymität zugesichert wurden und somit Rückschlüsse über einzelne Personen unmöglich gemacht werden müssen, wurde folgendes Verfahren für die Zitation der Interviewquellen gewählt: Die einzelnen Interviews wurden fortlaufend numeriert, wobei noch zusätzlich vermerkt wurde, ob es sich um einen Jungen (1) oder ein Mädchen (2) handelt. Die Interviewquellen werden angegeben durch die Nummer des Interviews und der entsprechenden Seitenzahl im Transkript.

Beispiel: 1.1, 1 (Interview Nr. 1. Junge, Seite 1)
12.2, 2 (Interview Nr. 12. Mädchen, Seite 2)

Das Vorgehen bei der Auswertung steht in engem Zusammenhang mit der angewandten Erhebungsmethode. Da es in der qualitativen Sozialforschung keinen Konsens über ein bestimmtes Auswertungsverfahren gibt, mußte für dieses Forschungsvorhaben ein eigenes entwickelt werden. "Allgemeinere

Darstellungen von empirisch-interpretativen Fremdverstehens sind insofern schwierig, weil es hierüber keine Kunstlehre gibt, ja wie ich meine, auch gar nicht geben sollte, weil derartige Festschreibungen der angezielten Flexibilität zuwiderlaufen, deren Handhabung von der je gegebenen Konstellation abhängen sollte" (Köckeis-Stangl 1982, 321-370).

In dieser Studie wurden drei Auswertungsschritte durchgeführt. In einem ersten Schritt wurde das Tonbandmaterial nach einem vorab festgelegten System transkribiert. Da es trotz häufiger Kritik am Einsatz von Leitfäden in Interviews nicht möglich und gewollt war, gänzlich darauf zu verzichten, richtet sich das weitere Vorgehen nach einem Vorschlag von Mühlfeld u. a. (1981), in dem es nicht darum geht, die einzelnen Interviews im Sinne der Biographieforschung so detailliert wie möglich zu interpretieren, sondern zunächst lediglich bestimmte Problembereiche deskriptiv darzustellen, die dann den einzelnen Fragen des Leitfadens zugeordnet werden konnten. Dies kennzeichnet den zweiten Schritt der Auswertung. Beim Durchlesen der Interviews wurden alle Textstellen markiert, die den einzelnen Topoi zugerechnet werden konnten, und in ein Kategorienschema eingeordnet. Erst in einem dritten und vorläufig letzten Schritt wurden vor allem die Passagen herausgeschält, die am prägnantesten die Umgangsformen und -einstellungen zu den legalen Drogen in der Schule, im Elternhaus und in der Gleichaltrigengruppe sowie die Akzeptanz des Programms charakterisieren.

Als Rechtfertigung für dieses Vorgehen stimme ich den Aussagen von Mühlfeld, Windolf, Lampert & Krüger (1981) zu: "Dieses Muster hat sich insofern als effektiv erwiesen, als es erstens zu mehrmaligem genauem Durchlesen zwingt und zweitens die gesamte Transkription so lange wie möglich erhalten bleibt und damit für die Einordnung bisher unberücksichtigter oder die Interpretation falsifizierender Passagen offen bleibt. Dies hat sich als praktisch bewährt, weil die Interpretation in Einzelfällen durch die Berücksichtigung widersprechender Textstellen revidiert werden müßte" (a. a. O., 356).

Hierzu muß angemerkt werden, daß es sich lediglich um einen ersten Schritt der Interpretation handelt, also einer Querschnittsauswertung, die in weiteren Schritten noch intersubjektiv geprüft werden müßte. Es soll hier also keine detaillierte Einzelfallanalyse vorgenommen werden, sondern der Versuch, in einer Ergänzung der quantitativ-empirischen Ergebnisse kollektive Geltungen herauszufiltern und somit ein Stück weit den Umgang mit und die Einstellungen zu den legalen Drogen im sozialen Kontext und die Programmwirkungen/-akzeptanz transparent zu machen.

Zur Abrundung der Informationen und als Unterstützung bei der Auswertung und Interpretation werden die Eindrücke der *teilnehmenden Beobach-*

tungen herangezogen. Die vom Ablauf der Intervention notierten Eindrücke dienen dem besseren Verständnis des sozialen Klimas innerhalb der Klasse und zwischen den programmdurchführenden Lehrern und der jeweiligen Klasse.

Im Anschluß an die Intervention wurden zuletzt mit allen beteiligten Lehrern und Lehrerinnen *Gespräche* über die Handhabung der Materialien und schulischen Möglichkeiten gesundheitsfördernder Aktivitäten durchgeführt. Im Kontext dieser Arbeit spielt dieser - eher formative - Aspekt jedoch nur eine Nebenrolle.

5.4 Fragestellungen und Hypothesen der Untersuchung

Auf der Grundlage bisheriger Forschungsergebnisse wird deutlich, daß neben anderen gesundheitsriskanten und problematischen Verhaltensweisen dem Gebrauch von Drogen - insbesondere der legalen Drogen - im Jugendalter eine Schlüsselfunktion zukommt. Diese Relevanz wird aufgrund der gesundheitsbeeinträchtigenden Folgeerscheinungen (die zum großen Teil aber erst in späteren Lebensjahren auftreten) noch unterstrichen.

Einen Erklärungsrahmen für die auslösenden Motive und vielfältigen Funktionen, die ausschlaggebend für die Aufnahme gesundheitsriskanter und problematischer Verhaltensweisen im Jugendalter sind, wird von der "Problem-Behavior-Theory" (Jessor & Jessor 1977) angeboten. Dieses aus der Sozialpsychologie hergeleitete Modell kennzeichnet sich dadurch aus, daß es die verschiedensten Facetten problematischen Verhaltens (Drogengebrauch, frühzeitige Sexualkontakte mit der Gefahr von ungewollten Schwangerschaften und AIDS-Infizierung, Delinquenz uvm.) in ihrem Ansatz integriert und die Komplexität der Interaktionen zwischen personalen und physiologischen/genetischen Faktoren einerseits und die wahrgenommenen Umweltbedingungen andererseits berücksichtigt.

Diesem Modell folgend, liegen die Gründe, weshalb sich Jugendliche in problematische Verhaltensweisen verstricken, vor allem darin, daß Jugendliche in diesen Verhaltensweisen eine Möglichkeit sehen, persönliche Ziele und Lebensanforderungen einzulösen. Dieser funktionale Ansatz eröffnet dem Jugendlichen nicht nur die Möglichkeit mit belastenden Lebenssituationen, wie Einsamkeit, sozialer Ängstlichkeit, Isolation oder einem niedrigem Selbstwertgefühl fertigzuwerden, sondern geht z. B. auch mit einem Prestigegewinn innerhalb der Gleichaltrigengruppe einher.

Weiterhin wurde in der bisherigen Forschung davon ausgegangen, daß eine besondere Anfälligkeit für die Aufnahme des Drogengebrauchs insbesondere bei den Jugendlichen gegeben ist, die über ein geringes Maß an Bewältigungsstrategien verfügen und wenig Fertigkeiten für den Umgang mit sozialen Situationen verbunden mit einem hohen Maß an Ängstlichkeit aufweisen (Jessor & Jessor 1977). Ein verstärkter Drogengebrauch zeigt sich auch als Begleiterscheinung schwieriger Integrationsprozesse in die Gleichaltrigengruppe, als Folge empfundener materieller und leistungsmäßiger Benachteiligungen gegenüber den Peers sowie als Begleiterscheinung von Störungen und Verunsicherungen in der Leistungsbiographie (Engel & Hurrelmann 1989). In den Nutzungsmustern von Drogen spiegeln sich dabei die "Kosten" der Bemühungen von Jugendlichen wider, sich mit den vielfältigen Alltagsbelastungen, denen sie sich im familialen, schulischen und freizeitlichen Bereich stellen müssen, auseinanderzusetzen (Nordlohne 1992).

Ausgehend von diesem Erklärungsrahmen wird deutlich, daß der Gebrauch von Drogen (aber auch anderer gesundheitsriskanter Verhaltensweisen) im Jugendalter nicht primär von dem Wissen um die Gefahren dieses Verhaltens geleitet ist, sondern vielmehr einem funktionalem Zweck dient. Verhaltensbezogene Maßnahmen der Sucht- und Drogenprävention müssen somit an den genannten persönlichkeitsspezifischen Hauptrisiken und dem funktionalen Nutzen für den Gebrauch legaler und illegaler Drogen ansetzen.

Im Hinblick auf den Erfolg präventiver Bemühungen müssen präventive Maßnahmen von zwei Leitsätzen ausgehen. *Erstens* wirken abschreckende Beschreibungen von Gesundheitsrisiken wenig überzeugend auf Jugendliche, weil im Vordergrund ihres alltäglichen Erlebens die Funktionalität des Tabak- und Alkoholkonsum im eigenen Prozeß der Persönlichkeitsentwicklung und der alltäglichen Lebensbewältigung steht. Jugendliche gehen von einem stark gegenwartsbezogenen Gesundheitsverständnis aus, das für eventuell in späteren Lebensjahren auftretende Gesundheitsbeeinträchtigungen wenig sensibel ist. *Zweitens* sind Sachinformationen über Drogen und ihr Sucht- und Abhängigkeitspotential zwar notwendig, doch sind der gezielten Beeinflussung von jugendlichem Verhalten durch reine Aufklärung enge Grenzen gesetzt, wenn nicht die gesamte Lebenswelt der Jugendlichen berücksichtigt wird.

Die programmatische Umsetzung solcher konzeptioneller Bemühungen in der (schulischen) Sucht- und Drogenprävention ist noch nicht weit vorangeschritten. Im deutschen Sprachraum liegen (im Vergleich zu den angelsächsischen Ländern) erst in Teilbereichen ausgearbeitete Programme vor, die den genannten Grundlagen gerecht werden. Die inhaltliche Konzeption dieser Programme folgt einem erweiterten Drogenbegriff, der sowohl legale wie illegale als auch stoffungebundene Suchtformen berücksichtigt. Programmatisch läßt sich dieser neuere Präventionsansatz, dem auch das hier dargestellte Programm zugerechnet werden kann, folgendermaßen umschreiben:

Der Ansatz ist
- ganzheitlich ausgerichtet;
- ursachenorientiert;
- adressatenbezogen, ziel- und altersgruppenspezifisch;
- prozeßorientiert und langfristig;
- orientiert an kommunikativen, individuenzentrierten und verhaltensbezogenen Maßnahmen;
- bezogen auf drogenspezifische wie auch drogenunspezifische Maßnahmen (vgl. auch Dembach & Kappel 1991).

Im Zentrum dieses Präventionsansatzes steht somit nicht mehr das Suchtmittel allein, sondern das Suchtverhalten allgemein. Dabei werden die suchtpräventiven Bemühungen in den Rahmen einer allgemeinen, umfassenden Gesundheitsförderung gestellt.

Insgesamt weiß man noch wenig darüber, wie wirksam diese neueren Programme in bezug auf die Prävention sucht- und drogenrelevanten Verhaltens im Jugendalter sind, da in der Bundesrepublik zur Zeit nur wenige Wirksamkeitsanalysen vorliegen. Es spricht jedoch einiges dafür, daß sie sich im Vergleich zu den traditionellen schulischen Programmen als weitaus effektiver erweisen.

Das allgemein formulierte Ziel der vorliegenden Arbeit ist es nun, die Effektivität eines nach innovativem Muster konzipierten Programms der schulischen Sucht- und Drogenvorbeugung empirisch zu untersuchen. Genauer gesagt ist das Hauptziel der Evaluierung der Nachweis der Wirksamkeit einer drogenpräventiven Unterrichtsmaßnahme. Von besonderem Interesse ist dabei die unterrichtliche Ebene der schulischen Kommunikation, die sich schwerpunktmäßig auf die Vermittlung von einstellungs- und verhaltensrelevanten Aspekten des legalen Drogengebrauchs bezieht. Dabei geht es nicht nur um die Frage, ob das Programm wirksam ist, sondern auch darum, welche Bestandteile sich als besonders effektiv erweisen. Somit ist nicht nui von Interesse, ob das Programm nach Einschätzung der Beteiligten in der Lage ist, Wissen zu vermitteln, Einstellungen zu verändern bzw. Handlungsorientierungen aufzubauen, sondern auch, ob das Programm wirklich derartige Wirkungen in der Zielgruppe hervorrufen wird (vgl. Renn 1991, 129).

Zur Überprüfung der Programmwirksamkeit wird eine *summative* Evaluation des genannten Programms vorgenommen. Im Sinne der summativen

Evaluation wird angestrebt, die Wirkung des Programms (quantitativ) meßbar abzuschätzen und auf dieser Basis allgemeine Kriterien herauszuarbeiten, die erfüllt werden müssen, um Veränderungen einleiten zu können. Zur Ermittlung dieser Programmwirkungen wurden drei zentrale Aspekte herausgegriffen, von denen angenommen wird, daß sie in besonderer Weise den Erfolg einer Maßnahme repräsentieren. Zu diesen Aspekten gehören:

1. Kenntnisse über soziale Auswirkungen, gesundheitliche Gefahren und physische/biologische Prozesse des legalen Tabak- und Alkoholgebrauchs ("Wissen über Tabak"; "Wissen über Alkohol");
2. Einstellungen, Meinungen und Selbstwertgefühl im Hinblick auf den legalen Drogengebrauch ("Einstellung zu Tabak"; "Einstellung zu Alkohol"; "Gründe für den Drogengebrauch", "Niedriger Selbstwert");
3. Gesundheitsrelevante Verhaltensweisen ("Tabakrelevantes Verhalten";-"Alkoholrelevantes Verhalten").

Fragestellungen der summativen Evaluation

- Die allgemeine Untersuchungsfrage zu diesen drei Aspekten lautet: *Treten bezogen auf das gesundheitsrelevante Wissen, die Einstellungen und das Verhalten unterschiedliche Effekte bei den Jugendlichen ein, die ein solches spezielles Unterrichtsangebot der Gesundheitserziehung erhalten, im Vergleich zu denen, die dieses Angebot nicht erhalten, ein?*
- Darüberhinaus soll in der summativen Evaluation der Frage nachgegangen werden, *welche Programmvarianten und -inhalte sich als besonders wirkungsvoll und welche als weniger wirkungsvoll ausweisen.* Damit verbunden ist auch die Frage, ob eine besonders ausgearbeitete Unterrichtsmaßnahme, die auch über den curricularen Rahmen hinausgeht (und das Schulsetting mit berücksichtigt), bessere Effekte im Blick auf gesundheitsrelevante Einstellungen und Verhaltensweisen der Jugendlichen erzielt im Vergleich zu denen, die diese Bemühungen nicht eingehen.
- Im Hinblick auf die Programmwirkungen ist zudem von Interesse, ob das Programm unterschiedliche Wirkungen auf alters- und geschlechtsspezifische Zielgruppen zeigt. Dabei wird davon ausgegangen, daß sich diesbezüglich keine unterschiedlichen Effekte ergeben.

Fragestellungen der formativen Evaluation

- Im Mittelpunkt der *formativen Evaluation* steht die Analyse der Handhabung und Einschätzung des Programms seitens der Lehrer, sowie die Akzeptanz der Unterrichtsmaßnahme aus Schülersicht. Dabei geht es auch um die

Frage, inwieweit das Programm tatsächlich die dispositionellen Voraussetzungen aufnimmt, mit denen Jugendliche an Angebote der Gesundheitserziehung herangehen. Dieser qualitativ explorative Teil der Untersuchung zielt vor allem darauf ab, Vorschläge für die Programmentwicklung- und verbesserung einzuleiten und Hinweise für die Programmimplementation in der Hauptphase der Studie (vgl. Einleitung) zu liefern.

Die folgende Darstellung der empirischen Untersuchung gliedert sich in zwei Teile. Im ersten Teil werden die spezifischen Programmwirkungen auf die Bereiche Wissen, Einstellungen und Verhalten überprüft. Danach folgen im zweiten Teil die Analysen der formativen Evaluation. In den jeweiligen Kapiteln werden die Hypothesen präzisiert und das methodische Vorgehen im einzelnen erörtert.

6. Darstellung der Ergebnisse

Ausgehend von den in Kapitel 5.4 dargestellten Hypothesen und Fragestellungen der vorliegenden Untersuchung wird im folgenden ersten Teil der empirischen Analyse die Wirksamkeit der drogenspezifischen Interventionsmaßnahme auf die drei Aspekte Wissen, Einstellungen und Verhalten in bezug auf die legalen Drogen beleuchtet. Die Arbeit knüpft damit an die in der relevanten Literatur diskutierten Aspekte evaluativer Studien an und bietet somit auch Vergleichsmöglichkeiten mit den Ergebnissen anderer Studien. Die Darstellung der drei o. g. Auswertungskomponenten folgt dabei einem regelmäßigen Muster. In einem ersten Schritt werden die theoretische Ausgangslage, die zugrundeliegenden Variablenkomplexe und die "baseline" der hier untersuchten Stichprobe skizziert. Danach werden die Veränderungen zwischen Vor- und Nachbefragung für die einzelnen Untersuchungsgruppen (intraindividuell) als auch im Vergleich zwischen Interventions- und Kontrollgruppen (interindividuell) erfaßt. Abschließend werden die Ergebnisse im Hinblick auf die (erzielten) Veränderungen analysiert. Ergänzend zu den einzelnen Untersuchungsschritten werden alters-, geschlechts- und interventionsformspezifische Facetten mit aufgegriffen. Die einzelnen Auswertungsschritte werden für die beiden Substanzen Tabak und Alkohol getrennt vorgenommen und die Hypothesen vorangestellt. Das Evaluationsdesign der Studie ermöglicht nicht nur, Informationen über die Programmwirkungen zu erlangen, sondern gibt auch Hinweise auf die spezifischen Kenntnisse, Einstellungen, Meinungen und Verhaltensweisen ausgewählter Schülergruppen, die an gegebener Stelle mit repräsentativen Studien verglichen werden. Im weiteren empirischen Teil wird es um den formativen Aspekt unter dem Blickwinkel der Akzeptanz der Interventionsmaßnahme gehen.

6.1 Wissensstand über die legalen Drogen Tabak und Alkohol

Die Vermittlung von Kenntnissen über Sucht und Drogen ist eine wichtige flankierende Aufgabe bei der Prävention des Drogengebrauchs im Kindes- und Jugendalter und ein erklärtes Ziel der Materialien und Medien zur schulischen Sucht- und Drogenvorbeugung in der Schule (Landesinstitut für Schule und Weiterbildung NRW 1988). Wie im Kapitel zu den Modellen der Veränderung des gesundheitsrelevanten Verhaltens schon aufgeführt, stellt die Vermittlung von Wissen eine notwendige, aber keinesfalls hinreichende Bedingung für die Veränderung gesundheitsriskanter Verhaltensweisen dar. Jedoch deuten die Ergebnisse verschiedener Studien daraufhin, daß umfangreiches Wissen *und* negative Einstellungen und Meinungen gegenüber (legalen) Drogen gute Prädiktoren zur Vermeidung der Aufnahme des Alkohol- und insbesondere des Tabakkonsums sind.

"... smoking adolescents have less knowledge about negative consequences of smoking and have fewer negative beliefs about and attitudes toward smoking than their nonsmoking counterparts" (Flay et al. 1983, 140). Umgekehrt lassen die Studien den Schluß zu, daß diejenigen, die sich der nachteiligen Wirkungen der Substanzen nicht bewußt sind und positive Einstellungen über Drogen haben, eher Drogenmißbraucher werden als diejenigen, die über größeres Wissen und negative Meinungen und Einstellungen verfügen (vgl. Schinke, Botvin & Orlandi 1991).

Ausgehend von diesen Ergebnissen war die Vermittlung von Kenntnissen über die Gefahren von Tabak- und Alkohol(-gebrauch) auch *ein* wesentliches *Ziel* der hier evaluierten Interventionsstudie. Zur Erreichung dieses Ziels wurden in allen Klassen, die eine spezifische Unterrichtseinheit erhielten, kognitive Informationselemente aus dem Programm eingesetzt. Je nach Bedürfnis- bzw. Interessenslage der einzelnen Interventionsklassen lag der Schwerpunkt entweder bei tabak- oder bei alkoholrelevanten Themen.

Der Wissensstand der Schüler und Schülerinnen über gesundheitliche Gefährdungen und soziale Aspekte des Tabak- und Alkoholkonsums wurde im Fragebogen über eine 12 Items umfassende Skala erhoben. Die Itembatterie wurde in Anlehnung an ein bewährtes Instrument - zur Überprüfung des Life-Skills-Programms (vgl. u. a. Botvin & Eng 1982; Botvin, Baker & Renick 1984) - adaptiert und zur Anpassung an deutsche Verhältnisse leicht modifiziert. Die Schüler und Schülerinnen hatten als Antwortkategorien die Auswahl zwischen den dichotomen Merkmalen richtig (1) und falsch (2) bezogen auf die vorgegebenen Statements; eine Ausweichkategorie 'weiß nicht' war nicht vorgesehen. Die einzelnen Items wurden so rekodiert, daß die richtige Antwort immer den Wert "2" erhielt. Im Zuge mehrmaliger explorativer Faktorenanalysen wurden einige instabile Items aus der Skala zur Erfassung des Wissensstandes herausgenommen und eine Zwei-Komponenten-Struktur konzipiert. Die folgende Tabelle 6.1.1 zeigt die Ergebnisse der Faktorenanalyse mit der Zuordnung zu den beiden Faktoren, den entsprechenden Faktorladungen und den Kommunalitäten.

Die in die Indizes einfließenden Items erfassen z. g. T. die im Unterricht vermittelten thematischen Schwerpunkte, wobei vermerkt werden muß, daß die zeitliche Intensität und die inhaltlichen Nuancierungen der Wissensvermittlung in allen Interventionsklassen unterschiedlich akzentuiert waren (vgl. Kapitel 4.2).

Tab. 6.1.1: Faktorenmatrix der Wissensskala (1. Befragungszeitpunkt)

	Faktorladung	Kommunalität
1. Faktor: **"Wissen über Alkohol"**		
Menschen, die dieselbe Menge Alkohol trinken, fühlen und handeln gleich.	.90	.82
Alkohol ist die Hauptursache bei tödlichen Verkehrsunfällen.	.86	.79
Bier und Wein enthalten dieselbe Menge Alkohol.	.85	.73
Wechselnde Getränke machen einen betrunkener, als wenn man bei einem alkoholischen Getränk bleibt.	.84	.71
2. Faktor: **"Wissen über Tabak"**		
Zigarettenrauchen läßt den Kohlenmonoxydgehalt im Blut in wenigen Minuten ansteigen.	.77	.59
Zigarettenrauchen verursacht, daß das Herz langsamer schlägt.	.75	.56
Zigarettenrauch enthält ein gifitges Gas, das Kohlenmonoxyd genannt wird.	.55	.31

(Die beiden Faktoren klären insgesamt 64,6% der Gesamtvarianz auf. 1. Faktor: 42,5%; 2. Faktor: 22,1%).

Der erste Faktor "Wissen über Alkohol" beinhaltet die Items, die sich auf die *körperlichen* und *sozialen* Auswirkungen des Alkoholgebrauchs beziehen (z. B. "Alkohol ist die Hauptursache bei tödlichen Verkehrsunfällen"). Insgesamt wurden durch diesen Faktor 42,5% der Varianz aufgeklärt. Der zweite eher auf *biologischen* Faktoren ausgerichtete Faktor "Wissen über Tabak" richtet sich ausschließlich auf die Statements, die sich auf die Folgen des Tabakgebrauchs beziehen (z. B. "Zigarettenrauch enthält ein giftiges Gas, das Kohlenmonoxyd genannt wird"). Der Beitrag dieses Faktors zur Aufklärung der Varianz liegt bei 22,1%.

Bevor der Fragestellung nachgegangen werden soll, welche Effekte bzw. Wirkungen das Unterrichtsprogramm auf den Kenntnisstand über legale Drogen bei den Schülern aus der Interventionsgruppe im Vergleich zu den Schülern aus der Kontrollgruppe ausgelöst hat, soll zunächst aufgezeigt werden, von welcher "baseline" bei der Beantwortung der Wissensfragen ausgegangen werden muß.

Insgesamt ist der Kenntnisstand über legale Drogen bei den Befragungsgruppen zu Beginn der Intervention relativ gering. So beantworten lediglich 66,7% der Befragten die Frage nach dem Kohlenmonoxydgehalt in Zigaretten richtig. Weitere 45,5% wußten, daß das Zigarettenrauchen die Schnelligkeit des Herzschlags nicht beeinflußt und 62% konnten die Frage nach dem Kohlenmonoxydgehalt im Blut richtig beantworten. Im Vergleich zu den Fragen zum Tabakgebrauch und Tabakwirkungen konnte ein größerer Anteil der befragten Jugendlichen die Wissensfragen zu Alkohol richtig beantworten. Drei Viertel (75%) der Schüler und Schülerinnen wußten, daß Bier und Wein nicht dieselbe Menge Alkohol enthalten und vier Fünftel (81,3%) stimmten der Ansicht zu, daß Alkohol die Hauptursache bei tödlichen Verkehrsunfällen ist. Die höchste Anzahl richtiger Antworten (86,7%) wurde bei der Frage "Menschen, die dieselbe Menge Alkohol trinken, fühlen und handeln gleich" erzielt. Weiterhin wußte lediglich ein Drittel der Befragten (29,7%), daß unterschiedliche Getränke einen nicht betrunkener machen, als der Konsum eines (einzigen) alkoholischen Getränks.

Schaut man sich zusammenfassend die Häufigkeit richtiger Antworten auf die beiden Summenindizes (Wissen über Tabak, Wissen über Alkohol) an, so zeigt sich, daß nur ein geringer Anteil der Befragten alle Fragen richtig beantworten konnte. Die folgende Tabelle 6.1.2 zeigt den prozentualen Anteil derjenigen, die alle Fragen der entsprechenden Scores richtig beantworten konnte, getrennt für die Schülerinnen und Schüler aus der Interventions- und Kontrollgruppe.

Tab. 6.1.2: Prozentualer Anteil richtiger Antworten bei den Wissensindizes differenziert nach Interventions- und Kontrollgruppen (1. Befragungszeitpunkt)

	Interventionsgruppe	Kontrollgruppe
"Wissen über Tabak"	10,8 (83)	15,2 (33)
"Wissen über Alkohol"	10,7 (84)	5,9 (34)

Die Angaben in den Klammern beziehen sich auf die Anzahl der Fälle (N).

Lediglich ein Zehntel (10,8%) der befragten Schülerinnen und Schüler aus der Interventionsgruppe konnten beim Vortest alle Items des Tabakindexes richtig beantworten; bei den Schülern aus der Kontrollgruppe waren es mit einem prozentualen Anteil von 15,2% richtiger Antworten nur geringfügig mehr. Bei den Schülern aus der Interventionsgruppe bewegt sich der prozentuale Anteil richtiger Antworten bezogen auf die Fragen zum Alkoholgebrauch (10,7%) auf demselben Niveau wie bei den Fragen zum Tabakgebrauch. Dagegen konnten weniger Schülerinnen und Schüler aus der Kontrollgruppe diesbezüglich richtige Antworten geben (5,9%).

In allen an der Evaluationsstudie beteiligten Klassen hatte vor der Intervention noch keine Unterrichtsmaßnahme stattgefunden, so daß es nicht überraschend ist, daß die z. T. sehr differenzierten Fragen nur von einem sehr kleinen Teil der Schüler und Schülerinnen vollständig richtig beantwortet werden konnten.

6.2 Veränderungen der Kenntnisse über legale Drogen durch das Interventionsprogramm

Verschiedene Evaluationsstudien zur Prävention des Tabak- und Alkoholgebrauchs im Kindes- und Jugendalter konnten aufzeigen, daß die Verbesserung des Wissens über legale Drogen im Vergleich zu Einstellungs- und Verhaltensänderungen die noch am einfachsten zu beeinflussende Zielvariable einer Interventionsmaßnahme ist (vgl. Schaps et al. 1981). Auch dieser Studie liegt die Annahme zugrunde, *daß aufgrund der kognitiven Bestandteile in den einzelnen Unterrichtsprogrammen der Kenntnisstand der behandelten Schülerinnen und Schüler über legale Drogen im Vergleich zu der Kontrollgruppe verbessert werden konnte.*

(a) Vorher-vorher-Vergleich

In einem *ersten Auswertungsschritt* soll überprüft werden, inwieweit sich Interventions- und Kontrollgruppe beim ersten Befragungszeitpunkt in ihren Kenntnissen über Tabak und Alkohol unterscheiden. Wie im vorausgegangenen Abschnitt schon angedeutet, waren alle an der Evaluationsstudie beteiligten Klassen vor der Programmdurchführung noch nie mit dem Themenkomplex "Drogenprävention" konfrontiert worden. Somit wird die Vermutung gestärkt, *daß aufgrund gleicher Ausgangsvoraussetzungen zum Zeitpunkt der Erstbefragung keine Gesamtunterschiede im Wissensstand bestehen.*

Um diese Hypothese statistisch abzusichern, wurde ein Vergleich der entsprechenden Gruppenmittelwerte des Summenindex "Wissen über Tabak" und "Wissen über Alkohol" mittels des t-Tests für unabhängige Stichproben bzw. Gruppen durchgeführt. Die Ergebnisse bestätigen, daß bei keinem der beiden Indizes Unterschiede zwischen Interventions- und Kontrollgruppe bezüglich des Vorwissens bestehen ("Wissen über Tabak": t= -.49, df= 55.14, n.s.; "Wissen über Alkohol": t= -.56, df= 82.20, n.s.), so daß *von einem vergleichbaren Wissensstand der beiden Schülergruppen zu Beginn der Intervention ausgegangen werden kann.*

Das Signifikanzniveau wird auf 5 Prozent festgelegt, wobei der Leser berücksichtigen muß, daß multiple t-Tests (oder auch einfaktorielle Varianzanalysen) verwendet werden. Da die Durchführung eines t-Tests an bestimmte Voraussetzungen geknüpft ist (z. B. sollten die Daten unabhängige Beobachtungen aus normalverteilten Populationen mit gleichen Varianzen darstellen und auf Intervallskalenniveau vorliegen), deren Verletzung ein falsches Ergebnis zur Folge haben kann, werden die Ergebnisse zusätzlich durch ein non-parametrisches Verfahren abgesichert (vgl. hierzu auch Oswald & Schütte 1991; Siegel 1987).

Aus diesem Grund wurde das o. g. Ergebnis - der Wissensstand zu Beginn der Untersuchung ist unabhängig von der Treatment- bzw. Kontrollgruppenzugehörigkeit - zusätzlich mit dem chi^2-Test für unabhängige Stichproben überprüft. Auch durch diesen Test kann die H_0-Hypothese nicht zurückgewiesen werden.

(b) Vorher-nachher-Vergleich

Geht man nun in einem zweiten Auswertungsschritt der Frage nach, *ob* das Unterrichtsprogramm bezüglich des Wissensstandes Veränderungen bei den damit konfrontierten Schülern bewirkt hat, dagegen bei denen aus der Kontrollgruppe nicht, so ergibt sich bezogen auf den Index "Wissen über Tabak" folgendes Bild: *Die Schülerinnen und Schüler aus der Interventionsgruppe wissen nach der Programmdurchführung deutlich mehr über die Gefahren und sozialen Auswirkungen des Tabakgebrauchs* als vor der Intervention, dagegen hat bei den Schülern, die kein Unterrichtsprogramm erhielten, keine bedeutsame Wissensverbesserung stattgefunden (vgl. Abbildung 6.2.1).

Die folgende Abbildung 6.2.1 illustriert zudem, daß in der Interventionsgruppe eine Verbesserung des Kenntnisstandes über Tabak zwischen erster und zweiter Befragung stattgefunden hat. Die Differenz der beiden Mittelwerte (xdiff.=-.0833) wird im t-Test für abhängige Stichproben signifikant (p<.05). Dagegen lassen sich für den Wissensstand der Schülerinnen und Schüler aus der Kontrollgruppe keine signifikanten Veränderungen nachweisen; der Gruppenmittelwert bleibt über beide Befragungszeitpunkte relativ konstant.

Abb. 6.2.1 : Veränderungen des Index "Wissen über Tabak" bei Interventions- und Kontrollgruppe (Gruppenmittelwerte beim 1. und 2. Befragungszeitpunkt; N=110)

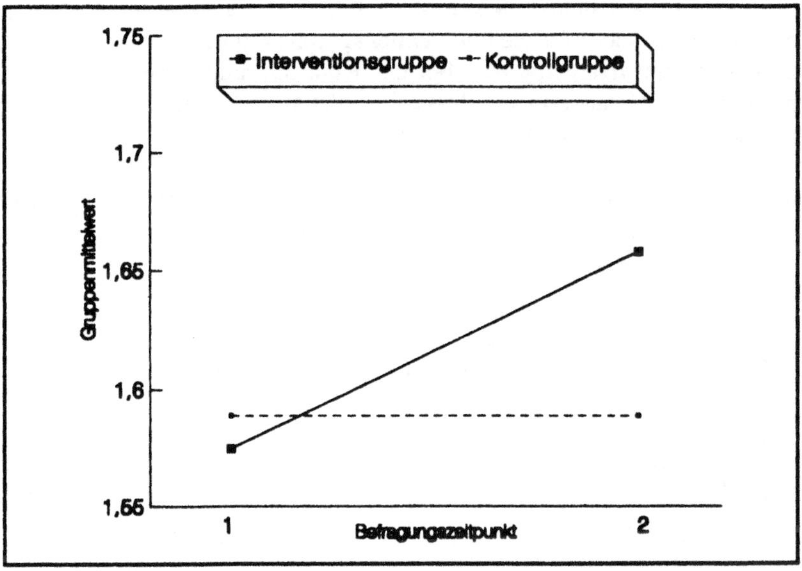

Im Vergleich zum Wissensscore über Tabakgefahren lassen sich bezogen auf den Index "Wissen über Alkohol" keine signifikanten Wissensverbesserungen finden; dies betrifft sowohl die Interventions- als auch die Kontrollgruppe. Aus der folgenden Abbildung 6.2.2 wird zudem deutlich, daß die Mittelwerte pro Meßzeitpunkt zwischen den beiden Untersuchungsgruppen nur wenig differieren, daß jedoch in beiden Gruppen über die Zeit ein vergleichbarer geringer Wissenszuwachs bei den alkoholrelevanten Fragen stattgefunden hat. Die Differenz der Mittelwerte für den Index "Wissen über Alkohol" beträgt für beide Gruppen -.03.

Überprüft man die Ergebnisse aus den t-Tests zusätzlich mit dem Wilcoxon-Test für Paardifferenzen[1], so lassen sich die Ergebnisse zusätzlich

---

[1] Beim Wilcoxon-Test handelt es sich um einen nicht-parametrischen Vorzeichentest für abhängige Paare, der neben der Richtung auch Hinweise auf die Größe der Unterschiede innerhalb von Paaren gibt. D. h. es wird ein Vergleich zweier abhängiger Stichproben hinsichtlich ihrer zentralen Tendenz vorgenommen (vgl. Siegel 1987).

absichern. In die Berechnungen des Wilcoxon-Test gingen ebenso wie im t-Test lediglich 110 (bei Tabak) bzw. 111 (bei Alkohol) von 135 Schülerangaben ein, da nur diejenigen in der Analyse berücksichtigt wurden, die bei beiden Befragungszeitpunkten auf keinem Item einen fehlenden Wert hatten. Bezogen auf den Index "Wissen über Tabak" werden die Verbesserungen des Kenntnisstandes für die Interventionsgruppe mit dem Z-Wert von -1.974 statistisch signifikant (p<.05). Bei der Kontrollgruppe ergeben sich keine bedeutsamen Veränderungen. Dasselbe trifft auf beide Untersuchungsgruppen beim Index "Wissen über Alkohol" zu.

Abb. 6.2.2: Veränderungen des Index "Wissen über Alkohol" bei Interventions- und Kontrollgruppe (Gruppenmittelwerte beim 1. und 2. Befragungszeitpunkt; N=111)

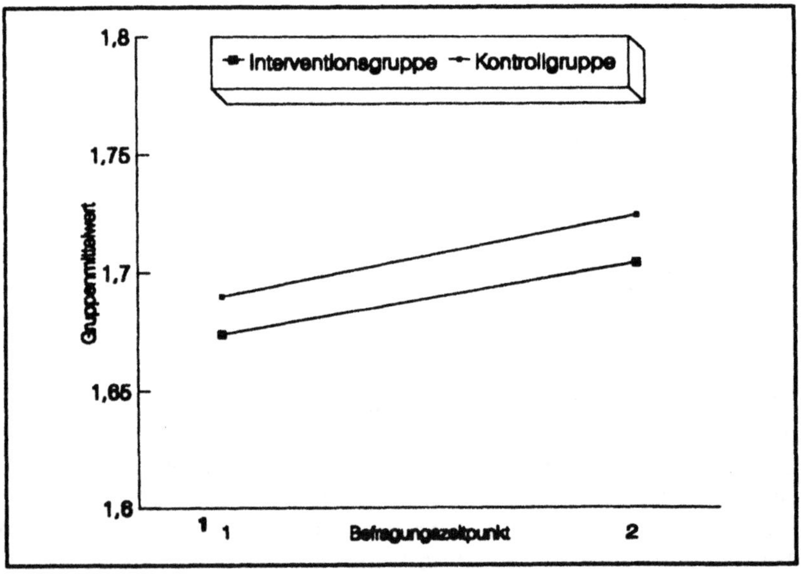

Es läßt sich konstatieren, *daß bei den Schülern aus der Interventionsgruppe eine deutliche Verbesserung des Kenntnisstands über tabakrelevantes Wissen stattgefunden hat, die sich bei Fragen über Alkoholgefährdungen nicht widerspiegelt.* Bei den zur Kontrolle hinzugezogenen Schülern und Schülerinnen zeigen sich bei beiden Indizes keine deutlichen Wissensverbesserungen, wobei sich in dieser Gruppe die Kenntnisse über Alkohol - auch ohne besondere Intervention - leicht verbessert haben.

Um festzustellen, ob dieser *intraindividuelle* Effekt auch *interindividuell*, d. h. zwischen den beiden Untersuchungsgruppen (Interventions- und Kontrollgruppe), bedeutsam ist, wurde in einem *dritten Auswertungsschritt* eine Varianzanalyse mit Meßwiederholung über die beiden Gruppen (Interventions- und Kontrollgruppe) gerechnet. Als abhängige Variablen gingen der Kenntnisstand über Tabak bzw. Alkohol zum ersten und zweiten Befragungszeitpunkt in die Analyse ein. Die unabhängige Variable bezog sich auf die Zuordnung zu Interventions- und Kontrollbedingung.

Das Ergebnis aus der Varianzanalyse für den Faktor "Wissen über Tabak" zeigt, daß der Haupteffekt Zuordnung zu der Interventions- und Kontrollbedingung nicht bedeutsam ist ($F(1,108)=0.44$, n.s.). Dasselbe trifft auf den zweiten Hauptfaktor Meßzeitpunkt zu ($F(1,108)=1.33$, n.s.). Auch die Interaktion zwischen den beiden Faktoren Interventionsbedingung und Meßzeitpunkt wird in dieser Analyse nicht statistisch signifikant ($F(1,108)=1.33$, n.s.).

Wie zu erwarten, sind die Effekte bezogen auf den Index "Wissen über Alkohol" noch etwas schwächer als die für Tabak. Es gibt keine signifikanten Effekte für den Hauptfaktor Interventionsbedingung ($F(1,109)=0.33$, n.s.), für den Hauptfaktor Meßzeitpunkt ($F(1,109)=1.46$, n.s.) und für die Interaktion zwischen Interventionsbedingungen und Meßzeitpunkt ($F(1,109)=0.01$, n.s.).

Die Ergebnisse der beiden Varianzanalysen zeigen, daß die Wissensverbesserungen der Interventionsgruppe nicht so stark sind, daß sie einem Vergleich mit den Schülern aus der Kontrollgruppe standhalten. D. h. die Interventionsgruppe hat zwar intraindividuell eine signifikante Verbesserung im Wissensscore (bezogen auf Tabakwissen) infolge der Intervention erzielt, jedoch ist *diese Verbesserung im Vergleich mit der Kontrollgruppe nicht statistisch signifikant.*

Zusammenfassend können aus den drei Untersuchungsschritten folgende Ergebnisse festgehalten werden:

1. Zu Beginn der Untersuchung unterscheiden sich die Schülerinnen und Schüler aus der Interventions- und Kontrollgruppe in ihrem Wissen über Tabak und Alkohol nicht signifikant voneinander.
2. In einem intraindividuellen Vergleich (auf die jeweiligen Untersuchungszeitpunkte bezogen) zeigt sich, daß die Schüler und Schülerinnen, die eine drogenspezifische Unterrichtsmaßnahme erhalten haben, signifikant mehr über Tabak dazugelernt haben, jedoch nicht über Alkohol (hier hat nur eine minimale Wissensverbesserung stattgefunden). Bei der Kontrollgruppe läßt sich bei beiden Indizes keine signifikante Verbesserung auf-

zeigen.

3. Die Wissensverbesserungen bei den Schülern aus der Interventionsgruppe sind in einem Vergleich mit denen der Kontrollgruppe nicht so stark, daß sie eindeutig auf die Effektivität des Programms zurückgeführt werden können. Die Interventionsgruppe unterscheidet sich nach der Programmdurchführung in ihrem Kenntnisstand nicht signifikant von der Kontrollgruppe.

An dieser Stelle erscheint es notwendig anzumerken, daß im gesamten empirischen Teil keine komplexen, mehrfaktoriellen Varianzanalysen gerechnet werden konnten, da aufgrund der niedrigen Fallzahlen die notwendigen Zellenbesetzungen nicht ausreichend erzielt werden konnten. Aus diesem Grunde wird in mehreren kleineren Analyseschritten vorgegangen und jeweils eine neue Hypothese vorangestellt.

Effektstärken

Eine weitere, ergänzende Möglichkeit, die Effektivität einer Intervention zu überprüfen, bietet die Berechnung von sogenannten Effektstärken. Die Berechnung von Effektstärken als eine quantitative Größe zur Überprüfung eines im quasi-experimentellen Design getesteten Wirkungszusammenhangs ist ein Verfahren, das insbesondere im meta-analytischen Bereich eingesetzt wird, um Vergleiche von Ergebnissen aus verschiedenen Studien vorzunehmen. Da dieses Verfahren skalenfrei ist, sind differenzierte Analysen nach verschiedenen inhaltlichen Merkmalen der Studien möglich. Die Effektstärken werden berechnet als Mittelwertdifferenz zwischen Experimental- und Kontrollgruppe bezogen auf die Standardabweichung der Kontrollgruppe zum Zeitpunkt des Nachtests. Die zu berechnende Größe wird nach Cohen (1977) als d-Koeffizient bezeichnet und setzt sich folgendermaßen zusammen: $d= (M_{TG}-M_{KG})/S_{KG}$

M_{TG} = Mittelwert der Treatmentgruppe
M_{KG} = Mittelwert der Kontrollgruppe
S_{KG} = Standardabweichung der Kontrollgruppe

Ein Effekt kann in Analogie zum Korrelationskoeffizienten als klein (d= 0.2), mittel (d=0.5) und groß (d=0.8) interpretiert werden (zur Anwendung von Effektstärken beim metaanalytischen Vorgehen vgl. insbesondere die Arbeit von Beelmann 1990).

Bezogen auf die Skala "Wissen über Tabak" läßt sich für diese Studie eine Effektstärke von d=0.3 und für den Komplex "Wissen über Alkohol" lediglich von d=0.1 nachzeichnen. Die Effektstärken der beiden Indizes müssen somit als relativ schwach eingestuft werden und schließen an den vorab aufgeführten Ergebnissen an.

6.2.1 Altersgruppen- und geschlechtsspezifischer Vergleich

Da es sich bei dieser Evaluationsstudie um eine Forschungsarbeit mit exemplarischem oder Fallstudien-ähnlichem Charakter handelt und oftmals auch kleine Ergebnisse, die nicht unbedingt von statistischer Signifikanz sein müssen, Hinweise bzw. Rückschlüsse auf die Wirkungsweise eines Programms geben können, sollen die aufgezeichneten Ergebnisse und Trends (insbesondere beim Wissenszuwachs über Tabakfragen) weiter aufgeschlüsselt werden.

Aus der relevanten Literatur ist relativ wenig bekannt über die geschlechts- und altersspezifischen Effekte präventiver Bemühungen. Ein Trend, der sich jedoch aus den vorliegenden Studien ableiten läßt, ist, daß Mädchen anscheinend stärker daran interessiert sind, mehr über Drogen zu erfahren als Jungen (Harris, Harris & Davis 1991). Zudem fanden Puska et al. (1982) in ihrer Evaluationsstudie bei den Mädchen einen größeren Lernzuwachs bezogen auf Wissensfragen zu spezifischen Risikofaktoren von Herz- und Kreislaufkrankheiten als bei den Jungen.

Bezogen auf altersspezifische Unterschiede beim Wissen über Drogen berichten Chen & Winder (1986), "(...) that sixth grades know less about scientific facts relating cigarette smoking to health than in the case of students in the ninth and twelfth grades. Six grades especially lack knowledge on the physiological effects of smoking on the human body (...)" (a. a. O., 125). Auch aus der AIDS-Präventionsforschung ist bekannt, daß ältere Schülerinnen und Schüler mehr über den HIV-Virus und die Gefahren einer Infektion wissen als jüngere Schüler (vgl. Hornung et al. 1989; Oswald & Schütte 1991).

Ausgehend von den o. g. Ergebnissen werden auch für diese Studie sowohl geschlechtsspezifische als auch altersgruppenbezogene Effekte erwartet. Die sich hieran anschließende Forschungshypothese lautet dementsprechend: *es gibt geschlechts- und altersgruppenspezifische Wissensverbesserungen durch das Unterrichtsprogramm, insofern als daß die jüngeren Schüler und die Mädchen am meisten von der Unterrichtsmaßnahme profitieren.*

Analog zu der Vorgehensweise im vorherigen Abschnitt soll die Hypothese ebenfalls getrennt für die beiden Wissensindizes "Wissen über Tabak" und "Wissen über Alkohol" analysiert werden.

Mittels einer Varianzanalyse mit Meßwiederholungsdesign wurde geprüft, welchen Effekt die unabhängigen dichotomen Variablen Alter (11- bis 13jährige und 14- bis 16jährige), Geschlecht und Zuordnung zur Interventionsbedingung (Interventions- versus Kontrollklasse) auf die abhängige Variable "Wissen über Tabak" beim ersten und zweiten Befragungszeitpunkt haben. Weiterhin sollte ermittelt werden, ob der Wissensindex über die beiden Zeitpunkte variiert und ob die unterschiedlichen Zugangsvoraussetzungen (Alter, Geschlecht und Gruppenzugehörigkeit) verschiedenen Entwicklungen über die Zeit folgen.

Es konnten keine signifikanten Haupteffekte bezogen auf den Kenntnisstand über Tabak aufgedeckt werden. Jedoch zeigt die Analyse, daß es eine hochsignifikante Vier-Wege-Interaktion zwischen Gruppenzugehörigkeit, Geschlecht, Alter und Befragungszeitpunkt gibt, $F(1,99)=7.70$, $p<.00$. *Es gibt demnach einen alters- und geschlechtsspezifischen Effekt für den Wissensstand nach der Programmdurchführung.*

Eine Überprüfung der Effekte Alter, Geschlecht und Interventionsbedingung auf die abhängige Variable "Wissen über Alkohol" mittels einer Varianzanalyse mit Meßwiederholung ergibt für keinen der genannten Haupteffekte bedeutsame Ergebnisse. Somit kann man davon ausgehen, daß weder das Alter noch das Geschlecht der befragten Schülerinnen und Schüler Einfluß auf das Wissen über Alkohol zum ersten und zweiten Befragungszeitpunkt hat. Zudem lassen sich für diesen Index keine bedeutsamen Veränderungen über die Zeit nachweisen; dies betrifft sowohl die Interventions- als auch die Kontrollgruppe.

In den folgenden drei Analyseschritten sollen diese Ergebnisse ein wenig beleuchtet werden.

a) Vorher-vorher-Vergleich

Erstens wurde überprüft, inwieweit in den beiden Untersuchungsgruppen schon beim 1. Befragungszeitpunkt geschlechts- und altersspezifische Unterschiede im Kenntnisstand über legale Drogen vorhanden sind. Aufgrund gleicher Ausgangsvoraussetzungen für alle an der Studie beteiligten Schüler und Schülerinnen *kann vermutet werden, daß sich Jungen und Mädchen zu Beginn der Interventionsmaßnahme in ihren Kenntnissen nicht unterscheiden.*

Die Ergebnisse aus den einfaktoriellen Varianzanalysen bestätigen diese Hypothese nur teilweise. So zeigen sich bei den Schülern aus der Interventionsgruppe bezogen auf das Wissen über Tabak keine geschlechtsspezifischen Unterschiede beim Pretest. Für die Kontrollgruppe muß die Hypothese dagegen verworfen werden. Die Mädchen aus der Kontrollklasse wissen beim ersten Befragungszeitpunkt signifikant mehr über Tabak als die Jungen aus ihrer Vergleichsgruppe (F=5.7738, p<.05). Auch bei dem Kenntnisstand über Alkohol liegen die Mädchen aus der Kontrollgruppe in ihrem Wissen etwas höher als die übrigen Schülerinnen und Schüler. Die Ergebnisse werden jedoch statistisch nicht relevant.

Somit kann folgendes festgehalten werden: Zu Beginn der Untersuchung wissen die Mädchen aus der Kontrollgruppe am meisten über Tabak und unterscheiden sich deutlich von den Jungen aus ihrer Vergleichsgruppe und den Schülern aus der Interventionsgruppe. Dieser Unterschied in der Ausgangslage kann jedoch nicht als systematischer, geschlechtsspezifischer Unterschied in den Kenntnissen über Drogen interpretiert werden, da sich zum einen in der Interventionsgruppe dieser Unterschied nicht zeigt und zum anderen der Wissensvorsprung für alkoholrelevante Fragen nicht entsprechend groß ist.

Ausgehend von den eingangs berichteten theoretischen Befunden können altersspezifische Unterschiede beim Pretest auch für diese Studie erwartet werden. Somit formuliere ich folgende zweite Hypothese: *Die älteren Schüler und Schülerinnen wissen beim Pretest mehr über Tabak und Alkohol als die jüngeren.*

Die Ergebnisse der einfakoriellen Varianzanalyse bestätigen signifikante Unterschiede für die beiden Altersgruppen (11- bis 13jährige und 14- bis 16jährige), jedoch in einer anderen als der erwarteten Richtung. So wissen überraschenderweise insgesamt die jüngeren Schüler und Schülerinnen mehr als die älteren. Dieser Effekt wird bei der Interventionsgruppe beim Index "Wissen über Tabak" signifikant (F=5.7986, p<.05).

Dieser Effekt ist möglicherweise mit schulformspezifischen Effekten konfundiert, da es sich bei den jüngeren Schülern um Gymnasiasten und bei den älteren um Haupt- und Realschüler handelt.

Ausgehend von den Ergebnissen aus dem Pretest kann angenommen werden, daß insbesondere die Schüler und Schülerinnen am meisten dazugelernt haben, die über das geringste Anfangswisssen verfügten. Weiterhin wird durch die eingangs berichteten empirischen Befunde anderer Studien die Vermutung gestärkt, daß die Mädchen im Vergleich zu den Jungen aufgrund des stärkeren Interesses an dieser Thematik mehr dazugelernt haben. Die betreffende dritte Hypothese lautet: *Für die älteren Schülerinnen und für die Mädchen wird der größte Lernzuwachs erwartet.* Mit dem Wilcoxon-Test für Paardifferenzen soll die Hypothese überprüft und herausgefunden werden, welche Untersuchungsgruppe am meisten von der Präventionsmaßnahme in bezug auf Wissensverbesserungen profitiert hat (vgl. Abbildung 6.2.3 A und B).

Abb. 6.2.3: Veränderungen des Kenntnisstandes nach Geschlecht und Untersuchungsgruppen (Gruppenmittelwerte beim 1. und 2. Befragungszeitpunkt)

A "Wissen über Tabak" (N=107)

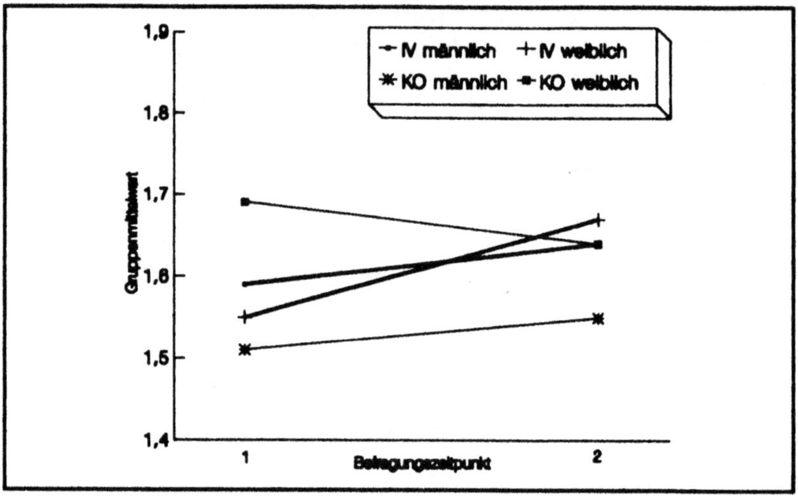

B "Wissen über Alkohol" (N=108)

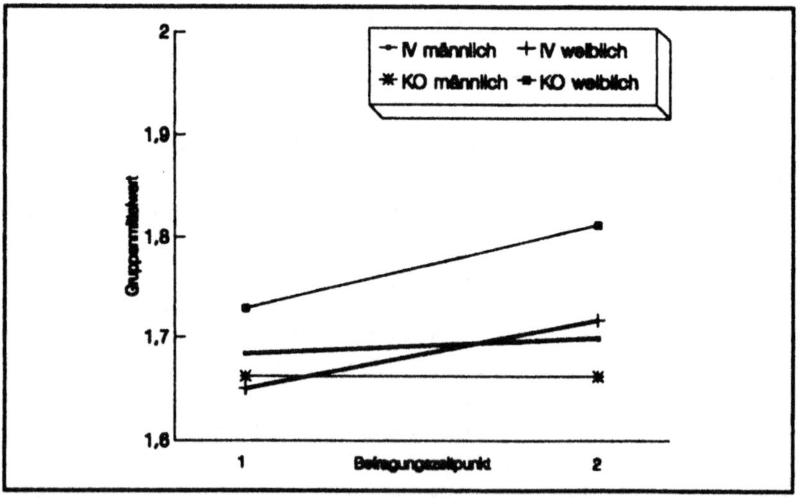

Die Ergebnisse aus dem Wilcoxon-Test bestätigen, daß die Mädchen aus der Interventionsgruppe am meisten dazugelernt haben (Z=-1.888, p<.07). Bei den Jungen zeigen sich nur geringfügige Veränderungen.

Die vorausgegangenen beiden Abbildungen 6.2.3 A und B stellen die Veränderungen beim Wissen über Tabak und beim Wissen über Alkohol zwischen Erst- und Zweitbefragung für die beiden Geschlechter - getrennt für Interventions- und Kontrollgruppe - dar. Zudem wird kenntlich, daß die Mädchen aus der Kontrollgruppe (KO weiblich) ihren Wissensvorsprung über Tabak aus dem Pretest nicht halten konnten und von den Mädchen aus der Interventionsgruppe (IV weiblich) überholt wurden. Bezogen auf das Wissen über Alkohol haben die Mädchen aus der Interventionsgruppe zwar deutlich dazugelernt, jedoch haben auch die Mädchen aus der Kontrollgruppe ihre Kenntnisse ebenfalls verbessert, so daß sie auch beim Posttest mehr wissen als die anderen Schüler und Schülerinnen. Über den geringsten Kenntnisstand verfügen über beide Befragungszeitpunkte und für beide Indizes die Jungen aus der Kontrollklasse (KO männlich). Die Jungen aus der Interventionsgruppe (IV männlich) haben bei beiden Indizes etwas dazugelernt, jedoch bei Tabakwissen stärker als bei Alkoholwissen.

Betrachtet man die Veränderungen im Kenntnisstand über legale Drogen differenziert für die beiden Altersgruppen (11- bis 13jährige und 14- bis 16jährige), so läßt sich mit den Ergebnissen aus dem Wilcoxon-Test folgendes Bild zeichnen: Wie erwartet haben die älteren Schüler aus der Interventionsgruppe (IV ältere) am meisten dazugelernt und dies insbesondere beim Wissen über Tabak (Z=2.224; p<0.3).

Analog zu den geschlechtsspezifischen Effekten und der eingangs dargestellten Varianzanalyse sind auch die altersbezogenen Effekte für den Index "Wissen über Tabak" stärker als für den Index "Wissen über Alkohol". In den Abbildungen 6.2.4 A und B sind die altersgruppenspezifischen Veränderungen getrennt für den Index "Wissen über Tabak" und "Wissen über Alkohol" abgebildet.

Die Mädchen und die älteren Schüler aus den Interventionsklassen haben am meisten über Alkohol und Tabak dazugelernt. Beim Index "Wissen über Alkohol" wird der Lernzuwachs jedoch nicht signifikant. Auffällig ist, daß auch bei den Mädchen aus den Kontrollklassen, die kein Unterrichtsprogramm erhielten, ein deutlicher Lernzuwachs beim Alkoholwissen stattgefunden hat.

Abb. 6.2.4: Veränderungen des Kenntnisstandes nach Alters- und Untersuchungsgruppen (Gruppenmittelwerte beim 1. und 2. Befragungszeitpunkt)

A "Wissen über Tabak" (N=107)

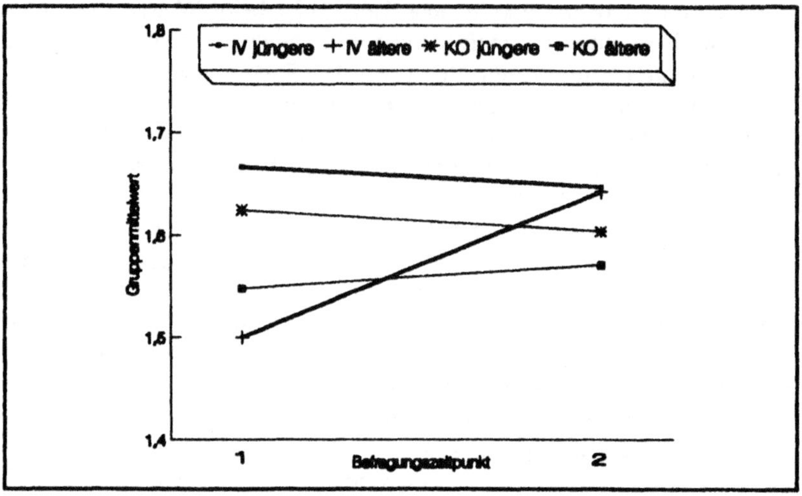

B "Wissen über Alkohol" (N=108)

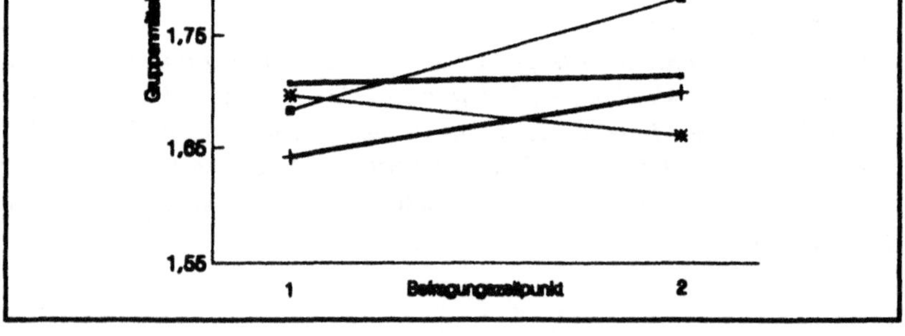

Die Hypothese des dritten und letzten Analyseschrittes lautet: Nach der Intervention (2. Befragungszeitpunkt) haben sich alle Unterschiede aus dem Pretest nivelliert, da alle Schüler etwas dazugelernt haben und die Schüler mit dem geringsten Anfangswissen am meisten dazugelernt haben.

Die noch im Pretest vorhandenen Unterschiede haben sich, wie erwartet, beim Posttest angeglichen, so daß beim zweiten Befragungszeitpunkt keine Unterschiede mehr zwischen Jungen und Mädchen bestehen. Das trifft sowohl auf den Index "Wissen über Tabak" als auch auf den Index "Wissen über Alkohol" zu. Wie aufgrund des größeren Wissenszuwachses bei den älteren Schülern zu erwarten war, haben sich auch die anfänglichen Unterschiede in den beiden Altersgruppen angeglichen.

Es zeigt sich, daß das Unterrichtsprogramm die größten Effekte bei der Wissensverbesserung über Fragen zu Tabak, und hier insbesondere bei der Gruppe der älteren Schüler und bei den Mädchen, erzielt hat. Dagegen konnten bei der Verbesserung des Wissens über Alkohol nur geringe Erfolge erzielt werden; dies trifft auf alle Gruppen zu.

6.2.2 Vergleich der unterschiedlichen Interventionsformen

Um detailliertere Informationen über die Wirksamkeit und Wirkungsweise des hier vorgestellten Programms zur Sucht- und Drogenvorbeugung herauszufiltern, ist neben der Aufschlüsselung der Programmeffekte nach geschlechts- und altersgruppenspezifischen Merkmalen eine Differenzierung nach individuellen Durchführungskomponenten von besonderem Interesse. So könnte man zum Beispiel erwarten, daß eine Unterrichtsmaßnahme mit einem intensiven Schwerpunkt auf der Vermittlung von Wissen über Tabakgefahren größere Effekte und Veränderungen diesbezüglich erzielt als eine Maßnahme, die diesen Themenkomplex nur am Rande streift. Aber auch die Form beziehungsweise methodische Umsetzung gleicher Programmelemente kann zu unterschiedlichen Effekten bei den Schülern führen. Schaps et al. (1981) konnten z. B. aufzeigen, daß ein Programm umso wirkungsvoller ist, je methodisch vielfältiger es dargeboten wird.

In dieser Evaluationsstudie wurde der Bereich der Wissensvermittlung über Tabak und Alkohol bei den fünf Klassen, die eine Unterrichtsmaßnahme erhielten, sehr unterschiedlich implementiert (vgl. auch Kapitel 4.2). So spielte die Vermittlung dieser sogenannten kognitiven Komponenten bei den jüngeren Klassen (IV1 und IV2) nur eine relativ kleine Rolle. Dagegen dominierte dieser Aspekt - auch zeitlich betrachtet - in den beiden neunten

Klassen (IV3)[2]. In der vierten Interventionsklasse (IV4) fokussierte die Unterrichtseinheit und die Vermittlung von Wissen ausschließlich auf den Bereich Alkohol. Gemeinsam für alle vier Interventionsklassen war, daß die Vermittlung von wissensrelevanten Themen methodisch vielfältig angelegt war (z. B. Filme, Diskussionen, Experimente).

Ausgehend von diesen Vorüberlegungen läßt sich die folgende Hypothese aufstellen: *Aufgrund der unterschiedlichen Akzentuierungen der Wissenselemente im Unterricht gibt es interventionsformspezifische Lerneffekte insofern, als daß die Schüler und Schülerinnen, die am intensivsten mit dieser Komponente konfrontiert waren (IV3), auch am meisten in bezug auf Wissen gelernt haben.*

Es wurde zunächst eine Varianzanalyse mit Meßwiederholungsdesign über die vier Interventionsklassen bzw. -formen (IV1-IV4) gerechnet, in die der Wissensscore über Tabak zum ersten und zweiten Befragungszeitpunkt als abhängige Variablen eingingen.

Die Analyse für die abhängige Variable "Wissen über Tabak" zu beiden Befragungszeitpunkten zeigt einen F-Wert von 2.43 für den Haupteffekt Interventionsform, der mit einem Signifikanzniveau von $p<.09$ statistisch nicht signifikant wird. Die Meßwiederholung ist ebenfalls nicht signifikant ($F(1,78)=.43$, n.s.). Die Interaktion zwischen Interventionsform und Meßwiederholung wird jedoch marginal statistisch bedeutsam ($F(3,76)=2.46$, $p<.07$). Die Ergebnisse bedeuten, daß es zwischen den vier Interventionsklassen bzgl. des Kenntnisstands über Tabak Unterschiede gibt, die über beide Meßzeitpunkte hinweg von Relevanz sind. Insgesamt haben sich für alle vier Interventionsformen zwischen Erst- und Zweitbefragungen keine bedeutsamen Wissensverbesserungen manifestiert.

In der folgenden Abbildung 6.2.5 sind die Gruppenmittelwerte für die vier Interventionsgruppen beim ersten und zweiten Befragungszeitpunkt für den Index "Wissen über Tabak" abgetragen und veranschaulichen das Ergebnis aus der Varianzanalyse.

Die Grafik illustriert sehr deutlich, daß die Schülerinnen und Schüler aus den beiden 9. Klassen (IV3), die am stärksten kognitive Komponenten in ihrem Unterrichtsprogramm hatten, auch am meisten dazugelernt haben. Zu Beginn der Programmdurchführung wußten diese Schülerinnen und Schüler am wenigsten, dagegen konnten sie nach der Intervention mehr Fragen korrekt beantworten als die übrigen Schülerinnen und Schüler. Die Inter-

[2] Bezüglich der Zusammenfassung der beiden neunten Klassen zu einer Interventionsgruppe (IV3) vgl. Kapitel 4.2.

ventionsklassen 1 und 4 (IV1 und IV4) haben dagegen nichts dazugelernt bzw. sich sogar verschlechtert. In der Interventionsklasse 2 war das Thema lediglich zwei Stunden Unterrichtsinhalt, jedoch konnten die Schülerinnen und Schüler ebenfalls ihr Wissen geringfügig verbessern.

Abb. 6.2.5: Veränderungen des Index "Wissen über Tabak" bei den vier Interventionsgruppen (Gruppenmittelwerte beim 1. und 2. Befragungszeitpunkt; N=80)

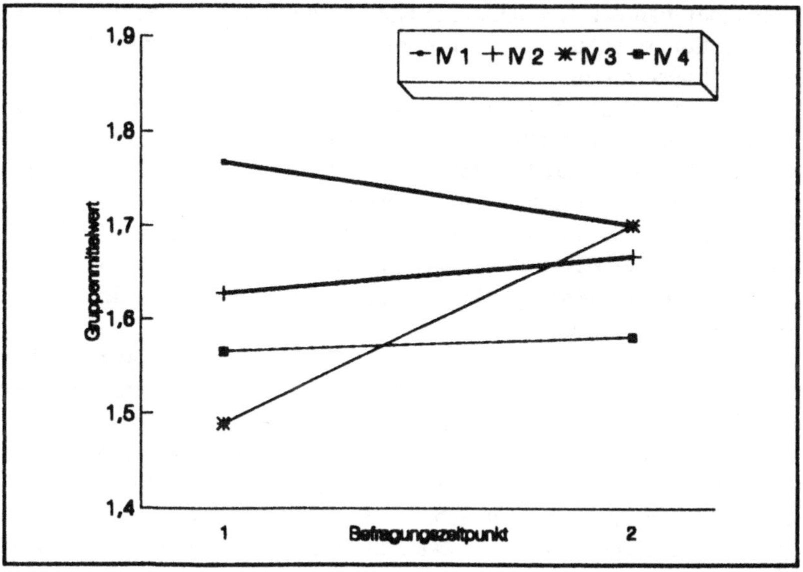

Die intraindividuellen Veränderungen in den einzelnen Interventionsklassen wurden zusätzlich mittels des Wilcoxon-Test berechnet. Die Ergebnisse des Tests bestätigen die deutliche Verbesserung des Wissens bei den Schülerinnen und Schülern aus der Interventionsklasse 3 ($Z=-2.815$, $p<.05$). Für alle anderen Interventionsklassen sind die Veränderungen im Kenntnisstand zwischen Erst- und Zweitbefragung für den Index "Wissen über Tabak" nicht signifikant.

Zusammenfassend läßt sich bezogen auf die Kenntnisse über Tabak konstatieren, daß die Schülerinnen und Schüler mit dem intensivsten Unterricht am meisten dazugelernt haben, wobei man berücksichtigen muß, daß sie bei der Erstbefragung allerdings auch im Vergleich zu den übrigen Schülern am wenigsten wußten. Der geringste Lernerfolg ist bei den beiden Gruppen zu verzeichnen, die gar nichts oder wenig zu diesem Thema gearbeitet haben (IV4 und IV2). Hier spiegelt sich zudem das Ergebnis aus dem vorherigen Kapitel wider: die jüngeren Schülerinnen und Schüler (IV2) wissen deutlich mehr als die älteren (IV4). In der Interventionsklasse 2 hat sich in einem geringen Umfang das Wissen über Tabak verbessert, wird statistisch jedoch nicht signifikant. Die Vermittlung der Wissenselemente nahm in diesem Unterrichtsprogramm eine mittelmäßige Rolle ein (zwei Unterrichtsstunden), so daß die Veränderungen in einem erwartungsgemäßen Rahmen ausfallen. Betrachtet man den Kenntnisstand aller Schülerinnen und Schüler nach der Intervention, so streuen die Gruppenmittelwerte nicht mehr so weit wie noch vor der Intervention.

Für die abhängige Variable "Wissen über Alkohol" zum 1. und 2. Meßzeitpunkt wurde ebenfalls eine Varianzanalyse mit Meßwiederholung und der unabhängigen Variable "Interventionsform" durchgeführt. Die Analyse brachte folgende Resultate: die Unterschiede in den Interventionsgruppen haben einen leicht bedeutsamen Effekt auf den Wissensstand ($F(3,78)=2.43$ und $p<.07$). Der Faktor Meßzeitpunkt ist nicht signifikant und die Interaktion zwischen Meßzeitpunkt und Interventionsform ist für den Kenntnisstand ebenfalls nicht.

Die in der folgenden Abbildung 6.2.6 abgebildeten Gruppenmittelwerte für die vier Interventionsklassen zu beiden Meßzeitpunkten veranschaulichen das Ergebnis der Varianzanalyse.

Die Abbildung zeigt sehr deutlich, daß sich die Mittelwerte der beiden 6. Klassen (IV1 und IV2) deutlich von den älteren Schülern (IV3 und IV4) unterscheiden. Die jüngeren Schülerinnen und Schüler wissen sowohl vor als auch nach der Intervention deutlich mehr als die älteren, jedoch konnte keine Gruppe ihre Kenntnisse bedeutend verbessern. Die Mittelwerte der Gruppen IV1 und IV2 bleiben vom ersten zum zweiten Befragungszeitpunkt konstant. Am stärksten nimmt auch beim Index "Wissen über Alkohol" der Kenntnisstand der Interventionsklasse 3 (IV3) zu. Bei der Interventionsklasse 4 (IV4) steigt der Mittelwert zwischen Erst- und Zweitbefragung nur leicht an.

Die Signifikanz der Veränderungen des Kenntnisstandes durch die Präventionsmaßnahmen wurden ebenfalls durch den Wilcoxon-Test ermittelt.

Die Ergebnisse bestätigen, daß die größten Lernerfolge bei den Schülern aus den Klassen 8 und 9 (IV3 und IV4) erzielt werden konnten und sich bei den 6. Klassen keine Verbesserung abzeichnen läßt. Die Ergebnisse werden statistisch nicht signifikant.

Abb. 6.2.6: Veränderungen des Index "Wissen über Alkohol" bei den vier Interventionsgruppen (Gruppenmittelwerte beim 1. und 2. Befragungszeitpunkt, N=82)

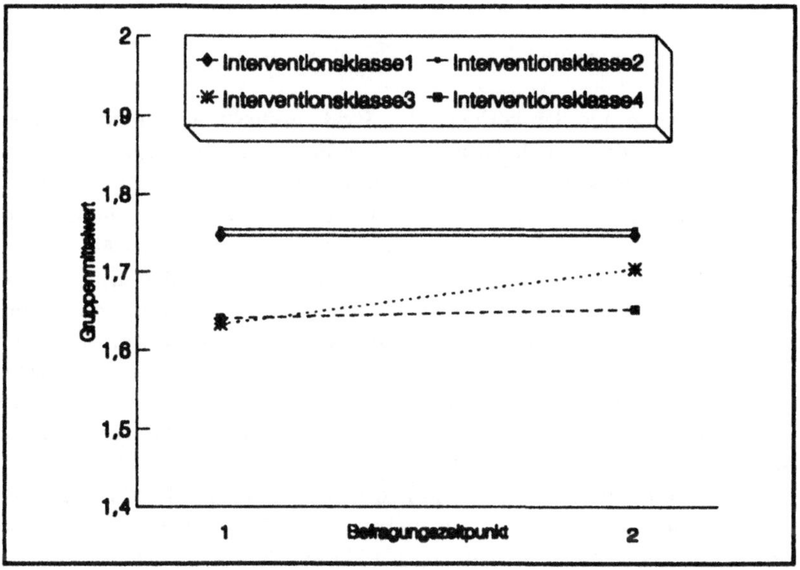

Sowohl bei Beginn der Unterrichtsmaßnahme als auch am Ende unterscheiden sich die vier Gruppen in ihren Kenntnissen über Alkohol nicht signifikant voneinander.

Fassen wir die Ergebnisse zusammen, so läßt sich folgendes Bild nachzeichnen: Streng empirisch betrachtet, muß die eingangs aufgestellte Hypothese verworfen werden. Es lassen sich keine signifikanten Effekte der unterschiedlichen Interventionsformen auf den Wissensstand der Schüler und Schülerinnen nachweisen. Dennoch lassen sich einige Trends aufzeigen, denen Beachtung geschenkt werden sollte. Am meisten haben die Schüler und Schülerinnen aus den beiden neunten Hauptschulklassen (IV3) in bezug auf Wisssen über Tabak und Alkohol von der Unterrichtsmaßnahme profitiert. Die beiden Klassen aus den jüngeren Jahrgängen (IV1 und IV2) haben insgesamt wenig dazugelernt, verfügten jedoch auch schon vor der Intervention über einen relativ guten Kenntnisstand. Bezogen auf beide Wissensindizes bleibt der Kenntnisstand der Schüler aus der 8. Realschulklasse (IV4) relativ schlecht. Trotz der intensiven Unterrichtsmaßnahme zum

Thema Alkohol hat sich in dieser Klasse der Kenntnisstand nur geringfügig verbessert. Diese Schülerinnen und Schüler verfügen bei beiden Indizes sowohl beim ersten Meßzeitpunkt als auch beim zweiten Meßzeitpunkt über den schlechtesten Kenntnisstand.

6.2.3 Zusammenfassung

Wie die Daten aus der vorliegenden Evaluationsstudie zeigen, konnte der Kenntnisstand über legale Drogen der am Programm beteiligten Schüler und Schülerinnen im Vergleich zu der unbehandelten Kontrollgruppe verbessert werden. Insgesamt betrachtet haben sich beide Untersuchungsgruppen sowohl bezogen auf Wissensfragen über Tabak als auch über Alkohol zwischen Erst- und Zweitbefragung verbessert. Während sich für die alkoholbezogenen Fragen keine statistisch bedeutsamen Wissensverbesserungen nachweisen lassen, können in bezug auf das Tabakwissen signifikante Lernerfolge bei den Schülern aus den Interventionsklassen attestiert werden. Es wird im Kontext dieser Arbeit noch zu prüfen sein, inwieweit sich diese Verbesserungen und Effekte auf den Bereich 'Einstellung' auswirken oder sogar verhaltensrelevant werden.

Die Differenzierung nach altersgruppen- und geschlechtsspezifischen Merkmalen zeigt, daß zwei Gruppen besonders von der Unterrichtmaßnahme profitiert haben: die Mädchen und die älteren Schüler. Entgegen den in der Fachliteratur dargestellten Ergebnissen verfügen in dieser Studie die jüngeren Schülerinnen und Schüler schon zu Beginn der Intervention über einen höheren Kenntnisstand als die älteren. Eine mögliche Erklärung für diese Diskrepanz besteht darin, daß in dieser Studie die jüngeren Schülerinnen und Schüler (11- bis 13jährige) aus Gymnasien stammen, sich dagegen die älteren (14- bis 16jährige) aus der Haupt- und Realschule rekrutieren. Verschiedene Studien konnten belegen, daß es beim Kenntnisstand schulformspezifische Unterschiede gibt, insofern als daß die Gymnasialschülerinnen und -schüler über deutlich mehr Wissen verfügen als die Schüler aus den anderen Schulformen. Während sich die jüngeren Schülerinnen und Schüler in ihrem Wissensvorsprung nur geringfügig verbessern konnten, haben die anfangs "schlechteren" älteren Heranwachsenden deutlich infolge der Intervention ihre Kenntnisse verbessert.

Auch die Jungen wußten bei Beginn der Interventionsmaßnahme mehr über legale Drogen als die Mädchen. Jedoch haben die Mädchen durch die Intervention am stärksten dazugelernt und wissen nach der Programmdurchführung mehr als die Jungen, sowohl über Tabak als auch über Alkohol. Überraschenderweise hat sich auch der Kenntnisstand der Schüler und

Schülerinnen aus der Kontrollgruppe über den Zeitraum verbessert, so daß die Erfolge ein wenig relativiert werden müssen.

Zusammenfassend läßt sich konstatieren, daß das Programm die stärksten Effekte bezogen auf die kognitiven Elemente bei den Schülern und Schülerinnen erzielt hat, die zu Beginn der Maßnahme über das geringste Wissen verfügten.

Welchen Eindruck bzw. welche Erfahrungen der kognitive Themenblock bei den beteiligten Schülern hinterlassen hat, ist in den folgenden Interviewpassagen dokumentiert. Die Interviewpassagen illustrieren zudem die geschlechtsspezifischen Unterschiede insofern, als daß die Mädchen sich insgesamt häufiger zu diesem Thema äußerten und deutlich mehr Interesse zeigten. Die den Passagen vorausgegangene Frage im Interview lautete: "Gab es etwas, was Dir bei der durchgeführten Unterrichtsreihe besonders gut gefallen hat?". Hier nun einige ausgewählte Statements der Befragten:

> "Ja also, ich habe 'ne ganze Menge über Drogen erfahren. Wie die sich auswirken auf den Körper und wie man psychisch abhängig wird" (2.2, 1)

> "Besonders hat mir gefallen, weil, ich habe vorher auch immer gesagt, daß ich später nicht rauchen will und so, und das es schädlich ist, warum das denn gerade so schädlich ist und was da also so im einzelnen in der Lunge passiert und so. Das fand ich dann schon sehr interessant, als Herr S. uns dann so ein Arbeitsblatt gegeben hat, wo's dann genauer erklärt war" (5.2, 1).

> "Ich fand eigentlich nur eine Sache richtig interessant. Das war wie Zigaretten aufgebaut sind und so weiter" (6.1, 1).

> "... Und wie das aussieht in der Lunge und so. War doch nicht so schön, wie man es dann gesehen hat, was durch Rauchen da passiert" (9.2, 1).

> "Weil Aufklärung muß ja sein, denn viele kennen das ja gar nicht, so was da passieren kann. Ich hab vorher auch nicht gewußt, daß Rauchen so schlimm ist. Ich habe immer gedacht, daß Alkohol eine schlimme Droge ist, aber Rauchen, das ist nicht so wild. Kann man zwar von abhängig werden, o.k., aber mehr passiert da auch nicht" (11.1, 1).

Neben den individuellen Meinungen spiegeln die Interviewpassagen auch den defizitären Informationsstand der Schülerinnen und Schüler über Sucht und Drogen wider und unterstützen die eingangs in diesem Kapitel aufgestellte Behauptung, daß neben der Vermittlung psychosozialer Fertigkeiten die Information über die gesundheitlichen Auswirkungen/Gefahren und die potentiellle Abhängigkeitsgefahr mit allen Konsequenzen gerade auch bei den legalen Drogen in einem komplexen Präventionskonzept von großer Relevanz ist.

Mit Blick auf die Effektivität der verschiedenen Interventionsformen in dieser Evaluationsstudie kann man festhalten, daß sich insbesondere die Maßnahmen als erfolgreich erwiesen, die umfangreich (bezogen auf die Zeitdimension) und methodisch vielfältig implementiert worden waren. So haben vor allem die Schüler aus den beiden Hauptschulklassen am meisten dazugelernt. In diesen beiden Klassen hatte auch die Vermittlung von Kenntnissen über Sucht und Drogen einen hohen Stellenwert. Dagegen hat sich bei den beiden Gymnasialklassen das Wissen nur geringfügig verbessert, wurde in beiden Klassen auch nur am Rande aufgenommen. Lediglich bei einer Klasse zeigte die Intervention nicht die erwarteten Effekte, setzt man die Verbesserung der Kenntnisse in Relation zum Umfang dieser Komponente im Gesamtprogramm.

Im folgenden Kapitel wird der Frage nachzugehen sein, ob sich die erzielten Verbesserungen im Kenntnisstand auch in den Einstellungen bzw. Meinungen über legale Drogen widerspiegeln.

6.3 Meinungen, Einstellungen und Selbstwertgefühl im Kontext des legalen Drogengebrauchs

Insbesondere dem sogenannten "traditionellen Drogenpräventionskonzept" liegt die Annahme zugrunde, daß die Vermittlung möglichst objektiver Fakten ausreicht, um sowohl die Einstellungen als auch das gesundheitsrelevante Verhalten positiv zu beeinflussen (vgl. auch Kapitel 3). Dieses Konzept der Aufklärung - das auch heute noch im schulischen Alltag präferiert wird - rekrutiert sich aus den Erkenntnissen des aus Sozialmedizin und Medizin hergeleiteten "Risikofaktorenmodells" (Abholz 1982), das spezifische Verhaltensweisen als Vorläufer für Gesundheitsbeeinträchtigungen identifiziert. Dabei wird dem "Trias der Prävention", der besagt, daß durch Maßnahmen der Informationsvermittlung eine Sensibilisierung und Einstellungsänderung erreicht wird, die auch das tatsächliche Verhalten beeinflußt, eine hohe Relevanz eingeräumt. Nach diesem Modell beruht jedes Verhalten, unabhängig davon, ob es gesundheitsschädlich oder -förderlich ist, auf einer vorsätzlichen Absicht, die auf bestimmte persönliche und normative Überzeugungen zurückzuführen ist. Demzufolge können Verhaltensänderungen nur dadurch bewirkt werden, wenn entsprechende Überzeugungen, Einstellungen und subjektive Normen geändert werden. Das Aufklärungskonzept knüpft damit an die traditionellen Methoden schulischer Bildung an, berücksichtigt aber zu wenig die spezifischen Ausgangs- und Ursachengefüge für die Aufnahme des Drogengebrauchs bzw. des gesundheitsriskanten Verhaltens im Jugendalter. Aus heutiger Sicht gilt die dem Konzept zugrundeliegende "KAP-Formel des Lernens = knowledge (Wissen) > attitude (Einstellung) > performance (Verhaltensänderung) als widerlegt" (Staeck 1990, 27).

Verschiedene Studien (Goodstadt 1974; Kinder, Pape & Walfish 1980, Moskowitz 1989; Schaps et al. 1981) konnten aufzeigen, daß die einseitige Vermittlung von Kenntnissen über die Gefahren gesundheitsriskanten Verhaltens nicht ausreicht, um auch die gewünschten Verhaltensänderungen zu erzielen, da die handlungsrelevanten, sozialen und funktionalen Aspekte zur Aufrechterhaltung gesundheitsriskanter Verhaltensweisen in sozialen Situationen zu wenig berücksichtigt werden und die Gesamtmotivation für oder gegen gesundheitsrelevantes Verhalten vernachlässigt wird.

Neuere (innovative) Konzepte der Drogenprävention - denen auch das hier evaluierte Programm zugerechnet werden kann - gehen dabei von einer breiteren (theoretischen) Basis aus, die besagt, daß die Aufnahme bzw. Beibehaltung drogenrelevanten Verhaltens das Ergebnis einer Interaktion mit verschiedensten Faktoren ist. "The conceptual model guiding this research is based largely on that developed by Jessor to account for problem behavior (Jessor & Jessor 1977). From this perspective, cigarette smoking (as well as alcohol and marihuana use) is conceptualized as a socially learned, purposive, and functional behavior that is the result of the complex interplay of social and personal factors" (Botvin et al. 1984, 138).

Vor allem das soziale Umfeld und Beziehungsgefüge hat einen nicht zu unterschätzenden Einfluß auf das jugendliche Gesundheitsverhalten. Die Ergebnisse aus der entwicklungspsychologischen Forschung bestätigen, daß für Jugendliche besonders das Verhalten der Gleichaltrigen eine wesentliche beeinflussende Wirkung auf ihr eigenes Verhalten hat (Semmer et al. 1991). Kandel (1986), die in ihrer Studie die Einflüsse der Gleichaltrigen auf das Konsumverhalten näher analysierte, kommt zu dem Ergebnis, daß zwar generelle Werte, Überzeugungen und Verhaltensstrategien von den Eltern übernommen werden, der aktuelle Lebensstil (z. B. Drogengebrauch) aber eher durch die Gleichaltrigen bestimmt wird. Die Übernahme bzw. Bildung von "beliefs", Einstellungen und Überzeugungen ist weniger ein Prozeß der Erfahrungsbildung, sondern eher ein Prozeß des sozialen Lernens, in dem Klischeevorstellungen über Einstellungsgegenstände global übernommen werden, die die Grundlage für eine persönliche Erfahrungsbildung bieten (Kleiber et al. 1990).

Will man also die gesundheitsrelevanten Einstellungen verändern, dann ist dies nur möglich, wenn der soziale Kontext, in dem sie enstanden sind, berücksichtigt wird. Neben den sozialen Einflüssen seitens der Familie,

Gleichaltrigengruppe und Medien sind dies auch weitere Faktoren wie Wissen, Einstellungen und Meinungen über Gesundheit, soziale Konsequenzen, psychosoziale Faktoren wie Kontrollüberzeugungen, soziale Ängstlichkeit, niedriger Selbstwert, geringes Selbstvertrauen, Scheitern an schulischen Leistungsanforderungen u. a. (vgl. Botvin & Eng 1982).

Neben den vielen Facetten, die zur Aufnahme bzw. Beibehaltung des Drogengebrauchs im Jugendalter beitragen, erweisen sich die Einstellungen und Meinungen (attitudes und beliefs) zum Drogengebrauch als ein guter Prädiktor für das spätere Verhalten. So hatten Kinder bzw. Jugendliche, die dem Zigarettenrauchen eine positive Einstellung entgegenbrachten, ein signifikant höheres Risiko Raucher zu werden als Kinder mit einer negativen Einstellung (Murray et al. 1983).

Das hier evaluierte Programm fokussiert - in Anlehnung an die o. g. Ausführungen - nicht nur auf der Vermittlung von Kenntnissen über die Gesundheitsgefährdungen des (legalen) Drogengebrauchs, sondern berücksichtigt auch die Relevanz des sozialen Gruppendrucks. Entsprechend wird versucht, den intrapersonellen Druck zu rauchen oder zu trinken zu reduzieren, indem die Entwicklung allgemeiner personeller Kompetenzen unterstützt wird und generelle soziale und Lebensbewältigungsfertigkeiten (Handlungskompetenzen) als Programminhalte angesprochen werden.

Zur Evaluation der Programmeffektivität wurden drei Komponenten, die sich auch von hoher Relevanz für den Drogengebrauch im Jugendalter erweisen, herausgegriffen. Dabei handelt es sich erstens um die Meinungen der Schüler und Schülerinnen über die *Gründe der Aufnahme des Drogenkonsums*. Weiterhin werden die *Einstellungen* der Schüler und Schülerinnen zu Tabak und Alkohol, vor allem in bezug auf die sozialen Vorteile, die mit dem Gebrauch dieser Substanzen in Verbindung stehen, betrachtet. Als dritte und letzte Komponente wird eine Skala zur Überprüfung des *Selbstwertgefühls* in die Analyse mitaufgenommen.

6.3.1 Meinungen über die Gründe für die Aufnahme des Drogenkonsums

Aus der bisherigen Forschung hat sich gezeigt, daß die Gründe für die Aufnahme des Konsums von (legalen) Drogen im Jugendalter nicht einfach monofaktoriell zu erklären, sondern vielschichtiger angelegt sind. So sind Gesundheitsgefährdungen durch den Gebrauch von Drogen vor allem bei den Jugendlichen zu erwarten, die sich in schwierigen (schulischen) Leistungssituationen und unter hohem Erwartungsdruck der Eltern befinden. Ebenso tragen emotionale Spannungen und Probleme mit den Eltern und Konflikte über die langfristige Perspektive zum Aufbau eines eigenen

Lebensstils dazu bei. Drogenkonsum ist aber auch eine Begleiterscheinung schwieriger und statusunsicherer Beziehungen zu den Gleichaltrigen. Modellwirkungen sowie bewußte und unbewußte Identifizierungswünsche von Kindern und Jugendlichen gegenüber Erwachsenen sowie mangelndes Selbstvertrauen können außerdem eine große Rolle bei der Aufnahme des Drogengebrauchs spielen (vgl. Engel & Hurrelmann 1989; Nordlohne 1992). Der Konsum von Drogen muß in diesem Kontext als das Ergebnis einer spezifischen Form der Auseinandersetzung eines Jugendlichen mit den Lebensanforderungen, den Entwicklungsaufgaben und psychischen und sozialen Belastungsfaktoren verstanden werden (vgl. auch Kapitel 3).

Dieser multifaktorielle Erklärungsansatz des Drogengebrauchs steht in einem engen Zusammenhang mit einem aus der Sozialisationstheorie hergeleiteten Modell der Komplexität der menschlichen Entwicklung, in dem Sozialisation als ein "Prozeß der Entstehung und Entwicklung der Persönlichkeit in wechselseitiger Abhängigkeit von der gesellschaftlich vermittelten sozialen und materiellen Umwelt" (Geulen & Hurrelmann 1982, 51) verstanden wird. Sozialisation kennzeichnet in diesem Sinne den Prozeß der Persönlichkeitsentwicklung in wechselseitiger Abhängigkeit von und in kontinuierlicher Auseinandersetzung mit der gesellschaftlich vermittelten sozialen und materiellen Umwelt einerseits und der biophysischen Struktur des Organismus andererseits. Dabei greift jedes Individuum auf das Reservoir an Werten, Normen und Handlungsmustern zurück, das seine soziale Gruppe bereitstellt. Die Verarbeitung und Bewältigung erfolgt jedoch auf individuelle Art und mit persönlichen Akzentuierungen (vgl. Hurrelmann 1988).

Im Hinblick auf den Erfolg präventiver Bemühungen erscheint es unrealistisch anzunehmen, daß die Fokussierung auf ein Ausgangskriterium für alle Schülerinnen und Schüler effektiv sei. Solch eine enge Perspektive würde den vielfältigen Gründen, Funktionen und Motiven, die zur Aufnahme bzw. Beibehaltung des Drogenkonsums führen, nicht gerecht werden.

Auch für die Aufnahme des Drogengebrauchs variiert die relative Bedeutung einzelner Faktoren zwischen den Individuen. "For example, some teenagers may not believe in health threat posed by cigarette smoking or may feel that the threat is too remote to be significant; other teenagers may not want to smoke but may have difficulty resisting direct pressure from their peers; while still others may have the requisite skills for resisting interpersonal pressure but may choose to smoke because they see smoking as a means of coping with social anxiety, becoming more popular, being 'cool', appearing more grown-up, etc." (Botvin & Eng 1982, 200).

Ein wichtiges *Ziel der Intervention war es somit, die Schülerinnen und*

Schüler für die vielfältigen Prozesse und Mechanismen, die zur Aufnahme des legalen Drogengebrauchs führen, zu sensibilisieren und somit eine günstige Beeinflussung der Rauch- und Trinkgewohnheiten zu erreichen. Weiterhin sollte mittels dieser prospektiven kontrollierten Studie Aufschluß über die Meinungen/Einstellungen der Schülerinnen und Schüler über die Gründe für die Aufnahme des Drogengebrauchs gewonnen werden; insbesondere im Hinblick auf die Wirksamkeit weiterer präventiver Maßnahmen. Diese explorative Analyse erweist sich auch insofern von besonderer Relevanz, als daß in der Bundesrepublik Deutschland relativ wenig über die Einstellungen Jugendlicher zum Drogengebrauch bekannt ist.

Um die Meinungen wie auch die Einstellungen der Jugendlichen in bezug auf den legalen Drogengebrauch zu erfassen, wurden diese aufgefordert, eine 19 Items umfassende Skala über die Gründe zur Aufnahme des Drogenkonsums zu beantworten. Das hier verwendete, auf Eiser & Eiser (1988, 140) zurückgehende Instrument wurde als fünfstufige Likert-Skala konstruiert (1 'stimme gar nicht zu', 2 'stimme nicht zu', 3 'weder/noch', 4 'stimme zu', 5 'stimme stark zu') und bildet nach Ausschluß einiger instabiler Items in der Faktorenanalyse fünf Dimensionen ab (vgl. Tabelle 6.3.1).

Die fünf Faktoren spiegeln die auch schon eingangs dieses Kapitels genannten Gründe/Motive für die Aufnahme des Drogenkonsums wider. Der erste Faktor repräsentiert *fatalistische Motive*, die sich vor allem durch externe Zuschreibungen wie "durch andere hereingerutscht" und "in schlechte Gesellschaft geraten" zeigen. Den zweiten Faktor bilden die Items, die sich mit *Probleme und Unwissenheit* umschreiben lassen. Der Faktor wird gekennzeichnet durch die beiden Items "Probleme in der Schule" und "Probleme zuhause" sowie dem Statement "sie denken nicht genügend über die Konsequenzen nach". Der dritte Faktor bezieht sich vor allem auf *gesellschaftliche Ursachen*, wie "sie sehen Erwachsene auch rauchen und trinken" und "es gibt zu viel Werbung über Drogen". Auf dem vierten Faktor laden *Gefühle*, die auf Einsamkeitsaspekte hinweisen wie "sie fühlen sich in gedrückter Stimmung" oder "sie langweilen sich". Der fünfte und letzte Faktor, der lediglich als Restfaktor fungiert, bildet die für das Jugendalter charakteristische *Risikobereitschaft* (Jessor & Jessor 1977) ab.

Tab. 6.3.1: Faktorenanalyse der Skala "Gründe für die Aufnahme des Drogengebrauchs" (1. Befragungszeitpunkt)

	Faktorladung	Kommunalität
1. Faktor: Fatalismus (42,5%)		
Sie sind durch andere reingerutscht.	.88	.82
Sie sind in schlechte Gesellschaft geraten.	.73	.74
2. Faktor: Probleme/Unwissenheit (12,2%)		
Sie haben Probleme in der Schule.	.89	.87
Sie denken nicht genug über Konsequenzen nach.	.62	.70
Sie haben zuhause Probleme.	.59	.78
3. Faktor: Gesellschaft/Vorbilder (9,9%)		
Sie sehen Erwachsene auch rauchen und trinken.	.88	.81
Es gibt zuviel Werbung.	.71	.80
Sie können zu leicht an Drogen herankommen.	.58	.77
4. Faktor: Emotionalität (8,8%)		
Sie fühlen sich in gedrückter Stimmung.	*.86*	*.86*
Sie langweilen sich.	.65	.72
5. (Rest-)Faktor: Risiko (6,0%)		
Sie wollen etwas Neues ausprobieren.	.91	.86

Die Häufigkeit der Zustimmung zu den einzelnen (mittels der Faktorenanalyse reduzierten) Items ist in der folgenden Tabelle 6.3.2 aufgeführt. Ausgewiesen ist der prozentuale Anteil der 'stimme zu' und 'stimme sehr zu' Antworten, getrennt für die Interventions- und Kontrollgruppe beim ersten und zweiten Befragungszeitpunkt. Zudem sind die Items in eine Rangreihe der prozentual häufigsten Zustimmungen bezogen auf alle Schülerinnen und Schüler gesetzt. Die Skala wurde lediglich den Schülern aus der älteren Kohorte (14- bis 16jährige) vorgelegt, um vor allem die Einschätzungen derjenigen, die schon über "ausgeprägtere" Gebrauchsmuster verfügen, zu erfassen.

Betrachten wir zunächst die Rangreihe der Zustimmungshäufigkeiten für alle Schülerinnen und Schüler, so zeigt sich, daß ein hoher Prozentsatz der Jugendlichen die Risikobereitschaft als wesentlichen Grund für die Aufnahme des Drogenkonsums betrachten. Mangelndes Nachdenken und Wissen über die Konsequenzen des Drogengebrauchs sowie Probleme im Elternhaus werden ebenfalls als wichtige Motive genannt. Gesellschaftliche Aspekte, Vorbildverhalten der Eltern und fatalistische Motive sind nur noch für ca. zwei Drittel der befragten Schülerinnen und Schüler wichtige Ursachen für Drogengebrauch. Den niedrigsten prozentualen Anteil an Zustimmung seitens der befragten Jugendlichen erhalten die beiden Items, die sich auf emotionale Ursachen beziehen.

Die differenzierte Analyse nach der Zuordnung zu Interventions- und Kontrollbedingungen zeigt deutlich, daß beim ersten Befragungszeitpunkt ein höherer Anteil von Schülern aus der Kontrollgruppe den einzelnen Items zustimmt. Die Unterschiede werden im Chi-Quadrat-Test jedoch nicht signifikant. Nach Durchführung der Intervention, d. h. beim zweiten Befragungszeitpunkt kehrt sich dieses Bild um: deutlich mehr Schüler aus der Interventions- als aus der Kontrollgruppe sehen in den aufgeführten Gründen potentielle Ursachen für die Aufnahme des Drogengebrauchs. Bei drei Items werden die interindividuellen Gruppenunterschiede im Chi-Quadrat-Test signifikant. Betrachtet man die auf jede Untersuchungsgruppe bezogenen intraindividuellen Veränderungen, so wird evident, daß bei den Schülern aus der Interventionsgruppe bei fast allen Items (10 von 11) der prozentuale Anteil an Zustimmungen zugenommen und vice versa bei den Schülern aus der Kontrollgruppe im gleichen Verhältnis abgenommen hat.

Ausgehend von diesen Befunden läßt sich schließen, *daß das Ziel der Intervention, eine größere Sensibilisierung für die Gründe, die zur Aufnahme des Drogengebrauchs führen, erreicht worden ist.* Weiterhin zeigen die Ergebnisse, daß gesellschaftliche Aspekte, Vorbildverhalten der Eltern, fatalistische Motive und vor allem emotionale Befindlichkeiten in den Augen der Schülerinnen und Schüler keine allzu große Relevanz für den Konsum von Drogen haben. Dagegen spielen anscheinend Neugierde, mangelndes Nachdenken über die Konsequenzen und Probleme mit den Eltern eine große Rolle.

Tab. 6.3.2: Gründe für die Aufnahme des Drogenkonsums beim 1. und 2. Befragungszeitpunkt differenziert nach Interventions- und Kontrollgruppe (Prozentualer Anteil der 'stimme zu' und 'stimme sehr zu' Antworten; Mehrfachnennungen)

	1. Befragung[1]			2. Befragung[1]		
	Alle	IV	KO	Alle	IV	KO
Sie wollen etwas Neues ausprobieren.	78,9	77,6	83,3	75,0	80,6	55,6*[3]
Sie denken nicht genügend über die Konsequenzen nach.	75,0	77,6	66,7	78,8	85,5[2]	55,6**
Sie haben zuhause Probleme.	73,7	72,4	77,8	70,4	73,0	61,1[3]
Sie sehen Erwachsene auch rauchen und trinken.	67,6	66,1	72,2	68,8	72,6	55,6
Sie sind in schlechte Gesellschaft geraten.	67,1	65,5	72,2	63,3	71,0	50,0
Sie sind durch andere "hereingerutscht".	66,2	67,6	61,1	66,3	71,0	50,0
Sie haben Probleme in der Schule.	65,8	65,5	66,7	61,7	65,1	50,0
Sie können zu leicht an Drogen herankommen.	62,7	61,4	66,7	67,5	77,0	55,6
Es gibt zuviel Werbung.	47,4	46,6	50,0	46,3	45,2	50,0
Sie fühlen sich in gedrückter Stimmung.	40,3	37,3	50,0	41,3	43,5	33,3*
Sie langweilen sich.	30,1	29,1	33,3	40,0	40,3[2]	38,9

1 Das maximale N beträgt 81 Fälle und variiert je nach Anzahl der missing values in den einzelnen Items.

2 Veränderungen zwischen Vor- und Nachtest sind im Wilcoxon-Test signifikant (p<.05) bezogen auf die Interventionsgruppe.

3 Veränderungen zwischen Vor- und Nachtest sind im Wilcoxon-Test signifikant (p<.05) bezogen auf die Kontrollgruppe.

* Intervention und Kontrolle unterscheiden sich im Nachtest signifikant (p<.05)

** Intervention und Kontrolle unterscheiden sich im Nachtest signifikant (p<.01)

Auch im Rahmen der *qualitativen Analyse* wurde versucht, die Meinungen und Einstellungen der an der Studie beteiligten Schülerinnen und Schüler näher zu erforschen. Die folgenden Interviewpassagen geben einen deskriptiven Einblick und ergänzen die vorab gemachten Ausführungen. Die den Interviewäußerungen vorausgegangene Fragestellung lautete: "So in der Öffentlichkeit kursiert die Meinung, daß Zigaretten rauchen oder auch Alkohol trinken typische Symbole für das Erwachsensein sind und aus diesem Grunde auch viele Jugendliche mit dem Rauchen und Alkohol trinken beginnen. Was meinst Du denn dazu?".

"Für mich ist das kein Thema. Ich finde mich auch ohne Zigaretten ganz erwachsen." (2.2,5).

"Das kann ich mir schon vorstellen, daß man so um seinen Freunden irgendetwas zu beweisen das so macht. Aber ich würde es, glaube ich, nicht machen. Aber vielleicht schon. Auch schon, um es einfach auszuprobieren." (3.2, 4).

"...Weil sie Spaß dranhaben. Es schmeckt ihnen oder, um sich aufzuspielen, um dabei zu sein, auffällig zu sein, vielleicht." (9.2, 5).

"Ja, weil er Freunde hat, die rauchen oder er sieht irgendwelche, die rauchen oder so, die er als Vorbild nimmt." (10.1, 4).

"Bei mir ist das eher, wenn ich rauche, so, dann ... wenn ich trinke, dann rauche ich auch. Ich meine so auf Feten. Ne, das gehört eigentlich gar nicht zum Erwachsensein. Ja manche, so Kleine, ich meine so Elfjährige oder so, die rauchen und dann meinen sie, sie sinds ... Ich meine, ich rauche jetzt nur, weil, nicht aus Spaß irgendwie, sondern weil ich Langeweile habe. Ja, so auf Feten, wenn mal nichts los ist und man sitzt dann da, und in einer Hand die Bierpulle und in der anderen die Zigarette und dann, ja dann steckt man sie halt an und fertig." (12.2, 5).

6.3.2 Einstellungen zu Tabak und Alkohol

Während die Meinungen (beliefs) in Anlehnung an die Attitudentheorie von Fishbein & Ajzen (1975) die Position einer Person in bezug auf ein bestimmtes Thema erfassen, beziehen sich die Einstellungen (attitudes) dagegen auf die Stärke und Intensität dieser Meinung. "For example, a student may be asked to respond to a statement that smoking is harmful to ones self. The response, that whether the individual supports or rejects the notion is a belief while the degree of agreement or disagreement would reflect an attitude" (O'Rourke, Smith & Nolte 1984, 210).

Die Einstellungen der Schülerinnen und Schüler zu Tabak und Alkohol, die spezifischen charakteristischen Merkmale der Gebraucher und die sozialen Vorteile des Gebrauchs dieser Substanzen wurden mittels einer 19 Items umfassenden Skala erhoben. Die Skala wurde ebenfalls von einem bewährten Instrument (Botvin et al.[3]) adaptiert und leicht verändert. Alle befragten Schülerinnen und Schüler waren aufgefordert, das Ausmaß ihrer Zustimmung oder Ablehnung mit den vorgegebenen Statements anhand einer fünfstufigen Antwortvorgabe (Likert-Skala) anzugeben. Dem Grad der Ablehnung/Zustimmung wurden nach der Rekodierung einzelner Items die Werte 1-5 zugeordnet. Der Punktwert einer Person (Score) wurde anhand des Mittelwerts berechnet (summated ratings); d. h. je höher der Mittelwert, desto größer ist die Zustimmung mit den vorgegebenen Statements.

Tab. 6.3.3: Faktorenmatrix der Einstellungsskala (1. Befragungszeitpunkt)

	Faktorladung	Kommunalität
*Faktor: **"Einstellung zu Tabak"***		
Wenn ein Mädchen raucht, mögen die Jungen sie mehr.	.88	.77
Wenn ein Junge raucht, mögen die Mädchen ihn mehr.	.85	.72
Jugendliche, die rauchen, haben mehr Freunde.	.78	.61
Jugendliche, die rauchen, sind härter.	.69	.47
Zigaretten rauchen gibt einem ein cooles Aussehen.	.60	.36
*Faktor: **"Einstellung zu Alkohol"***		
Wenn ein Junge Alkohol trinkt, mögen die Mädchen ihn mehr.	.83	.69
Wenn ein Mädchen Alkohol trinkt, mögen die Jungen sie mehr.	.78	.61
Alkohol trinken gibt einem ein cooles Aussehen.	.72	.52
Jugendliche, die Alkohol trinken, haben mehr Freunde.	.68	.46
Wenn Jugendliche Alkohol trinken, sind sie härter.	.46	.21

(1. Faktor: 30,9% Varianzerklärung; 2. Faktor: 31,0% Varianzerklärung)

[3] Die Orginalfassung entstammt 'The Teenagers Self-Test: Cigarette smoking (USPHS 1974).

Im Zuge mehrmaliger explorativer Foktorenanalysen wurden mehrere instabile Items aus der Skala zur Erfassung der Einstellungen herausgenommen und die Skala auf die folgenden zwei Dimensionen gesplittet: 1. "Einstellung zu Tabak" und 2. "Einstellung zu Alkohol". Die vorausgegangene Tabelle 6.3.3 zeigt die Ergebnisse der beiden Faktorenanalysen (Ein-Komponenten-Struktur) für die beiden Dimensionen/Faktoren mit den entsprechenden Faktorladungen und Kommunalitäten.

In den Faktor "Einstellung zu Tabak" flossen die Items ein, die sich auf spezifische Merkmale der Konsumenten (z. B. Jugendliche, die rauchen, sind härter) und die soziale Anerkennung in der Gleichaltrigengruppe (z. B. Jugendliche, die rauchen, haben mehr Freunde) beziehen; der Faktor "Einstellungen zu Alkohol" nimmt die gleichen Komponenten für die Substanz Alkohol auf. Zwischen den beiden Indizes besteht eine hoch signifikante Korrelation (Spearman $p=.74$; $p<.05$).

Die Analyse der beiden Einstellungsindizes soll unter den folgenden drei Prämissen erfolgen:

(a) Analyse der Daten vom ersten Befragungszeitpunkt (Vorher-vorher-Vergleich);

(b) Analyse des Vorher-nachher-Vergleiches im Hinblick auf potentielle Programmeffekte (Vorher-nachher-Vergleich);

(c) Analyse der Daten vom zweiten Befragungszeitpunkt (Nachher-nachher-Vergleich).

(a) Vorher-vorher-Vergleich

Zunächst soll geprüft werden, ob sich die Schülerinnen und Schüler aus der Interventionsgruppe in ihren Einstellungen zu legalen Drogen von denen aus der Kontrollgruppe bei Beginn der Interventionsmaßnahme unterscheiden. Aufgrund gleicher Ausgangsvoraussetzungen besteht Grund zu der Annahme, daß sich diese beiden Schülergruppen in ihren Einstellungen nicht voneinander unterscheiden. Die Überprüfung dieser Hypothese mittels des einfaktoriellen F-Tests zeigt, *daß sich zu Beginn der Untersuchung die Interventions- und Kontrollgruppen sowohl in ihren Einstellungen zu Tabak als auch zu Alkohol nicht statistisch signifikant voneinander unterscheiden.*

Um sich ein Bild über die Einschätzungen seitens der Jugendlichen über die soziale Relevanz des Gebrauchs von (legalen) Drogen machen zu können, wurde kontrolliert, wie hoch der Grad der Zustimmung mit den vorgegebenen Statements ist. In der Tabelle 6.3.4 sind diejenigen Fälle aufgeführt, die den Einzelitems zustimmen ('stimme zu'- und 'stimme sehr zu'-Antworten).

Tab. 6.3.4: Prozentualer Anteil derjenigen, die den Einstellungsitems zustimmen (1. Befragungszeitpunkt; Angaben in Prozent)

	N	Alle	Interventions-gruppe	Kontroll-gruppe
Zigaretten rauchen gibt einem ein cooles Aussehen.	128	18,0	20,4	11,4
Wenn ein Junge raucht, mögen ihn die Mädchen mehr.	133	6,0	8,7	0,0
Wenn ein Mädchen raucht, mögen die Jungen es mehr.	132	5,3	7,3	0,0
Jugendliche, die rauchen, haben mehr Freunde.	131	10,7	9,4	14,3
Jugendliche, die rauchen, sind härter.	129	15,6	15,0	16,6
Jugendliche, die Alkohol trinken, sind härter.	129	17,1	14,9	22,9
Jugendliche, die Alkohol trinken, haben mehr Freunde.	129	7,8	9,5	2,9
Wenn ein Junge Alkohol trinkt, mögen ihn die Mädchen mehr.	130	5,3	6,4	2,8
Wenn ein Mädchen Alkohol trinkt, mögen die Jungen es mehr.	130	4,6	5,3	2,8
Alkohol trinken gibt einem ein cooles Aussehen.	130	12,3	11,7	13,9

Ein nicht unbeträchtlicher Anteil der befragten Schülerinnen und Schüler ist der Ansicht, daß der Gebrauch von Tabak und Alkohol mit einem positiven Image verbunden ist, das auch dem Ansehen in der Gleichaltrigengruppe förderlich ist. So stimmen 18% der Befragten der Meinung zu, daß Zigarettenrauchen einem ein "cooles" Image gibt und 15,6% finden, daß Jugendliche, die rauchen, härter sind. Einen ähnlichen, aber nicht ganz so hohen Grad an Zustimmung erhalten die Aussagen zum Alkoholgebrauch; hier vertreten 17,1% der Jugendlichen die Meinung, daß Jugendliche, die Alkohol trinken, härter sind und 12,3% verbinden Alkoholtrinken mit einem "coolen" Aussehen. Sowohl in bezug auf den Gebrauch von Zigaretten als auch auf Alkohol sind ungefähr ein Zehntel (10,7% und 7,8%) der Schülerinnen und Schüler der Ansicht, daß Jugendliche, die legale Drogen konsumieren, auch mehr Freunde haben. Nicht ganz so bedeutend wird seitens der Jugendlichen die geschlechtsspezifische Relevanz des Tabak- und Alkoholgebrauchs eingeschätzt. Nur ein kleiner Prozentsatz der Schülerinnen und Schüler ist der Ansicht, daß Jungen, die Alkohol trinken oder Zigarettenrauchen, von den Mädchen mehr gemocht werden und vice versa.

Vergleicht man die Einstellungen der Schülerinnen und Schüler aus der Interventionsgruppe mit denen der Kontrollgruppe, so zeigt sich, daß die Schüler aus der Kontrollgruppe (bezogen auf die Einzelitems) einen etwas geringeren Grad der Zustimmumg angeben; diese Differenz wird jedoch bezogen auf die Einzelitems im Chi-Quadrat-Test nicht statistisch signifikant (hier nicht weiter dokumentiert).

Allerdings gibt es auch eine nicht unbeträchtliche Anzahl von Schülern, die sich diesen Aussagen gegenüber indifferent äußern. Neben den Schülern, die mit dem Zigarettenrauchen und Alkoholtrinken eine Aufwertung des Images innerhalb der Gleichaltrigengruppe verbinden und dem Drogengebrauch eine positive Konnotation zuschreiben, ist ein weitaus größerer Anteil der Befragten unentschlossen. Damit sind vor allem diejenigen Schüler gemeint, die sich auf der mittleren Kategorie (weder/noch) der Likert-Skala einordnen. Ungefähr die Hälfte der Schüler aus der Interventions- und Kontrollgruppe zählen zu dieser Gruppe der "Unentschlossenen" (beim Index "Einstellung zu Tabak" 45% und beim Index "Einstellung zu Alkohol" 50,8%; hier nicht weiter dokumentiert). Möglicherweise erscheint dieser Gruppe das Image nicht zutreffend, weil einerseits andere Faktoren wie Unabhängigkeit, Aufmerksamkeit erwecken, erwachsen wirken oder Spaß haben von größerer Relevanz sind. Andererseits wäre es auch möglich, daß sich die Schülerinnen und Schüler des Problems des Gruppendrucks noch nicht bewußt sind. Newman (1984) weist in diesem Zusammenhang darauf hin, daß Gruppendruck in bezug auf Rauchen vielfach ein Problem der Wahrnehmung ist. "Basic to the suggestion that peer pressure can be directed is the assumption that peer pressure, as a concept, exists only in the minds of individuals. In reality, peer pressure is the perception that other want you to act a particular way. Perceptions are the results of messages received, and, like all messages, their meaning is determined by the receiver and not the sender. Perceptions are based on signals received through observation, information and experience. However, there is good evidence that young people grossly misread these signals" (a. a. O., 184). Die Mißdeutung von wahrgenommenen Signalen bei den Jugendlichen zeigt sich z.B. daran, daß ein Großteil der Heranwachsenden die Anzahl rauchender Gleichaltriger deutlich überschätzt.

Im Hinblick auf die Prävention bedeutet die Interpretation der Ergebnisse, daß gerade die Gruppe der "Unentschlossenen" noch nicht über festgefügte Wahrnehmungsmuster verfügt und somit durch das Bewußtmachen von Gruppendruck noch positiv beeinflußt werden kann.

Anders als zu erwarten, zeigen sich in dieser Stichprobe keine Einstellungsunterschiede zwischen Konsumenten und Nichtkonsumenten. Dies könnte bedeuten, daß die legalen Drogenkonsumenten kein Aufpolieren ihres Images in der Gleichaltrigengruppe erfahren. Auch geschlechtsspezifische Unterschiede konnten beim ersten Befragungszeitpunkt bei beiden Einstellungsindizes nicht aufgedeckt werden. Zu diesem Befund trägt sicherlich die zunehmende Ausgleichung der Geschlechter in ihren Konsumgewohnheiten bei.

Die Auswertung der beiden Skalen "Einstellung zu Tabak" und "Einstellung zu Alkohol" beim ersten Befragungszeitpunkt erbrachte, daß ein nicht unbeträchtlicher Prozentsatz von Schülern davon überzeugt ist, daß der Gebrauch von Drogen dem Image in der Gleichaltrigengruppe förderlich ist. Die Ergebnisse stehen dabei im engen Zusammenhang mit bisherigen theoretischen Befunden zur Relevanz des Drogengebrauchs in der Gleichaltrigengruppe, die besagen, daß der Gebrauch von legalen Drogen zur Befriedigung vielfältiger alters- und entwicklungsbezogener sowie ereignis- und lebenslagenspezifischer Bedürfnisse von Jugendlichen beitragen kann. Gesundheitlich riskante Verhaltensweisen werden von den Jugendlichen in diesem Kontext positiv interpretiert und stellen ein Mittel dar, um personale und soziale Identität zum Ausdruck zu bringen, eine Zugangsmöglichkeit zu Freundesgruppen zu eröffnen oder die Teilhabe an subkulturellen Lebensstilen zu symbolisieren (vgl. u. a. Franzkowiak 1985).

(b) Vorher-nachher-Vergleich

Ein zentrales Element der Intervention war die Offenlegung von Gruppendruck, -strukturen und -prozessen im Kontext des Drogengebrauchs. Anhand praktischer Übungen (z. B. Rollenspiele) sollten sich die Jugendlichen in Widerstandstechniken gegen Gruppendruck üben (z. B. Nein-zu-sagen bei einer angebotenen Zigarette) und erfahren, welche Mechanismen bei der Aufnahme bzw. Beibehaltung des Zigaretten- und Alkoholgebrauchs von Bedeutung sind (z. B. Darstellung und Analyse von typischen Trinkanlässen). Aber auch intrapersonelle Gründe (z. B. niedriges Selbstwertgefühl, Kommunikationsschwierigkeiten, Scheitern an Leistungsanforderungen) für den Drogengebrauch wurden im Rahmen der Unterrichtseinheit problematisiert. Inwieweit sich die Interventionsmaßnahme in den Einstellungen über legale Drogen bei den Schülern niederschlägt, zeigt die folgende Auswertung.

Einstellung zu Tabak

In einer mehrfaktoriellen Varianzanalyse mit Meßzeitpunktwiederholung wurden der Einstellungsindex zum ersten und zum zweiten Befragungszeitpunkt als abhängige Variablen und die Zuordnung zu der Interventions- und Kontrollbedingung als unabhängige Variablen berücksichtigt. Der Varianzanalyse lag die folgende Hypothese zugrunde: *Im Vergleich zur Kontrollgruppe sind bei den Schülern aus der Interventionsgruppe deutliche Einstellungsveränderungen zwischen Erst- und Zweitbefragungen festzustellen,* und zwar insofern, als daß die Schülerinnen und Schüler den vorgegebenen Statements beim Nachtest in geringerem Maße zustimmen.

Das Ergebnis aus der Varianzanalyse für den Faktor "Einstellung zu Tabak" zeigt, daß der Haupteffekt "Zuordnung zur Interventions- und Kontrollgruppe" statistisch nicht signifikant ist ($F(1,114)=.49$; n.s.). Der Hauptfaktor "Meßzeitpunkt" wird in der Analyse dagegen mit einem F-Wert von $F(1,114)=3.81$ statistisch bedeutsam ($p<.05$). Die Interaktion zwischen den beiden Faktoren Meßzeitpunkt und Interventionsbedingung ist in dieser Analyse wiederum nicht signifikant. Die Erläuterung der Befunde läßt sich am besten mittels der folgenden graphischen Darstellung nachvollziehen.

Die folgende Abbildung 6.3.1 illustriert sehr deutlich, daß in beiden Untersuchungsgruppen eine Abnahme des Mittelwerts zwischen Erst- und Zweitbefragung zu verzeichnen ist. Sowohl die Schülerinnen und Schüler aus der Interventions- als auch aus der Kontrollgruppe stimmen beim Nachtest den vorgegebenen Meinungen im geringeren Maße zu und ändern ihre Einstellung in der - lediglich für die Interventionsgruppe - gewünschten Richtung. Da sich diese Veränderung jedoch parallel für beide Gruppen zeigt, wird zwar der Faktor Meßzeitpunkt signifikant, jedoch nicht die Zuordnung zur Untersuchungsbedingung sowie deren Interaktion mit dem Meßzeitpunkt.

Abb. 6.3.1: Veränderungen des Index' "Einstellung zu Tabak" bei Interventions- und Kontrollgruppe (Gruppenmittelwerte beim 1. und 2. Befragungszeitpunkt; N=116)

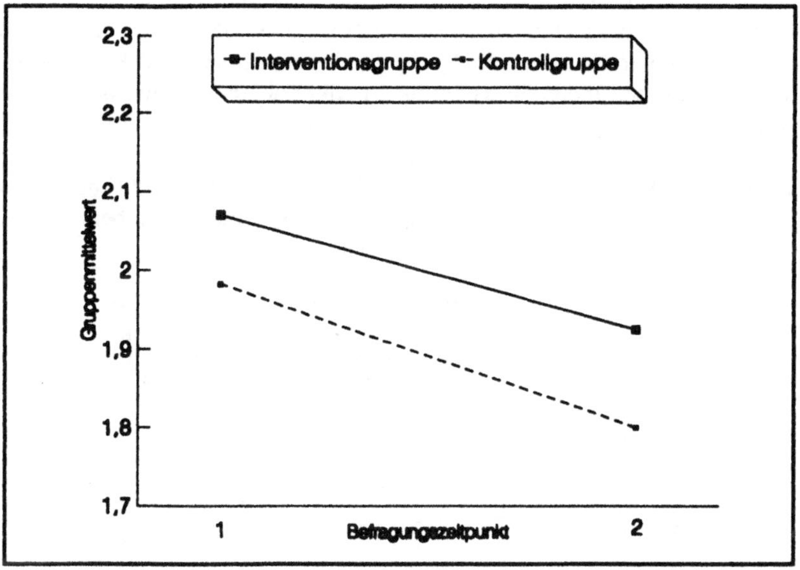

Obwohl sich eine deutliche Veränderung in der Einstellung zu Tabak nachzeichnen läßt, kann diese Einstellungsänderung - aufgrund der vergleichbaren Entwicklung bei den nicht mit dem Unterrichtsprogramm konfrontierten Schülern aus der Kontrollgruppe - nicht auf den Erfolg der Maßnahme zurückgeführt werden. Andere - hier nicht erfaßte - Faktoren können diese Veränderung in einem stärkeren Maße beeinflußt haben. Die aufgestellte Hypothese muß somit verworfen werden.

Einstellung zu Alkohol

Auch für den Einstellungsindex, der sich auf die alkoholrelevanten Aussagen bezog, wurde eine Varianzanalyse mit Meßwiederholung berechnet. Die Anordnung der abhängigen und unabhängigen Variablen erfolgte nach dem gleichen Schema wie beim Index "Einstellung zu Tabak". Die Forschungshypothese lautet entsprechend: ***Im Vergleich zur Kontrolle zeigte die Interventionsgruppe deutliche Einstellungsänderungen.***

Mit den Ergebnissen aus der Varianzanalyse muß auch diese Hypothese verworfen werden. Es gibt weder einen signifikanten Effekt für den Hauptfaktor Interventionsbedingung (F(1,114)=2.60; n.s.) noch für den Faktor Meßzeitpunkt (F(1,114)=1.26; n.s.) noch für die Interaktion zwischen Interventionsbedingung und Meßzeitpunkt (F(1,114)=.56; n.s.). Die graphische Darstellung der Gruppenmittelwerte für Interventions- und Kontrollgruppe bezogen auf den Index "Einstellung zu Alkohol" über beide Meßzeitpunkte verdeutlicht das Ergebnis der Varianzanalyse (Abb. 6.3.2).

Abb. 6.3.2: Veränderungen des Index "Einstellung zu Alkohol" bei Interventions- und Kontrollgruppe (Gruppenmittelwerte beim 1. und 2. Befragungszeitpunkt; N=116)

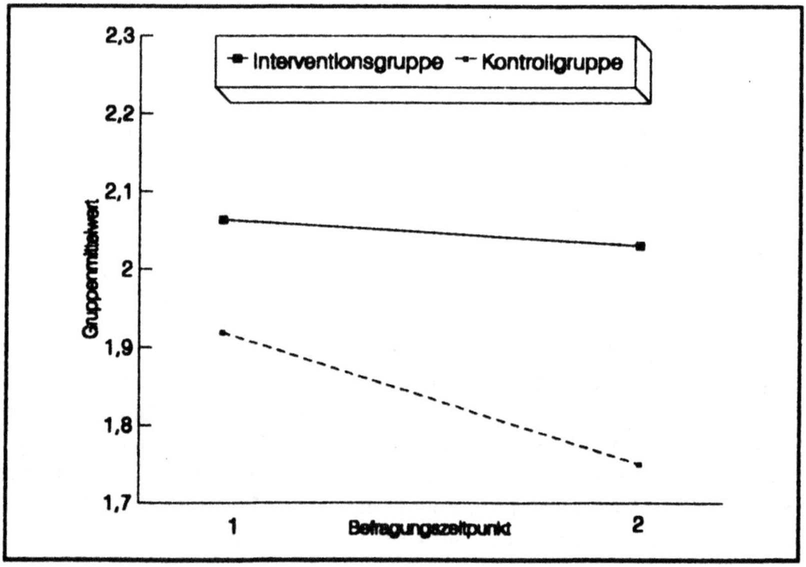

Aus der Abbildung wird deutlich, daß für beide Untersuchungsgruppen (Intervention und Kontrolle) Einstellungsänderungen zu verzeichnen, diese aber statistisch nicht bedeutsam sind. Im Vergleich zur Interventionsgruppe haben die unbehandelten Schülerinnen und Schüler beim zweiten Befragungszeitpunkt den niedrigsten Einstellungsscore. Die gewünschte Veränderungsrichtung liegt auch bei diesem Index in der Abnahme des Zustimmungsgrades bzw. Mittelwerts. Zusammenfassend läßt sich konstatieren, daß auch beim Einstellungsindex zu Alkohol die erwarteten Effekte durch das Interventionsprogramm nicht eingetreten sind.

Intraindividueller Vergleich

Neben dem Vergleich der beiden Untersuchungsgruppen ist die gruppeninterne Analyse, getrennt für die Interventions- und Kontrollgruppe durchgeführt, ebenfalls von Forschungsinteresse, da auch kleine Veränderungen in der Interventionsgruppe Hinweise auf die Wirksamkeit der Maßnahme liefern können. Die vorausgegangene Varianzanalyse zum Index "Einstellung zu Tabak" hatte gezeigt, daß sich Interventions- und Kontrollgruppe zwischen Erst- und Zweitbefragung in ihren Einstellungen verändert haben.

Die Analyse der Indizes zwischen Vor- und Nachtest für jede Untersuchungsgruppe wurde zudem unter Zuhilfenahme des Wilcoxon-Tests für Paardifferenzen durchgeführt. Vergleicht man die Einstellungsindizes der Interventionsgruppe für die beiden Substanzen Tabak und Alkohol im Vor- und Nachtest, so zeigt sich für keinen Index eine signifikante Veränderung.

Die Analyse der Einstellungsänderungen zwischen Erst- und Zweitbefragung zeigt, daß sowohl interindividuell als auch intraindividuell keine bedeutsamen Veränderungen durch die Unterrichtsmaßnahme erzielt werden konnten.

(c) Nachher-nachher-Vergleich

Aufgrund ähnlicher Entwicklungen bei beiden Untersuchungsgruppen und den Ergebnissen aus der Varianzanalyse - wie im vorherigen Abschnitt b gezeigt - besteht Grund zu der Annahme, *daß sich die Interventions- und Kontrollgruppe auch nach der Programmdurchführung nicht signifikant voneinander unterscheiden.*

Die einfaktoriellen Varianzanalysen bestätigen die Hypothese. Bezogen auf den 2. Befragungszeitpunkt gibt es zwischen Interventions- und Kontrollgruppe für beide Einstellungsindizes keine signifikanten Unterschiede.

Fassen wir die Ergebnisse noch einmal zusammen, so kann folgendes festgehalten werden:

- Beim ersten Befragungszeitpunkt unterscheiden sich die Schülerinnen und Schüler aus der Interventions- und Kontrollgruppe in ihren Einstellungen bezogen auf die spezifischen Merkmale der Konsumenten legaler Drogen und die damit verbundene soziale Anerkennung in der Gleichaltrigengruppe nicht.
- Anders als erwartet zeigen sich keine bedeutsamen, auf das Programm

zurückzuführenden Effekte bei den Einstellungen der Befragten aus der Interventionsgruppe; weder intraindividuell noch interindividuell.

- Auch nach der Programmdurchführung unterscheidet sich die Interventionsgruppe in ihren Einstellungen nicht von denen der Kontrollgruppe.

6.3.3 Selbstkonzept und Selbstwertgefühl

Gesundheitsrelevantes Verhalten kann ganz offensichtlich nicht allein durch die Veränderung von Einstellungen erreicht werden, sondern muß auch das Selbstkonzept (des eigenen Handelns) miteinbeziehen (Hurrelmann 1990; Schwarzer 1989). Je nach Autor und Kontext wird anstatt von "Selbstkonzept" auch von "Selbstbild" (self-image), "Selbstwertgefühl" (self-esteem), "Selbstachtung" (self-acceptance), "Selbstwahrnehmung" (self-perception) oder "Selbstbeurteilung" (self-evaluation) gesprochen.

Der Begriff "Selbstkonzept" bezeichnet die Gesamtheit der Vorstellungen, Einstellungen, Bewertungen und Urteile, die eine Person im Hinblick auf ihre Verhaltensweisen, Persönlichkeitseigenschaften, Fähigkeiten usw. besitzt (Fuchs et al. 1988, 602). Das Selbstkonzept eines Menschen entwikkelt sich in der bewußten Auseinandersetzung mit seiner sowohl materiellen als auch sozialen Umwelt und seinen eigenen Interessen. Erst, wenn ein Individuum dazu in der Lage ist, sich selbst differenziert wahrzunehmen und von seiner Umwelt abzugrenzen, kann es ein stabiles Selbstkonzept entwikkeln (Hurrelmann 1986). Die Entwicklung des Selbstkonzeptes wird in diesem Sinne nicht nur von 'innen' gefestigt, sondern beruht auch auf sozialen und materiellen Bedingungen. Externe Faktoren, wie die Entwicklungschancen und der Lebenskontext spielen eine ebenso große Rolle. So haben die Beziehungen zu den Eltern, Schulerfolg, das Aussehen und die Anerkennung durch die Gleichaltrigengruppe ebenfalls einen bedeutenden Einfluß auf die Selbsteinschätzung. "In den Gesellschaften der Gegenwart müssen die Bereiche der schulischen oder beruflichen Leistung, der instrumentellen Problembewältigung und der sozialen Entscheidungssicherheit zu den zentralen Bereichen gerechnet werden, an denen Informationen in das Selbstbild übernommen werden müssen" (a. a. O., 168). Das Selbstkonzept ist somit ein Gesamtgefüge der Selbstwahrnehmung, -bewertung und -reflexion der eigenen Verhaltensweisen einerseits und der individuellen Kompetenzen andererseits.

Das Selbstkonzept kristallisiert sich vor allem dann deutlich heraus, wenn eine 'gesteigerte Selbstwahrnehmung' vorliegt (Wicklund 1975). Eine gesteigerte Selbstwahrnehmung wird in der Jugendphase durch drei Faktoren hervorgerufen. Der Jugendliche verläßt die Phase der 'behüteten' Kindheit und muß sich, infolge der körperlichen Veränderungen der Pubertät, mit sich selbst auseinandersetzen, sich neu bewerten und akzeptieren. Zweitens muß sich der Jugendliche durch neue Rollendefinitionen und -veränderungen, z. B. durch Schulwechsel oder Berufswahl, auf seine eigenen Wünsche und Vorstellungen konzentrieren, um für sich befriedigende Entscheidungen treffen zu können. Drittens bewirkt die mit der Statuspassage verbundene Unsicherheit in unserer Gesellschaft - teilweise noch Kind und teilweise schon Erwachsener zu sein - starke Selbstbeachtung aber auch Ambivalenzen bezüglich der eigenen Person (Oerter & Montada 1987). Die Erzeugung einer erhöhten Selbstaufmerksamkeit und das damit verbundene Interesse an der eigenen Person wird durch zunehmende kognitive Leistungen (vgl. über Piaget in: Oerter & Montada 1987, 205 ff.) und dem gesellschaftlichen Druck erwachsen zu werden, noch gefördert.

Die Struktur des Selbstkonzeptes läßt sich dabei in zwei Segmente zerlegen: einer kognitiven und einer affektiven. Die kognitive Struktur umfaßt die Selbstwahrnehmung, die all das Wissen beinhaltet, das eine Person von sich selbst besitzt. Dagegen umschließt die affektive Komponente - der im Kontext des gesundheitsrelevanten Verhaltens besondere Beachtung geschenkt werden soll - die eigene Einschätzung, das Selbstbewußtsein und das Selbstvertrauen (Oerter & Montada 1987).

Das *Selbstwertgefühl* bereichert das globale Selbstkonzept um diese affektive Bewertungskomponente, die normalerweise von Emotionen geleitet ist (Schwarzer 1987). Diese subjektive Bewertung von individuellen Eigenschaften, Gedanken und Verhaltensweisen, die eine Person von sich selbst besitzt, wird beeinflußt von früheren Fremdbewertungen der eigenen Person, von beobachteten Fremdbewertungen anderer Personen, von mitgeteilten Selbstbewertungen anderer Personen und von direkt übernommenen Regeln und Normen. In vielen Untersuchungen wurde nachgewiesen, daß jeder Mensch mit allen ihm zur Verfügung stehenden Mitteln versucht, eine günstige Bewertung der eigenen Person herbeizuführen oder zu erhalten (vgl. Neubauer 1976). Dabei stellt die absolute Höhe des positiven Selbstwertgefühls eine wichtige Orientierungsbasis für das Verhalten dar, insbesondere im sozialen Kontext. "Ein positives Selbstwertgefühl ist aber nicht nur im Sinne ein soziales Gut, daß es nur unter günstigen äußeren Umständen entstehen kann. Denn selbst wenn es sich erst einmal hat herausbilden können, unterliegt es im allgemeinen dem stetigen Risiko, durch äußere Belastungsmomente angegriffen und geschwächt zu werden" (Engel & Hurrelmann 1989, 99).

Mit Blick auf die gesundheitsrelevante Fragestellung läßt sich konstatieren, daß sich ein Individuum mit starkem, positivem Selbstwertgefühl weniger anfällig gegenüber Belastungsmomenten und sozialen Spannungen erweist als solche mit niedrigem Selbstwertgefühl. Zudem hat sich gezeigt, "daß ein Anstieg in der Selbstwertschätzung verbunden war mit einem Anstieg in allen positiven Gefühlszuständen, im Erleben von innerer Harmonie, im Aktivitätsniveau und in einer Zunahme der Offenheit für neue Erfahrungen. Demgegenüber war ein Absinken der Selbstwertschätzung verbunden mit der Zunahme dysphorischer Gefühlszustände einschließlich Angst und mit dem Empfinden, eingeschränkt und behindert zu sein" (Epstein 1984, 39). Für eine 'gesunde' Entwicklung der Persönlichkeit erweist sich demnach ein positives Selbstwertgefühl als notwendige Voraussetzung. Ein negatives Selbstwertgefühl steht dagegen im engen Zusammenhang mit psychischen Unsicherheiten und Instabilitäten.

Bachmann (1984) bestätigt, daß gesundheitsriskante bzw. "Problemverhaltensweisen" (Jessor & Jessor 1977) eng verwoben sind mit einem niedrigeren Selbstwertgefühl. Schleimer & Schleimer (1973) stellten in einer etwas älteren Studie fest, daß in zahlreichen Veröffentlichungen zwar ein deutlicher Zusammenhang zwischen negativem Selbstwertgefühl und drogenrelevanten/-riskanten Verhaltensweisen aufgedeckt werden konnte, daß aber keine Hinweise auf die Ursache-Wirkungs-Zusammenhänge gefunden wurden. Zu diesem Ergebnis kommen auch Hornung, Schmidtchen & Scholl-Schaaf (1983), die auf eine kurvilineare Beziehung zwischen Selbstwertgefühl und Drogengebrauch verweisen. Kaplan (1978) argumentierte, daß solche Problemverhaltensweisen wie Drogengebrauch den Versuch darstellen, ein niedriges Selbstwertgefühl zu bewältigen, in dem z. B. durch Zigarettenrauchen die Anerkennung durch die Gleichaltrigengruppe angestrebt wird oder die Achtung von Gleichaltrigen in "devianten" Subgruppen zu erlangen versucht wird. Dies kann u. a. bedeuten, daß unter denjenigen, die ursprünglich ein negatives Selbstwertgefühl besaßen, die Verstrickung in Problemverhaltensweisen zu einer Erhöhung (oder Wiedergewinn) des Selbstwertgefühls führen kann (vgl. auch Bachmann 1984).

Bezogen auf die Prävention gesundheitsschädlichen Verhaltens besitzt die Unterstützung bei der Herausbildung bzw. Erhaltung eines stabiles Selbstwertgefühls eine wichtige Funktion. Auf internationaler Ebene konnten vor allem Botvin et al. (Botvin, Eng & Williams 1980; Botvin & Eng 1982; Botvin, Renick & Baker 1983; Botvin et al. 1983; Botvin et al. 1990) mit ihren Forschungsarbeiten zur Evaluation des "Life-Skills-Programm" belegen, daß umfassende Konzepte der Gesundheitsförderung, die u. a. die Stärkung des Selbstwertgefühls mitaufnahmen, eine deutliche Reduktion des Tabak- und Alkoholgebrauchs erzielten (vgl. auch Kapitel 7). Auf nationaler Ebene konnte das Modellvorhaben "Gesundheitserziehung Hamburger

Schüler" eine positive Beeinflussung des Selbstwertgefühls durch ihre Intervention erzielen (Lewerenz 1991). Weiterhin verweist der Autor auf einen deutlichen Zusammenhang zwischen gesundheitsriskanten Verhaltensweisen (Tabak- und Alkoholgebrauch) und dem Selbstwertgefühl bei den befragten Schülern.

Festzuhalten bleibt, daß die Mehrzahl der Untersuchungen die Annahme stützt, daß umfassende Programme der Gesundheitserziehung zu einer Erhöhung des Selbstwertgefühls beitragen und dies (in z. T. indirekter Weise) das drogenrelevante Verhalten beeinflußt.

Operationalisierung des "Selbstwertgefühls"

Das Konstrukt "Selbstwertgefühl" bezieht sich auf die Einschätzung der eigenen Person. "Es geht dabei um die eigene Wertschätzung, um die Zufriedenheit mit sich selbst, mit den eigenen Fähigkeiten und Eigenschaften" (Fuchs 1990, 141).

Zur Messung des Selbstwertgefühls wurden in Anlehnug an die klassischen Items aus der Rosenberg-Studie (1968) acht Statements formuliert, für die die befragten Jugendlichen angeben sollten, inwiefern sie diesen zustimmen bzw. sie ablehnen. Der Tabelle 6.3.5 können die Statements mit den vierstufigen Antwortkategorien 'stimmt nicht', 'stimmt eher nicht', 'stimmt ziemlich' und 'stimmt genau' entnommen werden. Weiterhin zeigt die Tabelle die Häufigkeitsverteilungen bezogen auf die acht Statements untergliedert für Geschlecht und Schulform beim ersten Befragungszeitpunkt. Da in der hier zugrundeliegenden Population eine hohe Korellation (Pearson's Corr = .88; p< .00) zwischen der Schulformzugehörigkeit (Gymnasium und Haupt-/Realschule) und dem Alter (jüngere Schüler und ältere Schüler) vorliegt, wurde auf eine altersspezifische Differenzierung verzichtet. Die Gymnasiasten stehen stellvertretend für die jüngere Kohorte (11- bis 13jährige) und die Haupt- und Realschüler für die ältere Kohorte (14- bis 16jährige).

Tab. 6.3.5: Selbstwertgefühl nach Schulform und Geschlecht beim Pretest (Angaben in Prozent)

	stimmt nicht	stimmt eher nicht	stimmt ziemlich	stimmt genau	
1.) "Im Großen und Ganzen bin ich mit mir zufrieden."					
Gymnasiasten	0,0	7,4	79,6	13,0	(n=54)
Haupt- und Realschüler	2,5	18,5	48,1	30,9	(n=81)(1)
Jungen	0,0	16,3	61,3	22,5	(n=80)
Mädchen	2,0	9,8	64,7	23,5	(n=51)
2.) "Eigentlich kann ich auf einiges bei mir ziemlich stolz sein."					
Gymnasiasten	9,4	17,0	49,1	24,5	(n=53)
Haupt- und Realschüler	1,3	25,0	56,3	17,5	(n=80)
Jungen	0,0	26,3	56,3	17,6	(n=80)
Mädchen	12,2	10,2	51,0	26,5	(n=49)(2)
3.) "Ich halte nicht sehr viel von mir."					
Gymnasiasten	59,6	26,9	9,6	3,8	(n=52)
Haupt- und Realschüler	57,5	31,3	10,0	1,3	(n=80)
Jungen	57,7	32,1	9,0	1,3	(n=78)
Mädchen	62,0	24,0	9,0	1,3	(n=50)
4.) "Manchmal wünsche ich mir, ich wäre anders."					
Gymnasiasten	26,9	34,6	21,2	17,3	(n=52)
Haupt- und Realschüler	31,3	31,3	25,0	12,5	(n=80)
Jungen	31,6	38,0	19,0	11,4	(n=79)
Mädchen	26,5	24,5	32,7	16,3	(n=49)
5.) "Manchmal komme ich mir ganz unwichtig vor."					
Gymnasiasten	30,2	43,4	15,1	11,3	(n=53)
Haupt- und Realschüler	40,0	38,8	13,8	7,5	(n=80)
Jungen	38,8	34,7	20,4	12,2	(n=49)
Mädchen	32,7	34,7	20,4	12,2	(n=49)

Fortsetzung

6.) "So wie ich bin, möchte ich eigentlich bleiben."					
Gymnasiasten	5,8	7,7	26,9	57,7	(n=52)
Haupt- und Realschüler	7,5	12,5	36,3	43,8	(n=80)
Jungen	3,8	10,0	40,0	46,3	(n=80)
Mädchen	10,4	12,5	20,8	56,3	(n=48)
7.) "Manchmal habe ich den Eindruck, daß ich irgendwie überflüssig bin bin."					
Gymnasiasten	39,6	41,5	11,3	7,5	(n=53)
Haupt- und Realschüler	46,3	32,5	17,5	3,8	(n=80)
Jungen	45,0	36,3	16,3	2,5	(n=80)
Mädchen	42,9	34,7	12,2	10,5	(n=49)
8.) "Ich finde, ich bin ganz in Ordnung."					
Gymnasiasten	3,8	9,6	48,1	38,5	(n=52)
Haupt- und Realschüler	2,5	8,9	49,4	39,2	(n=79)
Jungen	1,3	8,9	49,4	39,2	(n=79)
Mädchen	2,1	14,6	39,6	43,9	(n=48)

(1) Chi-square= 13.84; df= 3; p< 0.00

(2) Chi-square= 16.04; df= 3; p< 0.00

In Analogie zu der Vorgehensweise bei den Merkmalen 'Wissen' und 'Einstellungen' wurde auch für das 'Selbstwertgefühl' ein summarischer Index gebildet, indem für jeden Schüler die Anzahl der Aussagen ermittelt wurde, die im Sinne eines negativen Selbstwertgefühls beantwortet wurden. Die Recodierung der einzelnen Items wurde so angelegt, daß ein höherer Wert ein negatives Selbstbild abbildet. D. h. je höher der Mittelwert, desto negativer ist das Selbstwertgefühl. Zudem wurde für einzelne Analyseschritte ein Summenindex konstruiert, der etwa am Median (58,9% versus 41,1%) der Verteilung dichotomisiert wurde. Diejenigen, die keine bzw. nur eine Aussage im Sinne eines niedrigen Selbstwertgefühls angaben, wurden der Kategorie 'positives Selbstwertgefühl' zugeordnet. Diejenigen, die zwei bis acht der Statements im negativen Sinne beantworteten, wurden zu der Kategorie 'negatives Selbstwertgefühl' gezählt.

Ausmaß und Veränderung des Selbstwertgefühls

Betrachtet man zunächst die Ausprägung des Selbstwertgefühls für die Interventions- und Kontrollgruppe beim Beginn der Intervention, so zeigt sich, daß sich die beiden Untersuchungsgruppen bezogen auf die Anzahl der Schüler und Schülerinnen mit hohem und niedrigem Selbstwertgefühl nur geringfügig unterscheiden (vgl. Tabelle 6.3.6).

Tab. 6.3.6: Selbstwertgefühl differenziert für Interventions- und Kontrollgruppe (1. Befragungszeitpunkt; Angaben in Prozent)

	hohes Selbstwertgefühl	niedriges Selbstwertgefühl	
Intervention	54,9	45,1	(n=91)
Kontrolle	69,7	30,3	(n=35)
(Chi-square=2.18; df=1; n.s.)			

Der Prozentsatz der Schülerinnen und Schüler mit einem niedrigen Selbstwertgefühl ist beim Vortest für die Interventionsgruppe mit 45% etwas höher zu veranschlagen als für die Kontrollgruppe (30%), wird jedoch in der einfaktoriellen Varianzanalyse nicht signifikant.

Ausgangspunkt der nachfolgenden Analyse ist die Annahme, *daß infolge der drogenpräventiven Intervention bestimmte Facetten des Selbstwertgefühls bei den Schülern aus der Interventionsgruppe gestärkt werden konnten, bei denen aus der Kontrollgruppe dagegen nicht.* Weiterhin wird die Auffassung vertreten, daß ein negatives Selbstwertgefühl dem Drogengebrauch zuträglich ist, d. h. ein negativer Selbstwert korrespondiert mit dem (hohen) Gebrauch von Tabak und Alkohol.

Der eingangs postulierte Zusammenhang zwischen niedrigem Selbstwert und Drogengebrauch konnte für diese Studie empirisch nicht nachgewiesen werden. Tabelle 6.3.7 dokumentiert das Ergebnis, getrennt für die beiden Substanzen Tabak und Alkohol. In die Überprüfung des Zusammenhangs waren alle Schülerinnen und Schüler beim ersten Befragungszeitpunkt einbezogen, für die wieder der etwa am Median dichotomisierte Selbstwert-Index zugrundeliegt (zur Indexbildung des legalen Drogengebrauchs vgl. das folgende Kapitel 6.4).

Tab. 6.3.7: Selbstwertgefühl und Drogengebrauch (1. Befragungszeitpunkt; Angaben in Prozent)

	hohes Selbstwertgefühl	niedriges Selbstwertgefühl	
Raucher	50,0	50,0	(n=34)
Nichtraucher	63,6	36,4	(n=88)
(Chi-square=1.897; df=1; n.s.)			
Alkoholkonsumenten	58,3	41,7	(n=60)
Abstinente	58,7	41,3	(n=63)
(Chi-square=.002; df=1; n.s.)			

(Der Pearson'sche Korrelationskoeffizient beträgt für Tabak r= -.07 und für Alkohol r= .05)

Von denjenigen, die angaben (gelegentlich oder regelmäßig) zu rauchen, verfügt die eine Hälfte über ein positives und die andere Hälfte über ein negatives Selbstwertgefühl. Bei den Nichtrauchern (hierzu zählen auch Probierer) fällt die Verteilung etwas zugunsten eines positiven Selbstwerts aus. Bezogen auf das Alkoholverhalten zeigt die Tabelle 6.3.7, daß sowohl bei den Abstinenten (noch nie bzw. nur mal probiert) als auch bei den Konsumenten (gelegentlich oder regelmäßig) von (weichen) Alkoholika etwas mehr Schülerinnen und Schüler über ein positives als negatives Selbstwertgefühl verfügen (58% zu 41%).

Die *Veränderungen des Selbstwertgefühls* infolge der Interventionsmaßnahmen zwischen Erst- und Zweitbefragung wurden sowohl mittels einer Varianzanalyse mit Meßwiederholung (für den interindividuellen Vergleich) als auch mit dem Wilcoxon-Test für Paardifferenzen (für den intraindividuellen Vergleich) erfaßt. In das varianzanalytische Vorgehen flossen das Selbstwertgefühl zum ersten und zweiten Befragungszeitpunkt als abhängige Variablen und die Zuordnung zu Interventions- und Kontrollbedingung als unabhängige Variable ein. Für die Berechnungen wurde der (nicht dichotomisierte) Summenindex für das negative Selbstwertgefühl verwendet. Es gilt also: Je höher der Mittelwert, umso negativer ist das subjektive Selbstwertgefühl.

Das in der Abbildung 6.3.3 graphisch dargestellte Ergebnis der Varianzanalyse zeigt sehr deutlich, daß über die beiden Befragungszeitpunkte und für beide Untersuchungsgruppen eine Abnahme des Mittelwerts für das negative Selbstwertgefühl erfolgt ist. Diese Tendenz schlägt sich auch bei dem Faktor Meßzeitwiederholung in der Varianzanalyse mit einem F-Wert von 5.01 signifikant nieder ($p<.05$). Die angezeigte Abnahme des niedrigen Selbstwertgefühls zugunsten eines positiveren bei der Kontollgruppe im Vergleich zu der Interventionsgruppe wird in der Interaktion zwischen Untersuchungsbedingungen und Meßwiederholung jedoch statistisch nicht signifikant. Auch die Zuordnung zu Interventions- und Kontrollgruppe weist in dieser Varianzanalyse keinen signifikanten Effekt auf.

Abb. 6.3.3: Veränderungen des Selbstwertgefühls für Interventions- und Kontrollschülerinnen und -schüler (Gruppenmittelwerte beim 1. und 2. Befragungszeitpunkt; N=120)

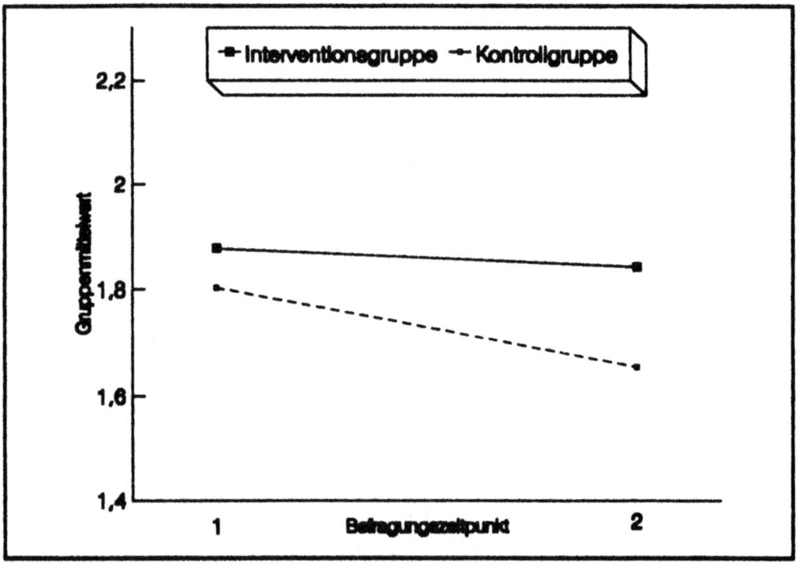

Zieht man ergänzend die Ergebnisse des intraindividuellen Vergleichs aus den Wilcoxon-Tests hinzu, so lassen sich auch hier keine signifikanten Veränderungseffekte aufdecken.

Entsprechend den Ergebnissen aus der Varianzanalyse lassen sich auch nach der Programmdurchführung (2. Befragungszeitpunkt) keine bedeutsamen Differenzen im Selbstwertgefühl zwischen den Schülern aus Interventions- und Kontrollgruppe feststellen.

Zusammenfassend kann festgehalten werden, daß die Unterrichtmaßnahme keine überzeugenden Veränderungen auf den Index Selbstwertgefühl ausgeübt hat. Dennoch sollte an dieser Stelle nicht unerwähnt bleiben, daß ein gestecktes Teilziel erreicht wurde. Das *Ziel* der Intervention bestand darin, zumindest eine Stabilität des positiven Selbstwerts zu erzielen und im optimalen Fall *eine deutliche Verringerung des Anteils der Schülerinnen und Schüler mit negativem Selbstwert zu erreichen.* In der Interventionsgruppe konnte nicht nur der Anteil der Schülerinnen und Schüler mit einem positiven Selbstwertgefühl stabil gehalten werden, sondern es ist sogar zu einer Zunahme gekommen, deren Ausmaß jedoch nicht ausreicht, um statistisch signifikant zu werden. Die Abbildung 6.3.4 dokumentiert abschließend die Veränderung des dichotomisierten Index "Selbstwertgefühl" für die beiden Untersuchungsgruppen.

Abb. 6.3.4: Häufigkeitsverteilung des niedrigen Selbstwertgefühls bei Beginn und Abschluß der Studie in Abhängigkeit von der Intervention (Prozentwerte; N=120)

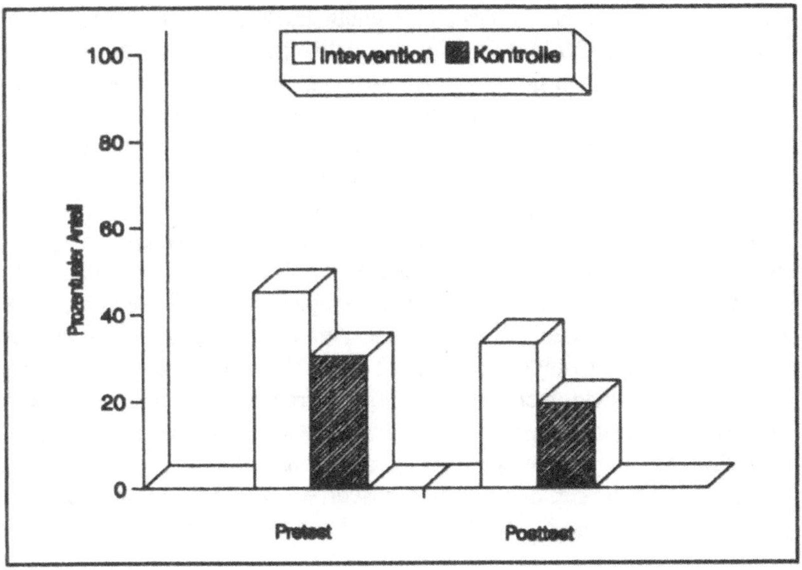

6.3.4 Zusammenfassung

Die Befunde zu den einstellungsrelevanten Fragen und zum Selbstwertgefühl ergeben keine signifikanten Unterschiede zwischen den Schülern aus der Interventions- und Kontrollgruppe; weder vor und nach der Interventionsmaßnahme noch in den gruppenbezogenen Veränderungsmessungen. Es lassen sich dennoch einige Trends abzeichnen, die Rückschlüsse auf die Wirksamkeit der Interventionsmaßnahmen liefern.

Als wichtigstes Trendergebnis kann festgehalten werden, daß die Interventionsmaßnahme eine größere Sensibilisierung für die vielfältigen Gründe und Motive, die zur Aufnahme des legalen Drogengebrauchs führen können, bei den Schülern aus der Interventionsgruppe im Vergleich zu den Schülern aus der Kontrollgruppe ausgelöst hat. Diese größere Sensibilisierung schlägt sich allerdings nicht in den Einstellungen zu den legalen Drogen nieder. Im Vergleich zur Kontrollgruppe konnten bei den Schülern aus der Interventionsgruppe keine bedeutsamen Einstellungsänderungen nachgewiesen werden. In der Interventions- und Kontrollgruppe hat gleichermaßen eine Abnahme im Zustimmungsgrad mit den vorgegebenen Aussagen stattgefunden. So sind nach der Interventionsmaßnahme insgesamt etwas weniger Schülerinnen und Schüler der Ansicht, daß Zigarettenrauchen und Alkoholtrinken dem Ansehen in der Gleichaltrigengruppe förderlich sind.

In den beiden Untersuchungsgruppen (Intervention und Kontrolle) sind die Veränderungen in den tabakrelevanten Einstellungen deutlich höher zu veranschlagen als in den alkoholrelevanten. Obwohl weder vor noch nach der Intervention eine statistische Korrelation zwischen dem Wissen und den entsprechenden Einstellungen nachgewiesen werden konnte, zeigen sich doch nennenswerte (theoretische) Zusammenhänge. Einhergehend mit den signifikanten Wissensverbesserungen bezogen auf Tabak zeigen sich auch bei den tabakrelevanten Einstellungen Veränderungen in der gewünschten Richtung (deren Ausmaß jedoch nicht ausreicht, um signifikant zu werden). Beim Kenntnisstand über alkoholbezogene Fragen konnten keine signifikante Verbesserungen aufgezeigt werden, und in den entsprechenden Einstellungen sind nur begrenzte Wirkungen angezeigt. Eine Interpretation dieser Trends in dem Sinne, daß die Wissensverbesserungen auch die Einstellungen zu legalen Drogen verändern, würde die Daten allerdings überstrapazieren.

Die Analyse der Veränderungen im Selbstwertgefühl infolge der Interventionsmaßnahmen ergab für die mit dem Programm konfrontierten Schülerinnen und Schüler keine durchschlagenden Effekte. In der Interventions- und Kontrollgruppe hat zu etwa gleichen Segmenten der Anteil derjenigen, die über ein negatives Selbstwertgefühl berichten, zwischen Erst- und Zweitbefragung abgenommen. Wenn auch, gemessen am Summenindex für das Selbstwertgefühl, der Anteil negativer Selbsteinschätzungen bei der 2. Befragung in der Kontrollgruppe stärker reduziert war, kann dennoch als positives Trendergebnis festgehalten werden, daß in keiner Interventionsklasse der Anteil negativer Selbsteinschätzungen zugenommen hat und somit ein positives Selbstwertgefühl stabilisiert wurde. Im Hinblick auf die Effektivität der verschiedenen Interventionsmaßnahmen kann abschließend konstatiert werden, daß die Schülerinnen und Schüler aus der Interventionsklasse 2 auch in diesem Punkt am meisten von der Unterrichtsmaßnahme profitiert haben (hier nicht weiter dokumentiert).

6.4 Das Ausmaß des Alkohol- und Rauchverhaltens

Bevor in diesem Auswertungsabschnitt auf die Interventionseffekte im Hinblick auf das drogenrelevante Verhalten Bezug genommen wird, soll zunächst das Ausmaß des legalen Drogengebrauchs für die hier zugrundeliegende Stichprobe skizziert werden. Da es sich um eine sehr kleine Stichprobe handelt, deren Rauch- und Trinkgewohnheiten von denen anderer Gruppen abweichen können, ist es nicht nur sinnvoll, sondern geradezu notwendig, diese mit den Ergebnissen größerer, repräsentativer Befragungen zu vergleichen, bevor die Interventionseffekte überprüft werden.

Um sowohl das Ausmaß als auch die programmspezifischen Effekte bezogen auf das drogenrelevante Verhalten der Jugendlichen zu erfassen, wurden entsprechende Fragenkomplexe zum Tabak- und Alkoholgebrauch im Erhebungsinstrument operationalisiert.

Der Gebrauch von Zigaretten und Alkoholika[4] wurde anhand von Angaben zur Lebenszeit- und Jahresprävalenz ("Hast Du schon einmal geraucht?"/"Hast Du im letzten Jahr Alkohol getrunken?"), Intensität ("Wie oft hast Du in den letzten drei Monaten geraucht?"/"Wie oft trinkst Du Alko-

[4] Bezogen auf den Tabakkonsum wurde ausschließlich nach dem Zigarettenrauchen gefragt, da dies im Vergleich zum Zigarre- oder Pfeiferauchen die gebräuchlichste Form des jugendlichen Rauchens ist (vgl. Ministerium für Arbeit, Gesundheit und Soziales 1987). Bei den Fragenkomplexen zum Alkoholkonsum wurde nicht nach sogenannten "weichen" (Bier, Wein, Sekt) und "harten" (Schnaps, Likör, Weinbrand) Alkoholika differenziert gefragt.

hol?") und Frequenz erfaßt[5]. Die Angaben zur Frequenz bezogen sich sowohl auf die tatsächliche Anzahl gerauchter Zigaretten bzw. getrunkener Gläser Alkohol als auch auf die Wirkung (z. B. die Anzahl erlebter Räusche). Die Items zur Intensität und Frequenz waren im Anschluß an die Frage zur Prävalenz als Filterfragen konstruiert, so daß nur Angaben von denjenigen Jugendlichen erfaßt wurden, die auch über entsprechende Erfahrungen mit den Substanzen verfügten. Bezogen auf den Alkoholgebrauch wurde zudem auch problematisches Trinkverhalten erfaßt. Die Messung ("Wie oft warst Du betrunken?") umschloß in Form einer Sechs-Punkte-Skala folgende Wahlmöglichkeiten: niemals, ein- bis zweimal pro Jahr, ein- bis zweimal pro Monat, ein- bis zweimal pro Woche, mehrmals pro Woche und meistens jeden Tag. Ergänzend wurden die gewöhnlich konsumierten Getränke (Wein/Sekt, Bier, Mixgetränke, Likör/Schnaps) erfaßt, so daß die Selbstangaben zum Alkoholgebrauch mit den Getränkepräferenzen in Verbindung gesetzt werden können.

Aus den genannten Operationalisierungen des Drogengebrauchs wurde ein *Index* zur Erfassung *a) des Rauchverhaltens* und *b) des Trinkverhaltens* konstruiert. Die beiden Indizes setzen sich folgendermaßen zusammen: Als *Nichtraucher* bzw. *Abstinente* (bezogen auf Alkoholgebrauch) werden diejenigen bezeichnet, die keinerlei Erfahrungen mit den Substanzen angaben. Besonderes Augenmerk wird in dieser Studie auch auf die sogenannten "Experimentierer/Probierer" gerichtet. Aus diesem Grund wurden diejenigen mit der Kategorie *"Probierer"* herausgefiltert, die eine oder beide Substanzen lediglich mal probiert haben. Dem Erhebungsinstrument war hierfür eine gesonderte Kategorie zugewiesen. In der Kategorie *gelegentliche Konsumenten* wurden diejenigen aufgenommen, die gelegentlichen oder regelmäßigen Gebrauch angaben, jedoch seltener als einmal pro Monat bis zu einmal in der Woche rauchen oder Alkohol trinken. Mit der Kategorisierung *regelmäßige Konsumenten* wurden diejenigen versehen, die gelegentlich oder regelmäßig Zigaretten bzw. Alkohol konsumieren und dies mehrmals pro Woche bis praktisch täglich tun.

Es gibt wenig in der Ätiologie des Drogengebrauchs, das so gut belegt ist wie der Einfluß rauchender Eltern und Freunde auf das Rauchverhalten von Jugendlichen (vgl. u. a. Aaro, Hauknes & Berglund 1981; Bewley & Bland 1977; Biener & Vogt 1977; Brauner 1977; Bundesminister für Jugend, Familie und Gesundheit 1983; Nordlohne 1992; Sieber & Angst 1981;

---

[5] Zur Erläuterung epidemiologischer Kennwerte in der Drogenforschung vgl. die Ausführungen bei Nordlohne (1992).

Williams 1973). Der Einfluß bezüglich des Rauchverhaltens wird dabei als wesentlich stärker angesehen als auf den Alkoholkonsum (Lopez 1983). Im Kontext dieser Arbeit geht es allerdings nicht darum, einen weiteren empirischen Beweis dieser Zusammenhänge aufzuführen, sondern vielmehr mögliche, dem Programm entgegenwirkende oder auch fördernde Effekte aufzudecken. Ergänzend zu den verhaltensrelevanten Fragen bzgl. des legalen Drogengebrauchs wurden aus diesem Grunde auch Fragenkomplexe zum Tabak- und Alkoholgebrauch in der Freundesgruppe und im Elternhaus aufgenommen. Die befragten Schülerinnen und Schüler wurden gebeten, Angaben darüber zu machen, wieviele ihrer Freunde Zigaretten rauchen bzw. Alkohol trinken. Die Angaben wurden anhand einer Fünf-Punkte-Skala von (1) Niemand, (2) Einer, (3) Die Hälfte, (4) Die Meisten bis (5) Alle erfaßt. Die Hinweise zum legalen Drogengebrauch des Vaters und der Mutter umschlossen neben allgemeinen Angaben zudem auch Nennungen zur Frequenz.

Zunächst soll der Blickwinkel jedoch auf den allgemeinen, tatsächlichen Drogenkonsum in dieser Stichprobe gelenkt und die in der Tabelle 6.4.1 abgetragene 'baseline' skizziert werden.

Gut ein Viertel der hier befragten Schülerinnen und Schüler (26,8%) *rauchen* gelegentlich (16,4%) bzw. regelmäßig (10,4%) *Zigaretten*. Ein knappes Drittel der Befragten berichtet über Probierkonsum (27,6%) und lediglich 45,6% der Schülerinnen und Schüler haben noch nie geraucht (Lebenszeitprävalenz). Betrachtet man diese Angaben differenziert für die Interventions- und Kontrollgruppe, so zeigt sich, daß in der Interventionsgruppe fast doppelt so viele Raucher/Raucherinnen (19,2 + 11,1 = 30,3%) zu verorten sind wie in der Kontrollgruppe (8,6 + 8,6 = 17,2%). Das Zigarettenrauchen "schon mal probiert" haben ein Viertel (24,2%) der Schülerinnen und Schüler aus der Interventionsgruppe. Ungefähr gleichviel Schülerinnen und Schüler in der Interventions- und Kontrollgruppe (45,5% versus 45,7%) haben noch keine Erfahrungen mit Zigaretten.

Die prozentualen Werte für die Lebenszeitprävalenzen des Zigarettenkonsums dieser Studie liegen leicht unter den Ergebnissen anderer Studien. So zählen bei Nordlohne (1992) 31% der befragten 12- bis 17jährigen zu den Raucher/Raucherinnen, wobei hier die Hälfte lediglich über gelegentlichen Konsum berichtet. In einer neueren Studie des Bundesministeriums für Gesundheit (Simon, Bühringer & Wiblishauser 1990) hat sich die Zahl der aktuellen Raucher in der Altersgruppe der 12- bis 29jährigen auf 36,9% eingependelt. Die Deutsche Hauptstelle gegen Suchtgefahren (DHS) berichtet in ihrem aktuellen Jahrbuch Sucht, daß in den alten Bundesländern 33,4% der 12- bis 24jährigen regelmäßig rauchen (v. Troschke 1991). Die insgesamt niedriger liegenden Prävalenzwerte dieser Studie lassen sich zum größten Teil darauf zurückführen, daß die hier einbezogenen Jugendlichen durchschnittlich jünger sind als die in den genannten Studien. (Auf die altersbezogenen Zusammenhänge wird an anderer Stelle noch eingegangen.)

Tab. 6.4.1: Tabak- und Alkoholkonsum beim ersten Befragungszeitpunkt (Lebenszeitprävalenz; Angaben in Prozent)
("Hast Du schon mal geraucht?"/"Hast Du im letzten Jahr Alkohol getrunken?")

	Alle	Interventionsgruppe	Kontrollgruppe
1. Zigarettenkonsum			
Nichtraucher	45,6	45,5	45,7
Probierer	27,6	24,2	37,1
Gelegentliche Raucher	16,4	19,2	8,6
Regelmäßige Raucher	10,4	11,1	8,6
	N = 134	N = 99	N = 35
(Chi-square=3.495; df=3; n.s.)			
2. Alkoholkonsum			
Abstinente	11,9	10,1	17,1
Probierer	41,0	42,4	37,2
Gelegentliche Konsumenten	39,6	37,4	45,7
Regelmäßige Konsumenten	7,5	10,1	0,0
	N = 134	N = 99	N = 35
(Chi-square=5.23976; df=3; n.s.)			

Zieht man die im unteren Teil der Tabelle 6.4.1 ausgewiesenen Befunde zu den Prävalenzwerten des Alkoholgebrauchs hinzu, so wird deutlich, daß knapp die Hälfte aller hier befragten Jugendlichen (47,1%) gelegentlich (39,6%) bis regelmäßig (7,5%) *Alkohol* trinken. Die andere Hälfte hat zum größten Teil schon mal Alkohol probiert (41%) und nur ein geringer Anteil Jugendlicher hat noch nie Alkohol getrunken (11,9%). Vergleicht man die

Prävalenzen der Interventionsgruppe mit denen der Kontrollgruppe, so zeigt sich, daß mehr Schülerinnen und Schüler aus der Interventionsgruppe über gelegentliche oder regelmäßige Alkoholerfahrungen verfügen (ca. 10% mehr) als aus der Kontrollgruppe. Dieser Unterschied wird statistisch nicht signifikant.

Ein Vergleich mit den Prävalenzwerten anderer, repräsentativer Studien ergibt, daß die an dieser Studie beteiligten Schülerinnen und Schüler über "normale", ihrer Altersgruppe entsprechende Erfahrungen mit Alkoholika verfügen: In der Studie von Nordlohne (1992) sind die Hälfte der befragten 12- bis 17jährigen in bezug auf den Gebrauch weicher Alkoholika abstinent, die andere Hälfte konsumiert gelegentlich (46%) bzw. regelmäßig (4%) Alkohol. Eine repräsentative Studie des Ministeriums für Arbeit, Gesundheit und Soziales des Landes Nordrhein-Westfalen (1987) geht von 60% Abstinenten in der Altersgruppe 12 bis 17 Jahre aus (vgl. auch Wünschmann 1991).

Wenn Alkohol getrunken wird, handelt es sich in den meisten Fällen um die weichen Alkoholika wie Wein/Sekt und Bier (88,4%); die"harten" Alkoholika (Mixgetränke und Schnaps) werden von 11,6% der Befragten als hauptsächliche Getränke genannt (vgl. Tabelle 6.4.2). Zwischen der Interventions- und Kontrollgruppe zeigen sich in den Getränkepräferenzen der Befragten keine bedeutsamen Unterschiede.

Tab. 6.4.2: Getränkeprävalenzen beim 1. Befragungszeitpunkt (Angaben in Prozent)
("Wenn Du Alkohol trinkst, was trinkst Du dann gewöhnlich?")

	Alle	Interventionsgruppe	Kontrollgruppe
Wein/Sekt	36,0	34,4	40,0
Bier	52,4	54,1	48,0
Mixgetränke	9,3	8,2	12,0
Schnaps	2,3	3,3	-
	N = 86	N = 61	N = 25

(Chi-square=1.374; df=3; n.s.)

Insgesamt sagen die Angaben über den Kontakt mit einer Substanz noch wenig über Gebrauchsmuster oder eventuell vorhandene Mißbrauchsmuster aus. Erst nähere Angaben über die Häufigkeit und Menge der Nutzung geben weiterführende Informationen über die Umgangsmuster mit den Substanzen.

Häufigkeit des Zigaretten- und Alkoholgebrauchs

Betrachtet man die Häufigkeit, in der Zigaretten bzw. Alkoholika konsumiert werden, für die letzten drei Monate vor der Befragung anhand der folgenden Tabelle 6.4.3, so ergibt sich folgendes Bild: Knapp die Hälfte derjenigen, die über gelegentlichen bzw. regelmäßigen Zigarettenkonsum berichten, rauchen selten bis zu einmal pro Monat (16,7% + 30,6% = 47,3%), ein Viertel raucht ein- bis mehrmals pro Woche (25%) und 27,8 % der Befragten geben an, daß sie täglich Zigaretten rauchen. Bezogen auf den Alkoholgebrauch zeigt sich ein etwas moderateres Verhalten. Ein Viertel der Befragten trinkt lediglich ein paar Gläser pro Jahr (25,4%), über die Hälfte der Jugendlichen greift zu ein paar Gläsern im Monat (58,7%) und ein kleinerer Anteil von 15,9% trinkt ein paar Gläser weicher Alkoholika pro Woche. Über täglichen Gebrauch von Alkoholika berichtet keiner der befragten Schüler und Schülerinnen beim ersten Erhebungszeitpunkt. Die Schülerinnen und Schüler aus der Interventions- und Kontrollgruppe unterscheiden sich in der Häufigkeit des Zigaretten- und Alkoholkonsums nicht signifikant voneinander.

Tab. 6.4.3: Häufigkeit des Zigaretten- und Alkoholkonsums beim 1. Befragungszeitpunkt (Angaben in Prozent)
("Wie oft rauchst/trinkst Du Zigaretten/Alkohol?")

	Alle	Interventionsgruppe	Kontrollgruppe
1. Zigarettenkonsum			
Seltener als einmal pro Monat	16,7	20,0	0,0
Einmal pro Monat	30,5	30,0	33,3
Ein- bis mehrmals pro Woche	25,0	26,7	16,7
Täglich	27,8	23,3	50,0
	N = 36*	N = 30*	N = 6*
(Chi-square=2.698; df=3; n.s.)			

Fortsetzung

2. Alkoholkonsum			
Ein paar Gläser pro Jahr	25,4	25,5	25,0
Ein paar Gläser pro Monat	58,8	53,2	75,0
Ein paar Gläser pro Woche	15,9	21,3	0,0
	N = 63*	N = 47*	N = 16*
(Chi-square=4.372; df=2; n.s.)			

* Nur die Fälle, die gelegentlich bis regelmäßig Zigaretten oder Alkohol konsumieren.

Intensität des Zigaretten- und Alkoholgebrauchs

Die Anzahl gerauchter Zigaretten wurde lediglich von den Jugendlichen erhoben, die angaben, täglich zu rauchen. Aufgrund fehlender Werte gingen lediglich sechs von zehn Angaben in die Berechnung ein. Von diesen sechs Jugendlichen (fünf aus der Interventionsgruppe und einer aus der Kontrollgruppe) gaben vier an, daß sie zwischen fünf und zehn Zigaretten täglich rauchen, jeweils ein Schüler/eine Schülerin raucht weniger als fünf Zigaretten pro Tag und einer/eine 11 bis 15 Zigaretten pro Tag.

Die tatsächlich konsumierte Menge Alkohol wurde ebenfalls nur von denjenigen Jugendlichen erfaßt, die über gelegentliche bzw. regelmäßige Konsummuster berichteten (vgl. Tabelle 6.4.4). Aufgrund von fehlenden Nennungen reduzierten sich die Nennungen auf 62 von 66 Befragten. Wenn Alkohol von dieser Gruppe getrunken wird, dann handelt es sich bei gut der Hälfte der Befragten um eine Anzahl von zwei bis sechs Gläsern (24,2% + 35,5% = 59,7%) pro Trinkanlaß. Eine nicht unbeträchtliche Anzahl von Befragten trinkt mehr als sechs Gläser (12,9%) bzw. soviel, bis sie betrunken sind (14,5%). Eine kleine Gruppe trinkt maximal ein Glas (3,2% + 9,7% = 12,9%), wenn sie zu Alkoholika greift. Streng genommen müßte diese Gruppe eher den sogenannten "Probierern" zugeordnet werden als den gelegentlichen Konsumenten. Besonderes Augenmerk sollte jedoch auf die Schüler und Schülerinnen gelenkt werden, die einen "exzessiven" Gebrauch der weichen Alkoholika betreiben. Auf die Relevanz der Präventionsmaßnahme für diese "Risikogruppe" wird im Kontext dieses Kapitels noch näher eingegangen werden.

Tab. 6.4.4: Anzahl getrunkener Gläser Alkohol beim 1. Befragungszeitpunkt (Angaben in Prozent)
("Wieviel trinkst Du, wenn Du Alkohol trinkst?")

	Alle	Interventionsgruppe	Kontrollgruppe
Nur mal genippt	3,2	2,2	6,2
1 Glas	9,7	8,8	12,5
2 Gläser	24,2	28,3	12,5
3 bis 6 Gläser	35,5	28,3	56,3
Mehr als 6 Gläser	12,9	13,0	12,5
Bis ich betrunken bin	14,5	19,6	-
	N=62	N=46	N=16
(Chi-square=9.786; df=5; p<.07)			

Alters- und Kohortenvergleich

Die Aufschlüsselung der folgenden Tabelle 6.4.5 für die beiden Kohorten (1. Kohorte: 11- bis 13jährige; 2. Kohorte: 14- bis 16jährige)[6] zeigt, daß sich die beiden Altersgruppen signifikant in ihren Prävalenzwerten für die Substanzen Tabak und Alkohol unterscheiden.

Erwartungsgemäß nehmen die Prävalenzwerte für den Tabak- und Alkoholgebrauch mit dem Alter zu. So sind in der älteren Kohorte siebenmal so viele gelegentliche/regelmäßige Raucher anzutreffen wie in der jüngeren Kohorte. Dementsprechend haben ein Großteil der jüngeren Schülerinnen und Schüler noch keine Erfahrungen oder lediglich "mal probiert" im Vergleich zu der älteren Kohorte, bei denen nur noch die Hälfte als 'Nichtraucher' oder 'Probierer' klassifiziert werden kann. Bezogen auf die (Lebenszeit-) Prävalenz des Alkoholgebrauchs zeigt die Differenzierung nach Altersgruppen ein vergleichbares Bild: die Prävalenzwerte der jüngeren Kohorte liegen etwa fünfmal niedriger als diejenigen der älteren Kohorte. Die Analyse bestätigt somit bekannte Altersunterschiede im Konsum legaler Drogen (vgl. u. a. Bundeszentrale für gesundheitliche Aufklärung 1990; Engel & Hurrelmann 1989; Fahrenkrug 1980; Lopez 1983; Ministerium für

[6] Zur Kohortenbildung vgl. Abbildung 5.1.3.

Arbeit, Gesundheit und Soziales NRW 1987; Noack 1990; Nordlohne 1992; Semmer et al. 1991; Tölle & Buchkremer 1989; Zank, Stemmler & Kastner 1988).

Die für die altersabhängigen Prävalenzen des Drogengebrauchs ausgewiesenen Befunde spiegeln sich entsprechend in den Angaben zur Intensität wider (hier nicht weiter dokumentiert). Die Häufigkeit, in der Jugendliche Zigaretten rauchen oder Alkohol trinken, liegt für die ältere Kohorte deutlich über der jüngeren.

Tab. 6.4.5: Lebenszeitprävalenz des Zigaretten- und Alkoholgebrauchs differenziert nach Altersgruppen beim 1. Befragungszeitpunkt (Angaben in Prozent)

	Alle	11- bis 13jährige	14- bis 16jährige
1. Tabakprävalenz			
Nichtraucher	45,4	82,0	13,0
Probierer	27,7	11,5	42,0
Gelegentliche Raucher	16,9	6,5	26,2
Regelmäßige Raucher	10,0	-	18,8
	N = 130	N = 61	N = 69
(Chi-square=63.594; df=3; p<.01)			
2. Alkoholprävalenz			
Abstinente	11,5	18,0	5,8
Probierer	40,8	67,2	17,4
Gelegentliche Konsumenten	40,0	14,8	62,3
Regelmäßige Konsumenten	7,7	-	14,5
	N = 130	N = 61	N = 69
(Chi-square=51.006; df=3; p<.01)			

Faßt man die Ergebnisse der Ausgangsbasis für den aktuellen Zigaretten- und Alkoholkonsum unter dem Blickwinkel der beiden Untersuchungsgruppen (Intervention und Kontrolle) zusammen, so läßt sich konstatieren, daß sich die Schülerinnen und Schüler aus der Interventions- und Kontrollgruppe in ihren Angaben zu (Lebenszeit-)Prävalenz, Intensität und Frequenz bezüglich beider Substanzen nicht (bedeutsam) voneinander unterscheiden. Weiterhin zeigt ein Vergleich mit anderen - für diese Altersgruppe relevanten - Studien zum Drogengebrauch im Jugendalter, daß es sich bei der hier zugrundeliegenden Stichprobe um relativ "normale" Gebrauchsmuster beim Zigaretten- und Alkoholkonsum handelt. Eine weitere (hier nicht aufgeführte) Analyse bezüglich geschlechtsspezifischer Konsummuster hat ergeben, daß sich der in der Literatur zur Drogenforschung vielfach erwiesene Befund, daß Jungen häufiger und vor allem intensiveren Gebrauch von den Substanzen Tabak und Alkohol machen als die Mädchen, in dieser (Evaluations-)Studie nicht repliziert werden konnte.

6.5 Gesundheitsrelevante Verhaltensänderungen durch die Intervention?

Die Kriterien, anhand deren überprüft wird, ob eine präventive Maßnahme erfolgreich ist, stehen im engen Zusammenhang mit den für die Maßnahme formulierten Zielen. Während das Globalziel der aktuellen Drogenpolitik in der BRD die Reduktion der Prävalenzwerte des Drogengebrauchs ist, lassen sich für die primäre schulische Prävention mehrere Teilziele formulieren, deren Hauptanliegen die Verminderung eines Mißbrauchsverhaltens ist (vgl. Künzel-Böhmer, Büringer & Janik-Konecny 1992). Zu diesen Teilzielen zählen die Abstinenz, der Aufschub und ein verantwortlicher Umgang mit legalen (wie auch illegalen) Drogen durch die Vermeidung des Probierens, des gelegentlichen Konsums oder der Abhängigkeit. Zur Zeit besteht in der wissenschaftlichen Literatur wenig Übereinstimmung darin, welche der genannten Ziele im Hinblick auf das Verhalten Vorzug haben sollten. Aufgrund gesellschaftlicher Werte und sozialer Normen lassen sich für den Umgang mit den verschiedenen Substanzen auch unterschiedliche Ziele formulieren. Während für den Tabakkonsum - nicht nur aufgrund gesellschaftlicher Wandlungen - das Ziel deutlich bei der Vermeidung angesiedelt ist, wird für den Alkoholkonsum ein moderater Umgang erwartet.

Bezieht man bei der Formulierung der Hypothesen die Ergebnisse der Evaluationsstudien mit ein, so zeigt sich, daß den meisten Maßnahmen im Hinblick auf die Reduktion des Tabak- und Alkoholgebrauchs kein allzu großer Erfolg vergönnt geblieben ist. Dabei weisen die Programme den geringsten Erfolg bei der Prävention des Alkoholkonsums auf (vgl. hierzu auch das folgende Kapitel 7).

Wie schon in Kapitel 2 gezeigt, beginnt der Einstieg in das Suchtverhalten im Kindes- und Jugendalter, und zwar über die legalen Drogen Tabak und Alkohol. Aufgrund der zur Zeit vorliegenden Studien kann man davon ausgehen, daß die Mehrzahl aller Jugendlichen ihren Drogengebrauch auf diese Substanzen beschränkt. Lediglich eine Minderheit experimentiert zusätzlich über einen Zeitraum von einigen Jahren mit leichten illegalen Drogen, wobei an erster Stelle Haschisch steht (Engel & Hurrelmann 1989). Von diesen Haschischkonsumenten nimmt ein kleiner Teil den Konsum von illegalen Drogen (Heroin, Kokain usw.) auf. Man kann demnach von einer stufenmäßigen Abfolge des Drogengebrauchs im Jugendalter ausgehen, bei der die sogenannten "Alltagsdrogen" Tabak und Alkohol als eine Art Vorläufer der illegalen Drogen fungieren können (Silbereisen & Kastner 1984). Nichtsdestotrotz gehört für eine nicht unwesentliche Zahl von Jugendlichen das Zigarettenrauchen und Alkoholtrinken zum Bestandteil des alltäglichen Verhaltensrepertoires.

Das ist auch nicht überraschend, denn das Erlernen des Umgangs mit den legalen Drogen - insbesondere mit Alkohol - gehört zu den in unserem Kulturkreis von allen Jugendlichen erwarteten Aufgaben der Entwicklung zum Erwachsenen. Der Konsum der legalen Drogen Alkohol und Tabak muß zwar wegen der gesundheitlichen Folgen und der Suchtgefahren für die Person als eine spezifische Form von "Problemverhalten" klassifiziert werden, er ist aber auch zugleich "normal" für die Entwicklung im Kindes- und Jugendalter. Jugendliche müssen sich - gedanklich und handelnd - mit dem Konsum der legalen Drogen beschäftigen und auseinandersetzen können, weil sie sonst in einer von Drogen geprägten Lebensumwelt sozial inkompetent bleiben würden.

Insbesondere die "Normalität" und Funktionalität des Drogengebrauchs im eigenen Prozeß der Persönlichkeitsentwicklung und der täglichen Lebensbewältigung deuten auf die Problematik der präventiven Beeinflussung hin. Neben dem funktionalen Nutzen gesundheitsriskanter Verhaltensweisen spielt auch die Schwierigkeit, einmal erlernte Verhaltensweisen wieder abzulegen, eine nicht zu unterschätzende Rolle bei der primären Prävention.

Wie schwer die Veränderung einmal habitualisierter und als positiv bewerteter Verhaltensweisen ist, zeigt die zur Zeit in der AIDS-Prävention geführte Diskussion über die mangelnde Akzeptanz von Kondomen vor allem auch in heterosexuellen Kreisen (vgl. DER SPIEGEL 1992). Subjektive Abwehrstrategien im Sinne von "Mir wird schon nichts passieren" zeigen zwar auf der einen Seite, daß das Wissen über die Gefahr vorhanden ist; spiegeln aber auf der anderen Seite die Wirkung von Wahrscheinlichkeitsaussagen wider, die zeigen, daß sich mit dem Risiko auch ganz gut leben läßt, ohne sein Verhalten zu ändern. Es scheint zwar einleuchtend, Risikoverhalten und gesundheitliche Gefährdungen in Verbindung zu setzen, doch ob im kurzfristigen Nutzenkalkül der Erhaltung der körperlichen Unversehrtheit höchste Priorität zukommt, scheint mehr als fraglich, werden doch risikoreiche Verhaltensweisen in der jeweiligen Situation als positiv erlebt (Wenzel 1986). Aus der Sicht der Jugendlichen stellen sich insbesondere risikoreiche Verhaltensweisen als kleine Freuden zur Kompensation der kleinen und großen Leiden eines beengten Lebens dar. Auch sind sie ein "probates Mittel", um Langeweile und Eintönigkeit zu kaschieren (Franzkowiak 1986).

Im Hinblick auf die primäre Prävention des Tabak- und Alkoholgebrauchs im Jugendalter erweisen sich zudem die folgenden Befunde von besonderem Interesse: Man kann davon ausgehen, daß je früher mit dem Gebrauch von Tabak und Alkohol im individuellen Lebenslauf begonnen wird, umso größer ist auch die Wahrscheinlichkeit der Beibehaltung und Steigerung von Gebrauchsmustern in späteren Lebensjahren (Ministerium für Arbeit, Gesundheit und Soziales NRW 1987). Insbesondere der Konsum von Zigaretten erweist sich als stark habitualisiertes Verhaltensmuster. Die Konsummuster verfestigen sich über die Jahre und sind nicht nur wegen der Nikotinabhängigkeit und der psychotropen Effekte schwer wieder abzulegen. Der mangelnde Erfolg der Vielzahl von Raucherentwöhnungsprogrammen, die entwickelt und wissenschaftlich evaluiert wurden, hat gezeigt, wie schwierig es ist, einen gewohnheitsmäßigen Raucher von seiner "Last" zu befreien (Lopez & Hoffmeister 1991). Die Aufrechterhaltung von Rauchmustern hat sich weiterhin dann als am wahrscheinlichsten erwiesen, wenn schon vor dem 20. Lebensjahr mit dem regelmäßigen Rauchen begonnen wurde (Leventhal & Cleary 1980). Die Aufrechterhaltung von Umgangsmustern mit Alkoholika sind dagegen weniger stabil (Jessor 1986).

Mit Programmen, die auf sozialpsychologisch fundierten Techniken wie "soziale Kompetenz" oder "Impfung" fußen, konnte allerdings in Schulen der Beginn des Rauchens bei Kindern verzögert werden und damit vor allem dem Trend des immer früher liegenden Einstiegsalters entgegengewirkt werden (vgl. Lopez & Hoffmeister 1991). Lediglich das Konzept der Lebensbewältigung (Botvin et al. 1984; Botvin et al. 1984; Botvin & Eng 1980; Botvin & Eng 1982; Botvin, Eng & Williams 1980; Botvin, Renick & Baker 1983; Dusenburry & Botvin 1990) zeigt in bezug auf die Prävention des Drogengebrauchs im Jugendalter die bisher am vielversprechendsten Erfolge. Basierend auf sozialen und psychologischen Komponenten konnte mit diesem sowohl substanzspezifischen (z. B. Drogenangebote ablehnen können) als auch -unspezifischen Ansatz (z. B. Kompromisse schließen können) eine signifikante Reduktion des Experimentierens und regelmäßigen Rauchens über einen längeren Zeitraum nachgewiesen werden (Künzel-Böhmer, Bühringer & Janik-Konecny 1992). Alle Studien zeigen jedoch weitaus größere Effekte bei den Nichtkonsumenten als bei den Konsumenten legaler Drogen. Für den deutschsprachigen Raum liegen mit diesem Ansatz noch keine Erfahrungen vor.

Für die hier vorgelegte Studie bedeuten die o. g. Ergebnisse, daß der Erfolg der Maßnahme im Hinblick auf (signifikante) Verhaltensänderungen vorsichtig beurteilt werden muß und keine einschlagenden Veränderungen erwartet werden dürfen. Das hier zugrundeliegende Programm folgt zwar in grundlegenden Komponenten dem "Life-Skills-Approach", erreicht allerdings nicht dessen Komplexität und weist bezüglich einiger Kriterien wie Dauer der Implementation, Vermittlung durch Lehrer statt durch Gleichaltrige, methodische Anlage etc. deutliche Mängel auf, die zu verwischen der Anlage dieser Fallstudie nicht gerecht würde.

Unter Rückbezug auf die o. g. Ausführungen werden für die Verhaltensänderungen folgende Hypothesen - getrennt für Tabak- und Alkoholgebrauch - vorsichtig formuliert:

1. Durch die Intervention ist das *Nichtrauchen bestärkt* worden, insofern, als daß in den Interventionsklassen der Anteil derjenigen, die mit dem Rauchen anfangen, niedriger ist als in der vergleichbaren Kontrollgruppe. Eine Reduktion der Rauchgewohnheiten wurde nicht erzielt.
2. In bezug auf den Umgang mit *Alkohol* wird vermutet, daß bei den Schülern aus den Interventionsklassen abstinentes bzw. moderates Verhalten gestärkt werden konnte. Bei den Schülern aus den Kontrollklassen sind keine Veränderungen angezeigt.
3. Für beide Hypothesen werden keine signifikanten Effekte, sondern lediglich sich abzeichnende Tendenzen erwartet.

Um potentielle Programmeffekte auf das gesundheitsrelevante Verhalten nicht zu kaschieren, wird ausgehend von den altersspezifischen Unterschieden im Drogengebrauch die folgende Analyse getrennt für die beiden Kohorten durchgeführt.

6.5.1 Drogenrelevantes Verhalten der jüngeren Kohorte

In der jüngeren Kohorte befinden sich nur wenige Schülerinnen und Schüler, die über gelegentliche oder regelmäßige Umgangsformen mit Zigaretten und Alkoholika verfügen. Dabei sind die Konsummuster für den Gebrauch von Alkoholika deutlich höher zu veranschlagen als die für Tabak.

Die Ergebnisse befinden sich in genereller Übereinstimmung mit anderen

Forschungsarbeiten auf dem Gebiet des Drogengebrauchs im Jugendalter. In diesen Studien wird der Zeitraum zwischen früher und mittlerer Jugendphase als eine Phase charakterisiert, in der sich die Jugendlichen durch verschiedene Stadien des Drogengebrauchs bewegen, beginnend mit dem Experimentieren und Probieren über den gelegentlichen Konsum bis schließlich regelmäßige Gebrauchsmuster bestehen (Flay et al. 1983; Leventhal & Cleary 1981; O'Rourke, Smith & Nolte 1984). Der Weg zum regelmäßigen Konsum ist in diesem Sinne kein sprunghafter Schritt, sondern folgt eher einem entwicklungsbezogenen Stufenmodell (Flay et al. 1983). Nach diesem Modell - das eher auf das Zigarettenrauchen zutrifft - hat ein regelmäßiger Raucher fast immer zuvor die vier verschiedenen Verhaltensstadien durchlaufen (Preparation - Initiation - Experimentation - Regular Smoking). Die unterschiedlichen Phasen werden dabei von verschiedenen Einflußfaktoren begleitet. So beeinflussen insbesondere familiale Prozesse die erste Phase der Vorbereitung (Preparation); Gruppendruck seitens der Gleichaltrigen, ein instabiles Selbstwertgefühl und die physiologischen Wirkungen beeinflussen nicht unwesentlich die Probierphase (Initiation/Experimentation); die sozialen Verstärkungen des Zigarettenkonsums sind wahrscheinlich wichtige Motive beim Übergang zum regelmäßigen Rauchen (Regular Smoking).

In Anlehnung an das von Flay et al. (1983) beschriebene Phasenmodell sollte insbesondere der jüngeren Kohorte, die noch nicht über habitualisierte und verfestigte Gebrauchsmuster bezogen auf Tabak und Alkohol verfügt, besondere Beachtung geschenkt werden. Das jedoch schon vorhandene Interesse am Drogengebrauch der jüngeren Schülerinnen und Schüler läßt sich anhand der relativ großen Anzahl von "Probierern" demonstrieren. Ein Zehntel der Befragten verfügt über Erfahrungen mit Tabak und ein Drittel hat schon mal Alkohol getrunken.

(a) Vorher-vorher-Vergleich

In Analogie zu den Auswertungsschritten in den vorherigen Ergebnisteilen soll zunächst eine Überprüfung der Prävalenzen des Drogengebrauchs zwischen Interventions- und Kontrollgruppe beim ersten Befragungszeitpunkt durchgeführt werden. In die Analyse der Verhaltensdaten der jüngeren Kohorte flossen drei Klassen ein: zwei Klassen (IV1 und IV2) erhielten ein Unterrichtsprogramm und eine dritte Klasse fungierte als unbehandelte Vergleichsgruppe (KO1) (vgl. auch Abbildung 5.1.3).

Betrachtet man die Ergebnisse zur (Lebenszeit-)Prävalenz des Zigaretten- und Alkoholgebrauchs differenziert nach Interventions- und Kontrollgruppe, so zeigt die Tabelle 6.5.1, daß in den Interventions- und Kontrollklassen ein ungefähr gleich großer Anteil Nichtraucher anzutreffen ist. In allen Klassen gibt keiner der Befragten an, gelegentlich oder regelmäßig zu rauchen. In der Interventionsgruppe 2 (IV2) haben 10,5 Prozent der befragten Schülerinnen und Schüler das Zigarettenrauchen lediglich mal probiert. Erfahrungen mit Alkohol haben etwas mehr Schülerinnen und Schüler aus den beiden Interventionsgruppen (IV1: 86,6% + 6,7% = 93,3%; IV2: 77,8% + 5,5% = 83,3%) als aus der Kontrollgruppe (KO1: 61,5% + 7,7% = 69,2%). Dementsprechend liegt bei Beginn der Intervention auch der Anteil Abstinenter für die Kontrollgruppe (30,8%) über dem in den Interventionsgruppen (6,7% + 16,7% = 23,4%). Dennoch werden die Unterschiede für das tabak- und alkoholrelevante Verhalten im Chi-Quadrat-Test nicht statistisch signifikant.

Auf die Daten zur Intensität und Frequenz des Tabak- und Alkoholgebrauchs wird aufgrund mangelnder Erfahrungen seitens der jüngeren Kohorte nicht weiter eingegangen werden.

Tab. 6.5.1: Lebenszeitprävalenz des Zigaretten- und Alkoholgebrauchs differenziert nach Untersuchungsgruppen beim 1. Befragungszeitpunkt (Angaben in Prozent)

	Alle (jüngere Kohorte)	Interventions-gruppe 1 (IV1)	Interventions-gruppe 2 (IV2)	Kontroll-gruppe (KO1)
1. Zigarettengebrauch				
Nicht-raucher	96,2	100,0	89,5	100,0
Probierer	3,8	0,0	10,5	0,0
	(N=52)	(N=17)	(N=19)	(N=16)
(Chi-square=3.613; df=3; n.s.)				
2. Alkoholgebrauch				
Absti-nente	17,4	6,7	16,7	30,8
Probierer	76,1	86,6	77,8	61,5
Gel. Konsu-menten	6,5	6,7	5,5	7,7
	(N=46)	(N=15)	(N=18)	(N=13)
(Chi-square=2.978; df=4; n.s.)				

(b) Vorher-nacher-Vergleich

Bei der Analyse der verhaltensrelevanten Programmeffekte ist nicht nur von Interesse, *ob* die vorab aufgestellten Ziele erreicht wurden, sondern auch *welche* der Interventionsformen besonders effektiv oder auch ineffektiv waren. Führen wir uns deshalb noch einmal vor Augen, mit welchen Programmfacetten die beiden jüngeren Interventionsgruppen konfrontiert wurden: In der Interventionsklasse 1 (IV1) dominierte der Aspekt "Stark machen gegen Gruppendruck" in Verbindung mit wichtigen Informationsbestandteilen. In der Interventionsklasse 2 (IV2) wurden drogenunspezifische, die Persönlichkeit stärkende Elemente im Unterrichtsprogramm favorisiert und die Wissensvermittlung eher vernachlässigt (vgl. auch Kapitel 4.2).

Da die abhängigen Variablen beim varianzanalytischen Vorgehen intervallskaliert sein sollten (Bortz 1989), die Daten zur Erfassung des Rauch- und Trinkverhaltens jedoch lediglich Ordinalskalenniveau aufweisen, muß bei der Frage, ob und welche der o. g. Programmstrategien eine positivere Beeinflussung des Nichtraucherverhaltens im Vergleich zur unbeeinflußten Kontrollgruppe bewirkte, auf dieses Verfahren verzichtet werden. Aus diesem Grunde wird die Differenz zwischen den beiden Interventionsgruppen und der Kontrollklasse mit dem Chi-Quadrat-Test und die Veränderungen innerhalb der Gruppen mit dem Wilcoxon-Test analysiert. In die Berechnungen werden nur die Schülerinnen und Schüler aufgenommen, für die gültige Werte über beide Befragungszeitpunkte vorliegen. Das Signifikanzniveau wird auch hier a priori auf 5 Prozent festgelegt.

Zu Beginn der Untersuchung gab ein Großteil der befragten Schülerinnen und Schüler an, noch keine Erfahrungen mit dem Gebrauch von Zigaretten zu haben. Inwieweit sich infolge der Interventionsmaßnahme der Anteil "Nichtraucher" auch beim zweiten Befragungszeitpunkt als stabil erweist, zeigt die folgende Abbildung 6.5.1.

In allen Klassen hat sich erwartungsgemäß der prozentuale Anteil derjenigen, die beim ersten Befragungszeitpunkt angaben, 'noch nie geraucht' zu haben, beim zweiten Befragungszeitpunkt verringert. Obwohl in den beiden Interventionsklassen nach der Intervention mehr Schüler über Probiererfahrungen mit Zigaretten verfügen als in der vergleichbaren Kontrollgruppe, bestehen keine signifikante Unterschiede zwischen den Untersuchungsgruppen (chi-square=2.446; df=2; n.s.).

Abb. 6.5.1: Prozentualer Anteil der Nichtraucher und Probierer nach Untersuchungsgruppen beim 1. und 2. Befragungszeitpunkt (N=52)

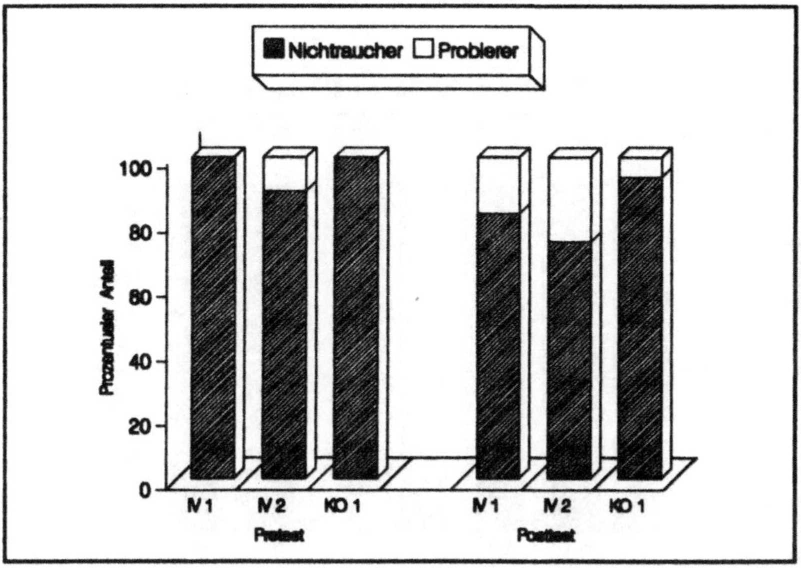

Vergleicht man die Prävalenzen für den Alkoholgebrauch differenziert für die einzelnen Untersuchungsgruppen anhand der folgenden Abbildung 6.5.2, dann wird deutlich, daß in allen Klassen von einer Zunahme der Alkoholerfahrungen beim zweiten Befragungszeitpunkt auszugehen ist.

Während in den Interventionsklassen der Anteil Alkoholabstinenter über beide Befragungszeitpunkte hinweg relativ konstant geblieben ist, hat sich dieser Anteil in der Kontrollgruppe um mehr als die Hälfte verringert. Weiterhin hat in allen drei Gruppen die Anzahl der Schüler zugenommen, die über gelegentliche Umgangsformen mit Alkohol berichten. Berücksichtigt man hierzu jedoch auch die Angaben zur Intensität und Frequenz des Alkoholgebrauchs (hier nicht weiter dokumentiert), so kann man insgesamt von moderaten Trinkgewohnheiten ausgehen. Wenn die Jugendlichen über gelegentlichen Gebrauch berichten, haben sie maximal ein paar Gläser pro Jahr und einen Schluck bis ein Glas Alkohol pro Trinkanlaß konsumiert. Streng genommen müßten auch diese Schüler der Kategorie 'Probierer' zugeordnet werden. Aus diesem Grunde sollten den Veränderungen zwischen Probierkonsum und gelegentlichen Gebrauch von Alkoholika nicht ganz so große Aufmerksamkeit geschenkt werden.

Abb. 6.5.2: Prozentualer Anteil der Abstinenten, Probierer und gelegentlichen Alkoholkonsumenten nach Untersuchungsgruppen im Pre- und Posttest (N=46)

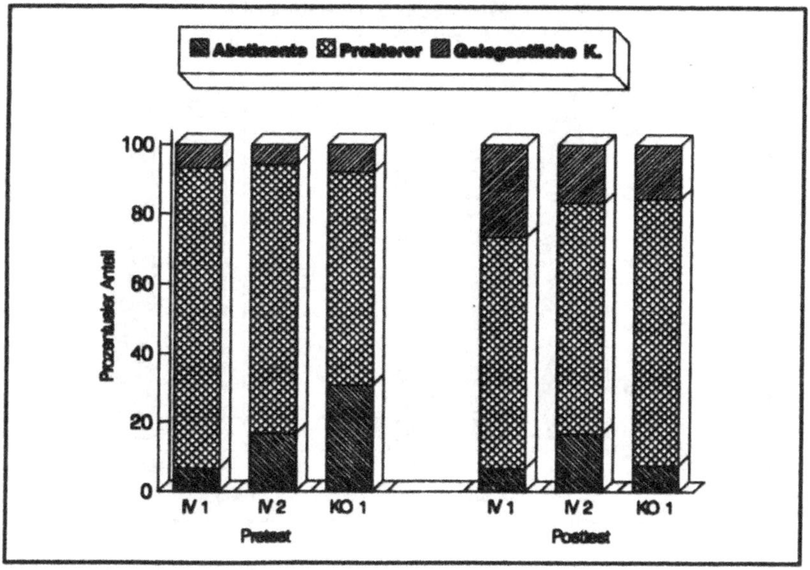

Die mit dem Chi-Quadrat-Test berechneten Werte für die Prävalenzen zum Tabak- und Alkoholgebrauch erweisen sich zum einen als wichtiger Maßstab für den Vergleich zwischen den verschiedenen Untersuchungsklassen, geben aber zum anderen wenig Hinweise auf die tatsächliche Zu- oder Abnahme des Kontaktes mit den Substanzen. So konnte mittels der beiden Abbildungen 6.5.1 und 6.5.2 gezeigt werden, daß sowohl in den beiden Interventionsklassen als auch in der Kontrollklasse nach der Programmdurchführung mehr Schülerinnen und Schüler Erfahrungen mit dem Gebrauch von Tabak und Alkohol aufweisen, sich die Untersuchungsgruppen in ihren Verhaltensweisen jedoch zu keinem Befragungszeitpunkt signifikant voneinander unterscheiden.

Weitaus aufschlußreicher für die Effektivität der Interventionsmaßnahme sind jedoch Angaben darüber, wie hoch der prozentuale Anteil "Neueinsteiger" in den Interventionsklassen in Relation zur Kontrollklasse ist. Mittels des Wilcoxon-Tests für Paardifferenzen wurden deshalb die Veränderungen der Rauch- und Trinkgewohnheiten zwischen Erst- und Zweitbefragung getrennt für jede Untersuchungsklasse berechnet. Die folgende Abbildung 6.5.3 veranschaulicht die Ergebnisse für das Rauchverhalten aus dem Wilcoxon-Test.

Abb. 6.5.3: Prozentualer Anteil der Konsumsteigerung und -abnahme im Tabakgebrauch nach Untersuchungsgruppen (N=52)

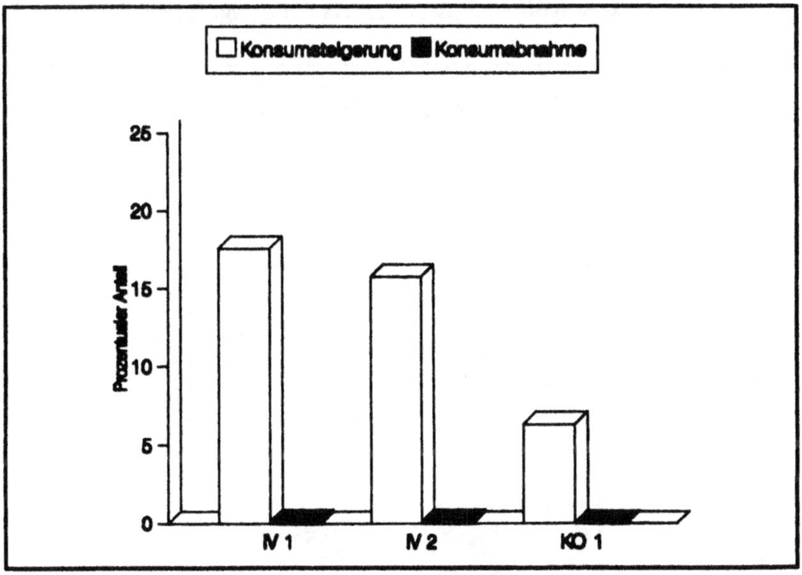

In allen Klassen ist eine deutliche Zunahme des prozentualen Anteils 'Tabakerfahrener' festzustellen, wobei der Anteil bei den Schülern aus den Interventionsgruppen über dem der Kontrollgruppe liegt. Auch wenn die Veränderungen keine statistische Signifikanz aufweisen, müssen die Befunde im Hinblick auf den Erfolg der Interventionsmaßnahme kritisch beleuchtet werden. Die "Konsumsteigerung" beim Tabakgebrauch liegt in den Interventionsklassen über der in der zum Vergleich herangezogenen Kontrollgruppe. Dies könnte als ein "kontraproduktiver Effekt" der Maßnahme bewertet werden, insofern als daß die Neugierde der Schülerinnen und Schüler geweckt wurde. Da jedoch kein Schüler nach der Intervention über gelegentlichen Gebrauch von Zigaretten berichtet (nicht weiter dokumentiert), d. h. ausschließlich der Probierkonsum gesteigert wurde, wäre diese Interpretation etwas voreilig und erst eine längere Beobachtungszeit der

Konsumgewohnheiten kann wirklich Aufschluß geben.

Im Gegensatz zum Rauchverhalten ist der nach dem Wilcoxon-Test berechnete Anteil der "Neueinsteiger" bei dem Konsum von Alkoholika für die Kontrollgruppe deutlich höher zu veranschlagen als für die Interventionsgruppe (vgl. Abb. 6.5.4).

Abb. 6.5.4: Prozentualer Anteil der Konsumsteigerung und -abnahme im Alkoholgebrauch nach Untersuchungsgruppen (N=46)

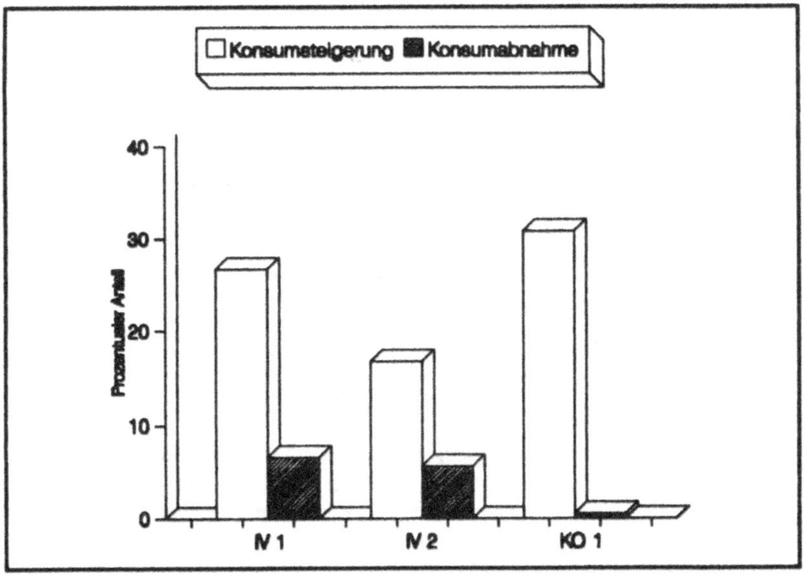

Der prozentuale Anteil der Neueinsteiger liegt für die Interventionsklasse 1 (IV 1) bei 26,7 Prozent und für die Interventionsklasse 2 (IV2) bei 16,7 Prozent. In der Kontrollklasse (KO1) sind mit 30,8 Prozent fast doppelt soviele "Neueinsteiger" zu veranschlagen wie in der Interventionsklasse 2. Der starke Zuwachs an Neueinsteigern wird im Wilcoxon-Test fast statistisch bedeutsam ($Z=-1.826; p<.07$).

Aus der Abbildung 6.5.4 wird weiterhin kenntlich, daß in allen Klassen eine deutliche Zunahme des Alkoholgebrauchs stattgefunden hat. Die Ursache hierfür ist jedoch nicht allein auf die altersbezogene Entwicklung zurückzuführen, sondern berührt auch säkulare Faktoren. Der Untersuchungszeitraum war unglücklicherweise so angelegt, daß zwischen Erst- und

Zweitbefragung das Sylvesterfest lag. Die Relevanz dieses Festes wird daran deutlich, daß insbesondere bei den jüngeren Jugendlichen zunächst die Eltern, Geschwister und Verwandte die "normalen" Trinkpartner sind. "Alkoholtrinken ist dabei für die Jugendlichen deutlich in familiäre Interaktion eingebettet und bewirkt eindeutig 'sozialen Charakter'; die bevorzugten Trinksituationen sind offensichtlich solche des institutionalisierten Fest- und Feiertagstrinkens, an dem der Nachwuchs im bescheidenen Ausmaße unter Aufsicht der Eltern partizipieren darf" (Fahrenkrug 1980, 15).

Berücksichtigt man für die Überprüfung der Interventionsmaßnahme zudem den prozentualen Anteil derjenigen, die nach der Intervention niedrigere Prävalenzwerte aufweisen, so wird deutlich, daß in beiden Interventionsklassen auch eine Konsumabnahme eingetreten ist, jedoch nicht bei den Schülern aus der Kontrollgruppe.

Mit Blick auf die Prävalenzwerte für den Alkoholgebrauch bei den jüngeren Schülern kann zusammenfassend konstatiert werden, daß das eingangs beschriebene Ziel der Intervention, eine deutlich niedrigere Neueinsteigerrate beim Gebrauch von Alkoholika, erreicht worden ist.

6.5.2 Drogenrelevantes Verhalten der älteren Kohorte

Die Zuordnung der Schülerinnen und Schüler zur älteren Kohorte erfolgte ebenfalls unter klassenspezifischen Kriterien; d. h. die durchschnittlich 14- bis 16jährigen Real- und Hauptschüler aus den Interventionsklassen 3 und 4 sowie die aus der zweiten Kontrollklasse (KO2) wurden als ältere Kohorte kategorisiert.

Fassen wir zunächst noch einmal die "baseline" für den Tabak- und Alkoholgebrauch für die ältere Kohorte zusammen, so kann folgendes festgehalten werden: Ein geringer Anteil der 14- bis 16jährigen Befragten verfügt noch über keine Erfahrungen mit den Substanzen Tabak und Alkohol, wobei die Prävalenzen für Alkohol deutlich über denen für Tabak liegen. Betrachtet man weiterhin die Prävalenzen der älteren Kohorte getrennt nach geschlechtsspezifischen Merkmalen, so sind keine Unterschiede zu vermerken. Genauso viele Mädchen wie Jungen haben Erfahrungen mit Tabak und Alkohol gesammelt. Die Nivellierung geschlechtsspezifischer Unterschiede im Gebrauch der legalen Drogen sind in vielen Studien festgestellt worden (vgl. u. a. Bundeszentrale für gesundheitliche Aufklärung 1990; Engel & Hurrelmann 1989; Johnston, O'Malley & Bachmann 1984; Ministerium für Arbeit, Gesundheit und Soziales NRW 1987; Semmer et al. 1991). Auch wenn sich die Erfahrungen mit Zigaretten und Alkoholika zwischen den Geschlechtern zuungunsten der Mädchen weitestgehend angeglichen haben, bestehen nach wie vor deutliche Unterschiede in den Konsummustern. Insbesondere bei den Intensitäts- und Frequenzangaben weisen die Mädchen im Vergleich zu den Jungen, vor allem bei dem Konsum von alkoholischen Getränken, moderatere Konsummuster auf (Nordlohne 1992).

(a) Vorher-vorher-Vergleich

In den Interventionsklassen rauchen beim ersten Befragungszeitpunkt signifikant mehr Schülerinnen und Schüler als in der Kontrollklasse. Der Anteil derjenigen Schüler, die in den Interventionsklassen gelegentlich oder regelmäßig Zigaretten rauchen, liegt bei 46,5 Prozent, dagegen in der Kontrollklasse lediglich bei 20 Prozent (vgl. Tabelle 6.5.2).

Tab. 6.5.2: Prävalenz des Zigaretten- und Alkoholgebrauchs nach Untersuchungsgruppen beim 1. Befragungszeitpunkt (ältere Kohorte; Angaben in Prozent)

	Alle (ältere Kohorte)	Interventionsgruppe (IV3 + IV4)	Kontrollgruppe (KO2)
1. Zigarettengebrauch			
Nichtraucher	15,1	19,0	0,0
Probierer	43,8	34,5	80,0
Gelegentliche Raucher	27,4	31,0	13,3
Regelmäßige Raucher	13,7	15,5	6,7
	N=73	N=58	N=15
(Chi-square=10.522; df=3; n.s.)			
2. Alkoholgebrauch			
Abstinente	6,6	8,2	0,0
Probierer	19,7	19,7	20,0
Gel. Konsumenten	61,8	57,4	80,0
Regelm. Konsumenten	11,8	14,8	0,0
	N=76	N=61	N=15
(Chi-square=4.439; df=3; n.s.)			

Die im unteren Teil der Tabelle 6.5.2 ausgewiesenen Befunde für die Prävalenz des Alkoholgebrauchs deuten auf nicht so krasse Unterschiede zwischen den beiden Untersuchungsgruppen hin. So liegt die Anzahl gelegentlicher und regelmäßiger Konsumenten in der Interventionsgruppe (IV3 und IV4) bei 72,2 Prozent und in der Kontrollgruppe (KO2) bei 80 Prozent. Der höhere Anteil Alkoholerfahrener in der Kontrollgruppe wird durch den größeren Prozentsatz *regelmäßiger* Alkoholkonsumenten in den Interventionsklassen nivelliert.

Die Differenz im Tabakkonsum zwischen den Untersuchungsgruppen kann nicht nur auf alters-, schulform- oder geschlechtsspezifische Unterschiede zurückgeführt werden. Andere Faktoren, die in engem Zusammenhang mit dem Gebrauch von Tabak stehen, wie z. B. soziale Schichtzugehörigkeit, soziale Einflüsse (durch Elternhaus oder Gleichaltrige), Verfügbarkeit, psychisches Befinden, Streßerleben uvm. (vgl. auch Semmer et al. 1991) können Einfluß auf die höheren Prävalenzwerte in den Untersuchungsgruppen beim Beginn der Studie gehabt haben.

Bezieht man die Angaben zur *Intensität*, d. h. der Häufigkeit des Kontaktes mit den Substanzen Tabak und Alkohol in die Analyse der Ausgangslage mit ein, so zeigen sich für Interventions- und Kontrollklassen geringfügige Unterschiede in den Konsumgewohnheiten. Die in der Tabelle 6.5.3 ausgewiesenen Befunde für die Intensität des Tabak- und Alkoholgebrauchs differenziert für die beiden Interventionsklassen (IV3 und IV4) und die Kontrollklasse (KO2) bestätigen die Aussage.

In bezug auf die Häufigkeit des Alkoholkonsums kann von insgesamt "moderaten" Trinkgewohnheiten ausgegangen werden kann. Keiner der befragten Jugendlichen berichtet über täglichen Konsum. Zu Beginn dieses Kapitels wurde schon darauf hingewiesen, daß sich die in dieser Studie befragten Schülerinnen und Schüler in ihren Konsumgewohnheiten in bezug auf legale Drogen nicht wesentlich von denen anderer - zum Vergleich hinzugezogener - repräsentativer Stichproben unterscheiden. Jedoch sollte im Sinne der Prävention des Alkoholmißbrauchs besonderes Augenmerk darauf geworfen werden, daß es in dieser Kohorte eine Gruppe von Schülerinnen und Schülern gibt, die in einem nicht unbeträchtlichen Maße Alkoholika konsumiert. In der Interventionsklasse 3 berichten 27% der befragten Schülerinnen und Schüler, daß sie "ein paar Gläser pro Woche" trinken und in der Interventionsklasse 4 geben 12,5% häufigen Konsum an. Dagegen verfügen die Schülerinnen und Schüler aus der Kontrollgruppe über moderatere Trinkgewohnheiten.

Tab. 6.5.3: Intensität des Zigaretten- und Alkoholgebrauchs nach Untersuchungsgruppen beim 1. Befragungszeitpunkt (ältere Kohorte; Angaben in Prozent)

	Interventions-gruppe 3 (IV3)	Interventions-gruppe 4 (IV4)	Kontroll-gruppe 2 (KO2)
"Wie oft hast Du in den letzten Monaten geraucht?"			
Selten	12,4	28,6	0,0
Einmal pro Monat	31,3	28,6	33,3
Ein- bis mehrmals pro Woche	31,3	28,6	33,3
Täglich	25,0	14,2	33,3
	N = 16	N = 7	N = 3
(Chi-square=1.773; df=6; n.s.)			
"Wie oft trinkst Du Alkohol?"			
Ein paar Gläser pro Jahr	19,2	25,0	27,3
Ein paar Gläser pro Monat	53,8	62,5	72,7
Ein paar Gläser pro Woche	27,0	12,5	0,0
	N=26	N=16	N=11
(Chi-square=4.321; df=4; n.s.)			

Die Relevanz der Interventionsmaßnahme für die älteren Schülerinnen und Schüler wird noch dadurch untertrichen, daß ein deutlich größerer Anteil Schülerinnen und Schüler pro Trinkanlaß "mehr als 6 Gläser" bzw. soviel, "bis sie betrunken sind", konsumiert (28,3% in der Interventionsgruppe im Vergleich zu 6,7% in der Kontrollklasse). Der Unterschied wird im Chi-Quadrat-Test signifikant (vgl. Tabelle 6.5.4).

Anhand der Tabelle 6.5.4 wird zudem ersichtlich, daß die Schülerinnen und Schüler aus der Kontrollgruppe geringfügigere Mengen Alkoholika konsumieren. Ebenso wie beim Alkoholgebrauch liegen für diese Gruppe auch die Frequenzen für den Tabakgebrauch deutlich niedriger, wobei an dieser Stelle sicherlich auf die ungleiche Verteilung der Befragtenzahl hingewiesen werden sollte.

Tab. 6.5.4: Frequenz des Tabak- und Alkoholgebrauchs nach Untersuchungsgruppen beim 1. Befragungszeitpunkt (ältere Kohorte; Angaben in Prozent)

	Interventionsgruppe (IV3 + IV4)	Kontrollgruppe (KO2)
"Wieviel Zigaretten rauchst Du durchschnittlich am Tag?"		
Weniger als 5 Zigaretten	55,6	0,0
5 bis 10 Zigaretten	22,2	50,0
11 bis 15 Zigaretten	16,7	50,0
Mehr als 15 Zigaretten	5,6	0,0
	N = 18*	N = 2*
(Chi-square=2.778; df=3; n.s.)		
"Wieviel trinkst Du, wenn Du Alkohol trinkst?"		
Ein paarmal genippt	0,0	14,3
Ein Glas	9,5	7,1
Zwei Gläser	26,2	21,4
Drei bis sechs Gläser	31,0	50,0
Mehr als sechs Gläser	14,3	7,1
Bis ich mich "beflügelt" fühle oder betrunken bin	19,0	0,0
	N = 42*	N = 14*
(Chi-square=10.323; df=5; p<.05)		

* Nur die Fälle, für die Daten zu beiden Befragungszeitpunkten vorliegen

Bezüglich der drei Aspekte Prävalenz, Intensität und Frequenz des Tabak- und Alkoholgebrauchs kann folgendes festgehalten werden:

1.) Beim ersten Befragungszeitpunkt sind deutlich mehr gelegentliche und regelmäßige Raucherinnen und Raucher in der Interventions- als in der Kontrollgruppe angesiedelt. Dieser Gruppenunterschied spiegelt sich nicht in den Prävalenzwerten zum Alkoholkonsum wider. Hier liegt der Anteil "Alkoholerfahrener" in der Kontrollgruppe etwas höher, wird jedoch statistisch nicht signifikant.

2.) Bezogen auf die Häufigkeit (Intensität), in der Zigaretten geraucht werden, bestehen zwischen Interventions- und Kontrollgruppe keine signifikanten Unterschiede, wobei eine leicht höhere Kontakthäufigkeit bei den Schülern aus der Kontrollgruppe vermerkt werden sollte. Die Analyse der Häufigkeit, in der Alkoholika getrunken werden, zeigt, daß sich vor allem in den beiden Interventionsklassen eine "Risikogruppe" befindet, die über "exzessivere" Gebrauchsmuster berichtet. Diese "Risikogruppe" ist besonders stark in der Interventionsklasse 3, nicht ganz so stark in der Interventionsklasse 4 und gar nicht in der Kontrollgruppe vertreten.

3.) Die Analyse der Frequenz (d. h. die tatsächlich konsumierte Menge) ergab, daß sich die Tabakkonsumenten in der Interventions- und Kontrollklasse nicht auffällig in ihren Konsumgewohnheiten unterscheiden. In beiden Gruppen raucht ein Großteil der Schülerinnen und Schüler 0-10 Zigaretten und ca. ein Drittel raucht durchschnittlich mehr als 10 Zigaretten pro Tag. Die Auswertung der tatsächlich konsumierten Menge Alkohol bestätigt die These von der "Risikogruppe", die vor allem in den Interventionsklassen angesiedelt ist. Ein nicht unbeträchtlicher Anteil der Schülerinnen und Schüler aus den Interventionsklassen trinkt pro Trinkanlaß bzw. -gelegenheit mehr als sechs Gläser Alkohol und z. T. soviel, bis sie betrunken sind. Der Anteil ist bei den Schülern der Kontrollgruppe deutlich niedriger veranschlagt.

(b) Vorher-nachher-Vergleich

Bezugnehmend auf die zu Beginn dieses Kapitels formulierten Ziele und theoretischen Bezugspunkte der Interventionsmaßnahme steht auch für die hier untersuchte ältere Kohorte die Unterstützung des Nichtraucherverhaltens bzw. die Förderung eines moderaten und bewußten Umgangs mit Alkohol im Mittelpunkt des Programms und der Effektivitätsüberprüfung. *Die zeitliche Verschiebung der Aufnahme des Drogengebrauchs kann somit als wesentliches Ziel markiert werden.* Das bedeutet nicht, daß das Programm per se für die 'Konsumerfahrenen' uneffektiv ist, jedoch sind deutliche Verhaltensveränderungen in dieser Gruppe auch am unwahrscheinlichsten.

Die Aufschlüsselung der Veränderungen im drogenrelevanten Verhalten infolge der Intervention für die Schülerinnen und Schüler aus der Interventionsgruppe im Kontrast zu denen aus der Kontrollgruppe wurde ebenfalls mittels Chi-Quadrat- und Wilcoxon-Tests durchgeführt. Die Unterschiede in der Häufigkeit kategorischer Variablen zwischen den beiden Untersuchungsgruppen (Intervention versus Kontrolle) zu beiden Befragungszeitpunkten wurden mittels des Chi-Quadrat-Tests berechnet. Für die Analyse der intraindividuellen Veränderungen für jede Klasse wurde der Wilcoxon-Test angewandt. Auch hier wurden die Unterschiede dann als signifikant angesehen, wenn das Signifikanzniveau unter 5 Prozent lag. Für die folgenden Auswertungen wurden nur diejenigen Fälle berücksichtigt, für die zu beiden Meßzeitpunkten gültige Werte vorlagen.

Veränderungen im Tabakgebrauch

Mit welchem Anteil von "Tabakunerfahrenen" und "Tabakerfahrenen" beim Posttest im Vergleich zum Pretest auszugehen ist, zeigt die Abbildung 6.5.5.

Abb. 6.5.5: Prävalenz des Tabakgebrauchs nach Untersuchungsgruppen im Pre- und Posttest (prozentualer Anteil; N=73)

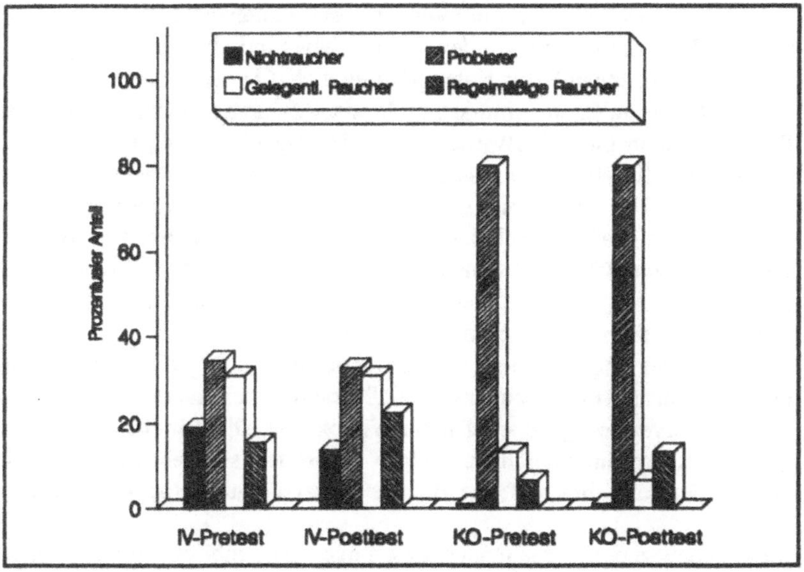

In der Interventionsgruppe (IV3 und IV4) hat sich zwischen Pre- und Posttest der Anteil derjenigen, die noch keine Erfahrungen mit Tabak haben, verringert. Auch die Anzahl der sogenannten "Probierer" hat geringfügig abgenommen. Dementsprechend mehr Schülerinnen und Schüler zeigen nach der Intervention gelegentliche und regelmäßige Konsumgewohnheiten, wobei der größte Zuwachs in der Kategorie "regelmäßige Raucher" zu verzeichnen ist. Auch in der Kontrollgruppe sind in der Kategorie "regelmäßige Raucher" die höchsten Zuwachsraten zu veranschlagen. Im Vergleich zur Interventionsgruppe stuft sich allerdings in der Kontrollgruppe (KO2) ein Großteil der Schüler zu beiden Befragungszeitpunkten als Probierer ein und nur ein kleiner Anteil berichtet über gelegentlichen oder regelmäßigen Konsum. Die schon beim Pretest vorhandenen Unterschiede in den Erfahrungen mit Tabak zwischen Interventions- und Kontrollgruppe bleiben auch nach der Intervention bestehen, so daß sich die beiden Gruppen signifikant unterscheiden (Chi-square=11.529; df=3; p<.05).

Die Ergebnisse als mangelnden oder sogar kontraproduktiven Effekt der Interventionsmaßnahme auszulegen wäre etwas voreilig, solange man nicht auch die Konsumgewohnheiten als Maßstab hinzuzieht. Bei der Skizzierung der Ausgangssituation wurde schon daraufhingewiesen, daß sich die Schülerinnen und Schüler aus der Interventions- und Kontrollgruppe in ihren Umgangsformen beim Konsum von Zigaretten unterscheiden. Die Intensitäten des Tabakgebrauchs wurden für die gelegentlichen und regelmäßigen Konsumenten anhand der Kategorien täglich (4), ein- bis mehrmals pro Woche (3), mindestens einmal pro Monat (2) und seltener (1) berechnet. Betrachtet man die Mittelwerte für die Häufigkeit des Zigarettenkonsums differenziert für alle drei Klassen (IV3, IV4 und KO2) getrennt beim ersten und zweiten Befragungszeitpunkt anhand der folgenden Abbildung 6.5.6, so wird deutlich, daß die Schülerinnen und Schüler aus der Kontrollgruppe über intensivere Gebrauchsmuster verfügen als die aus den beiden Interventionsklassen, und dies zu beiden Befragungszeitpunkten. Diese Unterschiede werden allerdings statistisch nicht bedeutsam.

Ähnlich der Intensität liegt auch die Anzahl täglich gerauchter Zigaretten in der Kontrollgruppe beim zweiten Befragungszeitpunkt über der in den beiden Interventionsgruppen. Die im Wilcoxon-Test ermittelten Veränderungen in der Anzahl täglich gerauchter Zigaretten sind ebenfalls statistisch nicht bedeutsam, dies trifft auf alle drei Untersuchungsgruppen gleichermaßen zu.

Die Analyse der Verhaltensveränderungen im Hinblick auf den Gebrauch von Zigaretten hat folgendes gezeigt: Die schon vor dem Beginn der Unterrichtsmaßnahme bestehenden Unterschiede im Gebrauch von Tabakprodukten sind auch nach der Intervention stabil geblieben. Zu beiden Befragungszeitpunkten rauchen deutlich mehr Schülerinnen und Schüler aus der Interventions- als aus der Kontrollgruppe. Der Anteil derjenigen, die keine oder Probiererfahrungen mit Zigaretten aufweisen, hat sich in den Interventionsklassen verringert, ist jedoch in der Kontrollklasse konstant geblieben.

Sowohl in der Interventionsklasse als auch in der Kontrollklasse hat der prozentuale Anteil regelmäßiger Zigarettenkonsumenten zugenommen. Bezieht man die Angaben zur Intensität und Frequenz mit ein, so wird deutlich, daß der höhere Anteil tabakerfahrener Schülerinnen und Schüler aus der Interventionsgruppe einem intensiveren Rauchverhalten seitens der Schülerinnen und Schüler aus der Kontrollgruppe gegenübersteht. Während für die Kontrollklasse eine deutliche Steigerung in der Häufigkeit und Menge des Zigarettenkonsums zu verzeichnen ist, konnten die Gebrauchsmuster in den beiden Interventionsklassen konstant gehalten bzw. geringfügig reduziert werden. Da keine der genannten Differenzen statistisch signifikant wird, kann die Effektivität des Programms bezogen auf die Stabilisierung des Nichtraucherverhaltens empirisch nicht nachgewiesen werden.

Abb. 6.5.6: Intensität des Tabakgebrauchs nach Untersuchungsgruppen beim 1. und 2. Befragungszeitpunkt (Gruppenmittelwerte; N=26)

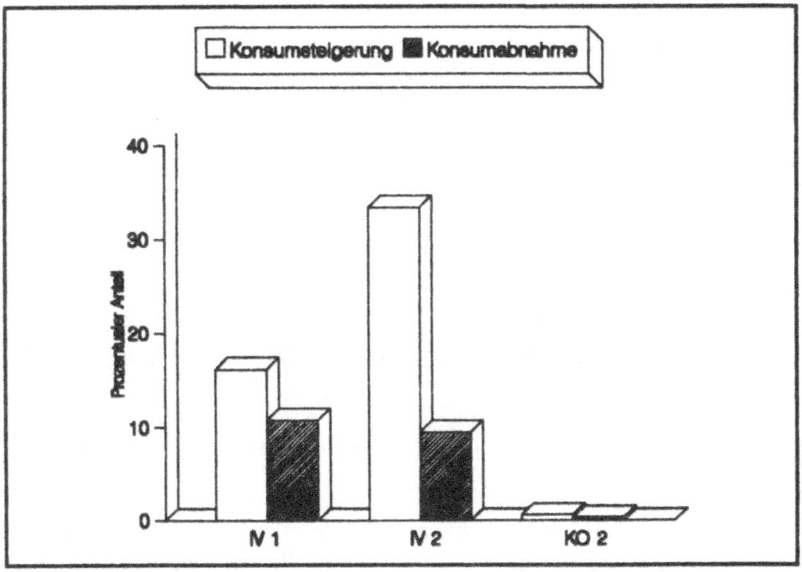

Veränderungen im Alkoholgebrauch

Zentrales Element der Unterrichtsmaßnahme in der älteren Kohorte war der Umgang mit Alkohol. Problematische Umgangsformen mit Alkohol auf

Klassenfahrten und im Schulalltag waren die auslösenden Motive für die Durchführung der schulischen Drogenpräventionsmaßnahme in der Interventionsklasse 3.

Vergleicht man mittels der folgenden Abbildung 6.5.7 die Veränderungen in den Prävalenzwerten für die Schülerinnen und Schüler aus der Interventionsgruppe (IV) mit denen aus der Kontrollgruppe (KO) im Pre- und Posttest, so wird deutlich, daß sich nur minimale Veränderungen ergeben haben. In beiden Untersuchungsgruppen hat der Anteil alkoholerfahrener Jugendlicher geringfügig zugenommen.

Abb. 6.5.7: Prävalenz des Alkoholgebrauchs nach Untersuchungsgruppen im Pre- und Posttest (prozentualer Anteil; N=76)

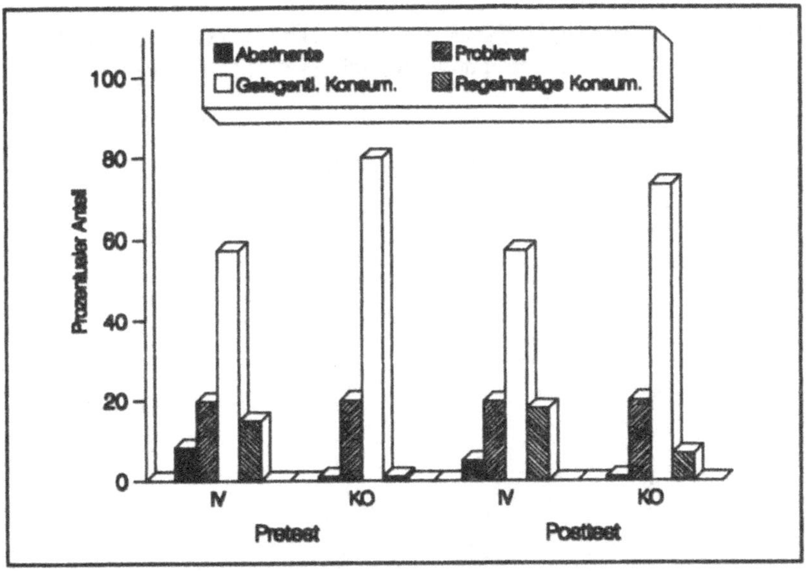

Die mit dem Chi-Quadrat-Test ermittelten Zusammenhänge zwischen den Prävalenzen in der Interventions- und Kontrollgruppe sind auch beim Posttest statistisch nicht signifikant.

Die Aufschlüsselung der intraindividuellen Veränderungen im Alkoholgebrauch für alle drei Klassen (Interventionsklasse 3, Interventionsklasse 4 und Kontrollklasse 2) mit dem Wilcoxon-Test bestätigt das o. g. Ergebnis: In keiner Klasse sind signifikante Verhaltensänderungen beim Umgang mit Alkoholika zu vermerken.

Wenn Alkohol konsumiert wird, trinken die meisten Jugendlichen aus der älteren Kohorte ein paar Gläser pro Monat. Weitaus weniger Jugendliche trinken lediglich ein paar Gläser pro Jahr und ein nicht unbeträchtlicher Anteil - vor allem aus den beiden Interventionsklassen - trinkt ein paar Gläser Alkohol pro Woche. Wie schon berichtet, handelt es sich bei dem Konsum von alkoholischen Getränken vor allem um den Gebrauch sogenannter "weicher" Alkoholika, insbesondere Bier. In der Abbildung 6.5.8 sind die prozentualen Werte für die Angaben zur Intensität des Alkoholgebrauchs vor und nach der Intervention differenziert für alle Untersuchungsgruppen abgebildet. Aus der Abbildung wird ersichtlich, daß in der Kontrollgruppe die stärkste Steigerung der Intensitäten stattgefunden hat, dagegen in den beiden Interventionsklassen die Häufigkeit des Alkoholgebrauchs kaum Veränderungen aufweist. Die Angaben zur Intensität des Alkoholgebrauchs sind zwischen den Untersuchungsgruppen auch nach der Intervention statistisch nicht signifikant. Die schon angedeuteten minimalen Veränderungen in der Intensität des Alkoholgebrauchs zeigen entsprechend in den Wilcoxon-Tests keine statistischen Signifikanzen.

Abb. 6.5.8: Intensität des Alkoholgebrauchs nach Untersuchungsgruppen im Pre- und Posttest (prozentualer Anteil; N=53)

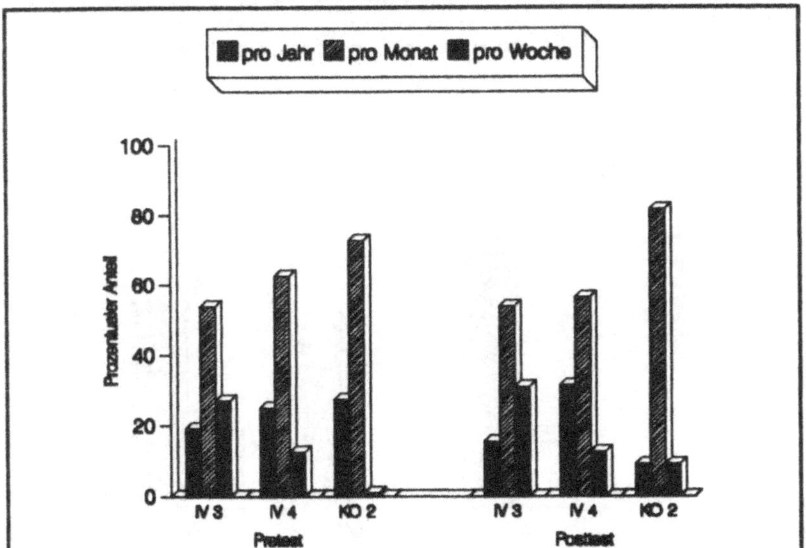

Als letzten Maßstab zur Erfassung der alkoholrelevanten Verhaltensänderungen infolge der Intervention wurden die Angaben zur Frequenz des Alkoholgebrauchs hinzugezogen. Die für den ersten Befragungszeitpunkt vermerkten Unterschiede in den Konsumgewohnheiten zwischen Interventions- und Kontrollgruppe nivellieren sich beim Posttest. Dieses Ergebnis ist vor allem darauf zurückzuführen, daß sich die Gebrauchsmuster in den Interventionsklassen verringert haben. Die Abnahme der konsumierten Menge pro Trinkanlaß ist dabei am deutlichsten in der Interventionsklasse 3 angesiedelt und wird im Wilcoxon-Test statistisch signifikant ($Z=-2.158$; $p<.05$).

Betrachten wir anhand der Abbildung 6.5.9 die aus dem Wilcoxon-Test ermittelten Veränderungen in der Frequenz des Alkoholgebrauchs (die konstant gebliebenen Werte sind nicht aufgeführt) so wird deutlich, daß der Anteil derjenigen, die ihre Trinkmengen reduziert haben, in allen Klassen über denjenigen liegt, die ihren Konsum gesteigert haben, und in der Interventionsklasse 3 die 'Frequenzabnahme' deutlich über der Zunahme liegt.

Abb. 6.5.9: Prozentualer Anteil der Frequenzsteigerung und -abnahme im Alkoholgebrauch nach Untersuchungsgruppen (N=56)

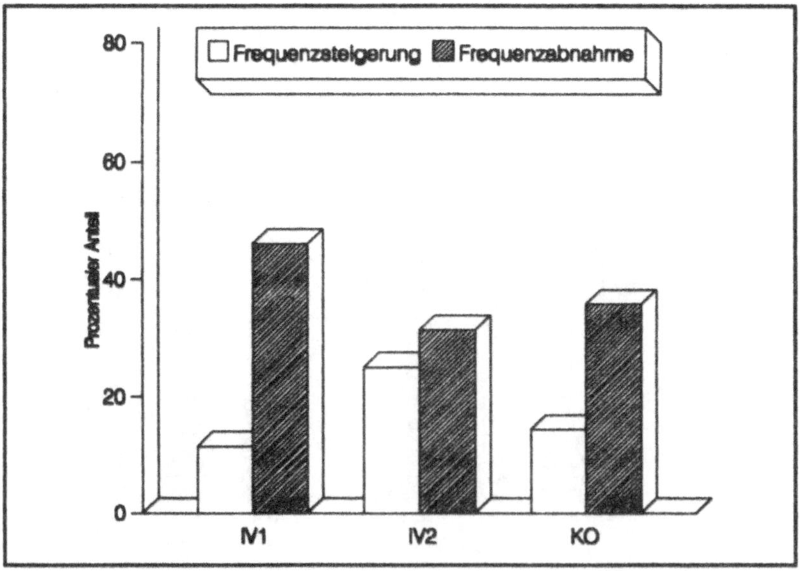

Die in der Abbildung 6.5.9 dargestellten Veränderungen weisen zwar auf eine deutliche Reduktion der Trinkmenge pro Trinkanlaß hin, geben aber keine Auskunft darüber, welche Konsumgewohnheiten verringert wurden. Bezugnehmend auf die eingangs erwähnte "Risikogruppe" beim Umgang mit Alkoholika sind vor allem im Hinblick auf die Effektivität der Interventionsmaßnahme die Verhaltensveränderungen dieser Gruppe von besonderem Interesse.

In der folgenden Abbildung 6.5.10 sind die prozentualen Werte beim Pre- und Posttest differenziert für alle drei Untersuchungsgruppen (IV3, IV4 und KO2) ausgewiesen, die sich auf den Konsum von "mehr als sechs Gläser " und "bis ich mich 'beflügelt' fühle oder betrunken bin" beziehen.

Abb. 6.5.10: "Risikogruppen" beim Alkoholgebrauch vor und nach der Intervention (prozentualer Anteil; N=56)

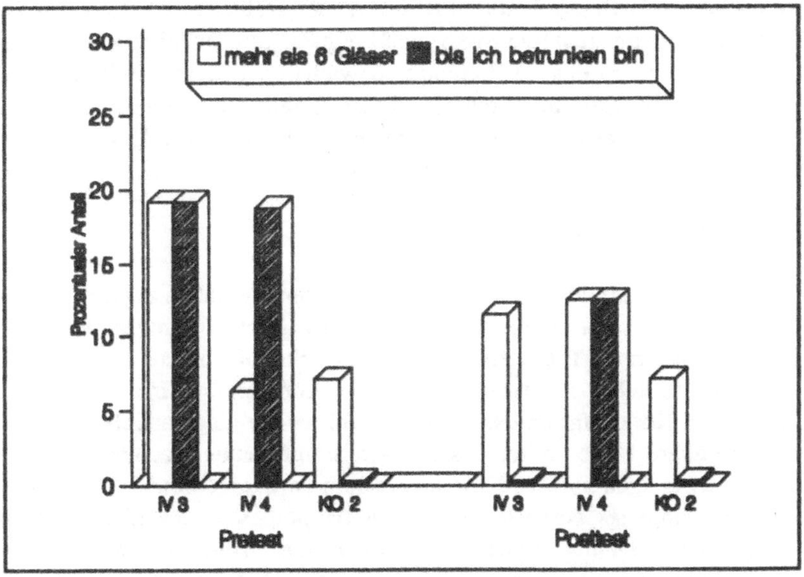

In beiden Interventionsklassen ist eine deutliche Reduktion derjenigen, die sich der Kategorie "bis ich betrunken bin" einordneten, zu verzeichnen. Während sich in der Interventionsklasse 3 beim ersten Befragungszeitpunkt noch 19,2 Prozent der Schülerinnen und Schüler dieser Kategorie zuordneten, trifft dies bei der zweiten Befragung auf keinen der Befragten mehr zu. Auch der Anteil derjenigen, die über den Konsum von "mehr als 6

Gläser pro Trinkanlaß" berichteten, hat sich nach der Intervention deutlich reduziert. In der Interventionsklasse 4 sind die Veränderungen in den Konsummustern nicht ganz so offensichtlich, und für die Konsumgewohnheiten der Schülerinnen und Schüler aus der Kontrollgruppe sind keine Veränderungen angezeigt.

Die stärkste Wirkung auf das alkoholrelevante Verhalten der beteiligten Schülerinnen und Schüler zeigt die Programmaßnahme in der Interventionsklasse 3. In dieser Klasse konnte sowohl der Anteil der alkoholunerfahrenen Schüler (gemessen an den Prävalenzwerten) als auch die Häufigkeit des Gebrauchs (gemessen an den Intensitätsangaben) von Alkoholika über die Intervention hinweg konstant gehalten werden. Für die Angaben zur Frequenz des Alkoholgebrauchs vor und nach der Intervention können für diese Klasse zudem bedeutende "Konsumabnahmen" verzeichnet werden. Weitaus weniger erfolgreich hat sich die Programmdurchführung in der Interventionsklasse 4 erwiesen. In dieser Klasse ist der größte Anteil "Neueinsteiger" angesiedelt und in den Intensitäts- und Frequenzgewohnheiten konnten keine nennenswerten Effekte in Richtung "bewußteren Umgang" mit Alkoholika erzielt werden. Eine Interpretation dieser Ergebnisse, auch im Zusammenhang mit dem tabakrelevanten Verhalten, wird in der folgenden Zusammenfassung der Ergebnisse vorgenommen.

6.5.3 Zusammenfassung

Die Befunde zum tabak- und alkoholrelevanten Verhalten ergaben in einem Aspekt signifikante Veränderungen: In der Interventionsklasse 3 (ältere Kohorte) lagen die Frequenzangaben zum Alkoholgebrauch nach der Intervention deutlicher niedriger als vor der Intervention. Im Vergleich zur jeweiligen Kontrollgruppe konnten sowohl für die jüngere Kohorte als auch für die ältere keine weiteren statistisch signifikanten Nachweise der Programmwirkungen auf das Drogenverhalten angezeigt werden. Im Einklang mit den eingangs aufgestellten Zielen (Hypothesen) des hier evaluierten Programms kann man jedoch trotzdem von einem Teilerfolg der Unterrichtsmaßnahme sprechen. Diese beiden Aussagen mögen zunächst widersprüchlich erscheinen und bedürfen einiger Erläuterung.

Infolge der Intervention konnten für verschiedene Teilgruppen in unterschiedlichen verhaltensrelevanten Bereichen einige Trends abgezeichnet werden, die zwar keine Signifikanz im statistischen Sinne aufweisen, dennoch Rückschlüsse auf die Wirkungsweise und Wirksamkeit der Intervention zulassen. Insbesondere für weitere Aktivitäten auf dem Feld der Drogenprävention erscheint es unverzichtbar, auch minimale Veränderungen anzumerken und auf ihre Konsistenz hin zu überprüfen.

Welche Trends lassen sich nun aus den vorliegenden Ergebnissen zum drogenrelevanten Verhalten ableiten?

1. Insgesamt betrachtet scheint das Programm größere Wirkungen auf das alkoholrelevante Verhalten als auf den Zigarettengebrauch ausgeübt zu haben.
In der jüngeren Kohorte liegt die Steigerung des Alkoholkonsums und damit einhergehend die Anzahl der "Neueinsteiger" unter den Werten in den vergleichbaren Kontrollgruppen. Und in der älteren Kohorte konnte der Anteil alkoholerfahrener Schüler sowie die Häufigkeit des Gebrauchs von Alkoholika vor allem in den beiden neunten Hauptschulklassen (IV3) im Sinne eines moderaten Gebrauchs konstant gehalten werden. Weiterhin zeigte das Programm positive Wirkungen auf exzessive Umgangsformen mit Alkoholika. Trotz eines engen Zusammenhangs zwischen den Rauch- und Trinkgewohnheiten (r=.62) beim ersten Befragungszeitpunkt läßt sich kein vergleichbarer positiver Trend für den Zigarettenkonsum abzeichnen. Dieses Ergebnis spiegelt sich auch in dem kleinerem Korrelationskoefizienten beim zweiten Befragungszeitpunkt (r=.47) wider.

2. Je umfangreicher die Unterrichtseinheit ausgestaltet war, desto größer sind die verhaltensrelevanten Wirkungen des Programms.
Dieses Trendergebnis läßt sich daran festmachen, daß vor allem in den Interventionsklassen, die eine zeitlich intensivere, methodisch vielfältigere und auf psychosoziale Komponenten ausgerichtete Unterrichtsmaßnahme erhielten, positivere Effekte aufzufinden sind. So sind in den Interventionsklassen 2 und 3 die geringsten Steigerungsraten im Tabak- und Alkoholgebrauch im Vergleich zu den beiden anderen Interventionsklassen aufzufinden. Die geringste Wirkung erzielte das Programm auf das Verhalten der Schülerinnen und Schüler aus der Interventionsklasse 4. In dieser achten Realschulklasse war die Unterrichtseinheit zum großen Teil auf kognitive Aspekte der Substanz Alkohol orientiert und zeitmäßig kürzer implementiert. Inwieweit diese - eher dem Aufklärungskonzept nahestehende - Interventionsmaßnahme bei den Schülern Neugierde oder Reaktanz ausgelöst hat, kann nicht eindeutig geklärt werden, ist aber eine mögliche Ursache für den geringen Erfolg der Maßnahme.

Die abschließend darzustellende Berechnung der Effektstärken zur Überprüfung der Effektivität der Maßnahme im Hinblick auf den Verhaltensbereich unterstreicht die beiden o. g. Ergebnisse. Für die jüngere Kohorte läßt sich bei der Reduktion des Alkoholkonsums mit einem d-Koeffizienten von d = 0.5 ein mittlerer Erfolg der Intervention aufzeigen. Dagegen ist die Effektivität der Maßnahme im Hinblick auf die Reduktion des Tabakkonsums eher als kontraproduktiv zu bezeichnen (d=-0.2). Insgesamt ist der Erfolg der Maßnahme für die ältere Kohorte - wie auch angenommen - mit einer Effektstärke von d=0.2 für den Tabakgebrauch und d=0.02 für den Alkoholkonsum eher als gering zu veranschlagen.

Im Einklang mit den eingangs aufgestellten Hypothesen konnten keine umfassenden Verhaltensänderungen nachgewiesen werden. Insgesamt kann man jedoch - ohne die aus den Ergebnissen abgeleiteten Trends überbewerten zu wollen - davon ausgehen, daß das Programm in allen Interventionsklassen bei den Schülern etwas "bewegt" oder "ausgelöst" hat.

6.6 Programmbewertung unter Berücksichtigung der qualitativen Analyse

In diesem, den Ergebnisteil abschließenden Kapitel soll der Frage nachgegangen werden, inwieweit das hier evaluierte schulische Unterrichtsprogramm zur Tabak- und Alkoholprävention a) die Voraussetzungen und Bedürfnisse aus Schülersicht aufnimmt und b) von den programmdurchführenden Lehrerinnen und Lehrern als praktikabel und wirksam eingeschätzt wird. Hierbei geht es auch um die Frage, welche Form der schulinternen und -externen Unterstützung den aktiven Lehrern gewährt wurde und wie wirkungsvoll sie ihre Aufgabe als Beratungslehrer für Sucht- und Drogenfragen in der Schule einschätzen.

Dieser eher formative Aspekt der Evaluation - der ein Kosten-Nutzen-Kalkül ausklammert - beruht auf einer explorativen, qualitativen Analyse, die in vielen Aspekten auf Spekulationen angewiesen ist und somit eher heuristische denn empirische Aussagekraft besitzt.

a) Beurteilung der Unterrichtsmaßnahme aus der Sicht der beteiligten Schülerinnen und Schüler

Die Erfassung der Akzeptanz von Maßnahmen der schulischen Gesundheitsförderung wurde in der herkömmlichen Präventionsforschung bislang nur marginal gestreift und ist nicht nur in der Bundesrepublik, sondern auch im internationalen Sprachraum so gut wie nie Sujet eigenständiger Untersuchungen gewesen. Die Evaluationskriterien der meisten Studien beschränken sich im allgemeinen auf solche, die sich zum einen auf Fragen der Implementation, Erprobung und Weiterentwicklung der eingesetzten Programme selbst beziehen und zum anderen die Aspekte der Praktikabilität und Einschätzung seitens der Programmvermittler mitaufnehmen. Nur wenigen

Studien sind die subjektiven Interessenslagen der am Programm beteiligten Schülerinnen und Schüler immanent und wenn, dann fokussieren die Beurteilungsmaßstäbe zum größten Teil auf den aus der summativen Evaluation gewonnenen "harten Daten". Diese Daten geben jedoch eher Aufschluß über die (verhaltensrelevanten) Wirkungen der durchgeführten Interventionsmaßnahme, als daß sie Hinweise auf die subjektiven Meinungen seitens der betroffenen Jugendlichen liefern.

Abseits des schulischen Kontextes wurde die Kampagne der Bundeszentrale für gesundheitliche Aufklärung (BZgA) "Ohne Rauch geht's auch" zur Förderung des Nichtrauchens bei Jugendlichen prozeßevaluativ begleitet (Pott, Nilson-Giebel, Riempp, Sandkühler & v. Troschke 1991). Von den befragten Schülerinnen und Schülern wurden die Veranstaltungsangebote fast durchgängig positiv beurteilt und hervorgehoben, daß solche (erlebnispädagogischen) Angebote weitaus attraktiver seien als traditionelle Angebote der Gesundheitserziehung zum Rauchen. Zusammenfassend zeigte die Studie, daß die Aktionen vor allem dann erfolgreich waren, "wenn es gelang, sich demonstrativ von den traditionellen Formen belehrender Gesundheitserziehung abzugrenzen und die Jugendlichen mit attraktiven Freizeitangeboten anzusprechen und zu motivieren" (a. a. O., 95).

Ob und inwieweit sich das hier evaluierte schulische Programm zur Drogenprävention ebenfalls von der "pädagogischen Fingerzeige" abgrenzt und bei den Jugendlichen auf positive Resonanz stößt, war eine Kernfrage der im Anschluß an die Intervention durchgeführten, teilstrukturierten Interviews. 16 nach dem Zufallsprinzip ausgewählte Schülerinnen und Schüler aus den Interventions- und Kontrollklassen wurden (im Anschluß an die Intervention) gebeten, ihre Meinungen zur schulischen Drogenprävention zu äußern. Für die Auswertung wurden lediglich die Aussagen der Schülerinnen und Schüler aus den Interventionsklassen herangezogen, die mit einer Beurteilung der Maßnahme einhergingen.

Bei der Durchsicht der Schüleraussagen zu diesen Topoi ergaben sich drei Aspekte, die im folgenden diskutiert werden sollen. Erstens handelt es sich um allgemeine Einschätzungen und Beurteilungen zur Unterrichtsmaßnahme. Zweitens deuten sich Unterschiede in der Akzeptanz der Maßnahme zwischen Nichtkonsumenten und Konsumenten legaler Drogen (insbesondere Tabakkonsumenten) an und drittens schälen sich geschlechts- und altersspezifische Beurteilungsmuster heraus.

Als positiv wurde, neben der Tatsache an sich, daß eine Unterrichtsreihe zum Thema Drogen in der Schule stattfand, vor allem die Verdeutlichung der gesundheitlichen Auswirkungen und der hohen Suchtgefahr hervorgehoben.

"Mir hat das gut gefallen, daß wir da auch über die Probleme gesprochen haben. Also, die man zum Beispiel mit Alkohol oder Rauchen haben kann. Und daß das zum Beispiel auch problematisch ist, wenn man jetzt irgendwie einmal anfängt zu rauchen, daß man dann auch hinterher nicht mehr davon loskommt" (1.1, S. 1).

"Ja, also ich habe 'ne Menge über Drogen erfahren, wie die sich auswirken auf den Körper und wie man psychisch abhängig wird. Ich mein', ich hab mal Bilder im Fernsehen gesehen, die Leute, die Drogen nehmen. Aber wie sich das richtig im Körper auswirkt, das wußte ich nicht" (2.2, S. 1).

"Ja, eigentlich fand ich es interessant, also wie es so mit dem Rauchen ist und so" (8.1, S.1).

"Ja, das fand ich gut. Weil Aufklärung muß ja sein, viele kennen das ja gar nicht, so was, was da passieren kann. Ich habe vorher auch nicht gewußt, daß das Rauchen so schlimm ist. Ich hab immer gedacht, daß Alkohol eine schlimme Droge ist, aber Rauchen, das ist nicht so wild, kann man abhängig von werden, okay, aber mehr passiert da auch nicht" (11.1, S.1).

Neben der positven Beurteilung informativer Unterrichtsbestandteile wurde von den befragten Schülerinnen und Schülern auch hervorgehoben, daß der drogenpräventive Unterricht Spaß gemacht habe, weil er den "normalen" Unterricht aufgelockert hat. So meinte ein 15jähriger Junge auf die Frage, wie ihm die Unterrichtsreihe gefallen habe:

"Ja ganz gut, also. War mal was anderes halt so, als so normal Deutsch oder so" (10.1, S.1).

Die Bereicherung des schulischen Lehrplans durch die Intervention läßt sich auch an dem Einsatz verschiedener Methoden festmachen. So beurteilten die Schülerinnen und Schüler insbesondere den Einsatz von Filmen, Rollenspielen und Gruppendiskussionen im Unterricht sehr positiv.

"Ja, wir haben da noch so Spiele gemacht, so. Also so Stücke aufgeführt selber.
So Rollenspiele?
Ja genau.
Das hat auch Spaß gemacht?
Ja!" (2.2, S. 1).

"Ja, das war eigentlich ganz interessant. Vor allem mit den Filmen und so" (9.2, S. 1).

Angemerkt sei aber auch, daß ein Großteil der befragten Jugendlichen zu den psychosozialen Komponenten der Unterrichtsmaßnahme keine Stellung bezog. Die Durchführung der Interviews während des Schulalltags kann ein Gefühl des "Wissenabfragens" bei den Schülern verursacht und damit den Bezug zu den informativen Bestandteilen begünstigt haben. Das mangelnde Feedback der Schüler zu den psychosozialen Unterrichtskomponenten kann aber auch damit zusammenhängen, daß diese Faktoren für die Schüler nicht so leicht faßbar sind und stärker indirekt einfließen.

Auf die Frage, wie sie die Durchführung seitens des Lehrpersonals fanden, äußerte sich ein Teil der Befragten eher positiv.

"... ist eigentlich egal, welcher Lehrer das macht. Also Herr S. ist ganz nett und da macht das auch ein bißchen mehr Spaß" (6.1, S. 1).

Während einige Schüler auch ganz zufrieden waren.

"Das fand ich gut. Das hat sie auch relativ locker gemacht, weil sie nicht immer, also immer wenig und so, also nicht so wie irgendein anstrengender Lehrer, wo man immer so ganz ruhig sein muß und so. Und man konnte auch frei reden" (1.1, S. 1).

Keiner der Befragten artikulierte den Wunsch nach externen Programmvermittlern. Zudem wurden keine Vorschläge zur Verbesserung der Unterrichtsmaßnahme unterbreitet. Für diese "Defizite" stehen zwei Erklärungsmuster zur Verfügung. Den Jugendlichen hat der Unterricht so gut gefallen, daß sie keine Verbesserungs- oder Änderungsvorschläge haben. Andererseits ist auch möglich, daß den Jugendlichen das Thema "Drogen" nicht so wichtig ist.

Die Notwendigkeit der Durchführung einer drogenpräventiven Maßnahme wird von den befragten Heranwachsenden gesehen. Auf die Frage, ob sie es gut fanden, daß eine entsprechende Unterrichtsreihe in der Schule stattfand, meinten sie:

"Ja, eigentlich schon. Man muß das ja wissen" (7.2, S. 1).

"Ja, eigentlich ganz gut, weil die meisten Jungen in meinem Alter, die rauchen ja schon ziemlich viel" (8.2, S. 1).

"Das fand ich eigentlich ganz gut von den Lehrern, daß sie das Thema angeschnitten haben" (12.2, S. 1).

Trotz der positiven Beurteilung der Unterrichtsmaßnahme wird der Erfolg seitens der Schülerinnen und Schüler eher kritisch beurteilt.

"Hast Du das Gefühl, daß das was geändert hat, also, daß Du seitdem 'nen anderes Verhältnis zum Rauchen oder zum Trinken gekriegt hast?
(Pause) Eigentlich nicht ... aufgeklärt zwar, aber das ändert dann eigentlich nichts"(13.1,S.4).

Der Erfolg gesundheitlicher Aufklärungsmaßnahmen wird auch von den bei Franzkowiak (1986) befragten Jugendlichen äußerst kritisch und zweifelnd beurteilt. Die Gründe für den Mißerfolg vieler Bemühungen werden vor allem in der Doppelmoral der Erwachsenen in gesundheitlichen Belangen als auch in der Institutionalisierung von Gesundheitserziehung gesehen. Jeder Jugendliche spürt, ob das, was Erwachsene sagen, für sie selber Gültigkeit besitzt oder ob sie nur aus einer pädagogischen Verpflichtung heraus das Thema ansprechen. Nach Meinung der Jugendlichen lassen sich die Gründe für die Wirkungslosigkeit reiner Aufklärungskampagnen zudem auch in den sozialen und ökologischen Barrieren bzw. Verhältnissen verorten. Die folgenden zwei Interviewpassagen illustrieren die Doppelmoral gesundheitlicher Forderungen für die Jugendlichen auf sehr plakative Art und Weise (a. a. O., 143).

> "Irgendwo kriegt man's schon mit, ohne diese Aufklärungskampagnen. Aber wenn ich dann in einem bestimmten Wohnviertel in den Co-op gehe und sehe, daß der halbe Co-op aus 'ner Alkoholabteilung besteht, dann sind die ganzen Kampagnen für die Katz. Und ich glaube nicht, daß man so Leuten beibringen kann, daß Alkohol schädlich sein kann. Diejenigen, die davon abhängig sind, werden von solchen Verfahren überhaupt nicht berührt".

> "Zum Beispiel mit dem Rauchen. Einesteils steht drunter: "Der Gesundheitsminister warnt, es schädigt Ihre Gesundheit." Andererseits will der Staat nicht darauf verzichten, weil die ja unheimliche Einnahmen durch Zigaretten haben. Ich meine, das ist doch paradox bis ins Letzte. Da spielt wieder nur der berühmte Mammon eine Rolle".

Neben sozialen, gesellschaftlichen und ökologischen Komponenten stoßen präventive Maßnahmen auf "jugendspezifische" Freiheitsbestrebungen. So werden präventiv motivierte Versuche zur Konsumkontrolle sowohl beim Zigarettenrauchen als auch beim Alkoholtrinken als disziplinarische Eingriffe in die persönliche Freiheit zur Lebensgestaltung bewertet und dementsprechend abgewertet (a. a. O., 185).

Die Diskreditierung schulischer Gesundheitserziehung der bei Franzkowiak (1986) befragten Jugendlichen richtet sich insbesondere gegen eine Aufklärung, die nach dem Modell der "pädagogischen Fingerzeige" und "Raucherbeinaufklärung" operiert und dabei die Funktionalität des Risikoverhaltens aus dem Blick verliert, "indem sie Schadensfolgen herausstellt, zu denen von den Jugendlichen weder zeitlich noch persönlich ein Bezug hergestellt werden muß" (a. a. O., 195).

Kontrastierend zu diesen Aussagen stehen die Ergebnisse einer Studie von Helfferich (1990). In der Jugendzeitschrift BRAVO konnten Jugendliche ein Nichtraucher-Poster, das die Sport- und Musikstars des Stuttgarter Festivals "Ohne Rauch geht's auch" zeigt, bei der Bundeszentrale für gesundheitliche Aufklärung bestellen. In der Rückantwort wurden die Jugendlichen gebeten, ihre Meinung zum Rauchen zu schreiben. 51 Jungen und Mädchen im Alter zwischen 13 und 15 Jahren drückten in den Briefen den Wunsch aus, die BZgA bei ihren Präventionsbestrebungen zu unterstützen. Obwohl die Jugendlichen zwar eine soziale Verankerung und die individuelle Funktionalität des Rauchens beschreiben, fokussieren ihre Präventionsvorschläge auf den traditionellen Methoden. "Die meisten favorisieren die Aufklärung über die "schlimmen Folgen des Rauchens" als Präventionsmaßnahme. Einige meinen damit nicht den bloßen Hinweis auf die mit dem Rauchen verbundene Gesundheitsgefährdung, sondern dramatisierende Abschreckung: Die Folgen des Rauchens sollen mit Bildern von amputierten Raucherbeinen und Krebs im Endstadium drastisch vor Augen geführt werden - wenn es sein muß, auch mit unlauteren Mitteln (z. B. erfundenen Berichten). Den zweiten großen Komplex vorgeschlagener Präventionsmaßnahmen bilden Überlegungen, den Zugang zum Rauchen zu erschweren (Abschaffung der Zigarettenautomaten, Verbot eines Verkaufs an Jugendliche, Preiserhöhung für Zigaretten)" (a. a. O., 53).

Auch in der hier zugrundeliegenden Stichprobe deuten sich Unterschiede in der Beurteilung der drogenpräventiven Maßnahme zwischen den Nicht-Konsumenten und Konsumenten legaler Drogen an. Während die Nicht-Konsumenten die Unterrichtseinheit fast durchgängig positiv einschätzen und vor allem die informativen Bestandteile hervorheben, die sie als Argumentationshilfen z. B. für ihre Entscheidung nicht zu rauchen einsetzen, stoßen gerade diese Unterrichtselemente bei den Konsumenten auf starke Ablehnung oder Reaktanz[7]. Hier scheint sich eine Kluft zwischen den Bedürfnissen der Jugendlichen aufzutun, der nur mit pädagogischem Fingerspitzengefühl entgegengewirkt werden kann. Diese Diskrepanz untermauert aber auch die Annahme, daß schulische Konzepte der Gesundheitsförderung zum einen die informativen Bestandteile nicht vernachlässigen dürfen, zum anderen durch psychosoziale Komponenten eine Stigmatisierung und Diskreditierung verhindern helfen müssen.

Systematisiert man die gesamten Interviewaussagen zum Themenkomplex "Drogen und Schule" nach geschlechts- und altersspezifischen Kriterien, so zeigt sich, daß insbesondere bei den jüngeren Schülern bis dato eine geringere Auseinandersetzung mit der Thematik stattgefunden hat. Sowohl in der Schule als auch im Elternhaus und in der Gleichaltrigengruppe wird so gut wie nie über Drogen gesprochen. Wenn das Thema einmal aufgegriffen wird, handelt es sich meistens um illegale Drogen, selten um Tabak, und so

---

[7] Zu dem Problem der "psychologischen Reaktanz" vgl. u. a. Brehm 1966; Dickenberger 1983; Dickenberger & Gniech 1982; Seligmann 1979; Wortmann & Brehm 1975.

gut wie nie wird das Problem Alkohol thematisiert. Weiterhin bestätigt sich anhand der Interviewaussagen ein Trend, der schon in der quantitativen Analyse dieser Studie angesprochen wurde. Die jüngeren Schüler und die Mädchen scheinen der Maßnahme eine höhere Akzeptanz entgegenzubringen als die älteren Schüler und die Jungen. Dieser Befund scheint auch mit Drogenerfahrungen zu konfundieren.

Insgesamt spielen die legalen Drogen im Leben der Heranwachsenden eine eher nebensächliche Rolle. Dieser Tenor untermauert allerdings die Annahme, daß gerade die jüngere Kohorte eine optimale Zielgruppe für drogenpräventive Interventionsmaßnahmen bildet, da hier noch positiv beeinflußt werden kann, z. B. durch das Bewußtmachen und Aufdecken von Gruppendruck etc.

Abschließend sollte noch festgehalten werden, daß ein Großteil der befragten Schülerinnen und Schüler die Informationsvermittlung wichtig fanden und als originäre Aufgabe der Schule betrachten. Die Tatsache, daß kein Schüler zusätzlichen Informationsbedarf zu legalen Drogen wünschte, kann als Bestätigung dafür gelten, daß dieser Teil der Intervention ausreichend erschöpft wurde. Welche Relevanz die Schülerinnen und Schüler den psychosozialen Komponenten zuschreiben, konnte anhand der Interviews nicht zufriedenstellend geklärt werden. Dennoch kann man konstatieren, daß das Unterrichtsprogramm zum größten Teil die Bedürfnisse der Schüler aufgenommen hat.

Inwieweit die Akzeptanz der Maßnahme, die sich u. a. daran festmachen läßt, daß sich ein Großteil der Befragten eine Fortsetzung wünschte, auch verhaltens- und handlungsrelevant wird, konnte anhand des qualitativen Materials nicht geklärt werden.

b) Programmbewertung aus der Sicht der Lehrerinnen und Lehrer

Wie die vorliegenden Evaluationsergebnisse zu unterrichtsbezogenen Maßnahmen der Gesundheitserziehung sowie die Einschätzungen auf Schülerebene belegen, zeigen sich keine unmittelbaren Effekte des drogenpräventiven Unterrichts auf das Verhalten der Schülerinnen und Schüler. Diese kritische Einschätzung teilen auch die im Anschluß an die Intervention mündlich befragten Lehrerinnen und Lehrer. Die Pädagogen betonen aber, daß mit der Programmdurchführung eine deutliche Verbesserung des Wissens und eine positve Beeinflussung gesundheitsrelevanter Einstellungen erzielt werden kann. Disziplinarische Eingriffe und aufgesetzte Informations- und Abschreckungsstrategien werden einhellig als uneffektiv und kontraproduktiv eingeschätzt. Alle befragten Lehrerinnen und Lehrer favorisieren eine ganzheitliche Konzeption verbunden mit Elementen der Aufklärung und Information.

Die Ziele des hier evaluierten Programms (Landesinstitut für Schule und Weiterbildung 1988), völlige Abstinenz bei Tabakprodukten und illegalem Drogengebrauch, kontrollierter Umgang mit Alkoholika und bestimmmungsgemäßer Gebrauch von Medikamenten, werden von den programmdurchführenden Lehrern als erstrebenswert, aber schwer zu realisieren beurteilt. Bezogen auf den Tabakgebrauch ist nach Meinung der Lehrer maximal ein zeitlicher Aufschub praktikabel. Entsprechend ineffektiv, weil unglaubwürdig, sei die ausschließliche Betonung der Gefährlichkeit von Alkohol, vor allem in Kombination mit dem Ziel völliger Abstinenz (vgl. auch Franzkowiak 1986).

Die Unterstützung durch das Programm sowie die Handhabung der Materialien wird von den Lehrern als gut bewertet. So betonten die Lehrer in den Gesprächen, daß das Programm für den curricularen Bereich völlig ausreiche und die Unterrichtsbausteine von den Schülern gut angenommen würden.

Bezüglich einer klaren Verankerung gesundheitserzieherischer Maßnahmen im Unterricht besteht bei den befragten Lehrern kein Konsens. Auf der einen Seite wird die vorherrschende Praxis einer fächerübergreifenden Verankerung schulischer Gesundheitserziehung favorisiert, während auf der anderen Seite der Erfolg präventiver Bemühungen eher durch die Bestimmung ein oder zweier Lehrfächer (wie etwa Biologie oder Religion), in denen entsprechende Unterrichtsstoffe verankert werden, gesehen wird.

Neben der Form der Implementation nimmt die Kritik an der zeitlichen Dimensionierung in den Aussagen der Pädagogen eine wichtige Position ein. Alle Lehrer betonen, daß der zeitliche Umfang der Intervention nicht ausreiche, um tatsächlich langfristige Veränderungen zu erzielen. Zu diesem Ergebnis kommt auch eine Studie von Connell, Turner und Mason (1985). In ihrer Analyse erzielten die eingesetzten Programme, die mindestens 50 Unterrichtsstunden implementiert wurden, die stabilsten Effekte auf das Wissen, die Einstellungen und das Verhalten. In dieser Studie kamen noch zwei weitere Aspekte zum Tragen, die jedoch von den hier befragten Lehrern nicht angesprochen wurden. "Further, the materials were a positive influence on the implementation of a school health program and that full implementation was important to the success of each participating program" (Connell, Turner & Mason 1985, 321). Die beste Kosten-Nutzen-Relation wurde im übrigen bei den Programmen erzielt, die mindestens eine Implementationszeit von 40 Unterrichtsstunden umfaßten.

Diese Ergebnisse bekräftigen den Wunsch der hier befragten Lehrer nach intensiverer Aus-, Fort- und Weiterbildung zu gesundheitsrelevanten Themen.

Ein weiteres Kriterium, das in den Lehrergesprächen immer wieder betont wurde, war die Frage nach dem "richtigen" Zeitpunkt einer drogenpräventiven Intervention. "Präventive Ansatzpunkte sind nach einhelliger Meinung nur in der Initiationsphase zwischen 8 und 12 Jahren gegeben. In diesem Zeitraum sollte eine gezielte Immunisierung einsetzen, um den Zeitpunkt des Einstiegs möglichst lange hinauszuschieben" (Franzkowiak 1986, 196). Entsprechend werden auch von den Lehrern der jüngeren Kohorte größere Wirkungen erwartet als von denen der älteren Kohorte.

Die an der Programmdurchführung beteiligten Lehrerinnen und Lehrer wollen sich auch in zukünftigen Aktivitäten engagieren und schulische Gesundheitsförderung in ihrer Schule stärker etablieren. Sie betonen aber auch, daß die Schule die vielfältigen Auslöser und Verstärker von Suchthaltungen außerhalb ihres Verfügungsbereichs nicht verantworten muß und auch nicht beseitigen kann. Ihr Verhältnis zu möglichen Ursachen und Verstärkern von Suchthaltungen (z. B. Leistungsbewertung), soweit sie im eigenen Verfügungsbereich liegen, müsse sie dagegen in primärpräventiver Hinsicht auch selbstkritisch betrachten.

In diesem Zusammenhang weisen die Lehrerinnen und Lehrer auch auf die Notwendigkeit intensiver Elternarbeit hin, die sie zukünftig stärker mit aufnehmen wollen.

Mit Blick auf zukünftige suchtpräventive Aktivitäten wurden von den Pädagogen folgende Anhaltspunkte (die auch als Manko der hier evaluierten Maßnahme gewertet werden können) hervorgehoben:

- Längere Unterrichtseinheiten, damit neben den informativen Unterrichtsbestandteilen, die gerade für die jüngeren Schülerinnen und Schüler ohne Vorerfahrungen sehr wichtig sind, auch die psychosozialen Komponenten umfangreich mitaufgenommen werden können;
- Stärkere Unterstützung seitens des Lehrerkollegiums, damit die Suchtprävention auch über den curricularen Sektor hinausragt (z. B. in Form von Projekttagen, Arbeitsgruppen, Freizeitaktivitäten uvm.)
- Intensivere Einbindung des sozialen Umfeldes in die schulischen Aktivitäten der Suchtprävention;
- Stärkere Unterstützung in der Lehreraus-, -fort- und -weiterbildung.

Alle Erfahrungen sprechen dafür, daß diese Kriterien wesentlich zum Erfolg präventiver Bemühungen in der Schule beitragen und bei zukünftigen Programmaktivitäten stärker berücksichtigt werden müssen.

C. Rückblick und Ausblick

7. Zusammenfassung der Ergebnisse

Das Ziel der vorliegenden Untersuchung war es, erste Erfahrungen über den Einsatz eines schulischen Programms zur Sucht- und Drogenvorbeugung zu gewinnen. Mit dem Forschungsdesign einer Fallstudie sollten zudem Erkenntnisse über das Ausmaß drogenrelevanten Wissens, Einstellungen und Verhaltens bei einer ausgewählten Querschnittsstichprobe im ländlichen Raum und Hinweise auf die Effektivität des nach innovativem Konzept konzipierten Tabak- und Alkoholpräventionsprogramms erlangt werden.

Das zugrundeliegende Präventionsprogramm fokussierte auf Informationsbestandteilen und der Vermittlung psychosozialer Schlüsselfaktoren, die mit der Aufnahme des legalen Drogengebrauchs im Jugendalter im Zusammenhang stehen. Die inhaltliche Ausrichtung zwischen kognitiver und psychosozialer Strategie variierte in den untersuchten Klassen und war u. a. abhängig vom Interesse und Engagement der an der Maßnahme beteiligten Lehrerinnen und Lehrer.

Der Forschungsplan der Evaluationsstudie war an das Konzept eines quasi-experimentellen Designs angelehnt. Ein ausgewählter Teil der Schülerinnen und Schüler erhielt eine 14- bis 26stündige Unterrichtseinheit zur Drogenprävention (Interventionsgruppe), während der übrige Teil ohne spezielle Beeinflussung blieb (Kontrollgruppe). Aus technischen und organisatorischen Gründen waren Kontroll- und Interventionsgruppe z. T. an denselben Schulen angesiedelt. Die Befragungen fanden in beiden Untersuchungsgruppen in gleicher Weise statt. Mittels eines standardisierten Erhebungsinstruments wurden alle Schülerinnen und Schüler zu Beginn (Pretest; 1. Befragungszeitpunkt) und am Ende (Posttest; 2. Befragungszeitpunkt) schriftlich befragt. Die Messung der Interventionseffekte geschah durch den Vergleich der Interventionsgruppe mit der Kontrollgruppe, der längsschnittartig über einen Zeitraum von drei Monaten erfaßt wurde. Ergänzend wurden teilstrukturierte Interviews mit 16 zufällig ausgewählten Schülerinnen und Schülern aus den Interventions- und Kontrollgruppen durchgeführt.

Die Wirksamkeit des Programms, das eng an das Botvin'sche Präventionskonzept der Lebensbewältigung (vgl. Kapitel 3) anknüpft und schwerpunktmäßig auf die Veränderungen von Wissen, Einstellungen, Selbstwertgefühl und Verhalten abzielt, konnte in den empirischen Analysen bezogen auf eine Vielzahl von Indikatoren durch statistische Nachweise nicht erbracht werden. Dieses Ergebnis steht im Widerspruch zu den qualitativen Analysen der Akzeptanz und Attraktivität der Interventionsmaßnahme sowohl aus Schülersicht als auch aus Lehrerperspektive; beides wurde positiv eingeschätzt. Trotz der geringen (statistischen) Effekte sprechen die Ergebnisse für einen Teilerfolg der drogenpräventiven Maßnahme und somit für deren Fortsetzung. Die sich abzeichnenden Trendergebnisse, die zwar aufgrund des fallstudienähnlichen Charakters nicht generalisierbar sind, sollten dennoch als Anknüpfungspunkt gesehen werden, das Programm und die Interventionsmaßnahme weiter zu entwickeln.

a) Wissen

Für das *Wissen* der Jugendlichen über die gesundheitlichen Gefährdungen von Zigarettenrauchen und übermäßigem Alkoholkonsum ergab sich insgesamt ein recht aufschlußreiches Bild. Obwohl in allen Interventionsklassen der Kenntnisstand infolge der informativen, kognitiven Programmelemente verbessert werden konnte, hat der Kenntnisstand der Schülerinnen und Schüler nach der Intervention keinesfalls sein Optimum erreicht, so daß noch weitergehender Aufklärungsbedarf besteht.

Aus dem Ergebnis, daß vor allem die Mädchen und die älteren Schüler, die überwiegend an der Haupt- und Realschule angesiedelt waren, am meisten von den informativen Bestandteilen profitiert haben, leitet sich die Forderung nach zielgruppenorientierter Informationsvermittlung ab. Für die Gymnasialschüler wären eventuell geringere Informationsbestandteile vonnöten als bei den Schülern aus Haupt- und Realschule, die über ein geringeres Anfangswissen verfügten. In der "Aufklärungsarbeit" an den Haupt- und Realschulen kann möglicherweise mehr erreicht werden, wenn man berücksichtigt, daß hier weniger auf ein Basiswissen zurückgegriffen werden kann. Auch eine zeitliche Ausdehnung der kognitiven Bestandteile wäre für diese Zielgruppe eventuell angebracht. Auch die Tatsache, daß allein der Besuch eines bestimmten Schultyps sehr viel über das Risiko aussagt, bestimmte gesundheitsriskante Verhaltensgewohnheiten zu entwickeln, unterstreicht den Bedarf umfassender Aufklärung - ergänzend zu psychosozialen Komponenten - für diese Gruppe. Daß die Mädchen ihren Kenntnisstand im Vergleich zu den Jungen ausweiten konnten - und dies unabhängig vom Schultyp - kann sowohl auf ein größeres Interesse am Thema als auch auf geschlechtsspezifische Lernunterschiede in der Schule zurückgeführt werden.

Das Resultat, daß für die tabakbezogenen Fragen bessere Lernerfolge erzielt werden konnten als für die alkoholbezogenen, kann damit zusammenhängen, daß hier schon das Anfangswissen deutlich höher lag. Unter Zugriff auf die Ergebnisse verschiedener Studien, die durchgängig bessere Effekte der Wissensverbesserung bei Tabak als bei Alkohol erzielten, sollte man bei der Durchführung zukünftiger Maßnahmen jedoch überlegen, ob man die beiden Bestandteile nicht zeitlich voneinander trennt.

b) Einstellungen

Im Zuge der Intervention wurde eine vergleichsweise gute Sensibilisierung für die (sozialen) Gründe, die zur Aufnahme des Drogengebrauchs führen können, bei den Jugendlichen erreicht. Daß das Wissen über die gesundheitlichen Gefährdungen des Drogengebrauchs und über die sozialen Gründe, die zur Aufnahme führen können, nicht ausreicht, um auch *einstellungsrelevant* zu werden, spiegeln die Befunde dieser Studie wider. Soziale Aspekte scheinen auch für die Einstellung zum Zigarettenrauchen und Alkoholtrinken eine höhere Vorhersagekraft zu haben als gesundheitliche Motive (vgl. auch Semmer et al. 1992). Für keine Interventionsklasse konnten signifikante Einstellungsänderungen infolge der Intervention nachgewiesen werden. Jedoch zeichnete sich für alle Klassen ein Trend in die gewünschte Richtung ab. Dieses an sich unbefriedigende Ergebnis kann u. a. auf die hohe Bedeutung gesundheitsriskanter Verhaltensweisen für das Ansehen in der Gleichaltrigengruppe zurückgeführt werden. Der zu erwartende Nutzen des Tabak- und Alkoholkonsums überwiegt in den Einstellungen der befragten Jugendlichen deutlich dem zu erwartenden Schaden. An dieser Stelle müssen sicherlich auch die Grenzen der Interventionsmaßnahme gesehen werden. So reichten die Komponenten der Einstellungsbeeinflussung nicht aus und müssen zukünftig stärker akzentuiert werden. Eine Überlegung wäre, den Einsatz von sogenannten "Peerleader" in Erwägung zu ziehen, um eine höhere Überzeugungskraft zu gewährleisten. In der Bundesrepublik Deutschland gibt es derzeit keine Erfahrungen mit dieser Form der Programmvermittlung, so daß keine zuverlässigen Anhaltspunkte gegeben werden können. Verschiedene Studien in den USA haben mit dem Einsatz von Gleialtrigen als Programmvermittler jedoch gute Erfahrungen gemacht (vgl. das folgende Kapitel 8).

Entlang der Ergebnisse für den Wissensbereich zeigten sich bei den Einstellungen der Schülerinnen und Schüler aus den Klassen, deren Interventionsmaßnahme einen hohen Anteil psychosozialer, drogenunspezifischer Strategien aufwies, die besten Ergebnisse. Im Einklang mit den Ergebnissen anderer Forschungsarbeiten sprechen insbesondere die positiven Entwicklungen in den Einstellungen der jüngeren Schülerinnen und Schüler dafür, Interventionsmaßnahmen schon frühzeitig - d. h. vor dem ersten Gebrauch -

zu implementieren und intensivere, substanzspezifische Bestandteile auszuweiten.

c) Selbstwertgefühl

Neben der Beeinflussung der Einstellungen, die sich auf die Konsequenzen eines bestimmten Verhaltens beziehen, war die positive Bestärkung des *Selbstwertgefühls* der Schülerinnen und Schüler ein wesentliches Programmelement. Ausgehend von den Erkenntnissen verschiedener Studien, die besagen, daß Jugendliche mit einem negativen Selbstbild und geringen Selbstvertrauen anfälliger für die Aufnahme gesundheitsriskanter Verhaltensweisen sind, sollte auch in dieser Studie das Selbstwertgefühl der beteiligten Schüler gestärkt werden. In der hier vorgelegten Studie konnte weder ein Zusammenhang zwischen niedrigem Selbstwertgefühl und dem aktuellen bzw. zukünftigen Drogengebrauch hergestellt noch eine deutliche Veränderung im Hinblick auf die Stärkung des Selbstwertgefühls erzielt werden. Als mögliche Ursache für den mangelnden Effekt kann der relativ kurze Zeitraum zwischen Erst- und Zweitbefragung (drei Monate) herangezogen werden, insofern, als daß Veränderung in der Persönlichkeit längerer Entwicklungszeiten bedürfen. Eine Zeitspanne von zwei Jahren kann diesbezüglich sicherlich mehr Aufschluß geben. Im Hinblick auf die Realisierung weiterer Präventionsmaßnahmen sollten neben der zeitlichen Ausdehnung eine größere Handlungsorientierung mit Blick auf die Förderung von personalen Kompetenzen, Selbstvertrauen und Selbstwertgefühl, Optimismus, Entscheidungs- und Kommunikationsfähigkeit und die Fähigkeit zum verantwortungsvollen sozialen Handeln angestrebt werden. Dabei ist es obsolet zu erwähnen, daß auch im Erhebungsinstrument diese Dimensionen stärkere Berücksichtigung finden müssen.

d) Verhalten

Von den drei untersuchten Aspekten (kognitive, affektiv-soziale, verhaltensbezogene) zur Überprüfung der Wirksamkeit der Interventionsmaßnahme wurden die *Verhaltensänderungen* am geringsten erreicht. Während bei der Verbesserung des Kenntnisstandes und der Veränderung der Einstellungen stärkere Effekte für das tabakrelevante Verhalten erzielt werden, zeigen sich stärkere Effekte bei der Reduktion des Alkoholgebrauchs als für den Tabakkonsum. Dieses Ergebnis, das auch den Ergebnissen anderer Evaluationsstudien entgegensteht, kann auf die zielgruppenspezifische Wirkungsweise des Programms deduziert werden. Die dargestellten Befunde dokumentieren, daß bei den jüngeren Schülern und bei den älteren Jugendlichen mit "exzessivem" Alkoholkonsum die größten Effekte erzielt wurden. Dagegen blieben die Jugendlichen - unabhängig vom Alter -, die über "normale" Trinkgewohnheiten berichteten, unbeeinflußt.

Für den Tabakgebrauch konnten keine signifikanten Reduktionen in den Gebrauchsmustern nachgewiesen werden. Jedoch zeichnet sich auch hier ein wichtiger Anknüpfungspunkt für nachfolgende Präventionsvorhaben ab. Die Nichtkonsumenten scheinen stärker von der Maßnahme profitiert zu haben als die gelegentlichen und regelmäßigen Zigarettenkonsumenten. Insbesondere die Interviewaussagen der jüngeren Schülerinnen und Schüler (11- bis 13jährige) untermauern diese Annahme. Argumentationshilfen für den Nichtkonsum wurden vielfach als positives Ergebnis der Interventionsmaßnahme seitens der Befragten genannt. Die Ergebnisse der Studie streichen auch heraus, daß eine frühzeitige Intervention größere Einflußnahme auf die Einstellungen der beteiligten Schüler erzielt.

Die Analyse der Befunde zeigt, daß eine umfangreiche psychosozial angelegte Unterrichtsmaßnahme deutlichere Wirkungen zeigt als eine, die auf einem Kontinuum zwischen informativen und psychosozialen, lebensweltlichen Strategien eher der informativen Richtung zugeordnet werden müßte. In den Klassen, in denen solch eine Maßnahme durchgeführt wurde, zeigen sich deutlichere Wissensverbesserungen, Einstellungsänderungen und ein stabileres Selbstwertgefühl als in den übrigen. Durch die Intervention konnte in diesen Klassen zudem das Risikoverhalten leicht reduziert und in Ansätzen das gesundheitsbewußte Verhalten gestärkt werden.

e) Attraktivität und Akzeptanz

Ergänzend zu den empirischen, quantitativen Befunden konnte aus der *Analyse des qualitativen Materials* ermittelt werden, daß die Mehrzahl der interviewten Schülerinnen und Schüler den drogenpräventiven Unterricht positiv beurteilten. Verschiedene Kriterien wie Abwechslung im schulischen Alltag (kein Frontalunterricht, Rollenspiele, Diskussionen etc.), Informationen und Argumentationshilfen für Nichtkonsumenten spielten bei der Beurteilung der Maßnahme eine große Rolle. Die Akzeptanz und Persönlichkeit des programmdurchführenden Lehrers beeinflußte zudem die Einschätzungen der Jugendlichen. Fast alle befragten Mädchen und Jungen sprachen sich für eine Fortsetzung der Unterrichtsreihe aus, wobei das Interesse der Mädchen etwas höher als das der Jungen war.

Von seiten der beteiligten Lehrerinnen und Lehrer wurde der Erfolg der Interventionsmaßnahme kritisch beurteilt. Sie vertraten die Ansicht, daß eine

Unterrichtsreihe alleine nicht ausreiche, um an den vielfältigen Faktoren und Ursachen für die Aufnahme des legalen Drogengebrauchs zu rütteln, solange nicht der gesamte Lebenskontext der Schülerinnen und Schüler miteinbezogen würde. Vielfach wurde in diesem Kontext die Beteiligung der Eltern und ein sozial verträglicheres "Schulklima" gefordert. Das Problem, nicht genügend Zeit zu haben, um die große Bandbreite inhaltlicher Themen anzusprechen, wurde von den Lehrern beklagt. Unter dem Blickwinkel, daß durch die Unterrichtsmaßnahme ein erster Schritt zur Drogenprävention getan wurde, schätzten die Lehrerinnen und Lehrer die Intervention als notwendig ein und wollen sie als Anknüpfungspunkt für weitere Aktivitäten aufgreifen.

8. Diskussion der Ergebnisse im Kontext internationaler Evaluationsstudien

Im folgenden wird vor diesem Hintergrund die Frage zu diskutieren sein, wie sich die - für eine kleine Population zutreffenden - Ergebnisse im Kontext der Erkenntnisse internationaler Evaluationsstudien darstellen. Aufbauend auf den empirisch gewonnenen Befunden zu den drei Bereichen Wissens-, Einstellungs- und Verhaltensänderungen sollen die divergierenden Befunde im Hinblick auf die Überprüfung der Wirksamkeit drogenpräventiver Maßnahmen zusammengeführt und Überlegungen für die Optimierung inhaltlicher und methodischer Rahmenbedingungen zukünftiger Evaluationsstudien angestellt werden.

8.1 Meta-Evaluationen schulischer Programme zur Tabak- und Alkoholprävention

Im Zuge des Aufschwungs in der Evaluationsforschung und der zunehmenden Dringlichkeit von präventiven Maßnahmen in der Sucht- und Drogenprävention sind in den letzten 20 Jahren, vor allem in den Vereinigten Staaten, eine Vielzahl präventiver Maßnahmen durchgeführt und wissenschaftlich bewertet worden. Dabei lagen den einzelnen Studien unterschiedliche theoretische Interventionsmodelle zugrunde, die über rein kognitiv vermittelte Informationsstrategien bis hin zu umfangreichen psychosozialen Interventionsstrategien reichten (vgl. hierzu auch Kapitel 3 in dieser Arbeit).

Die Ergebnisse der einzelnen Interventionsstudien fallen z. T. sehr widersprüchlich aus - dies nicht nur zwischen, sondern auch innerhalb den verschiedenen Ansätzen - und werfen sowohl die Frage nach der Effektivität bestimmter Interventionsstrategien als auch Fragen nach einer effektiven methodischen Vorgehensweise auf. So entstammen die Stichproben verschiedenen Populationen, die Versuchspläne sind uneinheitlich, es werden unterschiedliche Methoden eingesetzt, die Reliabilität und Validität der Daten variiert und die Ergebnisse sind unvollständig dargestellt, um nur einige methodische Mängel zu benennen (vgl. Lösel 1987).

Mit der *Effektivität* einer Intervention ist - in Abgrenzung zu dem Terminus der Effizienz - gemeint, inwieweit eine spezifische Maßnahme oder ein Programm Veränderungen bezüglich der vorab definierten Zielvariablen erreicht, z. B. bei einem Alkoholpräventionsprogramm die Senkung des Konsums bei den beteiligten Schülern einer Klasse. Dagegen bezieht sich die *Effizienz* einer Intervention stärker auf den ökonomischen Aspekt, der das Verhältnis zwischen Aufwand und Nutzen einer Maßnahme bewertet. Im Zentrum steht nicht die Frage, *ob* Gesundheitserziehung erfolgreich ist, sondern *wie* erfolgreich sie ist. Nach Bengel & Bührlen (1991) ist es allerdings schwierig, "den Nutzen für die Zielgruppen in monetären Werten auszudrücken, um ihn zum Einsatz an Personal und Material in Beziehung setzen zu können, vor allem wenn sich die Effekte mit einer zeitlichen Verzögerung und nicht direkt kausal interpretierbar zeigen, z. B. als Verringerung der Lungenkarzinom-Mortalität nach 20 Jahren" (a. a. O., 8-9). "Effective health education may thus produce changes in understanding or ways of thinking; it may bring about some shift or attitude; it may influence or clarify values; it may facilitate the acquisition of skills; it may even affect changes in behavior or lifestyle. The task of evaluation for health education defined in this way would then be to determine to what extent health-related learning had taken place" (Tones, Tilford & Robinson 1990, 6).

Neben den Fragen nach Effektivität und Effizienz können bei der Evaluation von Interventionsmaßnahmen eine Vielzahl weiterer Kriterien berücksichtigt werden. Bezogen auf die Evaluation schulischer Drogenpräventionsprogramme läßt sich konstatieren, daß sich die meisten Studien allerdings mit Fragen der Effektivität beschäftigen; andere Aspekte werden selten, in den meisten Fällen jedoch überhaupt nicht berücksichtigt. Insbesondere in den beiden relevanten Fachzeitschriften 'Journal of Drug Education' und 'Journal of School Health' sowie in den übergreifenden gesundheitsrelevanten Zeitschriften ('American Journal of Public Health', 'Journal of Behavioral Medicine', 'Journal of Drug Issues', 'Preventive Medicine', u.a.) stößt man auf eine große Anzahl empirischer Studien über Wirksamkeit und Effektivität schulrelevanter Präventions- und Interventionsmaßnahmen bezogen auf Tabak, Alkohol, illegale Drogen und andere gesundheitsrelevante Themen (vgl. Nöldner 1990).

Die Beschreibung unterschiedlicher Programme, Programmstrategien, Zielgruppen, Ergebnisse, Intensitäten, Implementationen und Forschungsdesigns der einzelnen Interventionsstudien erschweren es, einen systematischen Überblick über die Effektivität zu erlangen. Mit dem Verfahren der *Meta-Evaluation*, das sich sowohl auf die summative als auch auf die formative Evaluation anwenden läßt, kann eine Integration der Forschungsergebnisse vorgenommen werden. Es handelt sich dabei um einen Oberbegriff für verschiedene Formen der Re-Analyse von Untersuchungen zu Interventionsmaßnahmen, wie z. B. die essayhafte Diskussion einer einzelnen Evaluationsstudie, der qualitative Literatur-Review, die empirische Re-Analyse von Datensätzen, die gleichzeitige Sekundäranalyse von Rohdaten oder die unabhängige Replikationsstudie (Lösel & Nowack 1987).

Die am häufigsten - auch bei Drogenpräventionsstudien - angewandte Methode der Meta-Evaluation ist der traditionelle *Literatur-Review* (Lösel 1987; Lösel & Nowack 1987; Nöldner 1990; Wittmann 1985). Bei diesem qualitativ-narrativen Verfahren wird keine neue Datenauswertung vorgenommen, sondern erfolgen die Auswertungen der als einschlägig betrachteten Arbeiten, die Verwertung der in ihnen enthaltenen Informationen, die Gewichtung bestimmter Effektstärken und Schwächen, die Integrationen der einzelnen Ergebnisse und die summierenden Beurteilungen nach subjektiven und impliziten Kriterien (vgl. Lösel 1987). Trotz vielfältiger Kritik an dieser Vorgehensweise (z. B. Ignorieren von Informationen, Stichprobenfehler bei der Auswahl der Studien, geringe Empfindlichkeit für Interaktionseffekte) hat dieses Verfahren wichtige systematische Erkenntnisse für die Sucht- und Drogenvorbeugung, die im folgenden Kapitel noch dargestellt werden, geliefert.

Eine weitere - auch für den Bereich der Drogenpräventionsstudien relevante - Form der Integration von Forschungsergebnissen stellt die nach Glass (1976) benannte Methode der *Meta-Analyse* dar. Dabei handelt es sich nicht um eine einzelne Methode, sondern um eine große Bandbreite von Meßmethoden und statistischen Analysen (Glass, McGaw & Smith 1981), die angewandt werden, um auf statistisch-quantitativem Wege Interventionsstudien zusammenzufassen. Das Ziel dieses Verfahrens ist es, Forschungsergebnisse möglichst systematisch, repräsentativ und objektiv zu integrieren, wobei keine Neuauswertung der Rohdaten aus den Primärstudien erfolgt (vgl. Lösel 1987). Die meta-analytische Vorgehensweise des bekanntesten Verfahrens nach Glass, McGaw & Smith (1981), das vor allem in der Psychotherapie-Wirkungsforschung angewandt wurde, läßt sich anhand der folgenden acht Teilschritte nachzeichnen.

1. Genaue Abgrenzung der Problemstellung;
2. Systematische Auswahl der einschlägigen empirischen Primärstudien;
3. Einheitliche Codierung der Primärstudien nach festgelegten inhaltlichen Kriterien;
4. Beurteilung der methodischen Qualität (Validität) der Primärstudien;
5. Berechnung einheitlicher Effektstärkemaße (die Effektstärke ES wird errechnet als die Differenz zwischen dem Mittelwert der Interventionsgruppe und dem der Kontrollgruppe, dividiert durch die Standardabweichung der Kontrolle);
6. Analyse der Zusammenhänge zwischen Studienmerkmalen und Effektstärken (welche moderierenden Faktoren beeinflussen die unterschiedlichen Ergebnisse der Primärstudien?);
7. Interpretation der Ergebnisse;

8. Präsentation der Untersuchung (Lösel 1987, 326-329).

Die Effektivität sucht- und drogenpräventiver Programme sowie deren methodologischen Vorgehensweisen und Kriterien werden in verschiedenen Literaturdurchsichten (Bradshaw 1973; Evans 1979; Flay 1985; Kinder, Pape & Walfish 1980; Moskowitz 1989; Rothman & Byrne 1981; Schaps, DiBartolo, Moskowitz, Palley & Churging 1981; Thompson 1978) und Meta-Analysen (Bangert-Drowns 1988; Rundall & Bruvold 1988; Tobler 1988) diskutiert, hauptsächlich in Verbindung mit unterschiedlichen Interventionsstrategien. Die Ergebnisse der einzelnen Studien - die hier nur für den Bereich der Tabak- und Alkoholprävention referiert werden sollen - lassen sich dadurch am besten in Form einer Unterteilung in zwei Interventionsstrategien darstellen. Die erste Strategie umschließt die Programme, denen informative, affektive und/oder alternative Interventionsmaßnahmen (*traditionelle Programme*) zugrunde liegen. Der zweiten Strategie werden die Interventionsprogramme zugerechnet, bei denen ein psychosozialer Ansatz (*innovative Programme*) das theoretische Fundament bildet (vgl. Kapitel 3. Die folgende Abbildung 8.1 gibt einen zusammenfassenden Überblick über die Präventionsstrategien sowie deren Schwerpunkte, Methoden, Evaluationsstudien und Effekte.

Welchen Erkenntnisgewinn die beiden dargestellten Verfahren der Meta-Evaluation für den Bereich der Tabak- und Alkoholprävention gebracht haben, soll in den folgenden Abschnitten geprüft und in Verbindung mit den eigenen Befunden gebracht werden. Da in der Bundesrepublik Deutschland - vergleichbar zur defizitären Etablierung der Evaluationsforschung im Bereich der Sucht- und Drogenprävention (aber auch der allgemeinen Gesundheitserziehung) - kaum Primärstudien vorliegen und bis dato keine Meta-Evaluationen durchgeführt worden sind, bilden us-amerikanische Studien die Grundlage der folgenden Kapitel.

Tab. 8.1: Überblick über die hauptsächlichen Präventionsstrategien

	Inhalt	Methode	Studien	Effekte
Traditioneller Ansatz				
Informationsvermittlung	Wissensverbesserung über Drogen, Konsequenzen des Gebrauchs; substanzspezifisch; Unterstützung von Anti-Drogen-Einstellungen	Diskussion, Audio/Video-Präsentation, Zurschaustellen von Substanzen, Poster, Broschüren, Projekttage	(Degnan 1972; Friedman 1973; O'Rourke & Barr 1974; Rosenblitt & Nagey 1973)	keine Reduktion des Suchtmittelkonsums kurzfristige Wissensverbesserung keine Effekte auf aktuellen noch zukünftigen Konsum bei Abschreckung kontraproduktive Effekte
Affektive Erziehung	Steigerung des Selbstwertgefühls; verantwortliche Entscheidungen fällen; intrapersonale Stärkung; Streßmanagement; keine oder wenige Informationen über Drogen; substanzunspezifisch	Diskussion, praktische Aktivitäten, Problemlösungsübungen	(Moskowitz et al. 1982)	keine Reduktion des Suchtmittelkonsums teilweise "Bumerang"-Effekte keine meßbaren Veränderungen bei Selbstwertgefühl oder Bewältigungsfertigkeiten
Alternativen	Steigerung des Selbstwertgefühls und Selbstvertrauens; Unterbreitung von Alternativen zu Drogen; Reduktion von Einsamkeit und Sensibilisierung für Entfremdungen; sozial-politisches Engagement; substanzunspezifisch	Organisation von Jugendtreffs, Entspannungsübungen, Teilnahme an Gemeindeprojekten, Begabungstraining	(Schaps et al. 1981)	keine klaren Erfolge oder Mißerfolge geringer Erfolg bei Jugendlichen mit hoher sozialer Belastung positive Wirkungen auf Selbständigkeit, soziale Stabilität und Aktivität

Fortsetzung Tab. 8.1

	Inhalt	Methode	Studien	Effekte
Psychosozialer Ansatz				
Standfestigkeit gegen negative soziale Beeinflussung	Steigerung des Bewußtseins für sozialen Einfluß zu Rauchen, Alkoholtrinken und illegalen Drogengebrauch; Entwicklung von Fertigkeiten, sich gegen Drogengebrauch zu wehren; Steigerung der Kenntnisse über unmittelbare negative Konsequenzen, Etablierung von Anti-Drogen-Normen; substanzspezifisch und -unspezifisch	Klassendiskussionen, Widerstandsfertigkeiten, Verhaltenstraining, Praxisübungen, Einsatz von sogenannten "Peerleader"	(Arkin et al. 1981; Hurd et al. 1980; Luepker et al. 1983; McAlister et al. 1979; Murray et al. 1980; Perry et al. 1980; Telch et al. 1982; McAlister et al. 1980; Best et al. 1984)	Aufschub des Konsumbeginns Reduzierung des Rauchens
Vermittlung allgemeiner Bewältigungsfertigkeit	Steigerung der Entscheidungsfähigkeit; persönliche Verhaltensänderungen; Angstreduktion; Kommunikations-, soziale und Abwehrfertigkeiten; Vermittlung von allgemeinen Fertigkeiten, dem Drogengebrauch zu widerstehen	Klassendiskussionen, kognitives Verhaltenstraining (Anweisungen, Übungen, Feedback, Verstärkung)	(Botvin et al. 1984; Botvin et al. 1985; Botvin & Eng 1980; Botvin et al. 1980; Botvin et al. 1983; Gilchrist & Schinke 1983; Pentz 1983; Schinke 1984; Schinke & Gilchrist 1983)	Reduktion beim ersten Experimentieren und beim Beginn des regulären Rauchens Veränderungen in Kenntnissen und Einstellungen, Selbstsicherheit, bei sozialen Ängsten, Selbstzufriedenheit, Entschlußfähigkeit und Problemlöse-Fertigkeit

8.1.1 Bewertung der Wirksamkeit traditioneller Interventionsstrategien

Eine umfangreiche Studie zur Überprüfung der Wirksamkeit von traditionellen Konzepten der Sucht- und Drogenprävention wurde von Schaps et al. (1981) durchgeführt. In dieser Studie wurden 127 Drogenpräventionsprogramme, die in den Jahren 1968 bis 1977 veröffentlicht wurden, einer gründlichen Bewertung unterzogen. Die Präventionsmerkmale der Primärstudien beruhen auf Informationsvermittlung und/oder affektiven Komponenten und wurden von unterschiedlichen Personen vermittelt (Gleichaltrige, Lehrer, Eltern, Programmitarbeiter oder externe Personen). Die wichtigsten Ergebnisse entstammen lediglich zehn exemplarischen Studien, die über weitgehend exakte Evaluationen verfügten (Schaps et al. 1981). Die Ergebnisse lassen sich folgendermaßen zusammenfassen:

- Es zeigt sich, daß die kognitive traditionelle Informationsvermittlungsstrategie von keinem Erfolg gekrönt ist und z. T. sogar kontraproduktive Effekte aufweist, d. h. daß nach der Intervention mehr Jugendliche zu (legalen oder illegalen) Drogen griffen als vor der Intervention.
- Auch die Verknüpfung informativer mit affektiven Komponenten führte nicht zu den gewünschten Verhaltensänderungen in Richtung eines geringeren Tabak-, Alkohol- oder illegalen Drogenkonsums. Bezogen auf die Wissenskomponente zeigen sich deutliche Verbesserungen, die aber nicht handlungsrelevant werden; dasselbe trifft auf die Einstellungen zu Drogen zu.
- Verschiedene Studien deuten daraufhin, daß der Einsatz von Gleichaltrigen als Programmvermittler größeren Einfluß auf die Entwicklung von drogenbezogenen Verhalten und Einstellungen hat; insgesamt aber zu selten angewandt wurde (lediglich 5% der Programme setzten sie ein).
- Insgesamt wird die methodologische Qualität der untersuchten Studien als unzureichend bewertet (z. B. keine Kontrollgruppen, kein Posttest, zu kleine Stichproben, unzulängliche Befragungsinstrumente), um auch kleine Effekte als Erfolg bewerten zu können (vgl. auch Moskowitz 1989).

Zu vergleichbaren Ergebnissen gelangen auch Kinder, Pape & Walfish (1980) sowie Goodstadt (1974). Die Beurteilung der relevanten Studien zeigt auch in diesen Literatur-Reviews, daß die traditionellen Tabak- und Alkoholpräventionsprogramme weitgehend ineffektiv sind, was die Wirkungen bezüglich eines geringeren legalen und illegalen Drogenkonsums und gesünderen Lebensstils betrifft, dabei zeigen sich keine Unterschiede zwischen Alkohol- und Tabakpräventionsprogrammen (vgl. auch Schinke,

Botvin & Orlandi 1991).

Die Meta-Analyse von Bangert-Drowns (1988) bestätigt die Ergebnisse aus den Literatur-Reviews. "Though education appears to be very effective in increasing students drug-related knowledge, attitudes toward drug and alcohol abuse are more resistant to change, and substance abuse is often unchanged by the drug education programs reported in available evaluations" (Bangert-Drowns 1988, 258).

Eine Ausnahme in diesem Forschungskanon bildet die Meta-Analyse von Tobler (1986), die z. T. widersprüchliche Ergebnisse zu den o. g. Studien liefert. Ein Vergleich mit der Meta-Analyse von Bangert-Drowns (1988) zeigt folgendes: In beiden Meta-Analysen erscheint das Wissen über Drogen am einfachsten zu beeinflussen zu sein, obwohl sich die Effektstärken unterscheiden (bei Tobler 0.56 und bei Bangert-Drowns 0.76); die Unterschiede können jedoch auch auf die unterschiedlichen zugrundeliegenden Stichproben zurückgeführt werden. Der gleiche Unterschied zeigt sich bei den Ergebnissen bezüglich der Einstellungs-Effektstärken (bei Tobler 0.18 und bei Bangert-Drowns 0.34); auch hier können unterschiedliche Samples die Ursache sein. Weitaus wichtiger ist der Unterschied, daß nach Bangert-Drowns (1988) Einstellungen einfacher zu verändern scheinen als das drogenspezifische Verhalten, dagegen Tobler (1986) zu dem Ergebnis kommt, daß Einstellungen und Verhalten gleichermaßen durch die Intervention (traditioneller Art) zu beeinflussen sind.

Rückbeziehend auf die Ergebnisse aus den qualitativen Literatur-Reviews (Schaps et al. 1981; Kinder et al. 1980; Goodstadt 1974) und der Meta-Analyse von Bangert-Drowns (1988) - die Analyse von Tobler (1986) außer Betracht genommen - lassen sich folgende Schlußfolgerungen ziehen.

- Die traditionellen Präventionsprogramme zeigen lediglich Effekte auf den Wissensstand, minimale Ergebnisse bei den Einstellungen und keine Wirkungen auf das Verhalten;
- Komplexere Programme, die verschiedene Strategien miteinander verknüpfen (z. B. informative und affektive) scheinen erfolgreicher zu sein;
- Programme, die von Gleichaltrigen vermittelt werden, erreichen höhere Effekttärken bei den Einstellungen und haben einen größeren Einfluß auf den Drogengebrauch[1];
- Je länger und methodisch vielfältiger ein Programm implementiert wird,

[1] Bislang konnte die Effektivität des Einsatzes von sogenannten Peerleader nicht empirisch nachgewiesen werden, jedoch deuten einige Kriterien (z. B. höhere Glaubwürdigkeit) daraufhin, daß sich der Einsatz positiv auf das Programm auswirkt (Klepp, Halper & Perry 1986).

desto höhere Effektstärken werden erreicht.

Obwohl für die BRD keine Meta-Evaluationen vorliegen, gab und gibt es ebenfalls Aktivitäten, die auf diesem Ansatz beruhen. Ein Beispiel hierfür sind die Programme der Bundeszentrale für gesundheitliche Aufklärung (BZgA). Eine Überprüfung dieser kognitiv-orientierten schulischen Unterrichtswerke ergab, daß der Einsatz dieser Programme zwar zu einem besseren Kenntnisstand der Schüler und Schülerinnen führte, jedoch im Alltagshandeln keinen Einfluß zeigte (Nevermann & Perlwitz 1986).

8.1.2 Bewertung der Wirksamkeit psychosozialer Interventionsstrategien

Im Vergleich zu den traditionellen Interventionsstrategien haben sich die psychosozialen Ansätze der Sucht- und Drogenprävention als weitaus erfolgreicher erwiesen (Best et al. 1984; Botvin & Wills 1985; Flay 1985; Moskowitz 1989). Allen erfolgreichen Programmen liegt ein gemeinsames theoretisches Fundament zugrunde, das sich nicht allein auf Wissensvermittlung konzentriert, sondern die handlungssteuernden und auslösenden Motive mit anspricht, die zum Drogengebrauch führen können. Der legale Drogengebrauch wird in seinem funktionalen Nutzen gesehen und im Kontext kultureller und sozialer Bedingungen der Lebensbewältigung thematisiert (vgl. auch Kapitel 3 in dieser Arbeit).

Den meisten psychosozial orientierten Evaluationsstudien, die signifikante Verhaltensänderungen im Drogengebrauch der Jugendlichen nachweisen, liegt ein weitgefaßtes Konzept zur Stärkung sozialer und personaler Kompetenzen zugrunde (Schinke, Botvin & Orlandi 1991), das aber die Vermittlung von Sachinformationen nicht ignoriert. So berichten Schinke & Gilchrist (1983) eine Reduktion von bis zu 79% in der Prävalenz von sogenannten 'Tabakexperimentierern'. Eine andere Studie (Botvin, Renick & Baker 1983) berichtet sogar von einer Reduktion von 87% des Anteils von regelmäßigen Rauchern, die an einem zweijährigen psychosozialen Programm in den Klassen 7 und 8 teilnahmen (Moskowitz 1989).

Verschiedene Studien deuten darauf hin, daß die Maßnahmen der Lebenskompetenzförderung effizienter und effektiver sind als Strategien zur Standfestigkeit bei sozialem Druck, da sie eine größere Wirkung auch auf andere Verhaltensbereiche ausüben (Schinke, Botvin & Orlandi 1991).

Eine umfangreiche Literaturdurchsicht zur Wirksamkeit psychosozialer Tabakpräventionsprogramme wurde von Flay (1985) vorgenommen. Es wurden 27 schulische Programme, insbesondere in Hinblick auf deren methodologische Grundlagen, analysiert und in vier (methodische) Generationen unterschieden. Während die Studien der ersten Generation (z. B.

Evans et al. 1978, 1981) noch über eine Vielzahl methodologischer Mängel verfügten (z. B. keine Kontrollgruppe, kein Vor- oder Nachtest), wurden diese bei den Studien der zweiten (z.B. Botvin & Eng 1980; Botvin et al. 1980; Botvin & Eng 1982; Hurd et al. 1980; McAlister et al. 1979; Perry et al. 1980; Schinke & Gilchrist 1983) und der dritten Generation (z. B. Arkin et al. 1981; Botvin et al. 1983, 1984; Gilchrist & Schinke 1984; Murray et al. 1984; Pentz 1983; Perry et al. 1983; Vartianien et al. 1983) verbessert sowie das theoretische Fundament weiter ausgebaut. Ergebnisse der Studien der zweiten und dritten Generation lassen sich aufgrund unterschiedlicher Forschungsdesigns, Programmimplementationen und Dauer zwar nicht miteinander vergleichen (Flay 1985), einige der Studien zeigen jedoch positive Effekte auf die Quote der erstmaligen Raucher und Verhaltensänderungen bei den regelmäßigen Rauchern.

Trotz der insgesamt erfolgreichen Interventionsmaßnahmen lassen sich auch für die Studien der zweiten und dritten Generation methodologische Mängel nachweisen. So verhindert die Zuordnung von nur einer Kontrollgruppe, die kein Programm erhält, die Validität externer Faktoren (z. B. Hawthorne-Effekt) und Unterschiede, die bei einigen Studien schon im Pretest bestehen, die Glaubwürdigkeit der Ergebnisse. Ein weiteres methodologisches Problem dieser Generationen stellt die hohe Fluktuation der am Programm teilnehmenden Schülerinnen und Schüler dar (10% nach zwei Monaten, bis zu 47% Ausfall nach zwei Jahren). Die Relevanz für die externe Validität ist hoch und mögliche Programmeffekte werden verwischt.

Die Interventionsstudien der vierten Generation (z. B. Best et al. 1984; Flay, d'Avernas et al. 1983; McAlister 1983) haben eine Vielzahl der methodologischen Unzulänglichkeiten ausgemerzt und verfügen über gute Evaluationsdesigns und Interventionsstrategien. Dennoch differieren die Ergebnisse stark, und nicht alle Ansätze können in bezug auf ihre Effektivität als erfolgreich bewertet werden. Die Unterschiede beruhen auf vier Ursachen: Erstens variierte die Dauer und Länge der einzelnen Programme, zweitens waren unterschiedliche Schulstrukturen einbezogen, drittens wurden die Programme von unterschiedlichen Personen vermittelt und viertens waren die Zeiträume zwischen dem Programmende und der Nachbefragung unterschiedlich lang (Flay 1985). Alternative Interpretationen der Programmeffekte revidieren das optimistische Bild dieses Ansatzes, sollten jedoch nicht über die Erfolge im Vergleich zum traditionellen Ansatz hinwegtäuschen.

Weitaus weniger erfolgreich erweist sich der psychosoziale Präventionsansatz in bezug auf die *Alkoholprävention* (Moskowitz 1989). Als Grund kann angeführt werden, daß in der Alkoholprävention wenig Konsens darüber besteht, welches Ziel angemessen ist (Braucht & Braucht 1984). So schwanken die Ziele zwischen vollständiger Abstinenz bis hin zu verantwortungsbewußten Umgang mit der Droge, wobei die Grenzen stark verwischt sind. Demzufolge sind in vielen Studien die verhaltensrelevanten Programmziele nicht klar definiert worden, womit z. T. der Mißerfolg erklärt werden kann. Moskowitz (1989) kommt in seinem Review zu dem Ergebnis, daß einige Studien zur Drogen- und Alkoholprävention den Alkoholkonsum der Schülerinnen und Schüler reduzieren konnten, der Effekt jedoch kurzfristig war (bis zu sechs Monate nach der Intervention). Andere Programme scheinen sogar einen negativen Einfluß auf den Alkoholgebrauch auszuüben, wobei es sich hierbei auch aufgrund methodischer Kriterien um ein Artefact handeln kann. "Some types of drug or alcohol education may reduce student alcohol use; however, this effect appears to the short-lived (i. e., about 6 months). Other educational programs appear to increase alcohol use; however, this effect may be artifactual. Unfortunately, the pattern of results does not provide a clear direction for future research. This may be due to inadequacies in the research or to inadequacies in program design or program implementation" (Moskowitz 1989, 71).

8.1.3 Ein Vergleich der beiden Strategien: Die Meta-Analyse von Rundall & Bruvold

In der Meta-Analyse von Rundall & Bruvold (1988) wurden insgesamt 76 Interventionsstudien, von denen 47 Programme auf das Thema Rauchen und 29 auf das Thema Alkoholkonsum fokussierten, einer quantitativen Bewertung unterzogen. Um in die Analyse einbezogen zu werden, mußten die Studien nach 1970 publiziert worden sein und vier weiteren Anforderungen genügen:

1. Die Programme mußten über geplante Aktivitäten oder Interventionsmethoden verfügen, die darauf abzielten, den Tabak- und/oder Alkoholkonsum zu reduzieren, ihm vorzubeugen oder ihn zu unterbinden;
2. Die Programme mußten in Schulen implementiert worden sein;
3. Die Evaluation der Programme mußte über eine Vergleichs- oder Kontrollgruppe verfügen;
4. Die Evaluation mußte quantitative Ergebnisse, bezogen auf die Programmeffektivität (Einstellungen, Wissen, Verhalten), aufweisen.

Zur Überprüfung der Effektivität standen drei zentrale Fragen im Mittelpunkt der Meta-Analyse von Rundall & Bruvold (1988):

1. Welche Wissens-, Einstellungs- und Verhaltenseffekte zur Prävention oder Reduktion des legalen Drogenkonsums im Jugendalter gibt es?

2. Existieren unterschiedliche Effekte bei Tabak- und Alkoholpräventionsprogrammen?
3. Unterscheiden sich die unterschiedlichen theoretisch fundierten Programme hinsichtlich ihrer Verhaltenseffektivität?

Um insbesondere Aufschluß über die dritte Frage zu gewinnen, unterteilten Rundall & Bruvold (1988) die Programme ebenfalls in traditionelle und innovative Maßnahmen. Da sich keine der von Rundall & Bruvold (1988) berücksichtigten innovativen Studien ausschließlich auf ein theoretisches Modell bezieht, sondern verschiedene Ansätze kombiniert werden, konnte kein Vergleich der differenten innovativen Strategien durchgeführt werden. Ein Vergleich zwischen traditionellen und innovativen Modellen ergab jedoch aufschlußreiche Hinweise, die in der Tabelle 8.1 dargestellt sind.

Tab. 8.1: Ergebnisse der Meta-Analyse von Rundall & Bruvold (1988)

	Tabakpräventionsprogramme		Alkoholpräventionsprogramme	
	(<3 Mon.)	(>3 Mon.)	(<3 Mon.)	(>3 Mon.)
Wissenseffekte	0.59[1 2]	0.56	0.52	0.38
Einstellungs-effekte	0.05	0.13	0.18	-0.23
Verhaltens-effekte	0.15	0.34	0.11	0.12
	Traditionelle Programme		Innovative Programme	
	Kurzzeiteff.	Langzeiteff.	Kurzzeiteff.	Langzeiteff.
	(<3 Mon.)	(>3 Mon.)	(<3 Mon.)	(>3 Mon.)
Verhaltens-effekte bzgl. Tabak	0.08	0.32	0.32	0.34
Verhaltens-effekte bzgl. Alkohol	0.11	0.01	0.12	0.14

[1] Angaben in Effektstärken

[2] Es wurden nur diejenigen Studien in die Berechnung einbezogen, die entweder über randomisierte Interventions- und Kontrollgruppen verfügten oder ausreichende statistische Angaben über die Ausgangsunterschiede bei nicht-äquivalenten Interventions- und Kontrollgruppen angeben konnten.

Die methodische Vorgehensweise und die Bestimmung der Effektstärken erfolgte gemäß dem meta-analytischen Ansatz von Glass, McGaw & Smith (1981). Die im Anschluß daran erfolgende Zusammenfassung der individuellen programmspezifischen Effekte aus allen Studien zu einer durchschnittlichen Effektstärke erfolgte mit der Methode von Hedges & Olkin (1985). Systematische Fehlerquellen (z. B. unterschiedlich große Stichproben) wurden bei der Bestimmung der gepoolten Effektstärken berücksichtigt. Zudem wurden kurzfristige Programmeffekte (weniger als drei Monate) mit langfristigen (mehr als drei Monate) verglichen.

- Fast alle Programme zeigen die gewünschten *Wissensveränderungen* bei den Schülern. Dabei ergeben sich bei den kurzfristigen Veränderungen keine Unterschiede zwischen Tabak- und Alkoholinterventionen. Während bei den Tabakpräventionsprogrammen die Veränderungen auch langfristig stabil bleiben, fallen die entsprechenden langfristigen Wirkungen hinsichtlich Alkohol erheblich niedriger aus.
- Im Vergleich zu den Wissensveränderungen erweisen sich die *Einstellungsänderungen* als wesentlich schwieriger zu beeinflussende Größe. Die Effektstärken zeigen sowohl bei Tabak als auch bei Alkohol niedrigere Werte und bei Alkohol sogar langfristig negative Effektstärken.
- Die negativen Effektgrößen bei den Alkoholpräventionsprogrammen spiegeln sich auch bei den *Verhaltensänderungen* wider. Während der Tabakkonsum kurz- und vor allem auch langfristig positiv zu beeinflußbar scheint, zeigen die Alkoholinterventionen nur geringfügige langfristige Verhaltensänderungen. Die kurzfristigen sind mit denen der Tabakinterventionen vergleichbar.
- Der Vergleich *traditioneller mit innovativen Tabakpräventionsprogrammen* zeigt, daß die gepoolte Effektstärke für innovative Tabakinterventionsmaßnahmen bei den kurzfristigen Verhaltensänderungen fast viermal so hoch liegt wie bei den traditionellen. Langfristig heben sich diese Unterschiede wieder auf.
- Als letztes verglichen die Autoren *traditionelle und innovative Alkoholpräventionsstudien* miteinander. Kurzfristig zeigen sich zwischen den beiden Strategien keine Unterschiede, wobei die gewünschten Veränderungen geringer sind als bei den Tabakinterventionen. Langfristig erweisen sich die innovativen Strategien effektiver als die traditionellen und behalten ihre kleinen positiven Effektstärken.

Welche Schlußfolgerungen lassen sich nun für die Effektivität schulischer Tabak- und Alkoholpräventionsprogramme ziehen? Die Ergebnisse lassen sich am besten in Anlehnung an die Ausgangsfragen der Meta-Analyse von Rundall & Bruvold (1988) zusammenfassen:

Zu 1.) Die Gesamtanalyse zeigt, daß alle Präventionsprogramme verhältnismäßig gute Effekte bei der Wissensveränderung der Schüler und Schülerinnen bewirken. Die kurz- und langfristigen Veränderungen bei den Einstellungen sind demgegenüber erheblich kleiner. Verhaltenseffekte treten nur in einem geringen Maße auf, bei den Tabakpräventionsstudien dabei noch etwas stärker als bei den alkoholbezogenen Maßnahmen.
Zu 2.) Die kurzfristigen Effekte zwischen Tabak- und Alkoholpräventionsprogrammen unterscheiden sich nur minimal. Langfristig wirken dagegen die Tabakinterventionen stärker als die Alkoholprogramme.
Zu 3.) Die Unterschiede zwischen den traditionellen und den innovativen Interventionsstrategien sind kurzfristig zugunsten der innovativen sehr groß, langfristig schwächen sich die Differenzen jedoch ab.

Obwohl eine Vielzahl psychosozialer Interventionsprogramme in Schulen implementiert und bewertet worden sind, weiß man derzeit wenig darüber, welche Programmerkmale zum Erfolg führen. Es ist weiterhin unbekannt, warum, für wen und unter welchen Bedingungen diese Ansätze wirken. Zudem unterliegen fast alle Evaluationsstudien methodologischen Mängeln, die die Ergebnisse zweifelhaft erscheinen lassen. Hierzu gehören insbesondere: Hohe Fluktuation während der Intervention, Anfangsunterschiede zwischen den untersuchten Stichproben, Hawthorne-Effekte, Mängel in der Validität der Selbstangaben zum Drogengebrauch, inadäquate Kontrollgruppen, keine Randomisierung, fehlerhafte Signifikanzniveaus u. a.. Die Weiterentwicklung gesundheitsförderlicher Aktivitäten und Interventionen muß deshalb eng mit der Berücksichtigung methodischer Standards verbunden sein. So sollten die Evaluationsstudien in gleicher Weise theoretisch fundiert, methodisch korrekt und anwendungsbezogen sinnvoll sein (Nöldner 1990).

Bezogen auf die Erkenntnisse der relativ stiefmütterlich behandelten formativen Evaluation erweisen sich die Variablen Dauer, Materialreichtum und Fortbildung der Programmvermittler als besonders wichtig für die Wirksamkeit der Programme. Die besten Kosten-Nutzen-Relationen wurden bei den Programmen ermittelt, die mehr als 40 Unterrichtsstunden lang implementiert wurden (Connell, Turner & Mason 1985). D. h. eine Kosten-Nutzen-Relation zugunsten der Implementation im Vergleich zu vorbereitenden Maßnahmen wirkte sich positiv auf das Programm aus.

8.2 Ausblick

Die Ergebnisse der hier dargestellten Evaluationsstudie und die zusammenfassende Darstellung der Analyse internationaler Evaluationsstudien von Rundall und Bruvold (1988) haben eines deutlich gemacht: Die ausschließliche Orientierung auf die curriculare Ebene schulischer Gesundheitserziehung reicht nicht aus, um langfristig die gewünschten Verhaltensmodifikationen bei Jugendlichen zu erzielen. Es wäre aber verfehlt, würde man davon ausgehen, daß aus diesem Grunde der curriculare Bereich bei der Prävention gesundheitsriskanter Verhaltensweisen überflüssig sei. Die Kenntnisse über die gesundheitlichen Gefahren durch bestimmte Verhaltensweisen steuern zwar nicht zwingend das eigene Verhalten, sie sind aber eine notwendige Voraussetzung, die im fachübergreifenden, Handlungselemente aufnehmenden und projektorientierten Unterricht vermittelt werden muß, wobei die Förderung von Fähigkeiten und Fertigkeiten nicht ignoriert werden darf (Hurrelmann 1990b).

Die Durchführung der o. g. Programme hat auch gezeigt, daß schulische Gesundheitserziehung nur greift und erfolgreich ist, wenn sie frühzeitig einsetzt, jugendspezifisch ausgerichtet ist und langfristig implementiert wird. Dabei spielt die Anleitung und Fortbildung der Lehrerinnen und Lehrer einen dominanten Part. So sollte jedoch nicht nur die Art und Weise der Vermittlung gesundheitserzieherischer Themen verbessert, sondern auch die Erprobung weiterer Programme vorangetrieben werden. Die hier vorgelegte Evaluationsstudie bietet dafür Anknüpfungspunkte. Gut konzipierte Unterrichtsprogramme - und hierzu zählt auch das hier evaluierte - erreichen eine deutliche Verbesserung des Kenntnisstandes und beeinflussen die gesundheitsrelevanten Einstellungen von Jugendlichen. Der gesundheitserzieherische Unterricht muß aber auch den Versuch machen, über die Beeinflussung von Einstellungen hinaus Verhaltensdispositionen zu beeinflussen, indem durch langfristige Maßnahmen soziale und fachliche Fertigkeiten vermittelt werden, die in Alltagssituationen von Bedeutung sind (Hurrelmann 1990b).

Erste Bestrebungen in diese Richtung sind durch das Rahmenkonzept "Gestaltung des Schullebens und Öffnung von Schule" des Kultusministeriums Nordrhein-Westfalens gemacht worden. Dem Rahmenkonzept liegt ein umfassendes Verständnis von Schule als einem Lebens- und Erfahrungsraum zugrunde, der sich nicht von der übrigen Gesellschaft abkapselt. Hierbei nehmen die Schulen reformpädagogische Ansätze ebenso auf wie Entwicklungen im internationalen Raum und erschließen Freiräume für eine intensivere pädagogische Ausgestaltung des Unterrichts und Schullebens. Die Schülerinnen und Schüler sollen das, was sie im außerschulischen Alltag erleben im Unterricht einbringen und bearbeiten können. Diese praxisrelevanten Schwerpunkte lassen sich folgendermaßen benennen:

- neue soziale Erfahrungen in Schule und im schulischen Umfeld zu ermöglichen,
- Wirklichkeit selbständig zu erschließen,
- projektorientiert zu lernen und zu arbeiten,
- kreative Gestaltungskräfte zu wecken,
- individuelle Fähigkeiten und Interessen fördern,
- mit unterschiedlichen Standpunkten und Erfahrungen sich auseinanderzusetzen, sie auch aus der Perspektive des anderen wahrzunehmen und differenziert aufzuarbeiten (aus: Rahmenkonzept des Kultusministeriums Nordrhein-Westfalens zur "Gestaltung des Schullebens und Öffnung von Schule").

Es geht aber auch darum, die Schule gegenüber außerschulischen Einrichtungen und Institutionen zu öffnen. So heißt es weiter in dem Rahmenkonzept: Soll die Öffnung nach innen und außen gelingen, dann ist auch das schulische Umfeld gefragt. "Die Idee ist, Jugendliche und ihre Lehrer in das Leben im Stadtteil oder in der Gemeinde einzubeziehen, indem sie die dort ohnehin vorhandenen Möglichkeiten und Situationen als Lernsituationen aufgreifen. Andererseits soll die Schule auch als Ressource für Stadtteil und Gemeinde genutzt werden (...)" (Hurrelmann 1990b, 15).

Insbesondere unter dem Blickwinkel der defizitären medizinischen und psychosozialen Versorgungslage Jugendlicher könnte das Konzept der "Öffnung von Schule" fruchtbar gemacht werden. Bei den Heranwachsenden handelt es sich im Vergleich zu allen anderen Altersgruppen um eine vergleichsweise unterrepräsentierte Gruppe in bezug auf die Inanspruchnahme von sozialen, psychischen und medizinischen Beratungs- und Betreuungsinstitutionen. Obwohl besonders Jugendliche ihrer Entwicklungsphase gemäß zum Teil große Umstellungen und Veränderungen im sozialen, psychischen und physischen Bereich erfahren, scheinen sie sich vielfach zu scheuen, bei Auftreten von Problemen und Beschwerden, Beratung und Unterstützung in Anspruch zu nehmen. Die Gründe für diese Unterversorgung sind sowohl in dem fehlenden Vertrauen, der Unsicherheit, den sozialen Befürchtungen und der Schwellenangst der Jugendlichen zu suchen als auch in der Unsicherheit, dem mangelnden Engagement und der fehlenden psychologischen Erfahrung der Professionellen. Neben jugendspezifischen und strukturellen Erschwernissen, muß die Inanspruchnahme von psychosozialen und medizinischen Beratungsdiensten auch unter sozial-ökologischen Gesichtspunkten betrachtet werden. "Die Kontaktaufnahme ist umso wahrscheinlicher, je näher diese dem ´ökologischen Nahraum´, der Nachbarschaft der Jugendlichen liegt und einen entsprechend hohen Bekanntheits- und Vertrautheitsgrad besitzt" (Hofmann 1990, 186). Auch hier kann die Schule - in Form von Beratungslehrern, Beratungsdiensten, Kooperation mit psychosozialen und medizinischen Diensten der Gemeinde, "Schulkliniken" oder andere Formen der intensiven Zusammenarbeit mit dem schul- und jugendärztlichen Dienst - ein wichtiger Träger von Maßnahmen der Gesundheitsförderung sein (Hurrelmann 1990a und b).

Aus der Schulpädagogik sind in den letzten Jahren auch zunehmend Ansätze in die Diskussion gerückt, die unter den Stichworten "Schulklima", "Schulökologie" und "Qualität von Schule" versuchen, die sozialen Kriterien zu benennen, die ein "gute" Schule erfüllen muß, um ein gutes soziales Betriebsklima und vielfältige Identifikationsmöglichkeiten für alle im Schulbereich tätigen Menschen zu gewährleisten (Hurrelmann 1990b). Wenngleich diese Ansätze nicht unter der Prämisse stehen, gesundheitsrelevante Strukturen für Kinder und Jugendliche zu erfassen, liefern sie doch wichtige Hinweise für die Gesundheitsförderung in der Schule. Klar strukturierte Regeln und Erwartungen, Partizipationsmöglichkeiten sowie eine gute kollegiale Zusammenarbeit zwischen den Lehrern untereinander sowie zwischen Lehrern und Schülern und eine effektive Beteiligung der Schüler und Eltern an wichtigen schulischen Belangen sind wahrscheinlich die beste Voraussetzung dafür, daß den Schülerinnen und Schülern das Gefühl vermittelt werden kann, der Gemeinschaft Schule anzugehören. In "guten" Schulen zeigte sich die Identifikation der Schüler mit ihrer Schule größer als in anderen (vgl. Hurrelmann & Nordlohne 1993).

Neben den sozialen und personalen Komponenten des schulischen Alltags wird auch dem gesamten ökologischen Setting im Bereich der Gesundheitsförderung an Schulen eine zunehmende Relevanz zugeschrieben. So haben räumliche Gegebenheiten offenbar einen nicht zu unterschätzenden Einfluß auf das Verhalten. "Eine gesunde Schule ist ein ökologisch gestalteter Lebens- und Erfahrungsraum für Schülerinnen und Schüler, Lehrerinnen und Lehrer, Eltern (...). In Zusammenarbeit aller Beteiligten muß die räumliche Gestaltung der Schule, der Klassenzimmer, der gesamten baulichen und architektonischen Bedingungen und der Umfeldbedingungen so vorgenommen werden, daß sie den tatsächlichen Bedürfnissen und Neigungen sowie den Arbeits- und Tagesrhythmen der Lehrerinnen und Lehrer sowie der Schülerinnen und Schüler entspricht. Hier geht es also um neue Konzepte für die Gestaltung von Räumen, Fluren und Aufenthaltsräumen, Außenanlagen, Pausenhallen und Sportanlagen, Verbesserungen der Wege und Verbindungen zum Wohnumfeld etc. Zu den täglichen Arbeitsbedingungen tragen nicht nur die räumlichen und architektonischen Vorgaben bei, sondern auch alle Bereiche der Versorgung (...)" (Emundts, Hurrelmann & Priebe 1992, 79).

Alle Erfahrungen deuten daraufhin, daß ein Konglomerat aus den genannten Bereichen schulischer Gesundheitsförderung, die sich auf die curriculare Ebene, den sozialen und ökologischen Dimensionen und der Öffnung der Schule nach innen und außen beziehen, die besten Rahmenbedingungen für die gesunde Entwicklung von Kindern und Jugendlichen aufweisen. Im Mittelpunkt von neueren Konzeptionen schulischer Gesundheitsförderung steht somit die Förderung des individuellen und sozialen Wohlbefindens durch die Unterstützung von individuellen Kompetenzen und Ressourcen sowie die Schaffung von gesundheitsförderlichen Lebens- und Umweltbedingungen.

Die Leitidee der Gesundheitsförderung bringt damit zur Expression, daß Gesundheit Ausdruck biographischer Entwicklungsprozesse ist, die weit über die individuelle Planungs- und Entscheidungsebene hinausgehen, und das gesamte ökologische, ökonomische, kulturelle und soziale Umfeld der Entwicklung eines Menschen umfassen (Wenzel 1990).

Eine wirksame Gesundheitsförderung kann allerdings nur dann geleistet werden, wenn alle am Erziehungsprozeß Beteiligten ein gemeinsames Konzept tragen, das schon frühzeitig einsetzt und langfristig durchgeführt wird. Deshalb ist der Elementarbereich ein wichtiger Adressat für präventive Maßnahmen. Neben dem frühstmöglichen Intervenieren - bevor sich gesundheitsschädigende Verhaltensweisen manifestieren - kann auch ein Großteil der Eltern durch diese familiennahe Einrichtungen erreicht werden (Brückner-Groh 1989).

Noch zeigt die Gesundheitsförderung von Kindern und Jugendlichen in der Bundesrepublik Deutschland deutliche Defizite in allen genannten Bereichen. Damit sie jedoch an der positiven Entwicklung fortsetzen kann, muß vor allem die Erreichbarkeit bzw. Zugänglichkeit deutschsprachiger kompetenzfördernder Programme, die sich nicht nur auf Einzelaspekte gesundheitsriskanten Verhaltens orientieren, und deren langfristige wissenschaftliche Evaluierung verbessert werden. Zudem muß eine fundierte theoretische Ausgangslage geschaffen werden, die am funktionalen Nutzen gesundheitsriskanter Verhaltensweisen ansetzt und die subjektiven Gesundheitskonzepte im Jugendalter aufnimmt.

Mit dem Aufbau eines weitreichenden WHO/EG/Europarat-Netzes zur Unterstützung und Koordinierung von Pilotprojekten für "Gesundheitsfördernde Schulen" wird deutlich, daß auch auf administrativer Ebene die Relevanz schulischer Gesundheitsförderung erkannt wird. Die Weltgesundheitsorganisation begann schon 1991 in drei osteuropäischen Staaten (Polen, Ungarn und CSFR) mit der Implementation solcher Pilotprojekte. Darüberhinaus verständigten sich WHO, EG und Europarat 1992, das in Osteuropa begonnene Netzwerk auf ganz Europa auszuweiten und als europäisches Modellprogramm für vier Jahre durchzuführen. Seit 1993 beteiligt sich auch die Bundesrepublik Deutschland an dem europäischen Netzwerk. Die Erfahrungen mit der Entwicklung verschiedener Modellvorhaben für "Gesundheitsfördernde Schulen", die vordringlich die Gesundheitsprobleme im Kontext zu Umweltproblemen aufgreifen und neue Wege der aktiven Gesundheitsförderung im Jugendalter erproben, werden Aufschluß für weitere Aktivitäten auf dem Feld der schulischen Gesundheitsförderung geben (BLK - Modellversuch Netzwerk "Gesundheitsfördernde Schule" 1993).

Literatur

Aaro, L. E., Hauknes, A. & Berglund, E. L. (1981): Smoking among Norwegian schoolchildren 1975-1980. II. The influence of the social environment. Scandinavian Journal of Psychology, 22, 297-309

Abele, A. & Brehm, W. (1989): Sport zum 'Sich-Wohlfühlen' als Beitrag zur Bewältigung von Entwicklungsaufgaben im Jugendalter. In: Brettschneider, W. D., Baur, J. & Bräutigam, M. (Hrsg.): Sport im Alltag von Jugendlichen. Schorndorf: Hofmann, 114-133

Abele, A. & Brehm, W. (1990): Sportliche Aktivität als gesundheitsheterogenes Handeln. In: Schwarzer, R. (Hrsg.): Gesundheitspsychologie. Ein Lehrbuch. Göttingen: Hogrefe, 131-150

Abele, A., Brehm, W. & Gall, T. (1991): Sportliche Aktivität und Wohlbefinden. In: Abele, A. & Becker, P. (Hrsg.): Wohlbefinden. Weinheim: Juventa, 279-293

Abholz, H. H. (1982): Konzeptionelle und ethische Probleme des Risikofaktorenkonzepts in seiner therapeutischen Anwendung. In: Abholz, H.H., Borgers, D., Karmaus, W. & Korporal, J. (Hrsg.): Risikofaktorenmedizin: Konzept und Kontroverse. Berlin: de Gruyter, 182-192

Abrahamson, T. (1979): Handbook of vocational education evaluation. Beverly Hills: Sage

Ajzen, I. (1982): On behaving in accordance with one's attitudes. In: Zanna, M. P., Higgins, E. T. & Herman, C. P. (Eds.): Consistency in social behavior: The Ontario Symposium. Hillsdale, New York: Erlbaum, 3-15

Ajzen, I. (1985): From intentions to actions: A theory of planned behavior. In: Kuhl,J. & Beckman, J. (Eds.): Actioncontrol: From cognition to behavior. Heidelberg: Springer, 11-39

Ajzen, I. & Fishbein, M. (1980): Understanding attitudes and predicting social behavior. New York: Prentice-Hall

Allerbeck, K. & Rosenmayr, L. (1976): Einführung in die Jugendsoziologie. Theorien, Methoden und empirische Materialien. Heidelberg: Quelle & Meyer

Altenkirch, H. (1982): Schnüffelsucht und Schnüffelneuropathie. Sozialdaten, Praktiken, klinische und neurologische Komplikationen sowie experimentelle Befunde des Lösungsmittelmißbrauchs. Berlin: Springer

Altenkirch, H. (1987): Schnüffelstoffe als Schülerdrogen. In: Bartsch, N. & Knigge-Illner, H. (Hrsg.): Sucht und Erziehung. Bd.I. Weinheim/Basel: Beltz, 113-124

Arkin, R. M., Roemhild, H. F., Johnson, C. A., Luepker, R. V. & Murray, D. M. (1981): The Minnesota Smoking Prevention Program: A Seventh-Grade Health Curriculum Supplement. The Journal of School Health, 51, 611-616

Asam, U. & Karrasz, W. (1979): "Kinderpsychiatrie" und "Psychopharmaka-Therapie" in der allgemein-, kinder- und nervenärztlichen Praxis. Zeitschrift für Kinder- und Jugendpsychiatrie, 7, 221-231

Atkin, C. K., Neuendorf, K. & McDermott, S. (1983): The role of alcohol advertising in excessive and hazardous drinking. Journal of Drug Education, 13, 313-325

Bachmann, J. G. (1984): Die Bedeutung des Bildungsniveaus für Selbstwertgefühl, berufsbezogene Einstellungen, Delinquenz und Drogenkonsum von Jugendlichen. In: Olbrich, E. & Todt, E. (Hrsg.): Probleme des Jugendalters. Berlin: Springer, 131-157

Bachmann, J. R., O'Malley, P. M. & Johnston, L. D. (1984): Drug use among young adults: The impacts of role status and social environment. Journal of Personality and Social Psychology, 47, 629-645

Bachmann, J. R., Johnston, L. D. & O'Malley, P. M. (1990): Explaining the recent declain in cocain use among young adults. Journal of Health and Social Behavior, 31, 173-184

Baerlocher, K. & Jellinek J. (1991): Ernährung und Verhalten. Stuttgart: Thieme

Bandura, A. (1969): Principles of behavior modification. New York: Holt, Rinehart & Winston
Bandura, A. (1976): Lernen am Modell. Stuttgart: Klett
Bandura, A. (1977): Self-efficacy: Toward a unifying theory of behavioral change. Psychological Review, 84, 191-215
Bandura, A. (1979): Sozial-kognitive Lerntheorie. Stuttgart: Klett-Cotta
Bangert-Drowns, R.L. (1988): The effects of school-based substance abuse education - A meta-analysis. Journal of Drug Education, 18, 243-264
Banzer, W. (1989): Präventive Sportmedizin - Chancen und Grenzen. In: Laaser, W. & Murza, G. (Hrsg): Gesundheitsförderung. Sport und Gesundheit im Spannungsfeld von Prävention und Lebensqualität. Bielefeld: IDIS, 25-41
Bärmann, U., Hesse, S. & Neubauer, G. (1990): Sexualpädagogik und AIDS-Prävention in der (offenen) Jugendarbeit. In: Kluge, N. (Hrsg.): Jugendsexualität. Frankfurt a. M.: dipa, 124-137
Barron, S. L. (1984): Sexual activity in girls under 16 years of age. British Journal Obstetr. Gynaecol., 93, 787-793
Bartsch, N. & Knigge-Illner, H. (Hrsg.) (1987): Sucht und Schule. Ein Handbuch für Lehrer und Sozialpädagogen. Weinheim/Basel: Beltz, 13-31
Battjes, R. J. (1985): Prevention of adolescent drug abuse. The International Journal of Addictions, 20, 1113-1134
Baum, S. & Singer, J. E. (Eds.) (1982): Issues in child health and adolescent health. Handbook of psychology and health. Vol. V. Hilsdale N. J.: Lawrence Erlbaum
Baumann, N. (1991): Kinder und Jugendliche in Bewegungsnot. Olympische Jugend, 8, 15-17
Beck, U. (1986): Risikogesellschaft. Auf dem Weg in eine andere Moderne. Frankfurt a. M.: Suhrkamp
Becker, M. H. (1974): The health belief model and personal health behavior. Thorefore: Slack
Becker, M. H. & Maiman, L. A. (1975): Sociobehavioral determinants of compliance with health and medical care recommendations. Medical Care, 13, 10-24
Beelmann, A. (1990): Effektivität von Interventionen zur Förderung sozialer Kompetenz bei Kindern. Eine Meta-Analyse. Universität Bielefeld: Diplomarbeit
Bengel, J. & Belz-Merk, M. (1990): Subjektive Gesundheitskonzepte. In: Schwarzer, R. (Hrsg.): Gesundheitspsychologie. Göttingen: Hogrefe, 105-116
Bengel, J. & Bührlen, B. (1991): Aufgaben und Fragestellungen der Evaluation. In: Bundesvereinigung für Gesundheitserziehung e.V. (Hrsg.): Praxisnahe Evaluation gesundheitsfördernder Maßnahmen. Bonn: Reihe "Forum Gesundheitsförderung", 13-21
Bengel, J. & Koch, U. (1988a): Evaluationsforschung im Gesundheitswesen. In: Koch, U., Lucius-Hoene, G. & Stegie, R. (Hrsg.): Handbuch der Rehabilitationspsychologie. Berlin: Springer, 321-347
Bengel, J. & Koch, U. (Hrsg.)(1988b): Gesundheitsberatung durch Ärzte. Konzeption, Fortbildung und Ergebnisse der Begleitforschung. Köln: Deutscher Ärzte-Verlag
Bengel, J. & Wölflick, D. (1991): Das Health Belief Model als Planungshilfe für präventive Maßnahmen? Zeitschrift für Präventivmedizin und Gesundheitsförderung, 3, 103-110
Best, J. A., Flay, B.R., Towson, S. M. J., Ryan, K. B., Perry, C.L., Brown,K.S., Kersell, M. W. & d'Avernas, J. R. (1984): Smoking prevention and the concept of risk. Journal of Applied Social Psychology, 14, 257-273
Bewley, B. R. & Bland, J. M. (1977): Academic performance and social factors related to cigarette smoking by schoolchildren. British Journal of Preventive Sociology Medicine, 31, 31-44
Bibace, R. & Walsh, E. (1979): Development of children's concepts of illness. In: Stone, G. C., Cohen, F. & Adler, N. (Eds.): Health psychology. San Francisco: Jossey Bass, 285-301

Biener, K. & Vogt, R. (1977): Der Einfluß der Eltern auf den Tabakkonsum und das Sportverhalten ihrer Kinder. Suchtgefahren, 23, 75-79

Biglan, A. & Ary, D. V. (1985): Methodological issues in research on smoking prevention. In: Bell, C. S. & Battjes, R. J. (Eds.): Prevention Research: Deterring drug abuse among children and adolescents. NIDA Research Monograph No. 63. Rockville: National Institute on Drug Abuse, 170-195

Bliersbach, G. & Dellen, R. J. (1981): Informationsverarbeitung und Einstellung im Straßenverkehr. Köln: Forschungsberichte der Bundesanstalt für Straßenwesen, Band 54

BLK - Modellversuch Netzwerk "Gesundheitsfördernde Schule. Länderübergreifender Modellversuch. Federführung und Rahmenantrag: Schleswig-Holstein

Böcher, W. & Schlag, B. (1978): Empirische Untersuchungen zu Entstehungsbedingungen von Kinderunfällen im Straßenverkehr - Analyse psychologischer, sozialer und ökologischer Einflußfaktoren und pädagogischer Konsequenzen. In: Schlag, B. (Hrsg.): Kinderunfälle im Straßenverkehr. Bonn: Schriftenreihe der deutschen Verkehrswacht e. V., 66-148

Böhm, A. & Rohner, R. (1988): Sexualverhalten von Studenten und AIDS. Zeitschrift für Sexualforschung, 3, 222-230

Boehnke, K. (1983): Der Einfluß verschiedener Stichprobencharakteristika auf die Effizienz der parametrischen und nicht-parametrischen Varianzanalyse. Berlin: Springer

Bongard, A. E. & Winterfeld, R. (1976): Verkehrswissen und Verkehrsverständnis bei 5- bis 6jährigen Kindern. Berlin: Bundesanstalt für Straßenwesen

Bortz, J. (1989): Statistik. Für Sozialwissenschaftler. Berlin: Springer

Botvin, G. J., Baker, E., Botvin, E. M., Filazzola, A. D. & Millman, R. B. (1984): Alcohol abuse prevention through the development of personal and social competence: A pilot study. Journal of Studies on Alcohol, 45, 550-552

Botvin, G. J., Baker, E., Renick, N., Filazzola, A.D. & Botvin, E. M. (1984): A cognitive-behavioral approach to substance abuse prevention. Addictive Behaviors, 9, 137-147

Botvin, G. J., Baker, E., Dusenbury, L., Tortu, S. & Botvin, E. M. (1990): Preventing adolescent drug abuse through a multimodal cognitive-behavioral approach: Results of a 3-year study. Journal of Consulting and Clinical Psychology, 4, Vol. 58, 437-446

Botvin, G. J. & Eng, A. (1980): A comprehensive school-based smoking prevention program. Journal of School Health, 50, 209-213

Botvin, G. J. & Eng, A. (1982): The efficacy of a multicomponent approach to prevention of cigarette smoking. Preventive Medicine, 11, 199-211

Botvin, G. J., Eng, A. & Williams, C. L. (1980): Preventing the onset of cigarette smoking through life skills training. Preventive Medicine, 9, 135-143

Botvin, G. J., Renick, N. & Baker, E. (1983): The effects of scheduling format and booster sessions on a broad- spectrum psychosocial approach to smoking prevention. Journal of Behavioral Medicine, 6, 359-379

Botvin, G. J. & Wills, T. H. (1985): Personal and social skills training: Cognitive-behavioral approaches to substance abuse prevention. In: Bell, C. & Battjes, R. (Eds.): Prevention Research: Deterring drug abuse among children and adolescents. Washington DC: NIDA Research Monograph, 8-49

Botvin, G. J. & Tortu, S. (1988): Preventing adolescent substance abuse through life skills training. In: Price, R. H., Cowen, E. L., Lorion, R. P. & Ramos-McKay, J. (Eds.): Fourteen ounces of prevention: Washington, 98-110

Bradshaw, P. W. (1973): The problem of cigarette smoking and its control. International Journal of Addiction, 8, 353-371

Brandenburg, A., Droste, I. & Pohle, C. (1990): Das Herner Gesundheitspraktikum Sport, Spiel und Entspannung: Inhalte, Erfahrungen, Evaluation. Zeitschrift für Präventivmedizin und Gesundheitsförderung, 3, 84-88

Braucht, G. N. & Braucht, B. (1984): Prevention of problem drinking among youth: Evaluation of educational strategies. In: Miller, P. M. & Nirenberg, T. D. (Eds.): Prevention of alcohol abuse. New York: Plenum Press, 253-279

Brauner, K. (1977): Rauchen, ein Problem der Gesundheitserziehung. Köln: Deubner

Brehm, J. W. (1966): A theory of psychological reactance. New York: Academic Press

Brettschneider, W. D. & Bräutigam, M. (1990): Sport in der Alltagswelt von Jugendlichen. Forschungsbericht. Düsseldorf: Materialien zum Sport in NRW (Heft 27)

Brinkhoff, K. P. & Ferchhoff, W. (1990): Jugend und Sport. Eine offene Zweierbeziehung. Zürich: Ed. Interfrom

Brown, R. C., Sanders, J. M. & Schonberg, S. K. (1986): Driving safety and adolescent behavior. Pediatric, 77, 603-607

Brückner-Groh, C. (1989): Gesundheit ist kein Kinderspiel. Von der Gesundheitserziehung zur Gesundheitsförderung als Erweiterung von Handlungsmöglichkeiten. München: Hampp

Brühning, E. & Weißbrodt, G. (1987): Beim Nachbarn gesehen. Vorgezogene Fahrerlaubnis in Frankreich. Zeitschrift für Verkehrssicherheit, 1, 32-36.

Buhl, M., Wetzel, W.-E. & Ehret, R. (1986): Epidemiologische Befunde zur Häufigkeit der Milchzahnkaries bei Kleinkindern. Deutsche zahnärztliche Zeitung, 41, 1038

Bundesanstalt für Straßenwesen (BAST) (1989): Disco-Unfälle. Bergisch-Gladbach, Bericht Nr.198

Bundesminister für Jugend, Familie und Gesundheit (Hrsg.) (1983): Konsum und Mißbrauch von Alkohol, illegalen Drogen, Medikamenten und Tabakwaren durch junge Menschen. Bonn

Bundesminister für Jugend, Frauen, Familie und Gesundheit (1989): Daten des Gesundheitswesens 159, Stuttgart: Kohlhammer

Bundesminister für Gesundheit (Hrsg.) (1991): Daten des Gesundheitswesens. Baden-Baden: Nomus, Schriftenreihe des BMJG, Bd. 3, 113-117

Bundeszentrale für gesundheitliche Aufklärung (BZgA) (1985): Die Entwicklung der Drogenaffinität Jugendlicher unter Berücksichtigung des Alkohol-, Medikamenten- und Tabakkonsums. Ergebnisse einer Trendanalyse 1973, 1976, 1979, 1982. Köln

Bundeszentrale für gesundheitliche Aufklärung (BZgA) (1985): G + S. Gesundheitserziehung und Schule. Unterrichtsmaterialien. 4 Bde., Köln

Bundeszentrale für gesundheitliche Aufklärung (BZgA) (1990): Die Entwicklung der Drogenaffinität Jugendlicher. Zusammenfassende Ergebnisse einer Trendanalyse. Köln

Bundeszentrale für gesundheitliche Aufklärung (BZgA) (1991): Die Entwicklung der Drogenaffinität Jugendlicher. Ergebnisse der Trendanalysen 1982, 1986, 1990. Köln

Cameron, T. L. (1987): Drinking and driving among American youth: Beliefs and behaviors. Drug and Alcohol Dependence, 1, 1-33

Chen, T. L. & Winder, A. E. (1986): When is the critical moment to provide smoking education at schools? Journal of Drug Education, 16, 121-133

Christiansen, B. A., Smith, G. T., Roehling, P. V. & Goldman, M. S. (1989): Using alcohol expectancies to predict adolescent drinking behavior after one year. Journal of Consulting and Clinical Psychology, 57, 93-99

Clarke, W. R., Schrott, H. G. et al. (1978): Tracking of blood lipids and blood pressures in school age children: The Muscatine Study. Ciculation, 58, 626-634

Clement, M. (1976): Sexualität im sozialen Wandel. Eine empirische Vergleichsstudie an Studenten 1966 und 1981. Stuttgart: Enke

Cohen, J. (1977): Statistical power analysis for the behavioral sciences. New York: Academic Press

Connell, D. B., Turner, R. R. & Mason, E. F. (1985): Summary of findings of the School Health Education Evaluation (SHEE): Health promotion effectiveness, implementation, and costs. Journal of School Health, 55, 316-321

Cook, T. D. & Campbell, D. T. (1976): The design and conduct of quasi-experiments and free experiments in field settings. In: Dunnette, M.(ed.): Handbook of industrial and organisational psychology. Chicago: Rand McNally, 223-326

Cook, T. D. & Campbell, D. T. (1979): Quasi- experimentation. Design and analysis issues for field settings. Chicago: Rand McNally

Cronbach, L. J. et al. (1981): Toward reform of program evaluation. San Francisco: Jossey-Bass

David, K. & Williams, T. (Eds.) (1987): Health education in schools. London: Harper & Roy

Degnan, E. J. (1972): An exploration into the relationship between depression and positive attitude toward drugs in young adolescence and an evaluation of a drug education program. Dissertation Abstracts, 32, 6614-6615

DeHaes, W. (1987): Looking for effective drug education programmes. Fifteen years exploration of the effects of different drug education programmes. Health Education Research, 4, 433-438

Dembach, B. & Kappel, S. (1991): Sucht- und Drogenprävention in der Bundesrepublik Deutschland. In: Deutsche Hauptstelle gegen die Suchtgefahren (DHS) (Hrsg.): Jahrbuch Sucht '92. Geesthacht: Neuland, 134-156

Der Spiegel (1991), 49, 282-295

Deutsche Hauptstelle gegen die Suchtgefahren (DHS) (Hrsg.) (1988): Jahrbuch '89 zur Frage der Suchtgefahren. Hamburg: Neuland

Deutsche Hauptstelle gegen die Suchtgefahren (DHS) (Hrsg.) (1989): Jahrbuch '90 zur Frage der Suchtgefahren. Hamburg: Neuland

Deutsche Hauptstelle gegen die Suchtgefahren (DHS) (Hrsg.) (1991): Jahrbuch Sucht '92. Geesthacht: Neuland

D'Houtand, A. & Field, M. G. (1978): The image of health. Variations in perception by social class in a French population. Sociology of Health and Illness, 6, 30-60

Dickenberger, D. (1983): Reaktanztheorie- Widerstand bei der Kindererziehung. In: Haisch, J. (Hrsg.): Angewandte Sozialpsychologie. Bern: Huber

Dickenberger, D. & Gniech, G. (1982): The theory of psychological reactance. In: Irle, M. (Ed.): Studies in decision making: Social, psychological and socio-economic analysis. New York: De Gruyter, 311-341

Diehl, J. M. (1983): Varianzanalyse. Methoden in der Psychologie: Band 3. Frankfurt a. M.: Fachbuchhandlung für Psychologie

Dittmann, R. A. (1987): Zur Psychopharmaka-Anwendung im Säuglings-, Kleinkind- und Vorschulalter. Monatsschrift Kinderheilkunde, 129, 349-353

Donovan, J. E., Jessor, R. & Jessor, S. L. (1983): Problem drinking in adolescence and young adulthood: A follow-up study. Journal on Studies on Alcohol, 44, 109-137

Dreher, E. & Dreher, M. (1985): Wahrnehmung und Bewältigung von Entwicklungsaufgaben im Jugendalter: Fragen, Ergebnisse und Hypothesen zum Konzept einer Entwicklungs- und Pädagogik-Psychologie des Jugendalters. In: Oerter, R.(Hrsg.): Lebensbewältigung im Jugendalter. Weinheim: VCH, 30-61

DuBois, R. (1989): Gesundheit und Leistungsfähigkeit im Jugendalter. In: Markefka, M. & Nave-Herz, R. (Hrsg.): Handbuch der Jugendforschung. Neuwied: Luchterhand, 311-318

Dumpert, H. D. (1982): Übergewicht im Kindesalter und Erziehungsverhalten der Mutter. Köln: Bundeszentrale für gesundheitliche Aufklärung

Dusenbury, L. & Botvin, G.J. (1990): Competence enhancement and the prevention of adolescent problem behavior. In: Hurrelmann, K. & Lösel, F.: Health hazards in adolescence. Berlin/New York: De Gruyter, 459-478

Eckert, A. (1989): Veränderungen des Sexualverhaltens infolge von AIDS. Literaturstudie. Berlin: Wissenschaftszentrum

Eder, A., Urbas, E. & Graf, A. (1986): Gesundheitsverhalten von Schülern. Eine empirische Untersuchung an 11-, 13- und 15jährigen Schülern in Hauptschulen, polytechnischen Lehrgängen und allgemeinbildenden höheren Schulen. Wien: Abschlußbericht

Eggers, C. & Esch, A. (1988): Krisen und Neurosen in der Adoleszenz. In: Kisker, K. P. u.a. (Hrsg.): Psychiatrie der Gegenwart. Berlin: Springer, 317-348

Eiser, Ch. & Eiser, J. R. (1988): Drug Education in Schools. An Evaluation of the "Double Take" Video Package. New York: Springer

Emundts, M., Hurrelmann, K. & Priebe, B. (1992): Gesundheitserziehung und Gesundheitsförderung in der Schule. Schulverwaltung NRW, 3, 76-79

Engel, U. & Hurrelmann, K. (1989): Psychosoziale Belastung im Jugendalter. Empirische Befunde zum Einfluß von Familie, Schule und Gleichaltrigengruppe. Berlin/New York: de Gruyter

Epstein, S. (1984): Entwurf einer integrativen Persönlichkeitstheorie. In: Filipp, S.-H. (Hrsg.): Selbstkonzept-Forschung. Stuttgart: Klett, 15-46

Ernährungsbericht (1984): Deutsche Gesellschaft für Ernährung e. V., Frankfurt a. M.: Henrich

Ernährungsbericht (1988): Deutsche Gesellschaft für Ernährung e. V., Frankfurt a. M.: Henrich

Evans, L. (1987): Young driver involvement in serious accidents. Alcohol, Drugs and Driving, 3, 63-78

Evans, R. I. (1976); Smoking in children. Developing a social psychological strategy of deterrence. Prevention Medicine, 5, 122-127

Evans, R. I. (1979): Smoking in children and adolescents - psychosocial determinants and prevention strategies. Report on smoking and health. Washington, DC.: U.S. Department of Health, Education, and Welfare

Evans, R. I. (1984): A social inoculation strategy to deter smoking in adolescents. In: Matarazzo, J. D., Weiss, S. M., Herd, J. A., Miller, N. E. & Weiss, S. M. (Eds.): Behavioral health. A handbook of health enhancement and disease prevention. New York: Wiley, 765-774

Evans, R. I., Hansen, W. E. & Mittelmark, M. B. (1977): Increasing the validity of self-reports of smoking behavior in children. Journal of Applied Psychology, 62, 521-523

Evans, R. I., Henderson, A. H., Hill, P. C. & Raines, B. E. (1979): Current psychological, social and educational programs in control and prevention of smoking: A critical methodological review. Athereosclerosis Reviews, 6, 203-245

Evans, R. I., Raines, B. E. & Hanselha, L. (1984): Developing data-based communications in social psychological research: Adolescent smoking prevention. Journal of Applied Social Psychology, 14, 289-295

Evans, R. I., Rozelle, R. M., Mittelmark, M. B., Hansen, W. B., Bane, A. L. & Havis, J. (1978): Deterring the onset of smoking in children: knowledge of immediate psychological effects and coping with peer pressure, media pressure and parent modeling. Journal of Applied Social Psychology, 8, 126 -135

Evans, R. I., Rozelle, R. M., Maxwell, S. E., Raines, B. E., Dill, C. A., Guthrie, T. J., Henderson, A. H. & Hill, P. C. (1981): Social modeling films to deter smoking in adolescents: Results of a three-year field investigation. Journal of Applied Social Psychology, 66, 399-414

Fahrenkrug, H. (1980): Soziologische Aspekte sozial integrierten Alkoholkonsums im Jugendalter. In: Berger, H., Legnaro, A. & Reuband, K.-H. (Hrsg.): Jugend und Alkohol. Trinkmuster, Suchtentwicklung und Therapie. Stuttgart: Kohlhammer, 11-21

Feser, H. (Hrsg.) (1981): Drogenerziehung. Handbuch für pädagogische und soziale Berufe, Eltern, Studenten. Langenau-Albeck: Vaas

Fishbein, M. & Ajzen, I. (1975): Belief, attitude, intention and behavior: An introduction to theory and research. Reading MA: Addison-Wesley

Flay, B. R. (1985a): What we know about the social influences approach to social prevention: Review and recommendations. Rockville: NIDA

Flay, B. R. (1985b): Psychosocial approaches to smoking prevention: A review of findings. Health Psychology, 4, 449-488

Flay, B. R., d'Avernas, J. R., Best, J. A., Kersell, M. W. & Ryan, K. B. (1983): Cigarette smoking: Why young people do it and ways of preventing it. In: McGrath, P. J. & Firestone, P.(eds.): Pediatric and adolescent behavioral medicine. Issues in treatment. New York: Springer, 132-183

Flay, B. R., Koepke, D., Thomson, S. J., Santi, S., Best, A. & Brown, K. S. (1989): Six year follow up of the first Waterloo school smoking prevention trial. American Journal of Public Health, 70, 1371-1376

Franzkowiak, P. (1985): Risikoverhalten als jugendliches Alltagshandeln. In: IDIS (Hrsg.): Gesundheitsriskantes Verhalten bei Jugendlichen. Bielefeld: IDIS, 27-42

Franzkowiak, P.(1986): Risikoverhalten und Gesundheitsbewußtsein bei Jugendlichen. Berlin: Springer

Franzkowiak, P. (1987a): Jugend, Gesundheit und Gesundheitsförderung. Neue Praxis, 3, 210-225

Franzkowiak, P. (1987b): Risikoverhalten als Entwicklungsaufgabe. Zur "subjektiven Vernunft" von Zigarettenrauchen und Alkoholkonsum in der Adoleszenz. In: Laaser, U., Sassen, G., Murza, G. & Sabo, P. (Hrsg.): Prävention und Gesundheitserziehung. Berlin: Springer, 63-84

Franzkowiak, P. (1989): AIDS-Prävention bei Jugendlichen - konzeptionelle Überlegungen und erste Praxiserfahrungen aus einem Modellprogramm in NRW. In: Prävention, 3, 1989, 67ff.

Franzkowiak, P. & Stößel, U. (1990): Jugend und Gesundheit. In: Sachverständigenkommission 8. Jugendbericht (Hrsg.): Risiken des Heranwachsens. Materialien zum 8. Jugendbericht. München: DJI, 54-101

Frey, D. & Greif, S. (Hrsg.): Sozialpsychologie. Ein Handbuch in Schlüsselbegriffen. München/Weinheim: Psychologie Verlags Union

Freundl, G. (1987): Kontrazeption bei Jugendlichen. Öffentliches Gesundheitswesen 49, 8, 431-437

Friedman, S. M. (1973): A drug education program emphasizing affective approaches and its influence upon intermediate school students and teacher attitudes. Dissertation Abstracts, 2270-2272

Friedrichs, J. (1980): Methoden empirischer Sozialforschung. Opladen: Westdeutscher Verlag

Fuchs, R. (1990): Sportliche Aktivität bei Jugendlichen. Entwicklungsverlauf und sozialkognitive Determinanten. Betrifft: Psychologie & Sport, Sonderband 14. Köln: bps-Verlag

Fuchs, W., Klima, R., Lautmann, R., Rammstedt, O. & Wienold, H. (Hrsg.) (1988): Lexikon zur Soziologie. Opladen: Westdeutscher Verlag

Gesundheitsdirektion des Kantons Zürich/Institut für Sozial- und Präventivmedizin der Universität Zürich (Hrsg.) (1991): Suchtpräventionskonzept. Berichte der Arbeitsgruppe "Suchtprävention/Gesundheitsförderung". Zürich: Projektbericht

Geulen, D. & Hurrelmann, K. (1982): Die Programmatik einer umfassenden Sozialisationstheorie. In: Hurrelmann, K. & Ulich, D. (Hrsg.): Handbuch der Sozialisationsforschung. Weinheim & Basel: Beltz, 51-70

Giese, H. & Schmidt, G. (1968): Studentensexualität. Verhalten und Einstellung. Reinbek: Rowohlt.

Gilchrist, S. L. & Schinke, S. P. (1983): Self-control skills for smoking prevention. In: Engström, P. F. & Anderson, P. (Eds.): Advances in cancer control. New York: Alan R. Liss

Glaeske, G. (1989): Medikamente. In: Deutsche Hauptstelle gegen die Suchtgefahren (DHS) (Hrsg): Jahrbuch zur Frage der Suchtgefahren '90. Hamburg: Neuland, 161-188

Glaeske, G. (1991): Arzneimittelstatistik. In: Deutsche Hauptstelle gegen die Suchtgefahren (DHS) (Hrsg.): Jahrbuch Sucht '92. Geesthacht: Neuland, 36-63

Glass, G. V.(1976): Primary, secondary and meta-analysis of research. Educational Researcher, 5, 3-8

Glass, G. V. & Ellet, F. S. Jr. (1980): Evaluation Research. Annual Review of Psychology, 31, 211-228

Glass, G. V., McGaw, B. & Smith, M. L. (1981): Meta-analysis in social research. Beverly Hills: Sage

Gmünder Hochschulreihe (Hrsg.) (1988): Perspektiven der Verkehrspädagogik. Kongreßbericht. Bd.4, Schwäbisch Gmünd

Gniech, G. & Dickenberger, D. (1987): Reaktanz. In: Frey, D. & Greif, S. (Hrsg.): Sozialpsychologie. Ein Handbuch in Schlüsselbegriffen. München & Weinheim: Psychologie Verlags Union (PVU), 259-262

Goebel, P. (1984): Ungewollte Schwangerschaft - Ausdruck eines Konflikts oder Zufall? In: Lockot, R. (Hrsg.): Intimität. Stuttgart, 143-153

Goodstadt, M. S. (1974): Myths and methodology in drug education: A critical review of the research evidence. In: Goodstadt, M. S. (Ed.): Research on methods and programs of drug education. Toronto: Addiction Research Foundation

Graf, D. (1989): Gesundheitserziehung im Kindesalter. Hamburg: Dr. Felix Büchner

Green, J. J. & Kelley, J. M. (1989): Evaluating the effectiveness of a school drug and alcohol preventing curriculum: A new look at "Here's looking at you, two." Journal of drug education, 19, 117-132

Greve, W. & Krampen, G. (1991): Gesundheitsbezogene Kontrollüberzeugungen und Gesundheitsverhalten. In: Haisch, J. & Zeitler, H.-P. (Hrsg.): Gesundheitspsychologie: Zur Sozialpsychologie der Prävention und Krankheitsbewältigung. Heidelberg: Asanger, 223-242

Günther, R. & Limbourg, M.(1974): Dimensionen der Verkehrswelt von Kindern. Tübingen: Projektbericht

Gutezeit, G. (1985): Ernährungsbezogene Kenntnisse, Einstellungen und Verhaltensweisen im Schulalter. Sozialpädiatrie, 6, 301-309

Haarbusch, E. & Jochens, K. (1985): "... kann denn Liebe Sünde sein" oder: Der sexuelle Lernprozess bei Mädchen und die Jugendarbeit bei Pro Familia. In: Kavemann, B., Brauchmann, J., Lohstöter, J., Haarbusch, E., Pagenstecher, L., Jochens, K. & Jäckel, M. (Hrsg.): Sexualität - Unterdrückung statt Entfaltung. Bd.9. Opladen: Leske & Budrich, 145-208

Hansell, L. & Mechanic, D: (1990): Parent and peer effects on adolescent health behavior. In: Hurrelmann, K. & Lösel, F. (Eds.): Health hazards in adolescence. Berlin/New York: De Gruyter, 43-66

Harris, M. B., Harris, R. J. & Davis, S. M. (1991): Ethnic and gender differences in Southwestern students' sources of information about health. Health Education Quaterly, 1, 31-42

Hartmann, I. (1987): Körperbezogene Informationsinteressen und Kontrollüberzeugungen von Kindern und Jugendlichen. In: Allmer, H. & Schulz, N.(Hrsg.): Brennpunkte der Sportwissenschaft: Gesundheitsserziehung. Wege und Irrwege. Sankt Augustin: Richarz, 103-105

Haug, Ch. V. (1991): Gesundheitsbildung im Wandel. Heilbrunn: Klinkhardt

Havighurst, R. J. (1956): Research on the developmental-taste concept. The School Review, 64, 215-223

Heckmann, W. (1990): Als AIDS-Spezialisten in der Schule unterwegs. Sozialmagazin, 1

Hedges, L. V. & Olkin, I. (1985): Statistical methods for meta-analysis. Orlando: Academic Press

Heitmeyer, W. & Olk, T. (1990): Das Individualisierungs-Theorem. Bedeutung für die Vergesellschaftung von Jugendlichen. In: Heitmeyer, W. & Olk, T. (Hrsg.): Individualisierung von Jugend. Gesellschaftliche Prozesse, subjektive Verarbeitungsformen, jugendpolitische Konsequenzen. Weinheim/München: Juventa, 11-34

Helfferich, C. (1990): "Nichtrauchermotivation" von Jugendlichen. In: Prävention, 2, 52-55

Helfferich, C., Walter, M. & Franzkowiak, P. (1986): Mädchen-Gesundheit. Risikoaffinitäten und Gesundheitsverhalten in der Sozialisation weiblicher Jugendlicher. Köln: Bundeszentrale für gesundheitliche Aufklärung.

Helfferich, C. & Troschke, J. v. (1986): Ursachen unzureichender Verhaltensweisen von Frauen zur Verhütung ungewollter Schwangerschaften. Freiburg: Unveröffentlichtes Manuskript

Henke, K.-D., Behrens, C., Arob, L. & Schlierf, G. (1986): Die Kosten ernährungsbedingter Krankheiten. Stuttgart: Kohlhammer (Schriftenreihe der BMFFG, Bd. 179)

Herzlich, C. (1973): Health and illness. A social psychological analysis. European Monograph in Social Psychology 5. London: Academic press

Hesse, S. & Trocha, V. (1988): Jugendphase und Sexualität - Jugendsexualität und Sexualpädagogik im Zeitalter von AIDS. Universität Bielefeld: Diplomarbeit

Hesse, S. & Hurrelmann, K. (1991): Gesundheitserziehung in der Schule. Ein Überblick über inländische und ausländische Konzepte und Programme. Prävention, 2, 50-57

Hildebrandt, H. (1987): Lust am Leben. Gesundheitsförderung mit Jugendlichen. Frankfurt: Brandes & Apsel

Hildebrandt, H. & Trojan, A. (Hrsg.) (1987): Gesündere Städte - kommunale Gesundheitsförderung. Materialien und Ideen zum "Healthy Cities" Projekt der Weltgesundheitsorganisation. Hamburg: Hein & Co

Hoffmeister, H. & Junge, B. (1984): Frequently occuring chronic diseases in Europe, USA and Japan: Causes, development and inferences for concepts of intervention. In: Lippert, P., McAlister, A. & Hoffmeister, H. (Eds.): Proceeding of the international workshop on health promotion in youth. Berlin: Institut für Sozialmedizin und Epidemiologie des BGA, 9-17

Holtz, H., Heinrich, J., Knappe, J., Gräfner, L., Hahn, W., Dück, K.-O. & Richard, F. (1988): Ergebnisse einer zweijährigen Intervention zur Beeinflussung von Artherosklerosepräkursoren bei Schulkindern. In: Sozial- und Präventivmedizin, 33, 241-244

Holtz, H., Heinrich, J., Gräfner, L., Liebrenz, A., Brückmann, J., Dück, K.-D., Hahn, W., Richard, F., Kanel, I., Bischoff, K.-M. & Goldmann, N.-V. (1991): Präventive Kardiologie: Ergebnisse der Erfurter Interventionsstudie bei Schulkindern. In: Zeitschrift für Klinische Medizin, 46, 4, 267-269

Hornung, R., Schmidtchen, G. & Scholl-Schaaf, M. (1983): Drogen in Zürich. Verbreitung und Hintergründe des Drogenkonsums Jugendlicher. Bern: Huber

Hornung, R., Wydler, H., Vontobel, J. Tschopp, Ä. & Gutzwiller, F. (1989): Evaluation der Aidspräventionskampagne in Zürcher Schulen. Institut für Sozial- und Präventionsmedizin der Universität Zürich. Forschung und Dokumentation 1

Hurd, P., Johnson, C. A., Pechacek, T., Best, C. P., Jacobs, D. & Luepker, R. (1980): Prevention of cigarette smoking in 7th grade students. Journal of Behavioral Medicine, 3, 15-28

Hurrelmann, K. (1986): Einführung in die Sozialisationstheorie. Weinheim: Juventa

Hurrelmann, K. (1988): Sozialisation und Gesundheit. Weinheim: Juventa

Hurrelmann, K. (1989): Gesundheitsgefährdende Lebensstile und Lebensbedingungen im Jugendalter. Jugendschutz Heute, 5, 4-12

Hurrelmann, K. (1990a): Familienstreß, Schulstreß, Freizeitstreß. Gesundheitsförderung für Kinder und Jugendliche. Weinheim/Basel: Beltz

Hurrelmann, K. (1990b): Perspektiven für ein Programm gesunde Schulen. WHO-Konferenz "Gesundheitsförderung" vom 17.-19.11.90 Bonn: Manuskript

Hurrelmann, K., Engel, U., Holler, B. & Nordlohne, E. (1986): Jugendspezifische Belastungen und Drogenkonsum. Bielefeld. Forschungsbericht

Hurrelmann, K. & Hesse, S. (1991): Drogenkonsum als problematische Form der Lebensbewältigung im Jugendalter. Sucht, 4, 240-252

Hurrelmann, K. & Lösel, F. (Eds.) (1990): Health hazards in adolescence. Berlin: De Gruyter

Hurrelmann, K. & Nordlohne, E. (1990): Medikamente gegen Schulstreß. In: Gropengiesser, I. & Schneider, V.: Gesundheit. Friedrich Jahresheft VIII, 44-45

Hurrelmann, K. & Nordlohne, E. (1992): Drogen im Jugendalter. Ergebnisse einer Jugendstudie. In: Bastian, J. (Hrsg.): Drogenprävention und Schule. Hamburg: Bergmann und Helbig, 19-26

Hurrelmann, K. & Nordlohne, E. (1993): Gesundheitsförderung in der Schule. Konzeptionen, Erfahrungen und Evaluationsergebnisse. In: Pelikan, J. M., Demmer, H. & Hurrelmann, K. (Hrsg.): Gesundheitsförderung durch Organisationsentwicklung. Weinheim und München: Juventa (im Druck)

Hurrelmann, K., Rosewitz, B. & Wolf, H. K. (1985): Lebensphase Jugend. Weinheim/München: Juventa

Hurrelmann, K. & Vogt, I. (1985): Warum Kinder und Jugendliche zu Drogen greifen. Deutsche Jugend I, 30-39

Infratest Gesundheitsforschung (1982): Repräsentativerhebung zum Mißbrauchsverhalten bei Jugendlichen im Alter von 12 bis 24 Jahren in Nordrhein-Westfalen. München: Berichtsband

Janz, N. K. & Becker, M. H. (1984): The Health Belief Model: A decade later. Health Education Quarterly, 11, 1-47

Jessor, R. (1984): Adolescent development and behavioral health. In: Matarazzo, J. D., Weiss, S. M., Herd, J. A., Miller, N. E & Weiss, S. M. (Eds): Behavioral health. A handbook of health enhancement and disease prevention. New York: Wiley, 69-90

Jessor, R. (1986): Adolescent problem drinking: Psychosocial aspects and developmental outcomes. In: Silbereisen, R. K., Eyferth, K. & Rudinger, G (Eds.): Development as action in context. Integrative perspectives on youth development. Berlin: Springer, 241-264

Jessor, R. (1987): Risky driving and adolescent problem behavior: An extension of problem behavior theory. Alcohol, Drugs and Driving, 3, 1-13

Jessor, R. (1989): The health of youth. A behavioral science perspective. Plenary address, WHO technical discussions on "The Health of Youth". Geneva

Jessor, R. & Jessor, L. (1977): Problem behavior and psychological development: A longitud nal study of youth. New York: Academic Press

Jonah, B. A. (1990): Age differences in risky driving. Health Education Research, 2, 139-149

Johnston, L. D., O'Malley, P. M. & Bachman, J. G. (1986): Drug use among american high school students, and other young adults. National Institute on Drug Abuse. Washington: Government Printing Office

Johnston, L. D., Bachmann, J. G. & O'Malley, P.M. (1988): Illicit drug use, smoking and drinking by America's high school students, college students and young adults, 1975-1987. Rockville: National Institute on Drug Abuse (NIDA)

Jones, E. E. & Sigall, H. (1971): The bogus pipeline: A new paradigma for measuring affect and attitude. Psychological Bulletin, 76, 349-364

Jüdes, U., Jützki, K. G. & Rhode, R. (1987): Lehrplanalyse Gesundheitserziehung. Kiel: Institut für die Pädagogik der Naturwissenschaften.

Jürgensen, O. (1982): Schwangerschaftsabbruch unter dem Aspekt von unbewältigten Trennungskonflikten - eine tiefenpsychologische Untersuchung. In: Poettgen, H. (Hrsg.): Die ungewollte Schwangerschaft. Köln-Lövenich, 119-123

Kalkar, U. & Hövels, O. (1991): Eßstörungen im Kindes- und Jugendalter. Ernährungsumschau 38, 11-18

Kandel, D. B. (1975): Stages in adolescent involvement in drug use. Science, 190, 912-914

Kandel, D. B. (1986): Processes of peer influences in adolescence. In: Silbereisen, R. K., Eyferth, K. & Rudinger, G. (Eds.): Development as action in context. Problem behavior and normal youth development. Berlin: Springer, 203-228

Kandel, D. B., Kessler, R. & Margulies, R. (1978): Antecedents of adolescence initiation into stages of drug abuse. Journal of Youth and Adolescence, 7, 13-40

Kandel, D. B. & Logan, J. A. (1984): Patterns of drug use from adolescence to young adulthood: I. Periods of risk for initation, continued use and discontinuation. American Journal of Public Health, 74, 600-666

Kaplan, G. D. & Cowles, A. (1978): Health locus of control and health value in the prediction of smoking reduction. Health Education Monograph, 6, 129-137

Kastner, P. & Silbereisen, R. K. 1987): Jugendentwicklung und Drogen. Eine prospektive Längsschnittstudie als wissenschaftliche Begründung präventiver Intervention. In: Specht, W. (Hrsg.): Die gefährliche Straße. Jugendkonflikte und Stadtteilarbeit. Bielefeld: Kritische Texte, 227-253

Kelch, M. J., Killen, J. D., McAlister, A. L., Perry, C. L. & Maccoby, N. (1982): Long-term follow-up of a pilot project on smoking prevention with adolescence. Journal of behavioral medicine, 5, 1-8

Ketting, E. & Praag, Ph. v. (1985): Schwangerschaftsabbruch. Gesetz und Praxis im internationalen Vergleich. Bd. 5, Tübingen: DGVT Tübinger Reihe

Kickbusch, I. (1988): Introduction. In: Anderson, R., Davies, J. K., Kickbusch, I., McQueen, D. V. & Turner, J. (Eds.): Health behavior research and health promotion. Oxford: University Press 1-3

Kickbusch, I. (1989): Approaches to an ecological base for public health. Health Promotion, 4, 265-269

Kinder, B., Pape, N. & Walfish, S. (1980): Drug and alcohol education programs: A review of outcome studies. The International Journal of Addictions, 15, 1035-1054

Kirscht, J. P. (1988): The Health Belief Model and predictions of health actions. In: Gochman, D. (Ed.): Health behavior: Emerging research perspectives. New York: Plenum, 27-41

Kirscht, J. P., Janz, N. K. & Becker, M. H. (1989): Psychosocial predictors of change in cigarette smoking. Journal of Applied Social Psychology, 19, 298-308

Klebelsberg, D. (1976): Spezifische Einstellungen und Verhaltensformen von jugendlichen und heranwachsenden Kraftfahrern. Köln: Forschungsberichte der Bundesanstalt für Straßenwesen. Band 1

Kleiber, D., Beckmann, H., Pforr, P. & Velten, D. (1990): Jugendsexualität und Kondomgebrauch. Ansatzpunkte für eine handlungsorientierte Aids-Prävention. Berlin: spi

Klepp, K.-J., Halper, A. & Perry, C.L. (1986): The efficacy of peer leaders in drug abuse prevention. Journal of School Health, 9, 407-411

Kliemt, G. & Diekershoff, K. H. (1976): Lernprozeß Sicherheit. Herausgegeben von der Bundesarbeitsgemeinschaft der Unfallversicherungsträger der öffentlichen Hand e. V. (BAGUV)

Köckeis-Stangl, E. (1982): Methoden in der Sozialforschung. In: Hurrelmann, K. & Ulich, D. (Hrsg.): Handbuch der Sozialisationsforschung. Weinheim: Beltz, 321-370

Kluge, N. (1990): Sexualerziehung vor den dringenden Aufgaben unserer Zeit. In: Kluge, N. (Hrsg.): Jugendsexualität. Frankfurt a. M.: dipa, 187-199

Klute, H. (1987): Reiz mit hohem Risiko: Jugendliche und motorisierte Zweiradfahrzeuge. Zeitschrift für Verkehrserziehung, 2, 31-40

Kolbe, L. J. (1984): Improving the health status of children: An epidemiological approach to establishing priorities for behavioral research. In: Campbell, G. (Eds.): Health education & youth. London: Falmer Press, 33-60

Krüger, H.-H-. (Hrsg.) (1986): Handbuch der Jugendforschung. Opladen: Leske & Budrich

Künzel-Böhmer, J., Bühringer, G. & Janek-Konecny, T. (1991): Expertise zur Primärprävention des Substanzmißbrauchs. München: IFT-Berichte Bd. 60, unveröffentlichtes Manuskript

Kuhl, J. (1985): Volitional aspect of achievement motivation and learned helplessness: Toward a comprehensive theory of action control. In: Maher, B. A. (Ed.): Progress in experimental personality research. New York: Academic Press, 99-171

Kurz, D. (1986): Vom Sinn des Sports. In: Deutscher Sportbund (Hrsg.): Die Zukunft des Sports. Materialien zum Kongreß 'Menschen im Sport 2000'. Schorndorf, 44-68

Lamnek, S. (1989): Qualitative Sozialforschung. Band 2. Methoden und Techniken. München: PVU

Landesinstitut für Schule und Weiterbildung NRW (Hrsg.) (1988): Sucht- und Drogenvorbeugung in der Schule. Materialien und Medien. Soest: LSW

Leventhal, H. & Cleary, P.D. (1980): The smoking problem: A review of research and theory in behavioral risk modification. Psychological Bulletin, 88, 370-405

Lewerenz, J. (1987): Modellvorhaben Gesundheitserziehung Hamburger Schüler. Abschlußbericht, 2 Bde. Hamburg: Gesundheitsbehörde

Lewerenz, J. (1991): Gesundheitserziehung durch soziales Lernen. Die Beschreibung eines Modellvorhabens unter besonderer Berücksichtigung der Lehrerarbeit. Hamburg: Dissertation

Lewin, K. (1951): Field theory in social sciences. New York: Harper

Lewin, K. (1963): Feldtheorie in den Sozialwissenschaften. Stuttgart/Bern: Huber

Limbourg, M. & Senckel, B. (1976): Verhalten von Kindern als Fußgänger im Straßenverkehr. Köln: Bundesanstalt für Straßenwesen

Lösel, F. (1987): Methodik und Problematik von Meta- Analysen. Mit Beispielen der Psychotherapieforschung. Gruppendynamik, 18, 323-343

Lösel, F. & Bender, D. (1991): Jugend und Gesundheit. In: Haisch, J. & Zeitler, H.-P. (Hrsg.): Gesundheitspsychologie zur Sozialpsychologie der Prävention und Krankheitsbewältigung. Heidelberg: Asanger, 65-86

Lösel, F. & Nowack, W. (1987): Evaluationsforschung. In: Schultz-Gambard, J. (Hrsg.): Angewandte Sozialpsychologie. München: PVU, 57-87

Lohaus, A. (1990): Gesundheit und Krankheit aus der Sicht von Kindern. Göttingen: Hogrefe

Lopez, H. (1983): Rauchen bei Kindern und Jugendlichen. Weinheim: Beltz

Lopez, H. & Hoffmeister, H. (1991): Schüler und die Droge Nikotin. In: Kollehn, K. & Weber, N. H. (Hrsg.): Der drogengefährdete Schüler. Düsseldorf: Schwann, 30-46

Luepker, R. V., Johnson, C. A., Murray, D. M. & Pechacek, T. S. (1983): Prevention of cigarette smoking: Three year follow-up of education programs for youth. Journal of Behavioral Medicine, 6, 53-61

Luker, K. (1975): Taking chances. Abortion and the decicion not to contracepted. Berhelly: University of California Prints

Mansel, J. & Hurrelmann, K. (1991): Alltagsstreß bei Jugendlichen. Eine Untersuchung über Lebenschancen, Lebensrisiken und psychosoziale Befindlichkeiten im Statusübergang. Weinheim/München: Juventa

Martin, M. (1987): Alkohol- und Drogenabhängigkeit. In: Müller, H. (Hrsg.): Adoleszentenmedizin. München: Urban & Schwarzenberg, 311-317

Matarazzo, J. D. (1980): Behavioral health and behavioral medicine: Frontiers for a new health psychology. American Psychologist, 35, 807-817

Mayenberg, R. (1988): Drogen und Sucht in den Niederlanden - Ein Beitrag zur Suchtprävention im Unterricht der Bundesrepublik Deutschland. Suchtgefahren, 34, 285-296

McAlister, A., Perry, C. L. & Maccoby, N. (1979): Adolescent smoking: Onset and prevention. Pediatrics, 63, 650- 658

McAlister, A., Perry, C. L., Killen, J. Slinkard, L. A. & Maccoby, N. (1980): Pilot study of smoking, alcohol and drug abuse prevention. American Journal of Public Health, 70, 719-721

McGuire, W. J. (1964): Inducing resistance to persuasion: Some contemporary approaches. In: L. Berkowitz (Ed.): Advances in experimental social psychology. New York: Academic Press, 192-227

McGuire, W. J. (1968): The nature of attitudes and attitude change. In: Lindzey, B. & Avonson, E. (Eds.): Handbook of social psychology. Reading, MA: Addison-Wesley, 136-314

McGuire, W. J. (1969): Theoretical foundations of campaigns. In: Rice, R. E. & Atkins, C. K. (Eds.): Public communications campaigns. Newberry Park: Sage

Mellerowicz, H. & Dürrwächter, H.(1985): Training und Sport. Mittel der präventiven Medizin. Deutsches Ärzteblatt, 12, 834-841

Menne, K. & Moersch, E.(1980): Psychoanalytische Erfahrungen aus der Supervision von Schwangerschaftskonfliktberatungen. Psyche, 34, 121-151

Merz, M. (1979): Unerwünschte Schwangerschaft und Schwangerschaftsabbruch in der Adoleszenz. Bern: Huber

Millstein, S. G. (1988): The potential of school-linked centers to promote adolescent health and development. Washington: Carnegie Corporation

Millstein, S. G. & Irwin, C. E. (1987): Concepts of health and illness: Different constructs or variations on a theme? Health Psychology, 6, 515-524

Ministerium für Arbeit, Gesundheit und Soziales, NRW (Hrsg.) (1987): Jugend und Drogen. Herford

Ministerium für Arbeit, Gesundheit und Soziales, NRW (Hrsg.) (1989): Kinder und Medikamente. Dortmund

Ministerium für Arbeit, Gesundheit und Soziales NRW (Hrsg.) (1991): Gesundheitsreport Nordrhein-Westfalen 1990. Bielefeld: IDIS

Ministerium für Arbeit, Gesundheit, Familie und Sozialordnung Baden-Württemberg (Hrsg.) (1989): Junge Menschen und Sucht. Stuttgart

Mischnik, H. & Roßbach, M. (1992): Das Sexualverhalten Jugendlicher unter der Bedrohung von AIDS. Berlin: Berlin-Verlag Arno Spitz

Morstadt, E., Pfaff, G., Schwarz, J. & Pötschke-Langer, N. (1991): Design und Beteiligung an einer Interventionsstudie zur Gesundheitserziehung an Grundschulen: Die Pforzheim-Studie. In: Sozial- und Präventivmedizin, 36, 147-153

Moskowitz, J. N. (1989): The primary prevention of alcohol problems: A critical review of the research literature. Journal of Studies on Alcohol, 50, 54-88

Mrazek, J. (1987): Das Gesundheitskonzept von Jugendlichen. In: Allmer, H. & Schulz, N. (Hrsg.): Brennpunkte der Sportwissenschaft: Gesundheitserziehung. Wege und Irrwege. Sankt Augustin: Hans Richarz, 83-103

Mühlfeld, D., Windolf, P., Lampert, N. & Krüger, H. (1981): Auswertungsprobleme offener Interviews. In: Soziale Welt, 3, 325-352

Müller, R. & Béroud, G.(1987): Gesundheit - für Jugendliche (k)ein Problem? Lausanne: Schweizer Fachstelle für Alkoholprobleme. Arbeitsbericht Nr.16

Mullen, P. D., Hersey, J. C. & Iverson, D. C. (1987): Health behavior models compared. In: Social Science Medicine, Vol. 24, 11, 973-981

Murray, D. M., Johnson, C. A., Luepker, R. V., Pechacek, T. F. & Jacobs, D. R. (1980): Issues in smoking prevention research. Paper presented at American Psychological Association. Montreal (zit. nach Schinke, S. P., Botvin, G. J. & Orlandi, M. A. (1991))

Murray, D. M., Rona, R. J., Morris, R. U. & Tait, N. (1984): The smoking and dietary behavior of lambeth schoolchildren. I. The effectiveness of an anti-smoking and nutrition education programmes for children. Public Health, 98, 163-172

Murray, M., Swan, A. V., Johnson, M. R. D., Bewley, B. R. (1983): Some factors associated with increased risk of smoking by children. Journal Child Psychol. Psychiat., 2, 223-232

Murray, D. M., Davis-Hearn, M., Goldman, A. I., Pirie, P. & Luepker, R. V. (1988): Four- and five-year follow-up results from four seventh-grade smoking prevention strategies. Journal of Behavioral Medicine, 11, 395-405

Neubauer, G. (1990): Jugendphase und Sexualität. Eine empirische Überprüfung eines sozialisationstheoretischen Modells. Stuttgart: Enke

Neubauer, W. F. (1976): Selbstkonzept und Identität im Kindes- und Jugendalter. München: Reinhardt

Nevermann, C. & Perlwitz, E. (1986): Prävention gegen Tabakrauchen und ihr Erfolg bei Schülern 9. Klassen eines Großstadtbezirkes. Suchtgefahren, 32, 400-410

Newcomb, M. D. & Bentler, P. M. (1986): Frequency sequence of drug use: A longitudinal study from early adolescence to young adulthood. Journal of Drug Education, 16, 101-120

Newman, I. M. (1984): Pressures affecting teenagers health behaviour. In: Campbell, G. (Ed.): Health education & youth. A review of research and developments. London: Falmer Press, 173-192

Newman, W. P. (1986): The Bogalusa Heart Study. New England Journal of Medicine, 314, 136-143

Noack, P. (1990): Jugendentwicklung im Kontext. Zum aktiven Umgang mit sozialen Entwicklungsaufgaben in der Freizeit. München: PVU

Nöldner, W. (1990): Evaluation in der Gesundheitspsychologie. In: Schwarzer, R. (Hrsg.): Gesundheitspsychologie. Göttingen: Hogrefe, 475-488

Nordlohne, E. (1992): Die Kosten jugendlicher Problembewältigung. Alkohol-, Zigaretten- und Arzneimittelkonsum im Jugendalter. Weinheim/München: Juventa

Nordlohne, E. & Hurrelmann, K. (1990): Health impairment, failure in school and the abuse of drugs. In: Hurrelmann, K. & Lösel, F. (Eds.): Health hazards in adolescence. Berlin: De Gruyter, 149-166

Nordlohne, E., Reißig, M. & Hurrelmann, K. (1993): Drogengebrauch in Ost und West: Zur Situation des Drogengebrauchs bei Jugendlichen in den alten und neuen Ländern der Bundesrepublik. Sucht, 39, 10-34

Oerter, R. & Montada, L. (1987): Entwicklungspsychologie. München: PVU

Oeter, K. & Wilken, M. (Hrsg.) (1979): Frau und Medizin. Stuttgart: Hippokrates

O'Malley, P. M., Bachman, J. G. & Johnston, L. D. (1983): Reliability and consistency in self-reports of drug use. International Journal of the Addictions, 18, 805-824

O'Rourke, T. W. & Barr, S. L. (1974): Assessment of the effectiveness on the New York State drug curriculum guide with respect to drug attitudes. Journal of drug education, 4, 347-356

O'Rourke, B. J., Smith, J. & Nolte, A. E., (1984): Health risk attitudes, beliefs and behaviors of students grades 7-12. Journal of School Health, 54, 210- 214

Oswald, H. & Schütte, E. (1991): Evaluation des AIDS-Aufklärungsprogramms an Berliner Schulen 1988 bis 1991. Berlin: Endbericht des Teilprojekts 2 "Wirkung des Schoolworker programms an Berliner Schulen im Schuljahr 1989/90"

Pentz, M. A. (1983): Prevention of adolescent substance abuse through social skill development. In: Glynn, T. J., Luekefeld, D. S. V. & Ludford, M. S.(Eds.): Preventing adolescent drug abuse: Intervention strategies. Rockville: NIDA

Perry, C. L., Killen, J., Telch, M., Slinkard, L. A. & Danaher, B.G. (1980): Modifying smoking behavior of teenagers: A school-based intervention. American Journal of Public Health, 70, 772-825

Perry, C. L., Telch, M., Killen, J., Dass, R. & Maccoby, N. (1983): High school smoking prevention: The relative efficacy of varied treatments and instructors. Adolescence, 18, 562-566

Petermann, F., Bode, U. & Schlack, H. G.(1990): Chronisch kranke Kinder und Jugendliche. Köln: Deutscher Ärzte-Verlag

Petermann, F., Noecker, M. & Bode, U.(1987): Psychologie chronischer Krankheiten im Kindes- und Jugendalter. München und Weinheim: PVU

Petrikowsky, W. v.(1990): Die gesunde Ernährung im Kindes- und Jugendalter. Öffentliches Gesundheitswesen, 52, 456-463

Pingel, F. (1989): Ungewollte Schwangerschaften trotz Verfügbarkeit wirksamer Antikonzeptiva. Berlin: WZB-Materialien

Pott, E., Nilson-Giebel, M., Riempp, C., Sandkühler, D. & v. Troschke, J. (1991): Ohne Rauch geht's auch. Eine Kampagne der BZgA zur Förderung des Nichtrauchens bei Jugendlichen. Prävention, 3, 92-97

Priebe, B. & Wichterich, H. (1991): Schulische Reaktionen auf suchtgefährdete und drogenabhängige Schülerinnen und Schüler. Pädagogische Welt, 45, 299-302

Pudel, V. (1989): Heranwachsende im Problemfeld sich ändernder Ernährungsgewohnheiten. Sozialpädiatrie, 9, 633-643

Pudel, V. & Westenhöfer, J. (1991): Ernährungspsychologie. Eine Einführung. Göttingen: Hogrefe

Pulkinnen, L. (1990): Youthfull smoking and drinking in a longitudinal perspective. Journal of Youth and Adolescence, 12, 253-283

Puska, P., Vartiainen, E., Pallonen, U., Salonen, J. T., Pöyhiä, P., Koskela, K., McAlister, A. (1982): The North Karelia Youth Project: Evaluation of two years of intervention on health behavior and CVD risk factors among 13- to 15-year old children. Prev. Med., 11, 550-570

Rahmenkonzept des Kultusministeriums Nordrhein-Westfalens zur "Gestaltung des Schullebens und Öffnung von Schule". Düsseldorf: Arbeitspapier

Reißig, M. (1989): Die Entwicklung des Rauchverhaltens Jugendlicher. Ärztliche Jugendkunde, 4, 220-227

Reißig, M. (1990): Jugend und Alkohol - zum Trinkverhalten Jugendlicher. Ärztliche Jugendkunde, 2, 117-121

Reißig, M. (1991): Gesellschaftliche Bedingungen für den Alkoholmißbrauch in der DDR. In: Henning, W. & Friedrich, W. (Hrsg.): Jugend in der DDR. Weinheim: Juventa, 133-140

Remschmidt, G. (1984): Psychische Erkrankungen im Kindes- und Jugendalter. In: Rudolf, G. & Tälle, R. (Hrsg.): Prävention in der Psychiatrie. Berlin: Springer, 16-29

Renn, M. (1981): Evaluierungsprobleme der Drogenerziehung. In: Feser, H. (Hrsg.): Drogenerziehung. Langenau-Albeck: Vaas, 71-116

Renn, H. (1990): Defizite der Prävention und Notwendigkeiten der Präventionsforschung. In: Suchtgefahren, 36, 416-422

Renn, M. (1991): Wirksamkeit kommunikativer Maßnahmen. Beobachtungen und Erfahrungen einer empirischen Felduntersuchung. In: Janssen, H.-J. (Hrsg.): Suchtprävention im Wandel. Ein Überblick. Hamm: Hoheneck, 101-147

Reuband, K. H. (1988): Drogenkonsum im Wandel. Eine retrospektive Prävalenzmessung der Drogenerfahrung Jugendlicher in den Jahren 1967-1987. ZSE, 8, 54-68

Reuter, U. (1980): Tabak- und Alkoholmißbrauch. In: Bundeszentrale für gesundheitliche Aufklärung (Hrsg): Europäische Monographien zur Forschung in der Gesundheitserziehung. Köln, 101-179

Roethlisberger, F. J. & Dickson, W. J. (1939): Management and the Worker. Cambridge: Havard University Press

Rosenberg, M. (1968): Society and the adolescent self-image. Princeton: University Press

Rosenblitt, D. L. & Nagey, D. A. (1973): The use of medical menpower in an seventh grade drug education program. Journal of drug education, 3, 39-56

Rosenstock, I. M. (1974): The health belief model and preventive health behavior. Health Education Monograph, 2, 354-386

Rossi, P. H. & Freeman, H. E. (1985): Evaluation. A systematic approach. Beverly Hills: Sage

Rossi, P. H., Freeman, H. E. & Hofmann, G. (1988): Programm-Evaluation. Einführung in die Methoden angewandter Sozialforschung. Stuttgart: Enke

Rothman, A. I. & Byrne, N. (1981): Health education for children and adolescents. In: Review of Educational Research, Vol. 51, 1, 85-100

Rotter, J. B. (1966): Generalized expectancies for internal versus external control of reinforcement. Psychological Monographs, 80, 1-24

Rundall, T. G. & Bruvold, W. H. (1988): A meta-analysis of school-based smoking and alcohol use prevention programs. Health Education Quarterly, 15, 317-334

Sack, H. G. (1985): Was bedeuten die sozialen Funktionen des Sportvereins für Jugendliche? Teil 1-4. Olympische Jugend, 7-10

Salisch, M. v. & Oswald, H. (1989): Jugendliche und AIDS: Sexualverhalten und Umgang mit dem Ansteckungsrisiko. Zeitschrift für Sexualforschung, 2, 216-226

Schaefer, H. & Blohmke, M. (1988): Sozialmedizin. Stuttgart: Thieme

Schaps, E., DiBartolo, R., Moskowitz, J., Palley, C. S. & Churgin, S. (1981): A review of 127 drug abuse prevention program evaluations. Journal of Drug Issues, 12, 17-43

Schifter, D. B. & Ajzen, I. (1985): Intention, perceived control and weight loss: An application of the theory of planned behavior. Journal of personalitiy and social psychology, 49, 843-851

Schinke, S. P. (1984): Preventing teenage pregnancy. In: Hersen, M., Eisler, R. M. & Miller, P. M. (Eds.): Progress in behavior modifications. New York: Academic Press, 31-63

Schinke, S. P., Botvin, G. J. & Orlandi, M. A. (1991): Substance abuse in children and adolescents. Evaluation and intervention. London: Sage

Schinke, S. P. & Gilchrist, L. D. (1983): Primary prevention of tobacco smoking. Journal of School Health, 53 (7), 416-419

Schinke, S. P. & Gilchrist, L. D. (1984): Prevention cigarette smoking with youth. Journal of Primary Prevention, 5, 48-56

Schlag, B. (1978): Kinderunfälle in Nordrhein-Westfalen. Eine sozio-psychologische Analyse. Essen

Schlag, B., Ellinghaus, D. & Steinbrecher, J. (1986): Risikobereitschaft junger Fahrer. Bonn: Bundesministerium für Straßenwesen, Heft 58

Schlaegel, J., Schoof-Tams, K. & Walczak, L. (1975): Sexuelle Sozialisation in Vorpubertät, Pubertät und Adoleszenz (I-III). Sexualmedizin, 4, 206-218 (I), 306-325 (II), 381-388 (III)

Schleimer, E. & Schleimer, N. (1973): Selbstkonzept und abweichendes Verhalten unter besonderer Berücksichtigung des Rauschmittelmißbrauchs. Köln

Schmid-Tannwald, J. & Urdze, A. (1983): Sexualität und Kontrazeption der Jugendlichen aus der Sicht der Jugendlichen und ihrer Eltern. Stuttgart: Enke

Schmidt, G. & Sigusch, V. (1971): Arbeitersexualität. Eine empirische Untersuchung an jungen Industriearbeitern. Neuwied: Luchterhand

Schmidt, G., Klusmann, D., Renter, K. & Radizi, R. (1989): Jugendsexualität und AIDS.Ergebnisse einer Untersuchung an Hamburger Schülerinnen und Schülern. Zeitschrift für Sexualforschung, 2, 42-54

Schofield, M. (1965): The sexual behavior of young people. London: Longmans

Schubö, W., Uehlinger, H.-M., Perleth, Ch., Schröger, E., Sierwald, W. (1991): Handbuch der Programmversionen 4.0 und Spss-x 3.0. Stuttgart: Fischer

Schulz, U. & Kerwien, H. (1991): Zur Risikobereitschaft junger Motorradfahrer. Zeitschrift für Verkehrssicherheit, 4, 168-171

Schwabe, U. & Paffrath, D. (Hrsg.) (1989): Arzneiverordnungsreport 1985, 1986, 1987, 1988, 1989. Stuttgart: Fischer

Schwarz, E. (1971): Experimentelle und quasi-experimentelle Anordnungen in der Unterrichtsforschung. In: Ingenkamp, K.-H. (Hrsg.): Handbuch der Unterrichtsforschung, Teil I. Weinheim: Beltz, 450-632

Schwarzer, R. (1989): Überlegungen zu einer sozialkognitiven Theorie des Gesundheitsverhaltens. In: Rüdiger, D., Nöldner, W., Haug, D. & Kopp, E. (Hrsg.): Gesundheitspsychologie - Konzepte und empirische Beiträge. Regensburg: Roderer, 21-30

Schwarzer, R. (1990): Gesundheitspsychologie: Einführung in das Thema. In: Schwarzer, R. (Hrsg.): Gesundheitspsychologie. Ein Lehrbuch. Göttingen. Hogrefe, 3-24

Scriven, M. (1972): Die Methodologie der Evaluation. In: Wulf, C. (Hrsg.): Evaluation. München: Piper, 60-91

Seligmann, M. E. P. (1979): Erlernte Hilflosigkeit. München: Urban & Schwarzenberg

Semmer, N., Lippert, P., Fuchs, R., Rieger-Ndakorerwa, G., Dwyer, J. H. & Kleiber, D. (1991): Gesundheitsverhalten im Kindes- und Jugendalter.Ausgewählte Ergebnisse der Berlin-Bremen-Studie. Stuttgart: Kohlhammer

Sichrovsky, P.(1984): Krankheit auf Rezept. Die Praktiken der Praxisärzte. Köln: Kiepenheuer & Wietsch

Sieber, M. & Angst, J. (1981): Drogen, Alkohol und Tabak. Ein Beispiel zur Epidemiologie und Ätiologie bei jungen Erwachsenen. Bern: Huber

Sieber, H: (1988): Zwölf Jahre Drogen. Verlaufsuntersuchung des Alkohol-, Tabak- und Haschischkonsums. Bern: Huber

Siegel, S. (1987): Nicht-parametrische statistische Methoden. Methoden in der Psychologie: Band 4. Fankfurt a. M.: Fachbuchhandlung für Psychologie

Sigusch, V. & Schmidt, G. (1973): Jugendsexualität. Dokumentation einer Untersuchung. Stuttgart: Enke

Silbereisen, R.K. & Kastner, P. (1985): Entwicklungstheoretische Perspektiven für die Prävention des Drogengebrauchs Jugendlicher. In: Brandstätter, J. & Gräser, H. (Hrsg.): Entwicklungsberatung unter dem Aspekt der Lebensspanne.Göttingen: Hogrefe, 83-102

Silbereisen, R. K. & Eyferth, K. (1986): Development as action in context. In: Silbereisen, R. K., Eyferth, K. & Rudinger, G. (Eds.): Development as action in context. Problem behavior and youth development. Berlin: Springer, 3-16

Simon, R., Bühringer, G. & Wiblishauser, P.M. (1990): Repräsentativerhebung 1990 zum Konsum und Mißbrauch von illegalen Drogen, alkoholischen Getränken, Medikamenten und Tabakwaren. Bonn: Bundesministerium für Gesundheit

Simpson, H. & Mayhew, D. R. (1987): Demographic trends and trafic casualities among youth. Alcohol, Drugs and Driving, 3, 45-62

Sportjugend NW (1987): Breitensport für Kinder und Jugendliche. Eine Konzeption der Sportjugend NW. Dortmund

Sprenger, R. K.(1987): Sport und Gesundheit. Gemeindebezogene Gesundheitsförderung mit den Mitteln des Sports. Materialien zum Sport in NRW. Frechen: Ritterbach

Staeck, L. (1985): Arzneimittelmißbrauch bei Schülern und Jugendlichen. In: Kollehn, K. & Weber, N. H.(Hrsg.): Der drogengefährdete Schüler. Düsseldorf: Schwann, 55-64

Staeck, L. (1990): Gesundheitserziehung heute. In: Jahresheft Gesundheit. Friedrich Verlag, 25-29

Starke, K. & Friedrich, W. (1984): Liebe und Sexualität bis 30. Berlin (DDR): Deutscher Verlag der Wissenschaften

Statistisches Jahrbuch 1991 für das vereinte Deutschland. Hrsg. Statistisches Bundesamt. Wiesbaden: Metzler Poeschel

Stickelmann, B. (1991): Sexualität "als jenes Stück der Nacht, das jeder von uns in sich trägt". In: Stickelmann, B. (Hrsg.): Sexualerziehung als AIDS-Prävention. Arbeitsformen und Erfahrungen aus der Jugend- und Bildungsarbeit. Weinheim/München: Juventa, 7-48

Stone, G. L., Cohen, F. & Adler, N. E. (Eds.) (1979): Health psychology. A handbook. San Francisco: Jossey Bass

Strasser, T. (1982): Erforschung und Bekämpfung der Arteriosklerose im Kindesalter. Monatszeitschrift Kinderheilkunde, 130, 740-742

Strehlow, M. & Haffner, J. (1989): Jugendliche und AIDS: Wissen, Einstellungen, Ängste. Zeitschrift für Sexualforschung, 3, 227-236

Suchmann, E. A. (1967): Evaluative research: Principle and practice in public service and social action programs. New York: Sage

Süß, H.-M. (1988): Evaluation von Alkoholismustherapie. Freiburger Beiträge zur Psychologie 3. Bern: Huber

Sygusch, R. (1991): Jugend, Sport und Gesundheit. Bielefeld: Diplomarbeit

Thomasius, R. (1988): Lösungsmittelmißbrauch bei Kindern und Jugendlichen. Freiburg: Lambertus

Thomasius, R. (1991): Drogenkonsum und Abhhängigkeit bei Kindern und Jugendlichen. Ein Überblick zum Forschungsstand. Sucht, 1, 4-19

Thompson, E. L. (1978): Smoking Education Programs 1960-1976. AJPH, 3, 250-257

Tobler, N. S. (1986): Meta-analysis of 143 adolescent drug prevention programs: Quantitative outcome results of program participants compared to a control or comparison group. In: Journal of Drug Issues, 16 (4), 537-567

Tölle, R. & Buchkremer, B. (1989): Zigarettenrauchen: Epidemiologie, Psychologie, Pharmakologie und Therapie (2. Aufl.). Berlin: Springer

Tones, K., Tilford, S. & Robinson, Y. (1990): Health Education. Effectiveness and efficiency. London: Chapman & Hall

Troschke, J. v. (1991): Tabak. In: Deutsche Hauptstelle gegen die Suchtgefahren (DHS) (Hrsg): Jahrbuch Sucht '92. Geesthacht: Neuland, 71-81

Troschke, J. v., Klaes, L., Geiger, A. & Rudnick, P. (1986): Indikatoren zur Prozeßevaluation der Deutschen Herz-Kreislauf-Präventionsstudie (DHP), Teil 1. In: DHP-Forum: Deutsche Herz-Kreislauf-Präventionsstudie, Berichte/Mitteilungen, 3, 37-63

UGB (Verband für unabhängige Gesundheitsberatung Deutschland e. V.) (1990): Ernährung von Jugendlichen - Tips und Trends. Forum 3. Gießen: UGB-Verlag, 102-120

US Public Health Service (USPHS) (1974): Teenager's self-test: Cigarette smoking. (DHEW Publication No. 74-8723). Bethesda, MD: US Department of Health, Education, and Welfare, Public Services, Centers for Desease Control, National Clearinghouse for Smoking

Vartiainen, E., Pallonen, U., McAlister, A., Koskela, K. & Puska, P. (1983): Effect of two years of educational intervention in adolescent smoking (The North Korelia Youth Project). Bulletin of the WHO, 61, 529-532

Verbrugge, L. M. (1989): The twain meet: Empirial explorations of sex differences in health and mortality. Journal of Health and Social Behavior, 30, 282-304

Verres, R. (1989): Zur Kontextabhängigkeit subjektiver Krankheitstheorien. In: Bischoff, C. & Zenz, H. (Hrsg.): Patientenkonzepte von Körper und Krankheit. Bern: Huber, 18-24

Vogt, I. (1985): Für jedes Leiden gibt es eine Pille. Opladen: Westdeutscher Verlag

Vormweg, K. (1989): Verkehrsunfälle mit Kindern in Hamburg 1984 bis 1987. Zeitschrift für Verkehrssicherheit, 4, 138-145

Voß, R. (1987): Anpassung auf Rezept. Stuttgart: Klett

Voss, H. L. & Clayton, R. R. (1987): Stages in development with drugs. Pediatrican, 14, 25-31

Wagner, H. (1991): Psychologische Grundlagen der Sicherheitserziehung in der Grundschule. In: Sicherheitserziehung in der Grundschule. BAGUV 1980, 33-57 (Nachdruck: Universität Bielefeld)

Weber, I., Abel, M., Altenhofen, L., Bächer, K., Berghof, B., Bergmann, K. E., Flatten, G., Klein, D., Michaelis, W. & Müller, P. J. (1990): Dringliche Gesundheitsprobleme der Bevölkerung in der Bundesrepublik Deutschland. Zahlen - Fakten - Perspektiven. Baden-Baden: Nomos

Weiss, C. H. (1974): Evaluationsforschung. Opladen: Westdeutscher Verlag

Weissinger, V. (1989): Suchtprävention - Eine Studie. Organisationen und ihre Verflechtungen, Aktivitäten und Maßnahmen, Empfehlungen. Bonn: Bundesvereinigung für Gesundheitserziehung e. V.

Wenzel, E. (1983): Die Auswirkungen von Lernbedingungen und Lebensweisen auf die Gesundheit. Europäische Monographien zur Forschung in Gesundheitserziehung 5, Köln: BZgA, 1-17

Wenzel, E. (Hrsg.) (1986): Die Ökologie des Körpers. Frankfurt: suhrkamp

Wenzel, E. (1990): Gesundheit - einige Überlegungen zu einem sozial-ökologischen Verständnis. In: Jahresheft Gesundheit: Friedrich Verlag, 20-25

Wicklund, R.A. (1975): Objective self-awareness. In: Berkowitz, L. (Hrsg.):Advances in experimented social psychology. New York, 233-275

Williams, A. F. (1973): Personality and other characteristics associated with cigarette smoking among young teenagers. Journal of Health & Social Behavior, 14, 374-380

Williams, T. (1987): Health education in secondary schools. In: David, K. & Williams, T. (Eds.): Health education in schools. London: Harper & Row, 60-85

Wills, T. A. & Schiffman, S. (1985): Coping substance use: A conceptual framework. In: Schiffman, S. & Wills, T. A. (Eds.): Coping and substance use. New York: Acadamic Press, 3-24

Wittmann, W. W. (1985): Evaluationsforschung. Berlin: Springer

Wittmann, W. W. (1990): Aufgaben und Möglichkeiten der Evaluationsforschung in der Bundesrepublik - Technologietransfer aus den Sozialwissenschaften. In: Koch, U. & Wittmann, W. W. (Hrsg.): Evaluationsforschung: Bewertungsgrundlage von Sozial- und Gesundheitsprogrammen. Berlin: Springer, 7-14

Wolf, H. P. (1981): Jugend und Sexualität. Ergebnisse einer empirischen Studie. betrifft: erziehung, 2, 27-32

World Health Organization (1946): Constitution. Geneva: WHO

Wortmann, C. B. & Brehm, J. W. (1975): Responses to uncontrollable outcomes: An integration of reactance theory and the learned helplessness model. In: Berkowitz, L. E. (Ed.): Advances in experimental social psychology. Vol. 8. New York: Academic Press, 277-336

Wottawa, H. & Thierau, H. (1990): Lehrbuch der Evaluation. Bern: Huber

Wünschmann, B. (1991): Alkohol. In: Deutsche Hauptstelle gegen die Suchtgefahren (DHS) (Hrsg.): Jahrbuch Sucht '92. Geesthacht: Neuland, 5-18

Wulf, C. (Hrsg.)(1972): Evaluation. Beschreibung und Bewertung von Unterricht, Curricula und Schulversuchen. München: Piper

Wyatt, F. (1975): The psychoanalytic theory of fertility. International Journal of Psychoanalytic Psychotherapy, 4, 568-584

Zank, S. (1988): Zur Entwicklung des Lösungsmittelschnüffelns bei Jugendlichen und jüngeren Erwachsenen. Berlin: Spitz

Zank, S., Stemmler, M. & Kastner, P. (1987): Epidemiologische Erkenntnisse zum Drogengebrauch Jugendlicher 1984 bis 1985. Berlin: Berichte der Arbeitsgruppe Tudrop. Jugendforschung

Zelnik, M. & Kantner, J. F. (1981): Sex and pregnancy in adolescence. Beverly Hills, London: Sage

Zippel, K. (1990): Verkehrs- und Unfallbeteiligung von Schülern der Sekundarstufe I. Bergisch Gladbach: Bericht zum Forschungsprojekt 8712/1 der Bundesanstalt für Straßenwesen(BAST)

Schule und Gesellschaft
Die ersten Bände:

Wilfried Schubarth/
Wolfgang Melzer (Hrsg.)
Schule, Gewalt und Rechtsextremismus
Schule und Gesellschaft, Band 1
292 Seiten. Kart. 29,– DM
ISBN 3-8100-1165-7

Schul- und Jugendforscher/innen unternehmen in diesem Band den Versuch, das Ausmaß und die Ursachen von Gewalt und Rechtsextremismus in der Schule zu analysieren. Außerdem werden Ansatzpunkte für Präventionsmöglichkeiten entwickelt und konkrete Praxismodelle vorgestellt.

Annedore Prengel
Pädagogik der Vielfalt
Verschiedenheit und Gleichberechtigung in interkultureller, feministischer und integrativer Pädagogik
Mit einem Vorwort von Otto Dann
Schule und Gesellschaft, Band 2
248 Seiten. Kart. 29,– DM
ISBN 3-8100-1163-0

Das ‚Miteinander der Verschiedenen' ist ein Schlüsselthema heutigen Schullebens im Kontext deutscher und weltweiter Entwicklungen. Das Buch analysiert die Bedeutung der Interkulturellen Pädagogik, der Feministischen Pädagogik und der Integrationspädagogik für eine Pädagogik der Vielfalt.

Leske + Budrich

GPSR Compliance

The European Union's (EU) General Product Safety Regulation (GPSR) is a set of rules that requires consumer products to be safe and our obligations to ensure this.

If you have any concerns about our products, you can contact us on ProductSafety@springernature.com

In case Publisher is established outside the EU, the EU authorized representative is:

Springer Nature Customer Service Center GmbH
Europaplatz 3
69115 Heidelberg, Germany

Batch number: 10809466

Printed by Printforce, the Netherlands